北京市高等教育精品教材立项项目

高等院校金融学核心课程教材

公司金融

（修订本）

主编　张晋生

编者　张晋生　李　新

　　　艾仁智　崔燕敏

清华大学出版社

北京交通大学出版社

·北京·

内 容 简 介

本教材主要研究公司（企业）在不确定的条件下如何实现资源的有效配置，全书共分为7篇，主要内容包括：公司金融基础，营运资本管理，金融证券的价值评估，资本预算管理，资本成本、资本结构与股利政策，长期融资管理，公司战略等。

本教材适用于金融学及经济管理专业本科生、研究生的教学，也可作为金融从业人员的学习参考书。

图书在版编目（CIP）数据

公司金融/张晋生主编. —修订本. —北京：清华大学出版社；北京交通大学出版社，
2010.7（2020.7 修订）

（高等院校金融学核心课程教材）

ISBN 978-7-5121-0184-5

Ⅰ. ①公…　Ⅱ. ①张…　Ⅲ. ①公司-金融-高等学校-教材　Ⅳ. ①F276.6

中国版本图书馆 CIP 数据核字（2010）第 132826 号

公司金融

GONGSI JINRONG

责任编辑：张利军　特邀编辑：李秀云

出版发行：清华大学出版社　　邮编：100084　　电话：010-62776969　　http://www.tup.com.cn

　　　　　北京交通大学出版社　邮编：100044　　电话：010-51686414　　http://press.bjtu.edu.cn

印　刷　者：北京鑫海金澳胶印有限公司

经　　销：全国新华书店

开　　本：185mm×260mm　　印张：22.75　　字数：568 千字

版 印 次：2010 年 7 月第 1 版　　2020 年 7 月第 1 次修订　　2020 年 7 月第 5 次印刷

定　　价：56.00 元

本书如有质量问题，请向北京交通大学出版社质监组反映。对您的意见和批评，我们表示欢迎和感谢。

投诉电话：010-51686043，51686008；传真：010-62225406；E-mail：press@bjtu.edu.cn。

前　言

金融学（finance）既从宏观方面研究货币、金融系统与经济运行的关系，也从微观方面研究经济主体（企业、家庭）运用金融系统进行跨时期的资源配置。"公司金融"就是研究公司（企业）利用金融系统在现在和未来不确定的环境中实现资源有效配置的一门专业基础课程。

金融是现代经济的核心，不仅体现在宏观经济的运行中，也体现在微观主体——企业的经营活动中。在现代经济中，资金流动引导资源与生产要素的配置，企业资产有效配置的前提是资金的有效配置。因此，公司的管理者和决策者必须了解和熟悉金融系统及其功能，才能利用金融系统做出有效的金融决策。金融决策是对企业现在和未来一段时间内收益与成本的预测。现在一定量的货币与将来等量货币的价值是不同的，未来的预期收入具有不确定性（风险性）。因此，我们必须利用一定的方法或模型来核算未来的成本与收益，依此才能做出增加公司价值的金融决策。"公司金融"课程就是讲授如何将金融学的三大分析方法——现金流贴现分析、资产价值评估和风险管理（包括投资组合）——应用于公司的投资管理决策、融资管理决策和资产管理决策中，从而实现公司价值最大化的一门实务性课程。

本教材的编撰和教学实践有助于改变我国高校金融专业教学中因受传统经济体制的影响，长期以来偏重于宏观金融理论而忽视金融实务的陈旧课程体系。事实上，在现实经济中，微观主体（企业、家庭）的金融需求与活动是构成整体金融运行的基础，金融机构适应微观主体的金融需求而提供服务才有金融系统及其功能的发展。金融机构不了解和不熟悉企业的金融活动，就无法开展金融业务与提高竞争能力；企业不了解金融环境及金融系统的功能，也无法做出正确的金融决策来实现资源的有效配置。随着国际银行业现代化、综合化、全球化的发展趋势及我国金融市场改革开放的快速发展，客观需要大批的既懂金融理论又精通金融实务的实用型复合人才。因此，本教材的编写与教学实践有益于学生综合素质的培养及从业能力的提高，从而适应我国经济发展的要求。

本教材不同于我国传统会计学角度的企业财务管理学。本教材包含了金融学的三大分析方法，涵盖了金融机构学、金融市场学、证券学、投资学、风险管理及公司理财等金融学方面的基本内容。公司面临的金融环境，一方面为公司金融决策提供了必需的手段，另一方面也制约着公司的行为。本教材以金融系统及其功能为基本前提，强调公司金融决策依据的是市场价值，而不是会计账面价值，并分析了财务指标的局限性及其与金融决策的基本无关性。在具体内容上，本教材安排了短期、长期证券及特殊（期权性质）证券的融资操作、金融证券的定价、资本预算中的风险管理与管理期权等金融学的内容。我们希望通过本教材的教学，改变长期以来在我国某些理论与教学中将财务会计与财务管理相混同的错误认识。

I

本教材共分为7篇。第1篇为公司金融基础，包括第1~4章。本篇主要阐述公司金融的基本概念与内容、金融系统的结构及其功能、财务预测与计划的基本方法，所讲述的现金流贴现分析是金融学三大分析方法的基础。运用分析模型与投资决策准则的核心目的是实现公司价值的最大化。

第2篇为营运资本管理，包括第5~9章。营运资本是流动资产与流动负债的差额，这是公司资产管理决策的基本内容。本篇主要讲述有效管理公司营运资金的主要原则：如何使投资于应收款、存货等资产的数量最小化和预付货款、应付账款最大化的方法。现金和营运资本管理的根本目的是保持公司资产的流动性，避免公司陷入财务困难。

第3篇为金融证券的价值评估（它是金融学三大分析方法之一），包括第10~12章。公司的多数金融决策从根本上可归结为资产价值的计算，公司投资于某种证券时必须确定其价值的相对高低，这关系到公司价值和股东财富最大化的管理目标。本篇主要阐述证券价值评估的原则和资本资产定价的理论，并分别介绍债券、股票和衍生证券的定价方法。

第4篇为资本预算管理，这是公司投资管理决策的基本内容，包括第13~15章。本篇主要介绍投资项目现金流的预测和运用基本准则评估项目的基本方法，并考虑风险与项目的管理期权性质，讲述如何调整风险贴现率及评估项目的预期收益与风险度（标准差）。本篇包含了金融学三大分析方法中风险管理和投资组合的内容。

第5篇为资本成本、资本结构与股利政策，包括第16~18章。公司资本结构是指权益资本与债务资本的比例关系，它是公司融资管理决策的基础。在现实环境中资本结构影响着公司的价值，公司资本结构与资本成本、股利政策有关。本篇主要阐述资本成本与预期收益的关系及资本结构、股利政策与公司价值的关系，并讲授公司在现实环境中如何权衡和选择什么样的资本结构和股利政策，才有利于实现公司价值的最大化。

第6篇为长期融资管理，包括第19~21章。本篇主要讲述公司融资管理决策中筹集长期发展所需资金的基本方法，以及如何运用资本证券、长期债券、定期贷款、租赁和具有期权性质的证券等方式的融资操作。

第7篇为公司战略，包括第22~24章。公司战略是指通过公司重组实现外部成长的发展策略，公司重组包括兼并及其他多种形式。本篇主要介绍公司重组的目的与方法，以及如何分析评估公司重组的可能价值。为适应国际资本流动和国际投资的发展，在最后一章中讲述了公司在国际环境中如何进行金融决策及风险管理。

本教材力求满足和适应不同背景的教师、不同的讲授方法、不同学生的需求差别及不同的课时安排。根据实际情况，使用者在实际讲授的内容和结构上可做灵活性的安排。例如，对金融专业学生的教学，第2章中金融系统的内容可以简略地讲述，但应强调会计价值与市场价值的区别，明确金融决策的基础是市场价值这一关键概念；对学习过"金融市场学"课程的学生，可以简要地讲授长、短期证券的融资方面的内容；对学习过"会计学基础"课程的学生，可以简略地讲述第3章中会计报表及主要财务指标的内容，但应强调财务指标的局限性及其与金融决策基本无关的问题。

本教材具有以下特点。

（1）系统性与完整性。本教材将金融学三大分析方法贯穿于公司金融管理的整体过程，以公司融资管理决策、投资管理决策及资产管理决策为基本框架，涵盖了公司金融管理中不可或缺的基本内容，体现出整体结构的逻辑性和内容的完整性。

（2）易懂性与严谨性。本教材将金融概念、理论及金融模型，以易于理解的语言、图形、表格及具体实例的方式加以描述，使得即使具有中学数学水平的学习者也能够理解和掌握。同时，也保持了概念的准确性和理论的科学性。

（3）适应性与发展性。本教材提倡并讲授计算机中 Excel 程序的计算运用，使得复杂金融模型的计算更加简便、快速和准确，既避免了学生死记硬背大量公式的学习方法，又适应今后实际工作中现代化办公方式的要求。

本教材以发达的金融市场为经济背景，结合国情但不局限于我国金融市场尚不完善发达条件下的现实做法，使学生熟悉通行的国际标准，适应我国未来经济的市场化发展。

（4）广泛的适用性。本教材不仅适用于在校学生的教学，也是企业与金融从业人员的专业参考书。本教材的基本内容是企业管理者和决策者、银行客户经理、基金经理、证券分析师、理财策划师、咨询顾问等从业人员必备的基本金融理论与实务知识。

本教材由首都经济贸易大学金融学院的教师编写。其中，张晋生担任主编，并编写第1、2、3、4、15、19、20 和 21 章；艾仁智编写第 5、6、7、8 和 9 章；李新编写第 10、11、12、22、23 和 24 章；崔燕敏编写第 13、14、16、17 和 18 章。全书由张晋生教授总篡和定稿。

由于编者水平有限，书中难免会有不妥之处，希望读者批评指正。

编　者
2020 年 7 月

目 录

CONTENTS

第3篇 金融证券的价值评估

第1篇

公司金融基础

◇ 第 *1* 章

公司金融概述

1.1 公司金融的概念与内容

1.1.1 金融的含义

英文 Finance，中文可译为金融、财务或理财。金融的核心问题是资本、资产的优化配置，其含义可分为两个层面。

一个层面是在整体经济中如何实现资源的优化配置。它关注货币与利率、物价、汇率以及总产出等重要经济变量之间的相互关系，研究金融市场、外汇市场、金融机构以及货币政策在经济中的作用。在教学上，其内容一般体现在"货币银行学"的课程中。

另一个层面则是从微观经济主体的角度，研究企业、家庭在未来不确定的经济环境中，如何运用金融系统有效地配置资源以实现价值的最大化。在教学上，其内容体现在"公司金融"和"个人理财"课程中。

1.1.2 公司金融的概念及特点

公司金融是研究公司或企业主体在现在或未来不确定的环境中，如何运用金融系统获得所需资金并在时间上进行有效配置的一门学科。

公司金融管理中的资源配置有别于其他资源配置方式的 3 个基本特点如下。

（1）公司或企业是运用金融系统来实现资源有效配置的。它是在市场上通过金融工具（如股票、债券等）的运用，中介机构（如银行、保险公司、投资基金等）和金融服务机构（如金融咨询公司）的服务，在监管机构和法规管理下进行资源的配置。

（2）公司或企业的成本与收益是在现在或未来时间上的分布。体现为公司成立时资金的筹集、投资时与经营过程中的资金运用、获取收益的分配以及公司持续经营的扩张或收缩等时间上的资金成本和收益。因此，公司金融管理是实现资源跨时期有效配置的过程。

（3）公司金融管理具有事先的不确定性。公司管理者或决策者事先无法确切地知道企业未来某一时间资源的成本和收益，金融决策具有事先的不确定性。因此，就需要运用一系列的定量模型来进行价值的测算和评估，用以选择方案、制定和执行决策。

1.1.3　公司金融管理的基本内容

公司金融是为实现一定目标所进行的一系列的金融决策与管理过程，主要包括资产的配置、资产的获得以及资产的运营。因此，公司金融管理可以分为以下 3 个方面的基本内容。

1. 投资决策

投资决策亦称为资本预算管理，主要涉及企业的资产方。投资决策是公司或企业的一个最重要的决策。在战略发展上企业做出的第一个决策，就是从事哪个行业。在决策过程中主要包括提出投资项目的创意，对其进行评估，决定采取哪个项目，然后组织实施。

投资决策决定着公司所需持有的资产总额，在资产总额确定的前提下，公司的管理者需要决定其资产的组成（现金、存货、固定资产的比例）。在一个投资项目中，管理者也必须决定如何安排厂房、机器设备、研究室、实验室、仓库和其他长期资产，以及培训操作设备的员工等。所以，投资决策也是资本预算的过程。

2. 融资决策

融资决策亦称资本结构决策，主要涉及企业的负债和权益方。一旦企业决定采取哪个项目，就必须考虑如何为其筹集资金。企业的融资方案必须以企业的资本结构（股权资本与债务资本的比例）为基础，公司的资本结构决定了企业未来的现金流量、公司的控制权、股东的权益以及未来收益的分配等。

融资计划一旦决定，公司便可考虑选择融资的最佳途径和优化的融资组合方式（比如，银行贷款、金融租赁、债券或股票等），以便项目的投资。

3. 资产管理决策

资产管理决策亦称营运资本管理决策。在公司将所筹集的资金已用于资产的购置后，如何在企业的日常运营和金融业务中有效地管理这些资产。财务经理更关注企业流动资产的管理，以保证在营运中当现金流出现赤字时及时得到融资，在现金有盈余时有效地进行投资，从而获得收益。营运资本的管理至关重要，它关系到企业的经营效率和支付能力，乃至企业的成败。

1.2　企业的组织形式

公司作为一个经营主体，必须确定一个明确的管理目标，依此来制定金融决策和判断金融决策是否有效。公司金融管理的一个核心问题，就是最终为谁获取收益，以及获得怎样的收益。

企业是依法设立的从事生产经营活动、以盈利为目的的独立核算的经济组织。不同组织形式的企业有着不同的金融管理目标和要求。

企业的基本组织形式主要有 3 种，即独资企业、合伙企业和公司制企业。

1.2.1　独资、合伙企业及其特点

独资企业和合伙企业是由个人或少数人出资设立，并受其控制的简单企业组织形式。

这两类企业的共同特点如下。

（1）独资、合伙企业都不是法律实体，不具有对外承担独立民事责任的法律地位，其所有者承担全部民事责任，包括对企业的债务负有无限清偿责任。

（2）独资、合伙企业都是经营实体，全部利润归其所有者。

（3）独资、合伙企业本身不缴纳公司所得税，而由企业所有者缴纳个人所得税。

（4）独资、合伙企业适用于小型企业，注册资本要求少，设立简便，一般在各个国家中这类企业的数量最多。

1.2.2　公司制企业及其优缺点

公司是依据一国公司法组建的具有法人地位的企业组织形式，在法律上具有法人地位，其是与所有者相分离的、独立存在的法律实体。公司以自己的名义拥有财产，公司的财产属于公司本身。公司具有法律上的身份，可以起诉别人或被别人起诉。作为法律实体，公司对外签订合同，为自己的负债负责并为公司的利润缴纳所得税。

1. 公司制企业的组织形式

公司制企业一般有两种主要的组织形式，即有限责任公司和股份有限公司。

有限责任公司的特点如下。

（1）股东所负债务责任以其出资额为限，是典型的"资合公司"。

（2）不公开发行股票，由股东协商确定各自的出资额，公司给股东出具书面的股份权利证明。

（3）公司股份不能随意转让，必须通过全体股东同意，现有股东对被转让股份具有优先认购权。公司股东通常直接参与公司的经营管理。

（4）有限责任公司组建程序相对简单，是一种重要的资本联合形式，这类公司在各国占有较大比例。

股份有限公司的特点如下。

（1）股东的债务责任仅限于其投资额，与有限责任公司相同，也是典型的"资合公司"。但股份公司的全部资本被划分为若干等额的股票，由发起人全额认购（发起设立）或发起人部分认购，余额向社会公开募集。

（2）所有权与经营权相分离。全体股东选举管理决策机构——董事会，董事会任命的经理人员执行董事会决议，并负责公司日常事务，股东通过董事会对公司进行间接控制。

（3）只要符合一定条件及法律规定，股份公司发行的股票可以在证券市场自由转让。

总之，股份有限公司股东人数众多、资本来源广泛、经营规模大、竞争力强，是一种具有活力的现代企业组织形式，也是各国最主要、最基本的公司组织形式。

2. 公司制企业的优点

公司制企业与独资、合伙企业相比较，具有以下优点。

（1）有限责任。公司的债权人对于公司的财产具有求偿权，但对股东个人的财产没有求偿权。因此，股东对公司的投资风险仅限于投资额本身。

（2）易于筹集资本。公司所有权体现在数额众多的股份上，大小投资者可以分享公司所有权。公司以自己名义从社会筹措资本，无需股东承担债务的无限责任，因而筹资渠道较多。

（3）所有权的可转让性。公司所有权的转移可以通过股票的转让来实现。信用等级高的公司股票，在金融市场上具有高流动性，投资者在需要时可随时将其变现，而并不减少公司的资本数量。

（4）续存性。股份公司的法人地位不受某些股东死亡或转让股份的影响，除非破产或被兼并或依公司章程自动终结。公司的续存性使得公司具有很好的经营稳定性。

（5）经营的专业化。公司所用权与经营权的分离，董事会从企业家市场选聘高素质的专业经理人员负责企业的日常经营管理，这比股东自己经营公司更为有效。

3. 公司制企业的缺点

（1）双重纳税。公司作为法人要缴纳公司所得税，股东从公司税后分配利润中获得的股息、红利，也要缴纳个人所得税，形成双重征税。为鼓励投资，许多国家都在设法降低双重税赋，在税法中给予公司一定的税收优惠。

（2）内部人控制。公司所有权与经营权的分离，一方面给股东带来了利益，另一方面也产生了内部人控制问题。即由于股权的分散和信息不对称，可能会导致公司实际控制权掌握在内部管理人员手中，他们利用控制权为自己牟利而损害股东的权益。这是当今各国公司制企业中普遍存在的一种现象。

（3）信息公开。为了保护投资者利益，各国都有着复杂的信息披露制度。尤其是上市公司，必须将其经营状况定期地向社会公布，例如财务报表、重大事项等，这在一定程度上公开了公司的商业秘密。信息公开所引起的市场反应也会增加公司的某些管理成本。

不同的企业组织形式对金融管理有着不同的要求。其中，股份有限公司金融管理的内容最为广泛和复杂。本书集中于股份有限公司的金融管理，但其基本原理与方法同样也适用于有限责任公司、独资或合伙企业。

1.3　公司金融的管理目标

公司的目标也就是公司金融的管理目标。人们通常将公司的目标表述为获取利润的最大化，但严格、确切地说应是实现股东财富的最大化。

1.3.1　利润最大化目标的缺陷

（1）利润最大化模糊不清。利润有许多不同的定义，譬如有会计利润（账面利润）与经济利润（市场价值）、企业利润与社会利润、公司利润与股东利润、税前利润与税后利润等不同的概念。利润最大化不能明确利润的计量，也没有明确公司利润归谁所有的这一核心问题。

（2）利润最大化忽视了获取的时间差异。今天获得的1元利润与未来（如1年以后的今天）所获得1元利润在价值上是有区别的，这种差异因货币时间价值而非常重要。忽略利润获取的时间，当成本和收益随时间（如若干年）延续发生时，利润的计量就无法恰当地调整时间差异对价值的影响。

（3）利润最大化忽略了获取的风险差异。高风险的项目较之低风险的项目其预期收益具有更大不确定性。在两个项目预期收益相同的情况下，不考虑风险的差异，就很难做出正确的选择。

1.3.2 股东财富最大化目标的合理性

公司金融管理的目标是实现股东财富的最大化。表现在以下几个方面。

（1）股东财富最大化将利润动机和归属明确地定位于公司的所有者。

（2）股东财富最大化明确了预期流向股东的未来现金流量，而不是模糊不清的利润或收入概念。

（3）股东财富最大化明确了取得未来现金流量的时间。

（4）股东财富最大化的计量过程考虑风险的差异。

股东财富最大化的目标作为公司金融管理的核心原则，始终贯穿于公司金融管理和金融决策的全过程。

1.3.3 股东财富最大化与社会责任

公司的组织形式及其商业性，决定了股东财富的最大化目标。但是，股东财富最大化并不意味着公司的管理者可以忽视社会责任。公司在价值创造过程中，必然产生与公司财富相关的利益人群，如股东、债权人、客户、员工、供应商和当地的社会群体等。企业不能只追求商业利益，而不遵守国家法律和社会道德，不承担诸如环境保护、消费者权益、员工权益、社区利益、弱势群体利益、公共事务等社会责任。公司经营所面临的客观社会经济环境，决定了公司生存发展必须依赖于其承担的社会责任。

虽然，在现实生活中社会责任具有一定的抽象性，我们还不能准确地定义其范围，很难确定一个公司应该承担哪些社会责任和承担多少社会责任。但是，实践表明，一个成功的企业必然是有社会责任感的，一个不承担社会责任的企业是不会取得良好发展与成功的。一般而言，公司在实现股东财富最大化目标的同时，应以不侵犯或不损害社会公众利益为基本准则，公司本身的发展要有利于社会的发展。只有权衡公司股东利益与社会利益的相互关系，在经营和生产中将产品和服务与公众利益结合起来，才能在社会发展中获得公司的长远发展。

1.4 税收与股东财富

税收影响到公司行为与股东收益，股东财富的增加应是税后的现金流增量，所以公司决策必须考虑税收的影响。

各国的税收制度与法律有很大差异，而且随着经济与政策的变化，税制结构及税率也在不断变化。这里只简单地介绍公司所得税和个人所得税，了解税收对公司决策和股东收益的影响。

1.4.1 公司所得税

公司应税收入是总收入减去所有允许扣除的费用，费用主要包括折旧与利息，这些内容具体反映在公司的损益表中。

以应税收入为基础以适用的税率计算出公司所得税的纳税额。大多数国家的公司所得税税率都是累进的，每种级别的应税收入采用相应级别的边际税率。公司关注的是边际税率，而不是平均税率。公司应税收入越多，缴纳的税金也就越多，而税后收益就越少。

除了税收的基本计算之外，公司金融管理还须考虑税法中允许的税前扣除项目，这可以降低公司的应税收入，这些项目主要包括折旧、利息、净营业损失以及股利等。

资本性资产的成本可以折旧在一定时期内进行摊销，折旧可作为税前扣除的费用。公司计提折旧有很多方法，主要包括直线折旧法、余额递减法及各种加速折旧法等。为降低应税收入，大多数企业愿意采用加速折旧法。

公司为其债务支付的利息作为费用可从应税收入中扣除。但是支付给普通股股东的股利却不能在税前扣除。所以，公司为实现财富最大化，在其资本结构中使用债务融资与优先股或普通股相比，能获得税收上的好处。

公司持有其他公司股票可以获得现金股利收入，在美国等一些国家的税法中允许公司的部分（如70%）现金股利收入可以免税，而其余部分的现金股利收入按公司适用的所得税税率纳税。

资本性资产（如厂房、设备等）出售时会发生资本利得或资本损失。各国税法规定不同，但一般规定资本利得收入按公司经营收入适用的税率纳税，而资本损失则只能从资本利得收入中扣除。

1.4.2　个人所得税

对公司所有者而言，个人所得税的纳税人就是指企业主。企业主主要是指独资企业主、合伙人、股份公司的股东，他们的个人收入也是按适用累进税率计算纳税额。

股份公司股东从公司获得的股利收入，按照适用的累进税率计算纳税额。如前所述，公司制企业存在着的重复征税的缺点，即公司要缴纳公司所得税，公司股东要缴纳个人所得税。

通常，个人从储蓄、债券上获得的利息都要纳税。在一些国家例如美国，个人从公司债券、国库券上获得的利息收入要全部征收联邦所得税，而市政债券的利息收入则免交联邦所得税。

税收必然影响到公司的行为，公司决策必须考虑到税收对公司收益和股东财富的影响，有效的金融决策是税后价值的最大化。

复习思考题

思考题

1. 从经济主体有效配置资源的角度，你对金融的概念有哪些新的理解？
2. 什么是公司金融？公司金融管理包括哪几个基本内容？
3. 公司金融进行资源配置有哪些特点？
4. 公司制企业有哪些优、缺点？
5. 公司利润最大化与股东财富最大化的目标有何异同？
6. 为什么强调公司税后财富的最大化？税收对公司收益与股东财富有哪些影响？
7. 为什么债务融资可以获得税收上的好处，而股票融资却不能？
8. 公司是否应承担社会责任？为什么？

◇ 第 2 章

金 融 系 统

　　公司的各种金融决策是在金融系统的整体环境中做出的，金融系统一方面制约着企业的行为，另一方面又为企业的金融决策和管理提供了手段或方法。因此，企业的管理者有必要了解金融系统的基本结构、运行及其功能。

　　金融系统主要是由金融市场、金融工具、金融中介和服务机构及金融监管机构与法规组成的。

2.1　金融市场

　　金融市场是将储蓄资金从盈余部门（企业、家庭、政府及国外部门）转移到资金赤字部门并对实物资产（如厂房、设备、存货、住宅、建筑物及耐用品等）进行最终投资者的有机体。金融市场的基本功能就是通过利率机制，引导储蓄资金有效率地配置于最终的使用者，从而提高经济效率。简言之，就是以低成本和最简便的方式，将储蓄资金的最终供给者与实物资产的最终投资者有效地连接起来。

　　储蓄资金转移到需要资金的实物资产的投资者，主要有两种方式，即直接融资和间接融资。

　　在直接融资中，需要资金的公司可以采取公募或私募的两种方式发行直接证券（股票或债券）给愿意购买并希望获得合理收益率的投资者。在公募发行方式中，公司证券的发行通常由投资银行承购，然后由其向社会公众（个人或机构投资者）销售。在私募发行方式中，发行公司与少数的预期购买者直接接触，通过谈判达成证券的买卖协议。

　　在间接融资中，由存款银行、保险公司和投资基金等中介机构发行间接证券（如存款单、保险单及基金证券等）来交换盈余部门的储蓄，然后再由中介机构将所吸收的资金以贷款或购买直接证券（如股票、债券）的方式，实现储蓄资金向实物投资者的转移。

　　金融市场是资金交易的集合体，按照不同标准可划分为各种类型。

2.1.1　货币市场与资本市场

　　按照融资期限，金融市场可以划分为货币市场与资本市场。货币市场是短期（原始期限在 1 年以内）融资或交易的市场。货币市场发行与交易的主要工具是：短期借贷、短期债券、银行承兑票据、可转让存单及商业票据等。货币市场具有较高的流动性。

资本市场是长期（原始期限在 1 年以上）债务或权益工具的市场。广义资本市场上交易的工具主要包括：定期贷款、融资租赁、普通股、优先股及长期债券等。狭义的资本市场是指长期债券市场与股票市场。

2.1.2　债务市场与股权市场

债务市场是企业和个人发行债务工具并融入资金的活动，如发行债券或抵押票据等。债务工具是借款人承诺按期向债务工具的持有人支付固定利息，在到期日支付最后一笔金额的一种契约协定。偿还期在 1 年以内的债务工具称为短期债务工具，通常 1 年以上至 10 年的为中期，10 年以上的为长期。

股权市场是发行股票筹措资金的活动，如普通股是股东分享企业净收入和资产权益的凭证。

2.1.3　一级市场与二级市场

一级市场是借入资金的企业或政府向最初的购买者出售新发行的有价证券的市场。在这个市场中，通过新证券的出售来筹集资金，使储蓄资金流向实物资产的最终投资者。投资银行是一级市场上协助发行证券的最重要的金融经纪人。

二级市场是交易过去已发行的有价证券的市场，证券交易所就是典型的二级市场，证券经纪人和交易商对二级市场的良好运行起着重要的作用。二级市场并不会增加实物资产最终投资者的资金。一级市场是二级市场的基础，二级市场提高了证券的流动性，也影响着一级市场上证券的发行价格。

2.1.4　证券交易所与场外市场

二级市场有两种组织形式，一种是证券交易所，另一种是场外市场。证券交易所是一个有组织、有管理的固定交易场所。证券交易所占有一定的物理空间（如建筑物），是一个有形市场。交易所实行交易地点、交易时间、交易单位、交易价格以及清算方式的标准化，实行集中竞价、公平交易、信息公开的管理方式，提高了交易的效率。

场外市场（Over-the-Counter，OTC）是指交易所以外的证券交易市场，它是未在交易所上市的股票和债券及一些上市证券进行交易的场所，交易是通过一个松散的交易网络来进行的，在这个交易网络中经纪人和交易商是重要的中介。现代金融市场中，大量金融交易是通过现代通信设施进行的，如电话、电报、电子计算机及互联网等网络系统，这也称为无形市场。

图 2－1 显示了经济中资金从储蓄者向实物资产最终投资者流动的机制。

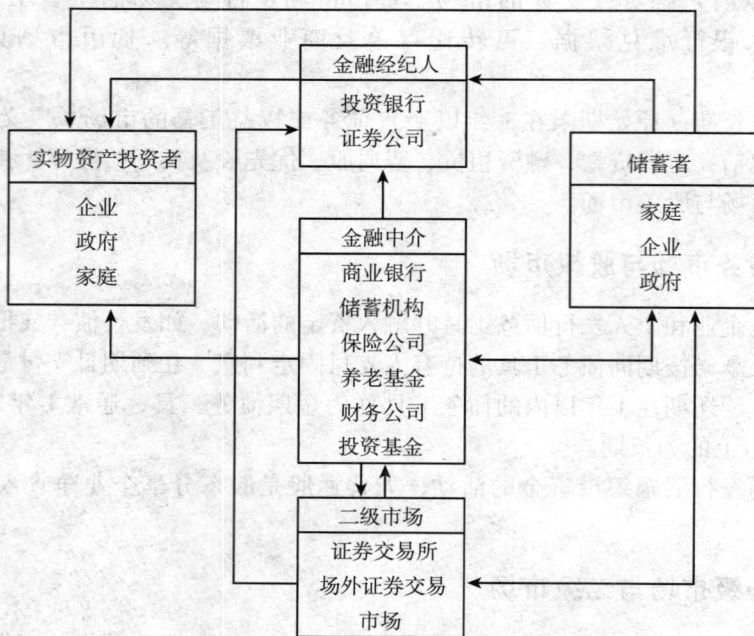

图 2-1   经济中资金流向及流动机制①

注：箭头表示资金流动的方向，而证券流动方向与之相反。

储蓄者与金融中介之间的资金流动为相互的，如银行对储蓄者的贷款，而储蓄者向银行的存款等。

二级市场与实物投资者之间无直接连线，这是因为二级市场交易的证券是已发行的证券，并且二级市场上交易的证券并不形成资产投资者的新资金。

2.2   金融工具

金融工具是确立和完成资金交易的信用凭证，它是实现资金交易的载体，金融市场中的资金交易是通过金融工具的买卖来实现的。从资产的性质方面，可以将金融工具划分为债务证券、资本证券及衍生证券。

2.2.1   债务证券

债务证券是由借款人或债务人（如公司、政府和家庭等）发行的信用工具，如公司债券、政府债券、住房抵押贷款、商业贷款以及消费贷款等。因债务证券承诺未来支付固定数额的利息，所以又称之为固定收益证券。

2.2.2   资本证券

资本证券是公司发给所有者对其资产的要求权。资本证券的未来收益具有不确定性，普

---

① 詹姆斯·C·范霍恩，小约翰·M·瓦霍维奇. 现代企业财务管理. 11 版. 北京：经济科学出版社，2002：30.

通股是一种典型的资本证券，普通股的股息、红利取决于公司的盈利状况及股利政策。股票的资本要求权，体现为每股有权获得相同数量的收益，对公司的管理事务具有投票权，对公司剩余资产的索取权等。

2.2.3 衍生证券

衍生证券是指其价值和收益决定于其基础资产（如外汇、存款单、债券、股票及商品等）预期价格变化的金融产品。它们的主要功能是管理与基础资产相关的价格波动风险。最常见的衍生证券有远期合约、期货合约、期权合约以及互换合约等。

2.3 金融机构

以融资方式，可以将金融机构划为金融中介机构与金融经纪人两大类。

2.3.1 金融中介机构

金融中介机构是一种向社会公众吸收货币，并发放贷款或进行其他类型金融资产投资的金融机构。金融中介机构大致可分为以下几种类型。

1. 存款型机构

存款型机构（Deposit Institutions）主要以吸收个人和机构的存款为其资金来源，资金运用主要为贷款与证券等资产形式的金融中介机构。这类金融中介机构主要包括商业银行、储蓄机构（如储蓄银行、邮政储蓄、储蓄贷款协会等）以及信用社等。

商业银行是最主要的存款型机构。它从个人、企业和政府吸收活期存款和定期存款，然后发放贷款及进行投资。贷款主要有商业贷款、抵押贷款、消费贷款等，主要投资于政府债券、公司债券和股票等。

其他存款型机构主要吸收个人储蓄，并向储蓄者发放住房抵押贷款和消费贷款等。

2. 契约型储蓄机构

契约型储蓄机构是以契约方式获得资金的金融中介机构。这类金融中介机构主要有人寿保险公司、财产保险公司、养老保险基金和其他退休基金等。

人寿保险公司（Insurance Companies）为因疾病、伤残及死亡而遭受的财务损失提供保险。保险公司依靠人们交纳的保险费和销售养老金获得资金，根据对人群伤亡概率的预测，将资金投资于债券、股票和抵押贷款。许多国家的金融法规严格限制保险公司对股票的投资数量。

财产保险公司对火灾、盗窃、汽车意外事故和其他意外事故遭受的损失提供保险。它主要依靠出售保险单获得资金，如果有大的保险事故发生，损失风险可能很大，财产和人寿保险公司需要保持更多的流动性资产。所以，它们主要投资于免税的地方政府债券，此外还有公司债券和国家政府债券。

养老保险基金（Pension Funds）和其他退休基金（Retirement Funds）是为向加入养老金计划的雇员以年金形式提供退休后的收入所建立的基金。基金的资金来源是员工或雇主的缴费，将基金积累的资金分期或以年金的形式支付给退休员工。养老基金将积累的基金主要投资于公司债券、政府债券和股票。

3. 投资型中介机构

这类金融中介机构主要包括金融（财务）公司、投资基金和货币市场投资基金等。

金融公司（Finance Companies）通过出售商业票据和股票来筹集资金，然后将资金贷给消费者（购买家具、汽车、修缮住宅等）和小企业。一些金融公司由其母公司组建的，目的在于帮助其销售产品，如汽车制造企业建立汽车金融公司向购买其汽车的消费者提供贷款。

投资基金（Mutual Investment Funds）面向公众发行基金股份，将募集的资金投资于股票和债券组成的各种资产组合。投资基金将众多的中小投资者的资金集中起来投资于有价证券，可以降低交易成本，同时多样化的组合投资可以分散风险。由于投资基金所投资的证券投资组合价值与价格的经常波动，投资于投资基金具有一定的风险。

货币市场投资基金具有投资基金的共同特点，所不同的是将它发行基金股份所筹集的资金投资于既有安全性又有流动性的货币市场工具。实际上货币市场投资基金的股份是一种支付利率，可签发一定数额的支票账户，这也是它的一个重要特点。

2.3.2 金融经纪人

经纪人并不直接进行资金的借贷，但他们在直接融资中扮演着将资金需求者与资金供给者联系起来的重要角色。这类机构主要有投资银行、抵押贷款银行以及证券交易所等。

1. 投资银行

投资银行（Investment Bank）是资本市场中出售有价证券的经纪（中间）人。其主要功能是帮助企业、政府以及其他实体通过发行证券筹集资金；承销新发行的证券并向投资者出售；还为公司的兼并或一家公司收购另一家公司提供咨询、融资等服务，有时作为发起人直接参与企业的并购。投资银行将资金的供求双方撮合在一起，提高了新证券的发行效率。

2. 抵押银行

抵押银行（Mortgage Bank）是取得抵押物并将其出售给投资者的金融机构。抵押银行主要获取建筑商和房地产商的土地、建筑物和其他不动产等抵押物，然后通过其发行不动产抵押证券，为建筑商和房地产商筹集资金。抵押物有时也来自企业和个人，抵押银行也接受股票、债券、黄金等抵押物。抵押银行一般不长期持有抵押物，它会将抵押物提供给最终投资者（投资者为机构或个人）。抵押银行为抵押物寻找投资者，承担抵押物发生意外时的连带责任，并从服务中收取佣金。

金融经纪人还有证券交易所、场外交易的柜台市场等。

2.4 金融基础设施

金融基础设施就是维护金融系统正常运行的基础，主要包括会计制度、支付清算系统、服务机构、政府金融机构、金融监管机构以及金融法规等。

2.4.1 金融法规和制度

为维护金融体系的有效运行，政府或管理当局制定了各种有关银行、证券、保险及信托等专门的金融法规和制度，并依此为依据监管金融机构，以规范金融系统的管理与活动，防止和惩治欺诈行为，维护金融系统的良好运行，保障国家的经济安全。

会计制度是金融基础设施的重要组成部分。为了降低财务信息的不对称在金融交易中所产生的逆向选择和道德风险，各财务主体必须遵循统一的会计标准和制度，使它们的财务信息公开、透明、准确，以便于投资者或交易者了解交易对方的真实情况。

2.4.2 支付清算系统

支付清算系统是为商品、服务和资产交易提供支付结算和资金清算的机制，其基本功能是为交易的款项支付提供安全、高效、低成本的清算途径或手段。支付清算系统的稳健运行，对于社会生活的正常运行具有极其重要的作用。

2.4.3 服务机构

服务机构主要包括资产管理公司、信息服务机构等。

资产管理公司又称投资管理公司，它们为个人、公司和政府提供咨询建议并接受委托代为经营管理各种资金，如投资基金、养老金、企业年金以及其他资产组合等。

信息服务机构主要有资信评级机构、征信机构、信息咨询机构等。主要业务为证券评级、企业资信评级，提供证券市场交易信息、财务数据、企业和个人的信用信息等。

2.4.4 政府金融机构

政府承担社会管理职能，政府通常授权于中央银行作为金融监管的机构，有的国家由财政部负责，有的国家设有专门的机构，还有的国家由政府授权行业协会或交易所等民间机构负责某些方面的金融监管。

1. 金融监管机构

中央银行的主要职能是金融管理与调控宏观经济。

一些国家金融监管由中央银行实行集中监管，有的国家实行多元监管，即设立若干专门的监管机构，例如在我国设有银行业监督管理委员会、证券监督管理委员会以及保险监督管理委员会。

2. 政策性金融机构

金融体系中还有一些由政府设立的特殊性金融机构，为有关国计民生和国家社会经济发展的一些基础项目提供融资便利或各类融资担保。前者，由政府出资设立提供优惠贷款的政策性银行，如开发银行、进出口银行及农业银行等金融机构；后者，由政府设立专门的担保机构或基金，为农民、学生、小企业的贷款提供担保服务。

2.5　金融市场的利率

金融市场中资源配置的基础是利率，利率引导资金的流动，使资金流向收益率高的资金需求者，从而提高资源的配置效率。利率是金融市场的核心机制。

金融市场中总体的利率水平取决于资金的供求状况。根据可贷资金理论的分析[①]，总体利率水平的变动，一方面取决于资金需求方的收入和财富、预期收益率、风险性、流动性、物价水平及通货膨胀预期等因素；另一方面则取决于资金供给方的投资盈利能力、借贷的真实成本及政府行为等因素。而根据流动性偏好理论的分析[②]，总体利率水平取决于货币供给与货币需求，并且货币需求随收入和物价水平的变动而变动，当货币需求和货币供给变动时，利率也随之变动。

在现实的金融市场中，有着许多种不同的资金借贷利率。在这里通过对利率的风险结构和利率的期限结构的分析，来了解各种不同利率之间的关系，理解各种债券利率不同的原因，使我们对利率有一个深入与全面的认识。

2.5.1　利率的风险结构

债券是一种债权、债务关系，所以债券利率反映了市场的资金借贷利率。

在金融市场上，存在许多期限相同而利率不同的债券，通常将债券的相同期限与不同利率之间的这种关系称之为利率的风险结构（Risk Management of Interest Rates）。在利率的风险结构中，债券的期限相同而利率不同以及波动的原因，主要有以下几个方面。

1. 违约风险

违约风险（Default Risk）是指债务人不能按约定的时间支付利息或到期时偿还本金，致使债权人遭受损失的可能性。在债券的期限和其他条件不变的情况下，债券的违约风险越大，利率也就越高。政府债券一般被认为是无违约风险的债券，其利率为无风险利率，其他与之相同期限的债券风险与收益一般以政府债券利率作为参照基准进行判断。违约风险债券与无违约风险债券之间的利率差距，称为风险溢价（Risk Premium）。债券的违约风险越高，风险溢价也就越大。

债券发行人的违约风险不同，债券的利率也就不同。一般而言，政府债券的违约风险最低，其利率最低；高信用等级的公司债券，违约风险大于政府债券，利率也高于政府债券；低信用等级的公司债券，违约风险最高，其利率也最高。

2. 流动性

流动性是指资产迅速以低成本转变为现金资产的能力。在期限和其他条件不变的条件下，证券的流动性越高，其市场的普遍接受性就越高，其市场的成交能力就越强。流动性差的证券，为获得出售的能力必须给予投资者流动性溢价作为补偿，所以其利率高于流动性高的债券。债券的价格与利率之间存在着负相关。

---

　①　米什金. 货币金融学. 6 版. 北京：中国人民大学出版社，2005：93-108.
　②　米什金. 货币金融学. 6 版. 北京：中国人民大学出版社，2005：109-118.

3. 税收

因为人们的收入是要缴纳所得税的，所以人们的收入是扣除所得税之后的可支配收入。在一些国家，地方政府发行的市政债券在市场出售时的利率低于同期的政府债券或公司债券。市政债券的违约风险高于政府债券，流动性也低于政府债券，但是它却能够以低于政府债券的利率在市场上出售，原因就在于市政债券的利息收入是免征所得税的。

【例 2 - 1】假设利息的所得税税率为 35%，某人以 1 000 美元的价格购买了一张面值为 1 000 美元、1 年期的国债，利息为 80 美元。在缴纳 28 美元的利息所得税之后，他的税后利息所得仅为 52 美元。国债 8% 的利率是税前利率，而他缴纳所得税之后的税后利率是 5.2%。

税后利率的计算公式为：

$$税后利率 = (1 - 税率) \times 税前利率$$

在本例中，国债的税后利率 = (1 - 35%) × 8% = 5.2%。

但是，假如以 1 000 美元购买了一张面值为 1 000 美元、1 年期、利息为 70 美元的市政债券，虽然市政债券 7% 的利率低于国债 8% 的税前利率，但是由于它是免税的，纳税之后的国债收益率要低于市政债券，所以人们更愿意持有风险稍高、流动性稍差的市政债券。

4. 期权特征

影响债券利率的另一个因素是证券中包含的期权特征，如附加可转换权、认股权、赎回权等条款的债券。可转换或认股权的特征，给予了投资者按特定价格购买普通股的选择权，对投资者有吸引力，这会导致债券价格上升，利率下降。而可赎回的特征不利于投资者，因而会导致债券的价格下降，利率上升。

2.5.2 利率的期限结构

当我们考察期限不同，而风险、流动性和税收等其他因素相同的债券时，将债券期限与利率之间的关系称之为利率的期限结构（Term Structure of Interest Rates），在图 2 - 2 中将描述这种关系的曲线称之为收益率曲线（Yield Curve）。

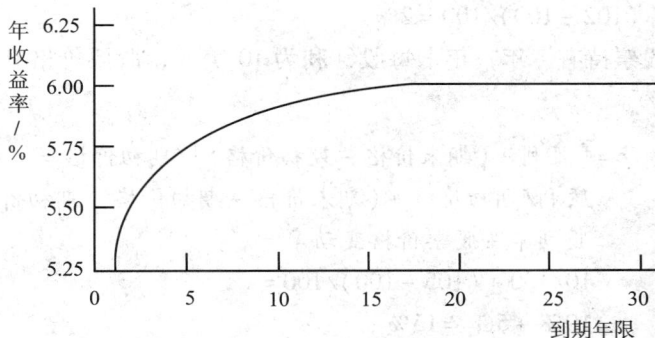

图 2 - 2 政府债券的收益率曲线

收益率曲线一般主要以政府债券为基准，来描述利率的期限结构。收益率曲线主要分为向上倾斜（正向收益率曲线）、水平和向上倾斜（反向收益率曲线）三种类型。经济学家将经济中最常见的正斜率的收益率曲线作为期限结构的模型，用以解释期限对债券利率的影响。在向上倾斜的收益曲线中，短期利率低于长期利率的原因，一般的解释是：债券的期限越长，其风险越高，流动性越低。因此，市场对于长期债券的投资者，必须给予一个风险溢价和流动性溢价作为补偿。

解释利率期限结构的理论主要有 3 种，即预期理论、分割市场理论和流动性溢价理论[①]。

2.5.3 利率与收益率

在市场中，投资于一种证券的收入水平，是以收益率来衡量的。虽然，我们一般将政府债券、公司债券以及贷款协议等固定收益证券的利率，表述为事先承诺的收益率。但利率与收益率还是有区别的，收益率是证券持有者获得的利息率与该证券市场价格变动率之和。证券市场价格受各种因素的影响是经常变动的，所以证券的利率与其收益率有时可能是不同的。

【例 2 - 2】假设某人购买了一张面值为 1 000 美元、5 年期、票面利率为 10% 的债券。如果他一直持有它到期为止，那么他的年收益率就等于债券的票面利率，即 10%。如果他持有它在 1 年之后，以 1 050 美元的市场价格卖出，他的收益就是 10 美元的利息再加上市场价格变动带来的收益，我们将在持有期因证券市场价格上涨或下跌所形成的收益或损失，称之为资本收益。这样，他的年收益率就是：

$$收益率 = [利息 + (卖出价格 - 面值)]/面值 =$$
$$[100 + (1\,050 - 1\,000)]/1\,000 = 15\%$$

依据收益率的定义，我们以公式将收益率表示为利息率与价格变动率之和，即：

$$r = 利息/面值 + (卖出价格 - 面值)/面值 =$$
$$利率 + 价格变动率$$

再以风险资产的股票为例，道理是相同的。

【例 2 - 3】假设某人以 100 美元购入一股股票，2 天以后以 102 元的市场价格卖出，这时他的收益率就是：$(102 - 100)/100 = 2\%$。

假如他将这张股票持有 1 年，年末每股红利为 10 美元，股票价格升至 105 美元，这时他的年收益率为 15%。

$$r = [股利 + (期末价格 - 期初价格)]/期初价格 =$$
$$股利/期初价格 + (期末价格 - 期初价格)/期初价格 =$$
$$股利率 + 股票价格变动率 =$$
$$10/100 + (105 - 100)/100 =$$
$$10\% + 5\% = 15\%$$

注意，无论这时他是否卖出股票，都以当时的市场价格来衡量他的收益率，即都是 15%。

---

① 米什金. 货币金融学. 6 版. 北京：中国人民大学出版社，2005：131 - 139.

2.5.4　名义利率与实际利率

预期通货膨胀也是影响利率或收益率的一个重要因素。名义利率是指借贷中债务人承诺的到期支付的利息与本金的比率。在金融交易中承诺的利率报价一般都是名义利率，如固定收益证券中的公司债券利率、政府债券利率以及存、贷款利率等。实际利率是对名义利率按货币购买力变动修正后的利率，连续复利的一般公式为：

$$实际利率 = 名义利率 - 通货膨胀率$$

在财务决策中，专业人员必须使用精确的计算方法，精确的公式为：

$$实际利率 = (名义利率 - 通货膨胀率)/(1 + 通货膨胀率)$$

假设银行存款的年利率为5%，年通货膨胀率为3%，那么：

$$实际利率 = (5\% - 3\%)/(1 + 3\%) = 1.94\%。$$

从这里我们可以看到，固定收益证券或合同也并非是无风险的，尽管其利率是事先承诺的，即使无违约风险，但由于通货膨胀其实际收益仍然是不确定的。

2.6　金融系统的基本功能

股东财富的最大化目标是在公司所处的金融环境中实现的，各项财务决策的制定与实施依赖于金融系统，有效地运用金融系统才能进行资源在时间上的有效配置。金融系统的核心功能是通过资金融通实现资源的有效配置，以此为基础延伸出其他基本功能。

2.6.1　提供资源转移的途径

公司生产经营所需资源的获得是以资源的转移为前提的，金融系统提供了资源在时间上和地区间转移的有效途径。

金融系统提供了资源在不同时间上的转移途径。企业和家庭放弃他们现在的一部分收入（储蓄），以购买存款、养老金、基金证券等形式存入金融中介机构，金融中介将这些资金借给资金的需求者，将资金盈余单位的未来消费或使用的资源转移到现在消费或使用资源的个人和企业，提高了资源的使用效率，从而也促进了人们的福利和经济增长。

金融系统也提供了资源在不同地区或国家之间的转移途径。资金从其获得地区或国家通过金融市场以直接或间接的形式转移到另一个地区或国家，从而实现经济资源的转移。不同地区或国家之间的资金和资源的转移，主要表现为一国对另一国的贷款、直接投资（如独资企业、合作企业及股份制企业）、间接投资（如债券、股票）等多种形式。

在国际经济一体化趋势和网络经济下，金融系统的资源配置功能越来越重要。

2.6.2　提供风险管理的手段

资金转移的同时也伴随着风险的转移，金融系统具有分散风险和将风险转移给愿意承担风险并获得预期收益的投资者的这种机制。因此，它为企业进行投融资活动提供了风险管理的手段。

在资本市场中，公司通过发行股票、债券或向银行借款筹集所需资金，实际就是分散和转移风险的过程。因为，公司一旦经营失败，投资者或银行承担着相应的商业风险。金融系统分散风险的功能对设立企业、增加社会财富起到了促进作用。可以设想，如果没有金融系统分散风险的功能，在规模竞争的时代没有谁会愿意，也没有谁能够独自承担开办企业或巨额投资的风险。若没有金融系统分散风险的功能，即承担风险不能赚取相应的报酬，社会经济就缺乏效率和增长力。

在金融系统中，保险公司是进行风险转移的主要金融机构。金融系统还为商业融资者提供许多风险转移的方式，例如金融机构提供的各种信用担保、履约担保、票据承兑、信用证等服务。在现代金融市场中，交易中的大量金融合约其本身就是为转移风险而进行的，而不是为了转移资金，例如期货、期权以及互换这些衍生金融产品就是这种转移风险的工具。

2.6.3 提供支付清算的方式

金融系统为人们和企业在购买商品、服务时提供了支付款项的有效手段。

金融系统为家庭提供了纸币、信用卡等支付手段，满足了人们在购买物品、获得服务或旅游时的支付便利。

金融系统为企业提供了支票、银行汇票、支付委托书等各种转账支付工具。这不仅可以使企业快捷、准确、安全地完成交易，并且节约了货币的清点、携带、运送和保管的费用，避免了持有现金的风险，节约了交易时间，加快了交易速度和资金的周转速度。

金融系统的支付清算系统，通过组织票据交换、办理异地跨行清算，为私营清算机构提供差额清算服务，提供证券和衍生工具交易的清算服务，提供跨国支付服务，提高了支付清算的效率，减少了资源耗费。支付清算系统的稳健运行，为国内、国际经济活动和社会生活的正常运行提供了重要的保障。

2.6.4 提供储蓄向资本转化的途径

现代经济中，企业所需的资金一般大大超过了个人或家庭的储蓄数量，金融系统将一个个家庭的小额储蓄聚集起来，投资于分割的股份，从而为个人或家庭提供了投资于巨额资产的投资机会。

投资基金通过发行基金股份或证券，将众多分散的小额资金聚集起来投资于各种证券，将大面额的证券转化为可分的基金证券，为家庭投资于大面额证券提供了途径。另外，投资基金的组合投资，也起到了分散风险的作用。

2.6.5 提供信息

现代经济也是信息经济，人们为进行各种交易或做出经济决策而获取信息的一个重要来源就是金融系统。

人们进行证券交易，可以从每天的报刊、广播、电视或网络系统获得由证券交易所、银行、信息服务机构等提供的证券（股票和债券）价格、利率、汇率的信息，并以此为依据来制定投资决策、融资决策和储蓄决策。

企业在选择投资项目以及为该项目筹集资金时，需要从市场获得信息才能对该项目进行分析，以确定是否值得投资。在经理和管理人员对自己的企业进行价值评估时，需要从市场了解自己公司股票的价格以及市场利率，才能进行合理的定价。

2.6.6 提供解决信息不对称问题的方法

信息不对称，影响了资源配置的效率，增加了交易风险。金融系统为交易中由于信息不对称所产生的逆向选择和道德风险提供了解决的方法。

由于信息不对称，在交易中一方拥有另一方所没有的信息，这样容易使债权人或销售方与最可能违约或对自己最不利的一方成交，致使在合约到期时不能偿付资金从而导致债权人的损失，这就是逆向选择。在交易成交后，债务人在到期有意不偿还资金，或不按合约的规定改变资金的用途，或以牺牲债权人的利益为代价将资金投向高风险部门，从而导致债权人发生损失，这就是道德风险。在委托人与代理人关系中，当股东与债权人发生利益冲突时，管理者常常以牺牲债权人利益为代价来保护股东的利益；公司的经营管理者掌握着比股东更多的信息，可能利用对公司的控制权为自己牟利，从而损害股东利益，形成委托-代理关系中的道德风险问题。

健全的金融系统为减少逆向选择，降低道德风险提供了解决的办法。例如，在贷款中，债权人从金融机构、信息服务机构或征信系统获得借款人的信息，分析借款人的资信状况，以确定其信用等级和授信额度，决定是否贷款。又如，采用抵押贷款、担保贷款等方式，可以减少贷款者的监督成本，制约借款人的道德风险。再如，在贷款协议中附加制约股东或借款人行为的各种限制性条款，以保护债权人利益。还如，授予管理者一定份额的期权，将管理者的业绩与所得联系起来，以增强委托人与代理人之间的利益一致性。

金融系统的结构不是一成不变的，其功能效果也并不是尽善尽美的。它的结构与功能效果，会随着社会经济发展和金融创新而不断发展变化。

复习思考题

思考题

1. 货币市场与资本市场、一级市场与二级市场有何区别？
2. 选择一个你所熟悉的金融机构，解释它的经济作用。
3. 哪些因素导致了期限相同的债券有着不同的利率或收益率？
4. 一般而言，在国库券、公司债券和股票这三种证券中，哪种证券的风险最大，预期收益率最高？哪种证券的风险最低，预期收益率最低？为什么？
5. 名义利率与实际利率有何区别？在衡量真实收益时，应该使用哪种利率？
6. 在什么情况下，（名义）利率与收益率是相同的？在什么情况下，两者是不同的？

7. 对人们福利或企业财富具有实际意义的收益率是税前收益率还是税后收益率？为什么？

8. 金融系统有哪些基本的功能？这些功能对社会经济与个人福利有什么作用？

计算题

1. 假设某公司债券的年利率为5%，所得税税率为40%。该债券的税后利率是多少？

2. 某公司债券的票面利率为7%，而某地方政府债券的票面利率为5%，地方政府债券是免交所得税的。如果所得税率为35%，你应投资于哪种债券？为什么？

3. 假设某人购得一张面值为1 000美元的债券，其年利率为4%，期限为8年。如果持有1年后以1 020美元的市场价格卖出，那么他的年收益率是多少？

4. 假设某人存入银行1 000美元，期限5年，年利率为6%。此间，年通货膨胀率为3%。不考虑税收因素，他存款的实际利率是多少？

5. 假设某人在年初以每股120美元购买了某公司的普通股票，到年底该股票的每股股息为15美元，市场价格为115美元。

   （1）他投资的年收益率是多少？

   （2）如果年通货膨胀率为3%，他的实际收益率是多少？

   （3）如果个人所得税税率为35%，他投资的实际税后收益率是多少？

◇ 第 **3** 章

财务报表与财务计划

3.1 财务报表的基本内容

财务报表是对公司经营状况的记录与反映，其主要包括资产负债表、损益表和现金流量表。

3.1.1 财务报表的基本功能

财务报表具有以下几个基本的经济功能。

(1) 为公司的所有者（即股东）提供关于公司现在和过去经营业绩的财务信息。

(2) 为公司的债权人提供公司运营状况和资金使用状况的信息。

(3) 为政府管理部门提供相关的信息。

(4) 为公司的管理者制定和实施金融决策，控制和管理公司的经营活动提供财务信息。

3.1.2 资产负债表

公司的资产负债表反映了企业在某一时点（如月末、季度末或年末）的资产、负债与所有者权益的基本状况。它是按照会计原则以历史成本来计量资产、负债和权益的价值的。资产负债表的基本等式是：资产 = 负债 + 股东权益。

下面以假设的 XYZ 公司两年的资产负债表（见表 3 – 1）来说明公司资产负债表的基本内容和所反映的信息。

表 3 – 1 XYZ 公司的资产负债表

2008 年 12 月 31 日、2009 年 12 月 31 日   单位：百万美元

资　　产	2008 年	2009 年	变 动 额
现金及其等价物	324	351	27
应收账款	127	169	42
存货	237	230	(7)

续表

资 产	2008 年	2009 年	变 动 额
预付费用	35	53	18
流动资产合计	723	803	80
固定资产原值	1 134	1 322	188
累计折旧	(283)	(314)	(31)
固定资产净值	851	1 008	157
长期投资	65	71	6
其他长期资产	189	175	(14)
资产总计	1 828	2 057	229

负债和所有者权益	2008 年	2009 年	变 动 额
银行借款和应付票据	156	188	32
应付账款	66	91	25
应计税金	3	4	1
其他应计负债	35	61	26
流动负债合计	260	344	84
长期债务	255	310	55
负债合计	515	654	139
普通股（实收资本）	900	900	0
留存收益	413	503	90
权益合计	1 313	1 403	90
负债与权益总计	1 828	2 057	229

其他数据①：			
每股市价（美元）	180	162	(12)
发行在外普通股（万股）	500	500	0

注释：

现金及等价物：主要包括库存现钞、银行存款以及高流动性的短期证券等。

应收账款：公司销售产品、材料或提供劳务等向客户应收而未收取的款项。

存货：原材料、在产品和产成品。

预付费用：已支付但尚未发生交易的款项，如预付定金等。

固定资产原值：以原始成本计价所购置的土地、建筑物和设备等。

累计折旧：以原值计算的固定资产的累计折旧。

长期投资：投资于 1 年期以上的证券或其他投资。

应付账款：购买商品或接受劳务等应付而未付的款项。

应计税金：预计而尚未支付的税金。

其他应计负债：应付工资、应付股利等。

长期负债：偿还期在 1 年期以上的债务，例如长期债券、长期借款等。

普通股：股东投入公司的最初资本额。

留存收益：保留在公司内部的盈利，用于再投资。

_____

① 其他数据并不列示在资产负债表中。

3.1.3　损益表

损益表是衡量公司一段时期内（如一年）的收入和费用，并最终以净利润列示其收益的财务报表，损益表也称为利润表或收益表。

公司的收入是其向客户销售产品和提供服务的收入。公司的费用主要有 4 类，即销售成本、管理费、利息费用以及公司所得税。公司销售收入减去各项费用的差额为净收益，也称为净利润。

表 3 - 2 列示了 2009 年 1 月 1 日—12 月 31 日 XYZ 公司的损益表。

表 3 - 2　2009 年 XYZ 公司的损益表

单位：百万美元

销售收入	675	利息费用	23
销售成本	360	税前利润	191
毛利	315	所得税（税率35%）	67
销售和管理费用	70	净收益	124
折旧	31	现金股利	34
营业收入（EBIT）	214	留存收益变动	90

注释：

销售收入：销售商品或提供劳务，从客户已收到的或应收的销售款项。

销售成本：直接与经营活动有关的费用，主要包括直接人工成本、原材料、燃料及制造费用等成本。

销售与管理费用：销售产品的运输费、销售人员的工资、广告费、管理人员工资及福利等。

营业收入：也称营业利润或息税前利润。

利息费用：借入资金的利息支出。

净收益：也称净利润或税后利润，是股东可分配的利润。

现金股利：分配给普通股股东的红利。

留存收益：再投资。

3.1.4　现金流量表

现金流量表是反映公司在一段时间内（如一年）的现金流入与流出状况的财务报表。现金流量反映的现金增减变化就是现金及等价物的变化。现金流量表的主要数据来自于资产负债表和损益表，参考这两个基本财务报表提供的信息来使用现金流量表，具有以下基本作用。

（1）现金流量表集中反映了公司在一段时期内的现金头寸的变化，也就是公司在运营中产生的偿还债务、支付利息和股利的未来净现金流入量的能力。

（2）现金流量表显示了净现金流与净收益的区别。损益表中的净收益，是以权责发生制为基础计算的结果，所以其每一笔经营收入或每一笔费用支出并不都是现金流入或现金流出。而现金流量表则是以实际发生的现金流为基础的，这有助于管理者正确地判断公司未来净现金流量的能力。

（3）现金流量表反映的现金增减变化是现金及等价物的变化，按现金流量的产生与公司经营活动的对应关系，现金流量可分为三个类型：经营活动中的现金流量、投资活动中的现金流量和融资活动中的现金流量，具体内容如表 3 - 3 所示。

表 3 - 3   现金流量的 3 个组成部分

1. 经营活动中的现金流量

现金流入：销售商品和提供劳务收入的现金；债权投资的利息收入与股权投资的股利收入所收到的现金

现金流出：购买商品或劳务支付的现金；向员工支付工资的现金；向贷款者支付的利息；向政府支付的税金；支付的其他经营费用等

2. 投资活动中的现金流

现金流入：出售固定资产（财产、厂房、设备）取得的现金；出售企业对外贷款和其他实体的股票（非现金等价物）收到的现金

现金流出：为取得固定资产（财产、厂房、设备）支付的现金；购入债权或股权（非现金等价物）支付的现金

3. 融资活动中的现金流量

现金流入：借款收到的现金；出售公司股票收到的现金

现金流出：偿还债务支付的现金；回购公司股票支付的现金；分配股利支付的现金

现金流量表的编制可以采用直接法和间接法两种形式，两种形式的计算结果相同。两者的区别在于经营活动中现金流量的计算方法不同，而在投资活动和融资活动上的计算方法是完全相同的。表 3 - 4 列示了根据 XYZ 公司 2009 年资产负债表和损益表编制的这两种形式的 XYZ 公司 2009 年的现金流量表。

表 3 - 4   2009 年 1 月 1 日—12 月 31 日 XYZ 公司的现金流量表

单位：亿美元

经营活动中的现金流量			
表 3 - 4A 间接法		表 3 - 4B 直接法	
净收益	1.24	销售收入	6.75
+ 折旧	0.31	− 应收账款的增加	(0.42)
− 应收账款的增加	(0.42)	来自客户的现金收入	6.33
+ 存货的减少	0.07	− 销售成本	(3.60)
− 预付费用的增加	(0.18)	+ 存货的减少	0.07
+ 应付账款的增加	0.25	+ 应付账款的增加	0.25
+ 应计税金的增加	0.01	对供应商的现金支出	(3.28)
+ 其他应计负债的增加	0.26	− 销售和管理费用	(0.70)
经营活动中的现金流量	1.54	− 利息费用	(0.23)
		− 预付费用的增加	(0.18)
		+ 其他应计负债的增加	0.26
		其他经营性现金支出	(0.85)
		− 缴纳的税金	(0.67)
		+ 应付税金的增加	0.01
		纳税的现金支出	(0.66)
		经营活动中的现金流量	1.54

续表

投资活动中的现金流量	
－ 固定资产增加	(1.88)
－ 长期投资增加	(0.06)
＋ 其他长期资产减少	0.14
投资活动中的现金流量	(1.80)
融资活动中的现金流量	
＋ 短期负债增加	0.32
＋ 长期负债增加	0.55
－ 股利支付	(0.34)
融资活动中的现金流量	0.53
现金及有价证券的变动（净现金流）	0.27

净收益与现金流量（或净现金流）是两个不同的概念或数额，其原因在现金流量表中得到了明确的解释。

1. 经营活动中的现金流量

表 3 –4A（间接法）对经营活动中现金流量的计算，从以下几个方面对净收益进行了调整。

（1）净收益加上在计算营业收入时扣减的折旧。折旧是一项非现金的费用支出，在购买资本性资产（房屋、土地及设备）之时发生的现金支出，已按其预计使用年限分摊于每一会计期间的费用。因此，为了从净收益 1.24 亿美元中计算现金流量，需要再加上从营业收入中已扣除了 0.31 亿美元的折旧。

（2）净收益减去（加上）应收账款的增加（减少）额。损益表中的营业收入为 2.14 亿美元，这是公司向客户提供的商品与劳务的价值。但是，应收账款增加了 0.42 亿美元，这意味着实际只向客户收取了 1.72 亿美元的现金。所以，需要从净收益中再减去应收款的增加数额。

（3）净收益加上（减去）存货的减少（增加）额。年末比年初存货减少了 0.07 亿美元，这意味着库存占用的现金减少，相应增加了现金流入。但这笔现金流入在计算净收益时并未考虑，所以还需要加上 0.07 亿美元的存货减少额。

（4）净收益加上（减去）应付账款的增加（减少）额。应付账款的增加额为 0.25 亿美元，意味着 XYZ 公司占用供应商的资金而增加了现金流入，这在计算净收益时未加考虑。所以，需要对净收益加上应付账款的增加额。

（5）净收益加上（减去）应计税金增加（减少）额和其他应计负债的增加（减少）额。应计税金增加 0.01 亿美元、其他应计负债增加 0.26 亿美元，它们是公司当年的现金流入，这在净收益的计算时也未考虑。所以，需要对净收益加上这两项的增加额。

将上述各项经营活动的现金流量加总，XYZ 公司经济活动中的现金流量为 1.54 亿美元。

在表 3 –4B（直接法）对经营活动中现金流量的计算，对净收益从以下几个方面做了调整。

（1）在来自客户的现金收入中，销售收入中减去（加上）应收账款的增加（减少）额。应收账款是公司向客户应收而未收的现金，在损益表中并没有考虑应收账款。而公司关心的是实际收入的现金，所以应当从公司当年的销售收入 6.75 亿美元中减去当年应收款的增加额 0.42 亿美元，之后的数额 6.33 亿美元是 XYZ 公司向客户销售商品和提供劳务获得的现金流入。

（2）对供应商的现金支出中，销售成本中加上（减去）存货的减少（增加）额，再加上（减去）应付账款的增加（减少）额。公司购买供应商的产品总量由销售成本与存货增加额组成。公司可以现金形式支付货款，也可以应付账款形式获得商业信用。所以，XYZ 公司实际向供应商支付的现金是销售成本 3.60 亿美元减去存货减少额 0.07 亿美元，再减去应付账款增加额 0.25 亿美元。所剩数额 3.28 亿美元是公司向供应商实际支付的现金。

（3）其他经营性现金支出主要包括销售和管理费、利息费用、预付费用和应计费用的变化。XYZ 公司当年的销售和管理费 0.70 亿美元加上当年的利息费用 0.23 亿美元，再加上当年预付费用增加额 0.18 亿美元，最后减去其他应计负债增加额 0.26 亿美元。XYZ 公司其他经营性现金支出为 0.85 亿美元。

（4）纳税的现金支出。损益表中的纳税额常常与公司当期实际税收支付额不一致，这是因为损益表中的纳税额是按应税收入计算的，没有考虑公司可以延期支付的税款。所以，XYZ 公司的纳税额 0.67 亿美元减去应付税金增加额 0.01 亿美元，其当期的实际纳税额为 0.66 亿美元。

将上述各项经营活动的现金流量加总，得到 XYZ 公司在经营活动中的现金流量为 1.54 亿美元，这个数额与间接法计算的结果相同。对投资活动中现金流量和融资活动中现金流量的计算，直接法与间接法都是一样的。

2. 投资活动中的现金流量

表 3 - 4 显示，XYZ 公司 2009 年的投资现金流出为 1.80 亿美元。它由以下 3 部分组成。

（1）XYZ 公司资产负债表中的固定资产投资由年初的 11.34 亿美元增至年末的 13.22 亿美元，现金流出增加了 1.88 亿美元。这里需要注意的是，投资增加额是按固定资产原值来计算，而不是按固定资产净值计算的，也就是不计算折旧费用，因为它是非成本费用，在计算现金流量时不予考虑。

（2）资产负债表中长期投资由年初的 0.65 亿美元增至年末的 0.71 亿美元，现金流出增加了 0.06 亿美元。

（3）其他长期资产由年初的 1.89 亿美元减至年末的 1.75 亿美元，减少了 0.14 亿美元。前两项的投资现金流出之和为 1.94 亿美元，减去本项的现金流入 0.14 亿美元，ZYZ 公司投资活动中的现金流出为 1.80 亿美元。

3. 融资活动中的现金流量

融资活动中的现金流量主要包括公司从债权人或股东获得的现金和流向公司债权人或股东的现金。表 3 - 4 显示，2009 年 XYZ 公司融资活动中的现金流入为 0.53 亿美元，其中：

（1）公司的短期负债由年初的 1.56 亿美元增至年末的 1.88 亿美元，现金流入增加了 0.32 亿美元。

（2）长期债务由年初的 2.55 亿美元增至年末的 3.10 亿美元，现金流入增加了 0.55 亿美元。

（3）XYZ 公司当年向股东支付红利为 0.34 亿美元。前两项的现金流入之和，减去本项的现金流出，XYZ 公司 2009 年融资活动中的现金流量为 0.53 亿美元。

XYZ 公司 2009 年的现金流量表显示了，公司当年经营活动中的现金流入量为 1.54 亿美元，投资活动中的现金流出量为 1.80 亿美元、融资活动中的现金流入量为 0.53 亿美元，三者之和即净现金流入为 0.27 亿美元。可以看出，XYZ 公司主要通过经营活动和融资活动来增加现金流量；主要融资来源于短期负债和长期负债；现金流出主要是固定资产投资。

3.1.5　财务报表说明

公司财务报表还包括一些提供相关信息的说明，这些内容主要包括：所采用的会计方法，如存货成本的计算方法、计提折旧的方法等；公司资本结构中附加条款的解释，评估公司被并购的可能性等；公司经营状况的说明，主营业务与其他业务的结构变化，再投资盈利机会的评估等；表外项目的说明，反映影响公司财务状况的金融合约，如远期合约、互换交易、期权交易等衍生交易合约，等等。

财务报表说明通常不是对财务报表本身的说明，而是提供与公司财务状况相关的重要信息。

3.2　账面价值与市场价值

我们必须注意，资产负债表中资产、负债与股东权益是按历史成本计量的会计账面价值，它不是按市场价值估值的实际经济价值。所以，资产负债表上的股东权益，并不是能够真实反映公司股东的真实价值。理解财务报表的这一特征，对于公司的金融决策极为重要。

3.2.1　账面价值不同于市场价值

按照会计标准入账的资产和所有者权益的会计价值，称为账面价值（Book value）。按账面价值列示的资产总额减去负债与优先股之和，称为公司的账面价值。以股东权益的账面价值除以发行在外的普通股股数，就是公司的每股账面价值。市场价值就是市场的交易价格，每股市价是投资者愿意就公司每股普通股所支付的价格。

在表 3 - 1 中，我们可以看到，2009 年 XYZ 公司的账面价值为 14.03 亿美元，每股的账面价值为 280.6 美元（14.03 亿美元/500 万股）。但是，公司的每股市价却为 162 美元。

账面价值不等于其市场价值的原因如下。

（1）账面价值忽略了公司一些具有重要经济价值的资产和负债。会计上的资产负债表经常忽略了一些具有重要经济价值的资产，比如公司产品和服务的良好商誉，公司通过过去研发支出或培训职工形成的知识基础，显然这些没有计入的无形资产会增加公司的市场价值。虽然，资产负债表中也计入了一些无形资产，但不是按照市场价格核算的。

会计上资产负债表还忽略了一些重要经济价值的负债。例如，如果公司卷入法律诉讼可能引起公司或有负债，并不会在账面价值中得到反映。

（2）资产负债表是按历史成本计价而不是按市场价值计价的。会计上的资产负债表忽视了资产和负债的市场价格未实现的收入或损失。例如在一段时期内的公司资产（例如设备、地产或房产等）的市场价格下降了，但是只要公司在这一段时期内没有发生这些资产的交易，资产的账面价值就不会发生变化。

再有，会计计量的收入是扣除借入资金的成本即利息费用之后的收入，但并不相应地扣除所用资本金的成本。例如，某公司获得100万美元的收入，其资产占用了1 000万美元股权资本，其资本成本为12%，那么从金融决策分析的角度，该公司亏损了20万美元(100 - 1 000×12% = -20万美元)。这里会计利润为正的，但是没有弥补其包括资本成本在内的基本成本。

3.2.2 股东收益不同于账面收益

账面价值不同于市场价值也导致了股东收益的计量差异。公司股东的收益是指在一段特定时期内（如一个季度、一年或若干年）股东个人财富的增加量，衡量的直接方法是计算这一段时期内投资于公司股票的每股收益率。每股收益率的公式为：

$$r = (股利 + 股票期末价格 - 期初价格)/股票期初价格$$

以XYZ公司为例，其2009年年初的每股市场价格180美元，年末的每股市价为162美元。公司当年的每股现金股利为6.8美元（股利34 000 000美元/在外流通5 000 000股），那么2009年投资于XYZ公司股票的收益率为

$$r = (6.8 + 162 - 180)/180 = -6.22\%$$

而按照会计方法，衡量公司业绩的指标是净资产收益率（ROE）。ROE是净收益除以股东权益的账面价值。表3 - 1，2009年年底XYZ公司的股东权益14.03亿美元；表3 - 2，2009年XYZ公司的损益表中的净收益为1.24亿美元。由此得到XYZ公司的净资产收益率为：

$$ROE = 净收益/股东权益 = 1.24/14.03 = 8.84\%$$

可见，公司的净资产收益率与股东投资于公司的股票的全部收益率之间没有必然联系。

3.2.3 账面价值与金融决策基本无关

在绝大多数情况下，账面价值与金融决策无关。

例如，假设XYZ公司3年前以200万美元购置了一台设备、经济寿命为10年，计提折旧后现在设备的账面价值为140万美元。但由于生产技术的发展变化，该设备的市场价格已降为100万美元。假设，该公司现在计划以更先进的设备替换原有的这台设备。那么公司在投资决策中，依据相关替代品的价值来评估项目的设备价值，一定是当前的市场价格100万美元，而账面价值与此无关。

再如，某公司的某种库存原材料，年初每吨为2 000美元，现在它的市场价格为每吨2 500美元。很明显，在该公司生产决策中考虑的原材料成本一定是当前的市场价格，而每

吨 2 000 美元的初始成本则毫无意义。

所以，为了作出决策，应当使用的正确价值是无时无刻的市场价值。

3.3 财务报表的分析

对公司经营状况的分析可以使用许多方法，按照逻辑关系，分析者无论采用哪种方法，这些分析主要涉及公司的财务状况和经营成果、公司的资金需求量以及公司的经营风险，这三个方面的分析综合起来最终用于决定公司的融资需求。

3.3.1 财务比率分析法

财务比率一般是两个财务报表数据相比得出的指数，运用财务比率对公司经营业绩与效率进行分析，称之为财务比率分析法，它是公司财务分析的基本方法。

1. 财务比率的类型与分类

按照比率数据的来源，财务比率可以分为两大类：一类是资产负债表比率，这类比率直接来源于公司的资产负债表，这些比率分析概括了公司某一时点的财务状况，如流动比率、速动比率、财务杠杆比率等。另一类是损益表比率或损益表/资产负债表比率，这些比率分析概括了公司在一段时期内（通常为一年）的某些经营成果。损益表比率将来自于损益表的一个流量项目与另一个流量项目相比较，如利息保障比率等；而损益表/资产负债表比率是以来自损益表的流量项目作为分子去除来自资产负债表的存量项目，这样当一个财务比率中既有损益表中的流量，又有资产负债表中的存量时，一般以资产负债表中的平均值作为分母。

按照分析的目标，财务比率具体可分为：盈利性比率、资产周转比率、财务杠杆比率、保障比率及流动性比率等。表 3-5 列示了主要的财务比率及分类。

表 3-5　主要的财务比率及分类

比　率　　公　式	说　明
盈利性比率	
（1）与销售收入相关的比率 　　销售毛利率 = 毛利润/销售收入 　　销售利润率 = EBIT/销售收入 　　销售净利率 = 净收益/销售收入	损益表比率 衡量销售收入的盈利能力，即每 1 元销售收入获得的毛利、或息税前收益、或净收益
（2）与资产相关的比率 　　资产收益率（ROA）= EBIT/平均总资产 　　投资收益率（ROI）= 净收益/平均总资产	损益表/资产负债比率 衡量资产利用效益的综合效果，即投入资本的盈利能力
（3）与权益资本相关的比率 　　净资产收益率（ROE）= 净收益/普通股权益	损益表/资产负债表比率 衡量股东权益的盈利能力

续表

比 率 公 式	说 明
资产周转率	
（1）与应收账款相关的比率①	损益表/资产负债表比率
应收账款周转率（RT）＝销售收入/平均应收账款	年度内应收账款转为现金的次数
应收账款周转天数（RTD）＝365/应收账款周转率	年度内收回应收账款的天数
（2）与存货相关的比率	损益表/资产负债表比率
存货周转率（IT）＝销售成本/平均存货	年度内存货周转的次数
存货周转天数（ITD）＝365/存货周转率	存货销售转为应收账款的天数
（3）与资产相关的比率	损益表/资产负债表比率
总资产周转率＝销售收入/平均总资产	总资产获得销售收入的盈利能力
财务杠杆比率	
（1）与负债相关的比率	资产负债表比率
债务比率＝总负债/总资产	反映资本结构中债务融资的比例
（2）与权益相关的比率	资产负债表比率
产权比率＝总负债/股东权益	反映资本结构中权益融资与债务融资的比例
（3）与资本相关的比率	资产负债表比率
长期负债/长期资本比率＝长期负债/长期资本	反映长期负债与长期资本的比例
保障比率	损益表比率
利息保障比率＝营业收入/利息费用	反映偿付借款利息的能力
流动性比率	资产负债表比率
流动比率＝流动资产/流动负债	流动资产偿还流动负债的能力
速动比率或酸性比率＝（流动资产－存货）/流动负债	流动性最高的资产偿还流动负债的能力
＝（现金＋应收账款）/流动负债	

2. 财务比率的应用

公司提供的财务报表是以绝对数字反映的公司财务状况，为进行财务分析提供了线索。而进行相对情况的比较分析，就需要使用财务比率这一重要的工具。运用财务比率一般涉及两个方面的比较分析。

（1）纵向分析。就是比较本公司不同时期的比率，以反映变化发展趋势。

（2）横向分析。就是将本公司同期比率与其他相似公司的比率相比较，或与同期的行业平均水平的比率相比较，以衡量本公司在行业中的地位和竞争能力。

下面结合 XYZ 公司 2009 年的资产负债表和损益表的数据，说明各种主要财务比率在财务分析中的运用。

1）公司盈利能力的分析

（1）与销售收入相关的比率分析。

$$销售毛利率(\text{Gross Profit Margin})＝毛利润/销售收入$$

---

① 由于应收账款、存货属于公司资产项目，同时又是公司流动资产的重要组成部分，所以应收账款、存货既可以划分在资产周转比率中，又可以可划分在流动性比率中。

$$销售利润率(ROS)=EBIT/销售收入$$
$$销售净利率(Net\ Profit\ Margin)=净收益/销售收入$$

销售毛利率没有考虑到销售和管理费用，所以通常选择销售利润率。

XYZ 公司 2009 年的销售利润率 = EBIT/销售收入 = 214/675 = 31.70%

由于：

$$营业收入=销售收入-销售成本-销售和管理费$$
$$销售收入=销售数量\times 单位产品销售价格$$
$$销售成本=销售数量\times 单位产品销售成本$$

所以，影响销售利润率的因素可归结为：销售数量、单位产品价格、单位产品成本、销售费用、管理费用的变动。在分析中，要看市场变化的影响以及公司对成本和费用控制能力。

在横向比较中，如果 XYZ 公司的销售利润率高于（低于）行业平均水平，则说明该公司每 1 元的销售收入获得的营业收入高于（低于）同类公司。

在纵向分析中，应综合上述三个比率观察本公司连续几年的各项盈利性比率的变化状况。

（2）与资产相关的比率分析。

$$资产收益率(ROA)=EBIT/(平均)总资产$$
$$投资收益率(ROI)=净收益/(平均)总资产$$

因为净收益受到公司经营活动中商业信用（如应收账款、预付费用、应付账款等）因素的影响，所以公司通常倾向于选择资产收益率这一指标[1]。

XYZ 公司 2009 年的资产收益率 = EBIT/（平均）总资产 =
214/[(1 828+2 057)/2] = 11.02%

将资产收益率分解为两个部分，有利于对公司资产收益率变化的原因分析。

$$资产收益率=(营业收入/销售收入)\times(销售收入/总资产)=$$
$$销售利润率\times 总资产周转率$$

因此，影响资产收益率变动的原因可分解为：销售利润率、资产周转率、营业收入、销售收入以及总资产的变化等几个因素。

如果，XYZ 公司的资产收益率高于（低于）行业平均水平，则说明该公司的每 1 元资产所产生的利润高于（低于）同类公司。

（3）与权益相关的比率分析。

$$净资产收益率(ROE)=净收益/股东权益$$
ZYZ 公司 2009 年的净资产收益率 = 124/1 403 = 8.84%

如果该公司的净资产收益率高于（低于）同行业的平均值，说明该公司每 1 元（账面）

---

[1] 如果在公司无法获得同类公司营业利润的数据时，则只能使用 ROI 这个比率。

股东权益获得的税后收益高于（低于）同类公司。

2）资产周转比率的分析

（1）与应收账款相关的比率分析。

$$应收账款周转率（RT）=销售收入/（平均）应收账款$$

ZYZ 公司 2009 年的应收账款周转率 =675/[（127 +169）/2] =4.56（次/年）

应收账款周转率反映了公司应收账款的质量和收账的能力，它说明了公司应收账款在年度内转变为现金的次数。在纵向分析或横向分析中，公司的应收账款比率越高，表明从实现销售收入到收回现金的时间越短，应收账款的控制管理越有效。

依据应收账款率的公式，可以推导出应收账款周转天数（RTD），又称为平均收现期。

$$应收账款天数（RTD）=365 天/应收账款周转率$$

XYZ 公司 2009 年的应收账款天数 =365/4.56 =80（天）

该指标显示了公司在年度内从取得应收账款到收回的平均天数。分析应收账款天数，在纵向比较和横向比较的同时，还要看公司给予客户的信用条件。

（2）与存货相关的比率分析。

$$存货周转率（IT）=销售成本/（平均）存货$$

XYZ 公司 2009 年的存货周转率 =360/[（237 +230）/2] =1.54（次/年）

该比率之所以在分子一项使用销售成本，原因在于可以避免因各个公司销售收入价格（成本之上加价）的不同，导致该比率的较大差异。将本公司的这一比率与同行业的平均水平相比较，可以观察本公司存货管理效率的高低。一般而言，存货周转率越高，存货管理效率越高。但是，某一高水平的存货周转率可能意味着存货占用过少，是缺乏存货的信号。所以，存货周转率只是一个粗略的衡量指标。

用存货周转率还可以推导出另一个衡量存货管理的指标，就是存货周转天数（ITD）。

$$存货周转天数（ITD）=365 天/存货周转率$$

XYZ 公司 2009 年的存货周转天数 =365/1.54 =237（天）

这个比率反映存货通过销售转换为应收账款所需的平均天数，表明 XYZ 公司每 237 天才能将存货卖出去。如果这个指标高于同行业的平均水平，则说明该公司的存货周转时间较慢，存货管理较差；相反，则说明该公司的存货管理较为有效。

（3）与资产相关的比率分析。

总资产周转率表示为公司每一元资产所产生销售收入的效率或水平。

$$资产周转比率 =销售收入/（平均）总资产$$

ZXY 公司 2009 年资产周转率 =675/[（1 828 +2 057）/2]=0.35

这个比率说明了 XYZ 公司年度内每 1 元资产只赚取了 0.35 美元的销售收入，或者说年度内的销售收入是平均总资产的 0.35 倍。如果这个比率高于同行业的平均水平，说明 XYZ 公司的资产利用效率是较高的。如果这个比率低于同行业的平均水平，可能是由于前面两个比率分析中的应收账款和存货的低效率所导致的。

固定资产周转率则反映了公司投资于（土地、建筑物和设备等）固定资产所产生的销售收入水平或效率。

$$固定资产周转率 = 销售收入/(平均)固定资产$$
$$XYZ 公司 2009 年的固定资产周转率 = 675/[(851 + 1\ 008)/2] = 0.72$$

该比率显示了 XYZ 公司年度内每 1 元固定资产产生销售收入为 0.72 美元，或者说销售收入是固定资产的 0.72 倍。将这一比率与同行业的平均水平相比较，衡量该公司固定资产的利用效率。

对公司资产的利用效率不能仅限于对某一项资产的分析上，还应运用应收账款、存货周转率、总资产周转率及固定资产周转率各项指标进行综合分析。

3）财务杠杆比率的分析

（1）与负债相关的比率分析。

$$债务比率 = 总负债/总资产$$
$$XYZ 公司 2009 年的债务比率 = 654/2\ 057 = 0.32$$

这一比率显示了 XYZ 公司的总资产中有 32% 来自外部的举债，其余的 68% 来自公司股东的权益资本。这意味着在公司清算时，其清算价值降到 68% 以下时，债权才会受到损失。股东权益资本的比率越高，公司债权人的保障程度越高。

（2）与权益相关的比率分析。

$$产权比率 = 总负债/股东权益$$
$$XYZ 公司 2009 年的产权比率 = 654/1\ 403 = 0.47$$

这个比率反映出 XYZ 公司的股东每提供 1 元资本，债权人就提供 0.47 元的贷款。产权比率越低，股东权益资本的比重越高，债权人利益的保障程度就越高。相反，股东一般希望较高的产权比率，一方面股东可以利用更多债权人的资金为自己赚钱，另一方面债权人更多地承担了公司的经营风险。将本公司的这一比率与同行业的平均水平相比较，产权比率越高，表明公司的信用水平越低，财务风险越高。

（3）与资本相关的比率分析。

$$长期负债/长期资本比率 = 长期负债/长期资本$$
$$ZYZ 公司 2009 年的长期负债/长期资本比率 = 310/(310 + 1\ 403) = 0.18$$

这个比率显示了公司长期负债在资本结构中的重要作用，说明了 XYZ 公司每 1 元的长期资本中，有 18% 来自于长期负债的融资。

4）保障比率的分析

$$利息收益倍数 = EBIT/利息费用$$
$$XYZ 公司 2009 年的利息收益倍数 = 214/23 = 9.30(倍)$$

该比率用以衡量公司偿付借款利息的能力。从会计角度看，XYZ 公司的营业收入即使降低到现在的 10.75%（1/9.30），仍能够保证对利息费用的支付。一般而言，利息收益倍数的比率越高，公司偿还借款利息的可靠性越大，其债务的安全性也越好。但是必须注意，实际上公司的利息费用和本金是用现金来支付的，而不是用营业收入。所以，利息收益倍数只是衡量公司付息能力的一个大致指标。

5）流动比率的分析

$$流动比率 = 流动资产/流动负债$$
$$XYZ 公司 2009 年的流动比率 = 803/344 = 2.33(倍)$$

XYZ 公司的这一比率意味着公司流动资产是流动负债的 2.33 倍，也就是说公司每 1 元的短期负债就有 2.33 元的流动资产作为偿付保证。一般而言，流动性比率越高，公司的清偿能力应越强。但是，流动比率没有考虑流动资产具体项目的流动性，所以只是一个粗略的评估指标。流动资产主要包括：现金、应收账款和存货，流动资产扣除流动性最差的存货是流动性最强的短期资产。因此，可以使用一个更精确的比率来衡量公司的流动性，这个比率称为速动比率（Quick Ratio）或酸性测试（Acid Test），其公式为：

$$速动比率(酸性测试) = (流动资产 - 存货)/流动负债$$
$$XYZ 公司 2009 年的速动比率 = (803 - 230)/344 = 1.67(倍)$$

速动比率考虑了流动性最强的资产：现金、有价证券和应收账款，因此比流动比率更准确。XYZ 公司的速动比率 1.67，每 1 元短期负债有 1.67 元的高流动性资产作为偿付保证。同样，以本公司的速动比率与同行业的平均水平相比，可以衡量本公司短期负债清偿能力的高低。但是要注意，流动比率和速动比率都不能说明公司应收账款和存货的实际水平是否合理，可能因为应收账款和存货占用资金过高，而导致这两个比率的虚假良好。因此，流动比率并不一定能完全反映出公司财务的实际状况。

3.3.2　杜邦分析法

杜邦分析法是一种财务比率的综合分析方法，它是杜邦（Du Pont）公司用来评价公司经营效率的一种特殊方法。其特殊之处在于对投资收益率（ROI）和净资产收益率（ROE）的综合理解，它弥补了财务比率分析的一些缺陷。

1. 投资收益率与杜邦分析法

在财务比率的应用中，衡量公司盈利能力的一个重要指标是投资收益率（ROI），又称为总资产盈利能力（Earning Power on Total Assets）。

$$投资收益率(ROI) = 净收益/总资产$$

杜邦分析法将 ROI 公式转换为：

$$投资收益率(ROI) = 净收益/销售收入 \times 销售收入/总资产 =$$
$$销售净利润率 \times 资产周转率$$

销售净利润率用以衡量公司的销售盈利能力，资产周转率用以衡量公司的资产管理效率，所以：

$$总资产盈利能力 = 销售盈利能力 \times 资产管理效率$$
$$XYZ 公司 2009 年的总资产盈利能力 = 销售净利润率 \times 资产周转率 =$$
$$124/675 \times 675/2\,057 =$$
$$0.183\,7 \times 0.328\,1 = 6.03\%$$

销售净利润率和资产周转率这两个比率都不能充分地说明公司的综合效率，因为销售净利润率没有考虑资产的利用效率，而资产周转率又没有考虑销售盈利能力。但是，杜邦分析法在投资收益率（ROI）中将这两个比率综合起来，则解决了这两个比率的缺陷。这样，在产品销售量和单位产品价格既定的条件下，公司投资收益率（总资产盈利能力）的提高，可能是由于销售净利润率提高，也可能是由于资产周转率提高，或者是由于两者同时提高所导致的。而且，投资收益率（ROI）公式也显示了公司提高总资产盈利能力的途径，即可以通过提高销售净利润率、资产周转率或同时提高这两个比率来实现。

图 3-1 以 XYZ 公司 2009 年的财务数据为例，显示了杜邦综合分析法中两个比率的关系、总资产盈利能力提高的原因和实现的途径。

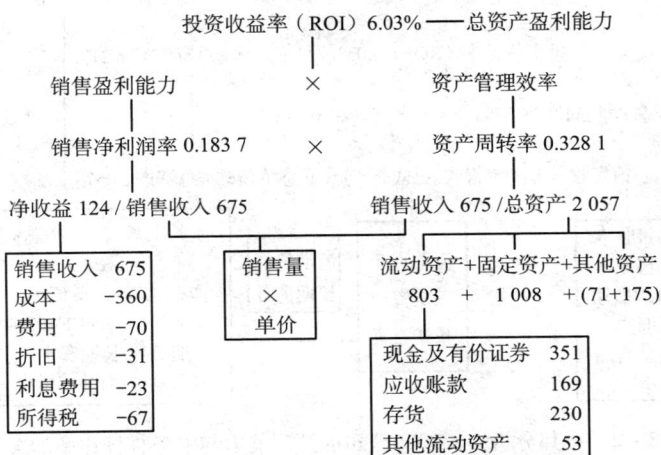

图 3-1　杜邦分析法：XYZ 公司的综合盈利能力分析（单位：百万元）

图 3-1 说明衡量公司的综合盈利效率，必须从销售盈利能力和资产管理效率两个方面来进行分析。在销售量和销售价格既定的前提下，衡量这两个方面的效率，又要进一步地分析影响净收益和总资产的具体因素。从公司的管理和控制角度看，杜邦综合分析法也显示了提高总资产盈利能力的两个途径，即从销售盈利能力和资产管理效率两个方面提高投入资本的盈利能力。

2. 净资产收益率与杜邦分析法

另一个衡量公司投资盈利能力的指标是净资产收益率（ROE），其公式为：

$$净资产收益率(ROE) = 净收益/股东权益$$

XYZ 公司 2009 年的净资产收益率 = 124/1 403 = 8.84%

该比率反映了年度内普通股股东投资的税后收益率，公司在与同行业比较中经常使用该比率来衡量本公司的盈利能力。一般来说，该比率高于同行业的平均水平，说明本公司对费用有着较好的控制与管理，有着高于同行业平均水平的投资机会。但是，高的净资产收益率也可能是以高的财务杠杆或负债水平来实现的，具有较高的财务风险。所以，运用杜邦分析法综合地考察该比率，可以将净资产收益率变换为：

$$净资产收益率(ROE) = 投资收益率(ROI)/(1 - 总负债/总资产)$$

将"投资收益率 = 销售净利润率 × 资产周转率"代入上式，得到：

净资产收益率（ROE）＝销售净利润率×资产周转率/（1－总负债/总资产）＝
（净收益/销售收入）×（销售收入/总资产）/（1－总负债/总资产）

该等式显示了公司盈利能力不仅取决于销售净利润和资产周转率，还受财务杠杆比率的影响。下面仍以 XYZ 公司 2009 年的财务数据来说明公司盈利能力与财务杠杆的关系。

图 3－2 右下方的方框内显示了 XYZ 公司主要的财务杠杆比率状况。采用杜邦分析法有助于管理层清晰地观察和分析公司盈利能力与财务杠杆比率的关系，权衡盈利性与风险性之间的关系，在安全的前提下，增加债务负担，提高负债比率。

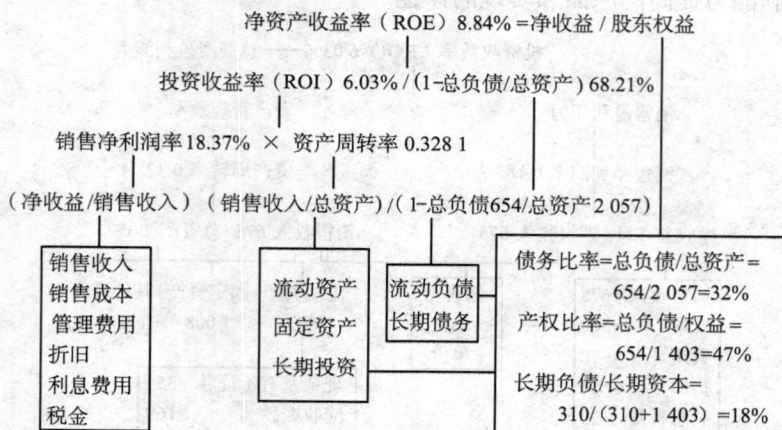

图 3－2　杜邦分析法：XYZ 公司的盈利能力与财务杠杆比率的关系

尽管杜邦分析法运用综合分析弥补了财务比率分析的一些缺陷，但这种分析方法并不是建立在另外新的财务指标基础上的。所以，由于财务比率本身的局限性，杜邦分析法也存在着无法克服的缺陷。

3.3.3　财务比率的局限性

（1）财务比率具有主观性。财务比率是依据会计账面价值计算出来的，而不是按市场价值核算的，因此会计数据常常具有主观性。所以，以会计数据构成的财务比率，难以反映出比率的真实程度。

（2）行业平均水平难以提供统一的判断标准。行业的平均水平包括了行业中最好的公司和最差的公司，如果最差公司的权重较大，这个平均水平可能并不代表一个理想或最好的比率。行业平均水平只是一个大概的数据，仅仅提供了一般性的指导。

（3）难以确定可比较的类似公司。当公司经营多元化时，往往很难确定该公司应当属于哪个行业。即使同一行业的公司，由于规模、历史和国际化程度不同，往往也缺乏可比性。例如，一般的快餐店与麦当劳公司就缺乏可比性。

（4）公司所用会计方法的不同，导致比率的差异。公司对存货、计提折旧的方法不同，也会使公司之间相应的财务比率缺乏可比性；由于公司经营的销售季节性不同，其存货和应收款也具有不同的季节性，在某一季节的相应比率也缺乏可比性。

由于上述各种原因导致的财务比率的局限性，使得财务比率的分析仅仅为我们提供了公司经营效率的一个粗略概况。但是，到目前为止财务比率分析仍然是衡量和评价公司经营状况的主要工具，尽管财务分析的结果难以形成对公司的准确判断，但它们能够为进一步深入分析公司运营中的问题提供重要的线索。

3.4　财务预测与财务计划

财务预测是制定财务计划的前提，而财务预测的起点或基础是销售的预测，为此需要从公司的销售部门获得销售预测以及从生产部门获得生产计划，再将这些信息结合起来制定公司未来的融资需求。

3.4.1　财务预测与计划的基本步骤

财务预测和计划是一个对未来不确定性进行预计、制定相应对策、执行计划并根据实际情况修正计划的动态过程。

财务预测和计划的基本步骤如下。

（1）管理者首先预测未来一个时期公司产品需求的市场变化。这就需要分析影响未来销售市场的具体因素，主要包括经济周期的变动、人们对产品的需求变化、竞争对手情况以及预期通货膨胀、利率和汇率的变动等外部因素。

（2）在外部因素的预测基础上，根据公司自身情况制定出相应的销售计划和生产计划。管理者需要预测公司的销售收入、成本和费用开支、股利支付等，并预测投资（厂房和设备等）支出、生产数量、产品品种等。依据对内外因素的预测，制定相应的销售和生产计划，并估计所需的融资需求数量和制定融资计划。

（3）公司决策层审核这些未来的财务计划是否与股东财富最大化和公司发展战略想一致，以及计划的可行性。如果不一致，管理者需修改最初的决策，直至形成一个可行的计划。然后，确定和实施这些计划。

（4）以这些计划为基础，制定各个部门的具体经营目标。在实施中定期（每月或每季）以此考核部门和员工的业绩，评估执行计划的效果，分析和发现问题，并改进实施行为。如果设定的目标与计划实施效果偏离较大，则管理层可能考虑修正计划和目标。

（5）每年年末根据计划执行的效益，对部门和员工实施奖励，并进行计划的总结。根据执行中存在的问题和发展变化，对计划进行修改调整，然后开始下一周期的计划。

3.4.2　财务预测与计划的方法：销售百分比法

财务预测有多种方法，常用的一种简单方法是销售百分比法。销售百分比法通常假定收入、费用、资产、负债与销售收入存在着稳定的百分比关系，根据预计的销售收入和相应的百分比来预测资产、负债和所有者权益的总额，然后确定融资需求。虽然，这种对未来财务进行预测的方法并不十分准确，但因其简便与低成本，所以它通常是公司首选的制定未来融资需求的一种方法。

下面以 XYZ 公司的财务数据（见表 3 - 6）来说明这一方法的运用步骤。

表 3 - 6　运用销售百分比法预测 XYZ 公司未来融资需求

单位：百万美元

资产负债表	2009 年	2009 年销售百分比 （2009 年销售收入 675）	2010 年预测 （预计 2010 年销售收入 810）
资产			
现金及其等价物	351	52%	421. 2
应收账款	169	25.04%	202. 83
存货	230	34.07%	275. 97
预付费用	53	7.85%	63. 59
流动资产合计	803	118.96%	963. 59
固定资产净值	1 008	149.33%	1 209. 57
长期投资	71	N	71
其他长期资产	175	N	175
资产合计	2 057		2 419. 16
负债和所有者权益			
银行借款和应付票据	188	N	188
应付账款	91	13.48%	109. 19
应计税金	4	0.59%	4. 78
其他应计负债	61	N	61
长期债务	310	N	310
负债合计	654		672. 97
普通股	900	N	900
留存收益	503	N	577. 40
权益合计	1 403	N	1 477. 40
融资需求			268. 79
总计			2 419. 16

注：表中的 N 表示无销售百分比。

　　第一步，确定资产负债表中与销售收入存在稳定百分比的项目。

　　在销售百分比法中，通常假定资产项目中的流动资产与固定资产随销售水平变化而变化，这样公司现有生产能力的固定资产就可能不足以支持预测的销售增长。因此，在这种情况下预测的固定资产数额就应随着公司的预计销售增长率同比增长，需要计算固定资产的销售收入百分比。如果固定资产能够支持预测的销售水平，就不用计算其销售百分比，预期的固定资产与上期数额相同。

在负债项目中，一般情况下应付账款和应计费用是随着销售额变动而直接变动，它们是两个仅有的随销售收入变化而变化的变量。而其他负债项目则与销售无关。

2009 年的 XYZ 公司的销售收入为 675 百万美元，流动资产、固定资产净值、应付账款及应计税金与本年销售收入的比率分别为 118.96%（803/675）、149.33%（1 008/675）、13.4%（91/6 756）和 0.59%（4/675）。通常，可以采用简便的方法，就是只计算流动资产总额与销售收入的百分比，而不需计算流动资产中各个子项目的百分比。

资产负债项目的销售百分比，也可以取近几年的平均值。实际中，各年的销售百分比可能并不完全一致，这就需要根据企业的实际情况作出分析判断，也可以将上述几种方法综合起来，确定销售百分比。

第二步，估计下一年度的销售收入，并预测百分比项目的预期值。

依据前述财务预测和计划的基本步骤中的内容和方法，预测计划年度的销售收入。假定 XYZ 公司 2010 年的销售收入将以 20% 的速度增长，所以 2010 年的销售收入为：675 × (1 + 0.20) = 810（百万美元）。

然后，分别以各个项目的销售百分比乘以预测的年销售收入，得出各个百分比项目的预期值。按此方法计算，2010 年 XYZ 公司的流动资产为 963.59 百万美元，固定资产净值为 1 209.57百万美元，应付账款为 109.19 百万美元，应计税费为 4.78 百万美元。

第三步，根据公司的实际情况预测资产负债表中无百分比的项目。

销售百分比法通常假定银行借款、应付票据、长期负债及权益项目不随公司销售收入的变化而变化，即与销售无关（表 3-6 中以 N 表示）。这些项目需要公司管理者制定融资决策寻找融资来源。

本例假定，公司管理者决定 2010 年长期投资和其他长期投资仍然保持在上年末的水平。因此，2010 年公司的总资产规模上升到 2 419.16 百万美元。同时，假定银行借款和应付票据、其他应计负债和长期债务也保持在上年水平，因此，公司 2010 年的预计总负债为 672.97 百万美元。

第四步，预测留存收益增加额与融资需求。

留存收益是公司的内源性资金，只要公司的净收益不完全用于股利支付，股东权益就会随着留存收益的增长而增长。留存收益增加额取决于公司的净收益与股利分配政策，我们假定 XYZ 公司的 2010 年的销售净利率仍保持在上年 18.37% 的水平，计划的股利支付率为 50%。那么，XYZ 公司 2010 年预计的留存收益增加额为：

$$留存收益增加额 = 预计销售收入 × 销售净利率 × (1 - 股利支付率) =$$
$$810 × 18.37\% × (1 - 50\%) = 74.40（百万美元）$$

预计 2010 年的留存收益为 577.40 百万美元（503 + 74.40），股东权益为 1 477.4 百万美元（900 + 577.40）。

之后，预测外部融资需求为：

$$外部融资需求 = 预计总资产 - 预计总负债 - 预计股东权益 =$$
$$2 419.16 - 672.97 - 1 477.40 = 268.79（百万美元）$$

XYZ 公司为完成 2010 年预计的 810 百万美元的销售收入，除了留存收益 74.40 百万美元之外，还需要从外部筹集 268.79 百万美元的资金。公司管理层根据金融环境可就融资方式做出决策，可通过借入短期资金，或发行股票，或发行公司债券等从外部筹集所需资金。

3.4.3 可持续增长率

如果，公司只追求增长，而不顾及外部融资环境的制约，这样往往会因财务资源的限制而导致公司经营的失败。因此，公司必须协调好销售增长目标、经营效率与金融环境的相互关系，可持续增长模型就是权衡公司增长与外部融资制约关系的一个重要工具。在这个模型中，可持续增长率（Sustainable Growth Rate，SGR）是指在不增发新股、保持当前负债比率、留存收益率的条件下，公司所能实现的最大销售增长率。

1. 可持续增长率的公式

当公司不增发新股和不改变资本结构的条件下，权益资本增长只能来自于留存收益的增长。因此，可持续增长率的公式推导如下：

$$
\begin{aligned}
可持续增长率 &= 股东权益增长率 = \\
&留存收益增加额/期初股东权益 = \\
&留存收益率 \times 净收益/期初股东权益 = \\
&留存收益率 \times 净资产收益率 = \\
&（1-股利支付率）\times 净资产收益率 \qquad\qquad (3-1)
\end{aligned}
$$

依据杜邦分析法，净资产收益率 = 销售净利润率 × 资产周转率/（1-总负债/总资产），可将上式改写为：

$$
\begin{aligned}
可持续增长率 &= 留存收益率 \times 销售净利润率 \times 资产周转率/（1-总负债/总资产）= \\
&留存收益率 \times 销售净利润率 \times 资产周转率 \times 权益乘数 \qquad (3-2)
\end{aligned}
$$

根据公司财务报表计算出公式中的各个财务比率，然后相乘可得出可持续增长率。

2. 可持续增长率模型的应用

表 3-7 以 LMN 公司 2005—2009 年的财务报表，说明可持续增长率模型的应用方法。假设，LMN 公司的股利支付率为 40%。

表 3-7 中，首先依据公司各年损益表和资产负债表的基本数据，分别计算出各年的净资产收益率、留存收益率、销售净利率、资产周转率和权益乘数。然后，依据可持续增长率公式（公式 3-1 或公式 3-2）计算出公司在各年的可持续增长率，两种方法的结果相同。

3. 可持续增长率与实际增长率的关系

从表 3-7 中可以看出，公司的可持续增长率主要取决于公式中留存收益率、销售净利率、资产周转率及权益乘数这四个财务比率。而实际增长率等于本期销售收入减去上年销售收入的差额除以上年销售收入。由于决定的因素不同，公司各年的可持续增长率与该年的实际增长率可能不一致。

如果公司的这 4 个财务比率与上年相同，其可持续增长率就等于实际增长率，这种状态称之为平衡增长，如表 3-7 中 2008 年的情况。

表 3 - 7　LMN 公司的可持续增长率的财务报表

单位：百万美元

	2004 年	2005 年	2006 年	2007 年	2008 年	2009 年
损益表						
销售收入		1 000	1 120	1 400	1 330	1 463
净收益		200	224	280	266	292.6
股利		80	89.6	112	106.4	117.04
留存收益		120	134.4	168	159.6	175.56
资产负债表						
资产	2 000	2 240	2 508.8	3 136	2 979.2	3 277.12
负债	1 000	1 120	1 254.4	1 568	1 489.6	1 638.56
股东权益	1 000	1 120	1 254.4	1 568	1 489.6	1 638.56
净资产收益率		0.2	0.2	0.223 2	0.169 6	0.196 4
留存收益率		0.6	0.6	0.6	0.6	0.6
销售净利率		0.2	0.2	0.2	0.2	0.2
资产周转率		0.5	0.5	0.558	0.424	0.491
权益乘数		2.0	2.0	2.0	2.0	2.0
可持续增长率						
式（3-1）		12%	12%	13.39%	10.18%	11.79%
式（3-2）		12%	12%	13.39%	10.18%	11.79%
实际增长率			12%	25%	-5%	10%

注：净资产收益率＝本期净收益/期初股东权益
　　销售净利率＝本期净收益/本期销售收入
　　资产周转率＝本期销售收入/期初总资产
　　权益乘数＝本期总资产/本期股东权益
　　式（3-1）：可持续增长率＝净资产收益率×留存收益率
　　式（3-2）：可持续增长率＝留存收益率×销售净利率×资产周转率×权益乘数
　　实际增长率＝（本期销售收入-上年销售收入）/上年销售收入

　　如果公司的这四项财务比率中有一个或多个数值高于上年的数值，其实际增长率就会高于可持续增长率。这种非持续增长状态，是财务比率变化的结果，公司倘若继续追求高增长，将会受到市场融资环境的制约，如表 3 - 7 中 2007 年的情况。

　　如果公司的这四项财务比率中有一个或多个数值低于上年的数值，其实际增长率就会低于可持续增长率，如表 3 - 7 中 2008 年的情况。这是公司上年超常增长（25%）受到市场制约的结果，导致本年的财务困难。如果连续多年负增长将可能导致公司破产。

复习思考题

思考题

1. 财务报表有哪些基本经济功能？
2. 净现金流与净收益有何区别？在现金流量表中，怎样将净收益调整为净现金流？
3. 为什么财务报表的账面价值常常不等于其市场价值？解释账面价值与公司财务决策基本无关的道理。
4. 财务比率有哪些局限性？
5. 简述财务预测与计划的基本步骤。
6. 什么是可持续增长率？可持续增长率取决于哪些主要因素？可持续增长率与实际增长率之间存在怎样的关系？

计算题

1. 根据以下财务报表和数据，用销售百分比法预测融资需求。
   (1) QWE 公司 2009 年的销售收入为 7 500 万美元。
   (2) 负债项目中，短期借款、应付票据、长期负债及股东权益项目与销售无关。
   (3) QWE 公司预测 2010 年的销售收入为 10 000 万美元。
   (4) 2010 年 QWE 公司的股利支付为 30%。2009 年 QWE 公司的净收益为 300 万美元，公司 2010 年的销售净利率与上年相同。QWE 公司的融资需求如表 3-8 所示。

表 3-8 QWE 公司的融资需求

单位：万美元

	2009 年	销售百分比（%）	2010 年预测
资产			
流动资产	1 750		
长期资产	3 250		
资产合计	5 000		
负债与所有者权益			
短期借款	0		
应付票据	250		
应付账款	150		
其他流动负债	350		
长期负债	2 000		
负债合计	2 750		

续表

	2009 年	销售百分比（%）	2010 年预测
优先股	50		
普通股	125		
资本公积	200		
留存收益	1 875		
股东权益	2 250		
融资需求			
总计			

2. 根据表3-9所示的某公司的主要财务数据，计算出该公司各年的可持续增长率与实际增长率。

表3-9　某公司主要的财务数据表

单位：万美元

年　度	2007 年	2008 年	2009 年
销售收入	5 000	5 500	7 150
税后收益	250	275	357.5
股利	100	110	143
留存收益	150	165	214.5
股东权益	1 650	1 815	2 029.5
负债	300	330	759
负债与股东权益（总资产）	1 950	2 145	2 788.5
销售净利润率			
销售额/总资产			
总资产/期初股东权益			
留存率			
可持续增长率			
实际增长率			

◇ 第 *4* 章

货币时间价值

公司的大部分金融决策都涉及到未来时间的成本和收益的核算，不同时间的投资会产生不同价值的现金流。因此，理解货币时间价值的概念和掌握现金流贴现的分析方法是十分重要的，这是金融分析方法的基础。

4.1　货币时间价值的概念

货币的时间价值（Time Value of Money，TVM）是指当前所持有的一定货币量（如 1 美元、1 欧元、1 人民币元等）比未来获得的等量货币具有更高的价值。

货币时间价值的原因主要有以下 3 个方面。

（1）货币用于投资可获得利息，因此现在的一定货币量可在将来获得更多的货币量。

（2）货币购买力会受通货膨胀的影响而贬值，因此现在的货币比其将来等量的货币价值要高。

（3）由于预期收入的不确定性，在未来要获得现在的等量货币要付出一定的风险成本，因此现在的货币要比其将来等量的货币价值高。

4.2　复利与终值的计算

4.2.1　复利与终值

复利是理解货币时间价值和现金流贴现分析的基础。

复利（Compound Interest）是指将每一计息期所产生的利息再加入本金一并计算的利息，俗称利滚利。这样，复利计息就是将当前价值（现值）转变为未来价值（终值）的过程。以 FV 代表终值，PV 代表现值，n 代表期限，i 表示利率，复利的终值计算公式为：

$$FV = PV(1 + i)^n \qquad (4-1)$$

【例 4-1】假设某人在银行存入 1 000 美元，期限 5 年，年利率 5%，复利计息。那么，到期时他将获得的金额，即终值为：

$$FV = 1\,000 \times (1 + 5\%)^5 = 1\,000 \times 1.05^5 = 1\,276.28(\text{美元})$$

式（4-1）中的 $(1 + i)^n$，称之为终值系数。实际上就是 1 美元的终值。在实际工作中，财务人员通常利用系数表可以方便地来计算出终值。表 4-1 列示了部分期限和利率的终值系数表。

表 4-1　部分期限和利率的终值系数表

$$FVIF_{i,n} = (1 + i)^n$$

n \ i	1%	2%	3%	4%	5%	6%	7%	8%	9%	10%
1	1.010	1.020	1.030	1.040	1.050	1.060	1.070	1.080	1.090	1.100
2	1.020	1.040	1.061	1.082	1.102	1.124	1.145	1.166	1.188	1.210
3	1.030	1.061	1.093	1.125	1.158	1.191	1.225	1.260	1.295	1.331
4	1.041	1.082	1.126	1.170	1.216	1.262	1.311	1.360	1.412	1.464
5	1.051	1.104	1.159	1.217	1.276	1.338	1.403	1.469	1.539	1.611
6	1.062	1.126	1.194	1.265	1.340	1.419	1.501	1.587	1.677	1.772
7	1.072	1.149	1.230	1.316	1.407	1.504	1.606	1.714	1.828	1.949
8	1.083	1.172	1.267	1.369	1.477	1.594	1.718	1.851	1.993	2.144
9	1.094	1.195	1.305	1.423	1.551	1.689	1.838	1.999	2.172	2.358
10	1.105	1.219	1.344	1.480	1.629	1.791	1.967	2.159	2.367	2.594

例 4-1 中，在终值系数表中查到与 5 年和 5% 利率相对应的数值 1.276，再将其乘以 1 000 美元，就得出终值 1 276 美元。

在 1 276.28 美元中，其中本金为 1 000 美元，单利为 $1\,000 \times 0.05 \times 5 = 250$ 美元，复利为 $276.28 - 250 = 26.28$ 美元。从这个例子中，可以看到单利与复利的区别。表 4-2 说明复利与单利相比，复利的投资价值更大。

表 4-2　年利率为 5% 的 1 美元投资在不同时间的终值

期限 n	单利计息 $1 + i \times n$	复利计息 $(1 + i)^n$
1	1.05	1.05
10	1.50	1.63
50	3.50	11.47
100	5.00	131.50
200	10.00	17 292.58

4.2.2　终值或货币时间价值的计算方法

在实际操作中，有许多方法可用来计算终值或货币的时间价值，其中主要的方法有以下几种。

1. 运用公式计算

例 4-1 就是运用公式来计算终值的，这种方法适用于简单的公式计算，如果公式较为复杂或烦琐（如后面将要讲到的一些公式），即使运用个人计算器来计算也会感到很麻烦。

2. 运用系数表计算

如例 4-1 中，运用终值系数表来计算。在实际操作中还有许多种类的系数表可供使用，只要查到与已知变量相对应的数值，就可以方便地计算出所要求的数值。但是，在数据较多、期限非整期和利率非整数的情况下，这种计算方法就会显得有些费时。

3. 运用专业财务计算器或计算机软件计算

运用专业财务计算器或计算机软件能使得货币时间价值的计算更为简单、快捷和精确。例如在终值的计算中，根据公式 $FV = PV(1 + i)^n$，只要依次按下相应的功能键，输入已知的三个变量（i、n 和 PV）的数值，就可以显示出所求第四个变量（FV）的数值。财务计算器常用的键有：N 键（复利的期限）、I/Y 键（利率或贴现率）、PV 键（现金流的现值）、FV 键（终值）及 PMT 键（年金值）。在上例中，你存入 1 000 美元，年利率为 5%，期限 5 年，求其终值。运用财务计算器计算的处理过程与结果如表 4-3 所示。

表 4-3　运用财务计算器计算的处理过程与结果

n	i	PV	FV	结果
5	5	- 1 000	0	FV = 1 276. 28（美元）

在使用财务计算器时，应注意现金流出为负值，而现金流入则为正值，未使用的键可以 0 填充。各种财务计算器的使用方法会稍有不同，应熟悉使用的方法。

也可以运用计算机中的 Excel 或 Lotus 软件程序来计算货币的时间价值。具体的操作方法是：首先启动程序中的 Excel，在显示的电子工作表上方点击"f_x"，然后在显示的"粘贴函数"框中的函数分类中点击"财务"，在"函数名"中点击所求的变量符号。然后，在显示出的计算框中依次输入已知变量的数值之后，在下方显示出所求变量的结果。仍以上例说明，将运用 Excel 程序的计算过程与结果表示如下：

$$Rate = 5\%, Nper = 5, PV = -1\ 000, 结果\ FV = 1\ 276. 28（美元）$$

计算中未用的变量栏为空白，如 PMT 和 Type 栏。同样，现金流入为正值，现金流出为负值。特别指出的是，Type 栏在用于年金的计算时使用，如果是即时年金，就需要在该栏中输入 1，而普通年金则可输入 0 或保持空白。应熟练掌握运用 Excel 程序求解其他变量的方法。

4.2.3　计息次数、实际年利率及连续复利

1. 计息次数与非整年计息

复利计息通常是按一年一次来计算的，这种利率称之为年度百分率（APR），如每年 6%。但实际生活中，并非都是按整年一次计息的，如一年中有按季度计息的、有按月计息的，甚至有按日计息的。显然，一年中复利计息的次数越多，其将来的终值也就越大。以 m 表示 1 年内的复利计息的次数、n 表示年限，则非整年计息的终值计算公式为：

$$FV = PV\left(1 + \frac{APR}{m}\right)^{mn} \qquad (4-2)$$

【例 4-2】假设某人在银行存入 1 000 美元，年利率为 6%，期限为 5 年，按月计息。那么，到期后他将获得多少钱？

$$FV = 1\ 000 \times (1 + 0.06/12)^{12 \times 5} = 1\ 000 \times (1 + 0.005)^{60} = 1\ 000 \times 1.348\ 85 = 1\ 348.85(美元)$$

到期后他将获得 1 348.85 美元，存款的实际每期（月）利率是 0.5%（0.06/12）。

2. 实际年利率

由于计息次数的不同，复利计息的终值也就不同。因此，为了进行利率的直接比较，可以将各种不同计息次数换算为每年一次计息时的对应利率，这就是实际年利率（Effective Annual Interest Rate，EFF）。实际年利率的计算公式为

$$EFF = \left(1 + \frac{APR}{m}\right)^m - 1 \qquad (4-3)$$

【例 4-3】假如某人可从 A 银行获得按季度计息、年利率为 6% 的贷款，也可从 B 银行获得按月计息、年利率为 5.5% 的贷款，那么他向哪家银行借款更合算呢？这就需要比较这两家银行贷款的实际年利率，以 EFF_A 与 EFF_B 分别代表 A 银行和 B 银行的贷款实际年利率。

$$EFF_A = (1 + 0.06/4)^4 - 1 = 1.015^4 - 1 = 6.14\%$$
$$EFF_B = (1 + 0.055/12)^{12} - 1 = 1.004\ 58^{12} - 1 = 5.64\%$$

B 银行的实际年利率低于 A 银行，所以应该向 B 银行借款。

3. 连续复利计息

表 4-4 列示了 APR 为 6% 的不同计息次数的实际年利率。

表 4-4　APR 为 6% 不同计息次数下的实际年利率

计息次数	m	EFF/%
按年计息	1	6.000 00
按半年计息	2	6.090 00
按季度计息	4	6.136 14
按月计息	12	6.167 78
按周计息	52	6.179 98
按天计息	365	6.183 13
连续计息	无穷	6.183 65

从表 4-4 中可看出，随着计息次数的增大，实际年利率越来越大，并最终趋向于一个极限。但当 m 趋向无穷大时，EFF 的值会越来越趋近于 e^{APR}，e 为自然对数的底数，e = 2.718 281 828 4。因此，在 APR 为 6% 连续复利计息时，其 $EFF = e^{APR} = 2.718\ 281\ 828\ 4^{0.06} = 0.061\ 836\ 5$ 或 6.183 65%。

在理论与银行的业务活动中，也会采用连续复利计息的方法来评估贷款、存款或投资的价值。以 i 表示年利率，n 表示期限，FV 代表投资的终值（本利和），则 1 美元投资的终值

计算公式为：

$$FV = e^{in} \tag{4-4}$$

【例4-4】某银行预测一笔300万美元的贷款，年利率为8%，期限为3年，求本利和？

$$FV = 300\ e^{0.08 \times 3} = 300 \times 2.718\ 281\ 828\ 4^{0.24} = 300 \times 1.271\ 249 = 381.38(万美元)$$

381.38万美元就是这家银行以8%利率发放这笔贷款在3年中能够获得的最大本利和。

4.3　现值与贴现

现值计算是终值计算的逆运算。也就是说，为了将来要获得多少钱，你现在需要投入多少钱。现值的计算称之为贴现，计算中所用的利率称之为贴现率（Discount Rate）。在金融中，现值的计算又称为现金流贴现（DCF）分析。

复利的现值计算公式为：

$$PV = \frac{FV}{(1+i)^n} \tag{4-5}$$

式（4-5）中，1美元的现值系数为$\frac{1}{(1+i)^n}$。我们也可利用现值系数表查找相应的数值，再乘以终值就可得到要求的现值。由于现值是终值的逆运算，也可以利用终值系数表计算现值，方法是用已知终值除以终值系数。表4-5为部分期限和利率水平的现值系数表。

表4-5　部分期限和利率水平的现值系数表

$$PVIF_{i,n} = 1/(1+i)^n$$

n \ i	1%	2%	3%	4%	5%	6%	7%	8%	9%	10%
1	0.990	0.980	0.971	0.962	0.952	0.943	0.935	0.926	0.917	0.909
2	0.980	0.961	0.943	0.925	0.907	0.890	0.873	0.857	0.842	0.826
3	0.971	0.942	0.915	0.889	0.864	0.840	0.816	0.794	0.772	0.751
4	0.961	0.924	0.888	0.855	0.823	0.792	0.763	0.735	0.708	0.683
5	0.951	0.906	0.863	0.822	0.784	0.747	0.713	0.681	0.650	0.621
6	0.942	0.888	0.837	0.790	0.746	0.705	0.666	0.630	0.596	0.564
7	0.933	0.871	0.813	0.760	0.711	0.665	0.623	0.583	0.547	0.513
8	0.923	0.853	0.789	0.731	0.677	0.627	0.582	0.540	0.502	0.467
9	0.914	0.837	0.766	0.703	0.645	0.592	0.544	0.500	0.460	0.424
10	0.905	0.820	0.744	0.676	0.614	0.558	0.508	0.463	0.422	0.386

【例4-5】假如大学的教育费用一年为20 000美元，银行存款的年利率为8%。那么，某人为子女5年后上大学准备第一年的学费，现在应该存入多少钱？

$$PV = 20\ 000/(1+0.08)^5 = 2\ 000/1.08^5 = 13\ 611.66(美元)$$

运用 Excel 程序，只要输入 i、n 和 FV 三个已知变量的数值，就可得到所求的现值。

$$Rate = 8\% , Nper = 5, FV = 20\,000, 结果\ PV = -13\,611.66(美元)$$

为 5 年后能够支付 20 000 美元的学费，他现在需要存入银行 13 611.66 美元。

4.4 年 金

年金（Annuity）是指一定时期内发生的一系列均等的现金流或收付款项。在实际生活中，年金的范围很广泛，如抵押贷款偿还、储蓄计划、分期付款、养老金的领取、租金的支付等。如果现金流从即刻开始，称之为即时年金或先付年金；如果现金流从期末开始，称之为普通年金或后付年金。

4.4.1 年金的终值

1. 普通年金的终值

普通年金（Ordinary Annuity）是指每期期末发生等额收付款项的年金。普通年金的终值就是每期年金复利终值的和。

【例 4 - 6】假如某人计划在未来 5 年中，每年年底存入银行 100 美元，年利率为 5%，复利计息。那么，第 5 年年末他将获得多少钱？

图 4 - 1 列示了时间轴表示的普通年金终值的计算示意图。

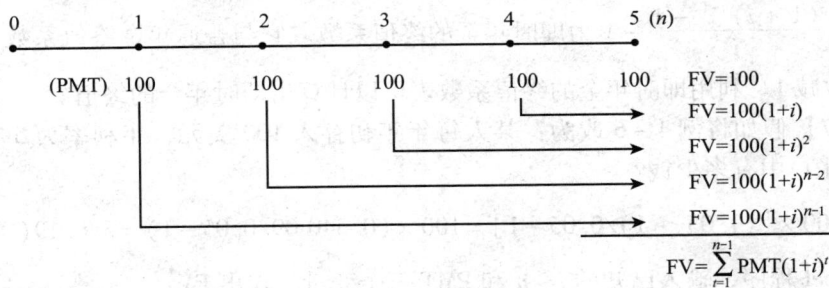

图 4 - 1 普通年金终值计算示意图

以 PMT 表示年金，普通年金终值的计算公式为：

$$FV = PMT\frac{(1 + i)^n - 1}{i} \tag{4-6}$$

公式中，$\frac{(1 + i)^n - 1}{i}$ 为普通年金的终值系数。同样，可以利用普通年金的终值系数表来计算年金的终值。

例 4 - 6 中，年金的终值为：

$$FV = 100 \times \frac{1.05^5 - 1}{0.05} = 100 \times \frac{0.276\,28}{0.05} = 552.56(美元)$$

运用 Excel 程序，只要输入已知的 i、n 和 PMT 三个变量，就可得到 FV 的数值：

$$\text{Rate} = 5\%,\ \text{Nper} = 5,\ \text{PMT} = 100,\ 结果\ \text{FV} = -552.56(\text{美元})$$

在第 5 年末，他将获得 552.56 美元。

2. 即时年金的终值

即时年金（Annuity Due）是指每期期初发生等额收入款项的年金。由于现金流发生在每期期初，即时年金比普通年金要多获得 1 期的利息，所以即时年金的终值等于普通年金的终值乘以 $(1+i)$，如图 4-2 所示。

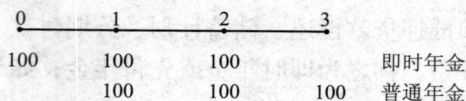

图 4-2　即时年金与普通年金的现金流示意图

即时年金终值的计算公式为：

$$FV = PMT\frac{(1+i)^n - 1}{i} \times (1+i)$$

调整该式为：

$$FV = PMT\left[\frac{(1+i)^{n+1} - 1}{i} - 1\right] \qquad (4-7)$$

公式中，$\frac{(1+i)^{n+1} - 1}{i} - 1$ 为即时年金的终值系数。它与普通年金终值系数相比，期数加 1，而系数减 1。利用即时年金的终值系数表可以计算出即时年金的终值。

【例 4-7】假如将例 4-6 改为：某人每年年初存入 100 美元，年利率为 5%，5 年期。到期时他的账户中有多少钱？

$$FV = 100 \times [(1.05^6 - 1)/0.05 - 1] = 100 \times (0.340\,09/0.05 - 1) = 580.19(\text{美元})$$

运用 Excel 程序，输入已知的 i、n 和 PMT 三个变量，求出 FV：

$$\text{Rate} = 5\%,\ \text{Nper} = 5,\ \text{PMT} = -100,\ \text{Type} = 1,\ 结果\ \text{FV} = 580.19(\text{美元})$$

注意：计算即时年金时要在 Type 栏中输入 1。

每年存入 100 美元，5 年后他的账户中将有 580.19 美元。

4.4.2　年金的现值

1. 普通年金的现值

年金的现值是未来每期现金流贴现现值的总和。

【例 4-8】假如某人为了今后 5 年中每年获得 100 美元，年利率为 5%，他现在需要投入多少资金？

图 4-3 为普通年金现值的示意图，可以帮助我们理解年金现值的计算。

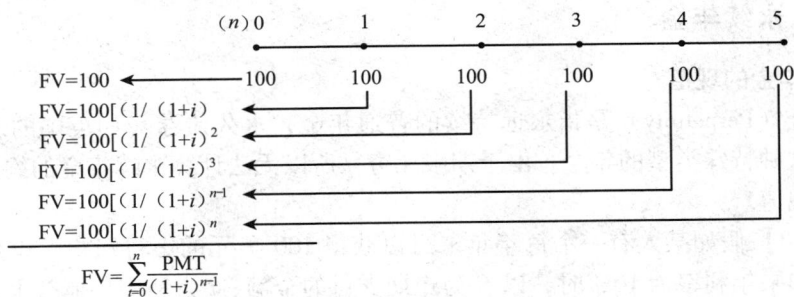

图 4-3　普通年金的现值计算示意图

普通年金的现值计算公式为：

$$PV = PMT \frac{1 - (1 + i)^{-n}}{i} \tag{4-8}$$

公式中，$\dfrac{1 - (1 + i)^{-n}}{i}$ 为普通年金的现值系数。同样，也可以运用普通年金现值系数表来计算年金的现值。

$$PV = 100 \times \frac{1 - 1.05^{-5}}{0.05} = 100 \times \frac{1 - 0.783\,5}{0.05} = 423.95(\text{美元})$$

运用 Excel 程序输入 i、n 和 PMT 的数值，计算 PV：

$$Rate = 5\%, Nper = 5, PMT = -100, \text{结果 } PV = 423.95(\text{美元})$$

为了今后 5 年中每年获得 100 美元，他现在需要存入 423.95 美元。

2. 即时年金的现值

在前面年金终值的计算中我们已知道，即时年金比普通年金要多计算一期利息；而计算现值，即时年金则比普通年金少贴现一期利息，即少计算 $(n-1)$ 次的利息。因此，即时年金的现值计算公式为：

$$PV = PMT \left[\frac{1 - (1 + i)^{-(n-1)}}{i} + 1 \right] \tag{4-9}$$

公式中，$\dfrac{1 - (1 + i)^{-(n-1)}}{i} + 1$ 为即时年金的现值系数。它与普通年金现值系数相比，期数减 1，而系数加 1。我们利用即时年金的现值系数表也可以计算即时年金的现值。

【例 4-9】假设某公司租用一台设备，在 5 年中每年年初要支付租金 100 美元，年利率为 5%。那么，租金的现值是多少？

$$PV = 100 \times \left[\frac{1 - 1.05^{-(5-1)}}{0.05} + 1 \right] = 100 \times \left[\frac{1 - 0.822\,7}{0.05} + 1 \right] = 454.60(\text{美元})$$

运用 Excel，输入已知 i、n 和 PMT 的数值，可求出 PV：

$$Rate = 5\%, Nper = 5, PMT = -100, Type = 1, \text{结果 } PV = 454.60(\text{美元})$$

4.4.3　永续年金

1. 永续年金的现值

永续年金（Perpetuity）是指永远持续的普通年金，永久债券（如英国的永久公债）或优先股就是这种特殊类型的年金。由于期限无穷，所以无法计算永续年金的终值。但是，它却有明确的现值。

【例 4 – 10】假如某人有一个每年年末可以获得 100 美元的银行账户，设想它可以永远持续下去，如果年利率为 10% 时，以 C 为定期支付的金额、i 为利率，那么永续年金的现值公式为：

$$\text{永续年金的现值} = C/i \tag{4 - 10}$$

即：

$$\text{永续年金的现值} = 100/0.10 = 1\ 000(\text{美元})$$

【例 4 – 11】假设预期某公司的优先股每年支付 8 美元的股利，目前银行存款的年利率为 6%，该优先股的当前市场价格为 110 美元。那么，该优先股的现值为：

$$\text{优先股的现值} = 8/0.06 = 133.33(\text{美元})$$

假设不存在风险，如果能以低于其现值的市场价格（110 美元）购入该优先股，那么投资是值得的。

2. 增长年金的现值

如果能够预期未来现金流入以一定的比例增长，在投资评估时就需要计算增长年金的现值。以 C_1 为第一期的现金流，g 为预期增长率，增长年金的现值计算公式为：

$$PV = C_1/(i - g) \tag{4 - 11}$$

【例 4 – 12】假如某人正计划对一资产进行投资，预计第一年可获得 100 美元的现金流入，以后每年以 5% 的幅度增加。目前银行存款利率为 8%，那么该投资的现值为 3 333.33 美元，即：

$$PV = 100/(0.08 - 0.05) = 100/0.03 = 3\ 333.33(\text{美元})$$

4.4.4　贷款的分期偿还

在实际生活中，如住宅抵押贷款、汽车贷款及购买耐用消费品的分期付款，大都采用等额的分期偿还方式，我们可以运用计算年金的方法来计算贷款的分期偿付额。

【例 4 – 13】假设某人向银行借了一笔 100 000 美元的住宅抵押贷款，年利率为 6%，期限 5 年，按年等额偿付[①]。那么，他每年应向银行偿还多少钱？每年付款额中有多少支付利息，有多少支付本金？

首先计算贷款的每年偿付额，用 Excel 程序，输入 i、n、PV 的数值，求 PMT：

---

① 在实际生活中，通常住宅抵押贷款是按月偿付的。为了简便，例 4 – 13 假设为按年偿付。

Rate = 6%　Nper = 5　PV = 100 000　结果 PMT = 23 739.64

每年的付款额为 23 739.64 美元，每年付款额中支付利息和本金的数额，如表 4 - 6 所示。

表 4 - 6　5 年期、利率 6% 的分期偿付时间表

单位：美元

年　度	(1) 初始余额	(2) 偿付额	(3) 支付的利息 (1) × 6%	(4) 支付的本金 (2) - (3)	(5) 剩余款项 (1) - (4)
1	100 000	23 740	6 000	17 740	82 260
2	82 260	23 740	4 936	18 804	63 456
3	63 456	23 740	3 807	19 933	43 523
4	43 523	23 740	2 611	21 129	22 394
5	22 394	23 740	1 344	22 394	0

4.5　通货膨胀与货币时间价值

4.5.1　名义利率与实际利率

如果考虑到通货膨胀的因素，利率就要区分为名义利率与实际利率。名义利率是指以本国货币或其他货币所表示的利率，在生活中所观察到的利率一般都是名义利率，如银行存款利率、贷款利率及债券利率等。实际利率是指扣除通货膨胀因素的利率。考虑通货膨胀，连续复利下的实际利率和名义利率的公式为：

$$实际利率 = 名义利率 - 通货膨胀率$$
$$名义利率 = 实际利率 + 通货膨胀率$$

在第 2 章中，我们已强调了在金融决策中必须使用精确的实际利率或名义利率，精确的利率计算公式为：

$$实际利率 = \frac{名义利率 - 通货膨胀率}{1 + 通货膨胀率}$$
$$名义利率 = 实际利率 + 通货膨胀率 + 实际利率 \times 通货膨胀率$$

4.5.2　通货膨胀与实际终值

因为通货膨胀影响到货币购买力，所以在通货膨胀条件下人们通常关心的是未来现金流的实际终值（即实际购买力），而不是它的名义终值。

【例 4 - 14】假如某人 30 岁时在银行存入 1 000 美元，直到 60 岁退休，年利率为 6%。如果考虑到在此期间每年的预期通货膨胀率为 2%，到退休时他存款的实际终值是多少？

计算现金流的实际终值有两种方法，它们的计算结果是相同的。

（1）用实际利率计算实际终值。

首先计算出实际利率：

$$实际利率 = (0.06 - 0.02)/1.02 = 0.039\ 22\ 或\ 3.922\%$$

然后，用实际利率乘以现值，求出实际终值：

$$实际终值 = 1\ 000 \times 1.039\ 22^{30} = 3\ 171.21(美元)$$

（2）用名义利率计算名义终值，然后再除以物价水平得到实际终值。

首先用名义利率计算出名义终值：

$$名义终值 = 1\ 000 \times 1.06^{30} = 5\ 743.49(美元)$$

然后，计算出在2%通货膨胀率下30年后的物价水平：

$$物价水平 = 1.02^{30} = 1.811\ 36$$

最后，用名义终值除以物价水平，得到实际终值：

$$实际终值 = \frac{名义终值}{未来物价水平} = \frac{5\ 743.49}{1.811\ 36} = 3\ 171.21(美元)$$

4.5.3　通货膨胀与现值

通货膨胀率也影响未来现金流的贴现值。

【例4-15】假如某人计划在5年后购买一辆100 000美元的汽车，现在开始储蓄。假设其投资的年利率为8%，在此期间每年通货膨胀率为4%，那么他现在需要存入多少钱？

有两种方法解决这个问题。

（1）用实际贴现率计算实际终值的现值。

首先，计算出实际贴现率：

$$实际利率 = (0.08 - 0.04)/1.04 = 0.038\ 46\ 或\ 3.846\%$$

然后，用实际利率计算100 000元（实际终值）的现值：

$$PV = 100\ 000/1.038\ 46^{5} = 82\ 803(美元)$$

（2）用名义贴现率计算名义终值的现值。

首先，计算出名义终值：

$$FV = 100\ 000 \times 1.04^{5} = 121\ 665.29(美元)$$

然后，用名义利率除以这个终值：

$$PV = 121\ 665.29/1.08^{5} = 82\ 803(美元)$$

两种方法的计算结果相同。为了5年后能够买得起通货膨胀价格的汽车，他现在必须存入82 803美元。

4.5.4　通货膨胀与储蓄计划

储蓄计划是指为获得未来一定数额的实际现金流，现在安排的每期等额存款的计划。同样，通货膨胀也会对储蓄计划产生影响。

【例 4 - 16】假设某人准备 3 年后需要 100 000 美元购买一辆汽车，银行存款年利率 8% ，年通货膨胀率为 4% 。那么，为了实现这个愿望，他每年需要存入多少钱？

首先，计算出每年的实际存款额：

$$Rate = 8\% , Nper = 3, FV = 100\ 000, 结果\ PMT = 30\ 803.35(美元)$$

然后，计算在年通货膨胀率为 4% 下的每年名义存款额：

第一年的名义存款额：$FV_1 = 30\ 803.35 \times 1.04 = 32\ 035.49$ （美元）

第二年的名义存款额：$FV_2 = 30\ 803.35 \times 1.04^2 = 33\ 316.90$ （美元）

第三年的名义存款额：$FV_3 = 30\ 803.35 \times 1.04^3 = 34\ 649.79$ （美元）

该储蓄计划的每年储蓄额随着通货膨胀率每年增加，这样 3 年后的储蓄总额就足以支付汽车的通货膨胀价款了。

4.6　投资决策的基本准则

现金流贴现分析是进行投资决策的一个基本工具，其基本思想包含在由现值、终值、利率和期限组成的等式中，即：

$$FV = PV(1 + i)^n$$

这个基本等式中，只要知道了其中的任意 3 个变量，就可以计算出第 4 个变量，并在此基础上总结出投资决策的基本准则。

4.6.1　净现值法则

净现值（NPV）法则是被广泛使用的、最具适应性的投资法则，而其他法则却存在着一定的局限性。

NPV 法则可以表述为：NPV 等于所有未来流入现金（收益）的现值减去现在和未来流出现金（成本）现值的差额。如果一个项目的 NPV 是正值，就采纳它；NPV 为负值，就拒绝它。

【例 4 - 17】假设某人可以 800 美元购买一张面值为 1 000 美元、3 年期的政府公债。同时，其他可供他选择的最好投资方案是年利率为 6% 的银行存款。那么，他应选择投资于公债还是银行存款？

运用 NPV 法则，比较公债与银行存款的现金流现值，首先需要确定贴现率。在本例中，采用的贴现率就是银行存款利率 6% 。在这里，银行存款利率是其投资于政府公债的机会成本（Operating Leverage），即其不投资正在评估的项目，而投资于其他项目所能获得的收益率。政府公债的现值就是现在的购买价格 800 美元，那么计算银行存款的现值。

运用 Excel 程序计算：

$$Rate = 6\% , Nper = 3, FV = 1\ 000, 结果\ PV = -839.62(美元),$$
$$NPV = 839.62 - 800 = 39.62(美元)$$

依据 NPV 法则：应选择 NPV 为正值的项目，因此应选择公债而不选择银行存款。

4.6.2 终值法则

终值（FV）法则可以表述为：如果该项目的终值大于其他项目的终值，则选择它。

【例 4 - 18】仍以上面的公债与银行存款为例，用 800 美元投资于公债 3 年后的终值为 1 000 美元，将它与用 800 美元在 6% 利率下存入银行 5 年后的终值相比。

用 Excel 程序计算：

$$Rate = 0.06, Nper = 3, PV = -800, 结果 FV = 952.82(美元)$$

将 800 美元在 6% 利率下存入银行 3 年后的终值为 952.82 美元，显然少于投资政府公债的终值 1 000 美元。所以，应选择政府公债而不是银行存款。

FV 法则更为直观，但是在实际操作中并不常用。因为，在许多情况下，终值是不确定或无法计算的，例如股票、永久债券。

4.6.3 内涵报酬率法则

内涵报酬率（Internal Rate of Return，IRR）是指使未来现金流入的现值等于现金流出现值的贴现率，也称为到期收益率或内部收益率。内涵报酬率（IRR）法则可以表述为：选择内涵报酬率大于其资金成本的项目。

【例 4 - 19】在前面的例子中，我们用银行存款 6% 的年利率作为资金的机会成本。那么，用 800 美元投资于政府公债，3 年后获得 1 000 美元的内涵报酬率是多少呢？

用 Excel 程序计算：

$$Nper = 3, PV = -800, FV = 1 000, 结果 Rate = 7.72\%$$

投资于公债的到期收益率（IRR）为每年 7.72%，与银行存款 6% 的年利率相比，显然投资于政府公债为好。

IRR 法则也具有一定的局限性，尤其是当评估项目的资金规模过小时，运用 IRR 法则可能会得出错误的结论。

4.6.4 回收期法则

回收期法则是投资决策运用另一个变量，即用 n（年数）来比较投资项目。回收期限法则可以表述为：选择回收期最短的投资项目。

【例 4 - 20】仍以前面投资于公债或银行存款为例，如果我们将 800 美元存入银行，在 6% 的机会成本下，它的回收期是多少？

用 Excel 程序计算如下：

$$Rate = 6\%, PV = -800, FV = 1 000, 结果 Nper = 3.83(年)$$

这表明将 800 美元存入银行需要 3.83 年才能获得 1 000 美元，而投资公债却只需 3 年。显然，不宜选择银行存款。

回收期法则只适用于个别案例，与 IRR 法则一样不是一个可靠的方法。必须牢记，NPV 法则才是可靠的最普遍适用的法则。

复习思考题

思考题

1. 什么是货币的时间价值？理解货币时间价值有何重要性？

2. 什么是复利？理解复利计息有何重要性？

3. 比较终值与现值的计算，说明它们有何不同？

4. 什么是年金？即时年金与普通年金有何区别？试举例说明现实生活中的现金流，哪些是即时年金，哪些是普通年金？

5. 什么是净现值法则？为什么它是普遍适用的法则？

计算题

1. 如果某人现在投资 1 000 美元，年利率为 6%，10 年后他将拥有多少钱？

2. 如果某人从现在开始，每年年初投资 100 美元，连续 10 年，年利率为 5%，10 年后他将拥有多少钱？

3. 假设某人为 5 年后购买一辆价值 10 000 美元的车，在银行开立了一个账户。银行存款年利率为 5%，从现在开始每年（即时年金）需要存入多少钱，他才能在 5 年后购买这辆车？

4. 如果以 6% 的年利率计算，下列现金流的现值分别是多少？

   (1) 5 年后获得 1 000 美元。

   (2) 50 年后获得 1 000 美元。

   (3) 从 1 年后开始，每年获得 100 美元，共 20 年。

   (4) 从现在开始，每年获得 100 美元，共 20 年。

   (5) 从 1 年后开始，每年获得 100 美元，并且永远持续下去。

5. 假设某人向银行借了 1 年期的 10 000 美元的贷款，年度百分率（APR）为 6%，按月等额偿还。

   (1) 他每月的支付额是多少？

   (2) 他为这笔贷款总共支付了多少利息？

6. 假设某银行的存款是浮动利率，每年调整一次。3 年前某人在该银行的存款额为 1 000 美元，当时的利率为 6%（按年计算复利）。去年利率调整到 5%，今年又调低到 4%。今年年末，他银行账户上的金额是多少？

7. 假设某人正考虑将资金存入哪家银行，A 银行的年利率为 8%，按年复利计息；B 银行的年利率为 7.5%，按月复利计息。根据实际年利率（EFF），他应该选择哪家银行？

8. 下列各种情况的实际年利率（EFF）是多少？

   (1) 年度百分率 8%，按年复利计息。

(2) 年度百分率为 7.5%，按季度复利计息。

(3) 年度百分率为 7%，按月复利计息。

(4) 年度百分率为 6%，按日复利计息。

9. 一个项目现在需要投资 100 万美元，预期 1 年后能得到 15 万美元，2 年后得到 20 万美元，3 年后得到 35 万美元。假设该项目没有风险，相关的市场资本报酬率为 12%，那么该项目是否值得投资？该项目的内涵报酬率是多少？

10. 假设某人正考虑是否投资于一个 3 年期的面值为 1 000 美元的债券，其现在的市场价格为 985 美元。他的另一个投资方案是 3 年期的，利率为 8%（按年计复利）的银行存单。那么，他会选择哪个投资方案。

11. 假设某人为子女 5 年后上大学准备第一年的学费，在银行开立了一个账户。现在大学每年的学费为 15 000 美元。假定银行存款的实际利率为 5%，年通货膨胀率为 3%，那么他每年需要在银行存入多少钱，才能在 5 年后满足学费的支付。

12. 假定一项投资计划，从 1 年后每年年底能够获得 1 000 美元，共 10 年，利率为 6%。

(1) 该投资计划的现值是多少？

(2) 这笔普通年金的终值是多少？

第 2 篇

营运资本管理

◇ 第 **5** 章

营运资本管理概述

5.1 营运资本的概念与特点

5.1.1 营运资本的概念

营运资本（Working Capital）是企业进行日常运营的必要资金。广义的营运资本包括现金和可变现证券、应收账款、存货等全部流动资产，也称为总营运资本（Gross Working Capital）；狭义的营运资本是流动资产减去流动负债后的余额，或称为净营运资本（Net Working Capital）。通常，会计人员关注的是净营运资本，并用它来衡量公司避免发生流动性问题的程度。而公司管理层关注的则是总营运资本，因为在任何时候保持企业适当数量的流动资产，始终都是至关重要的。因此，我们采用总营运资本的概念。

营运资本的管理既包括流动资产的管理，也包括流动负债的管理，以使营运资金维持在满足企业经营的必要水平。

1. 流动资产

流动资产（Current Assets）是企业使用的短期资产，它是在一年或超过一年的一个营业周期内变现或运用的资产，具有占用时间短、周转快、易变现等特点，主要包括现金、短期投资、应收及预付款项、存货等。通常，流动资产分为永久性流动资产和临时性流动资产两种。

（1）永久性流动资产。这是指维持公司正常经营所需的最少流动资产水平，由于季节性原因，往往是即使企业处于经营最低谷时也必需的流动资产。

（2）临时性流动资产。随着经营中必要流动资产水平的变动，需要的临时性流动资产数量也发生变化，这个数量将超过企业的永久性流动资金需要量。

永久性流动资产与临时性流动资产的关系如图 5 – 1 所示。

2. 流动负债

流动负债（Current Liability）是指需要在一年或大于一年的一个营业周期内偿还的债务，包括短期借款、应付票据、应付账款、预收账款、应付短期融资券、应交税金等。流动负债是企业经营中所需要的短期资金来源，所以又被称为短期融资。

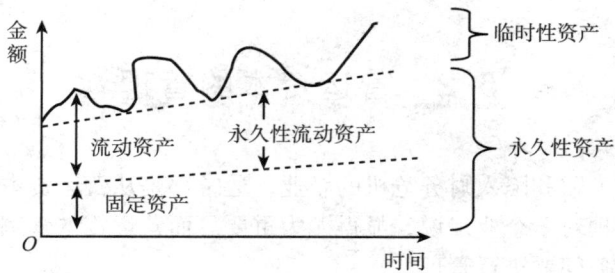

图 5-1　永久性流动资产与临时性流动资产的关系

5.1.2　营运资本管理的重要性

（1）流动资产在企业总资产中占有较大的比重。通常，大多数企业的流动资产占其总资产的一半左右，销售企业则更高。较高的流动资产水平容易导致企业获得较低的投资回报率；而流动资产过少，又会因流动资本短缺导致企业的经营困难。

（2）流动负债是企业外部融资的基本方式。流动负债是小企业的主要的外部融资来源，这是因为这类企业资信水平较低，除了以不动产（如建筑物）获得抵押贷款之外，就很难在长期资本市场进行融资。即使是大公司，也会由于增长过快而利用流动负债进行融资，因此其财务管理人员日常要花费大量的时间进行现金、有价证券、应收账款、应付账款、各类应计费用以及其他短期融资的管理。

（3）营运资本管理决策关系到企业的风险与收益。良好的营运资本管理决策既要保持流动资产的最佳投资水平，又要为维持这一流动水平而进行短期融资和长期融资的适当组合。理想的营运资本管理决策追求一个较低的流动资产水平和较高的流动负债，以提高公司的获利能力。短期负债直接成本较低，其在总负债中比例越大，公司的获利能力越强；然而，这种获利能力的提高是以增加公司风险为代价的。因此，公司金融管理必须权衡流动资产水平与融资风险以及获利能力的相互关系。

5.1.3　营运资本的特点

（1）营运资本的周期具有短期性。由于企业占用流动资产上的资金，周转一次所需时间通常在 1 年或 1 年以下，时间较短，所以运营资金可通过短期借款、商业信用等短期筹资方式来加以解决。

（2）营运资本的数量波动性较大。流动资产的数量会随着企业内外条件的变化而变化，时高时低，波动性较大。对于季节性生产企业，如果蔬汁生产企业随着季节性变化，其流动资产的变动较大。在企业流动资产发生变化的同时，流动负债的数量通常也会相应地发生变动。

（3）营运资本的实物形态具有易变现性，且流动性强。短期投资、应收账款、存货等流动资产一般具有较强的变现能力和资产流动性。如果企业出现资金周转缓慢、现金短缺的情况，就可迅速地变卖这些资产，以获取现金。

（4）营运资本的融资方式灵活，且融资成本较低。企业筹集营运资金的方式较长期筹资而言，通常包括短期借款、商业信用、短期融资券、预收货款、票据贴现、应交利润等多种方式，且与长期筹资相比，其筹资成本较低。

5.2 营运资本的管理

一般而言，经营失败和陷入财务危机的企业，通常都是从营运资本管理不善开始的。因此，就营运资本的管理对于企业来说，显得尤为重要。而营运资本管理实际上是对经营周期和现金周转期内的财务问题进行管理。

5.2.1 经营周期与现金周期

经营周期（Operating Cycle）是指从获得原材料开始，经加工、销售，到最终收回货款为止的时间过程。这部分周期分为两部分：第一部分是从采购到出售库存所花的时间，称为存货周转天数（Inventory Period）；第二部分是回收货款所花的时间，称为应收账款周转天数（Accounts Receivable Period）。

$$经营周期(营业周期) = 存货周转天数 + 应收账款周转天数 \qquad (5-1)$$

现金周转期（Cash Cycle）是指从支付原材料货款开始到最终收回本公司货款为止的时间过程。

$$现金周转期 = 经营周期 - 应付账款周转天数 =$$
$$存货周转天数 + 应收账款周转天数 - 应付账款周转天数 \qquad (5-2)$$

$$应付周转率 = \frac{产品给售成本}{平均应付账款}$$

现金周转期和经营周期如图 5-2 所示。

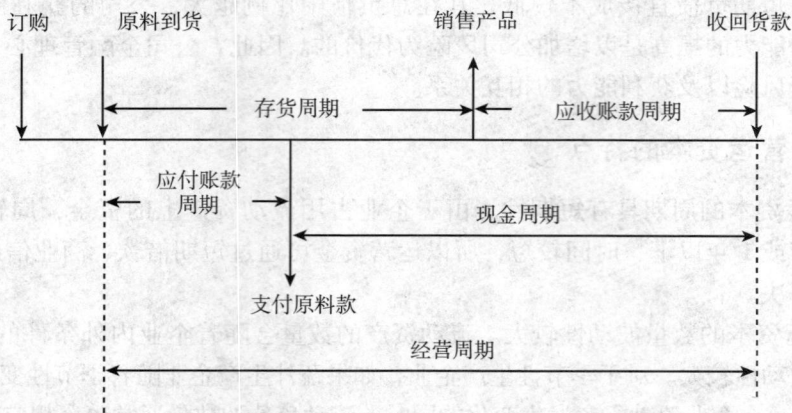

图 5-2 现金周转期和经营周期

【例 5-1】关于 Slowpay 公司的财务信息如表 5-1 所示。其当年赊销总额为 50 000 美元，而产品销售成本为 30 000 美元。Slowpay 公司多长时间才能收回应收账款？其货物在售出以前在公司库存多长时间？公司多长时间支付其货款？

表 5-1　Slowpay 公司的财务信息

单位：美元

项　目	期　初	期　末
存货	5 000	7 000
应收账款	1 600	2 400
应付账款	2 700	4 800

我们可以首先计算 3 个周转比例：

$$存货周转率 = 30\,000/6\,000 = 5(次)$$
$$应收账款周转率 = 50\,000/2\,000 = 25(次)$$
$$应付账款周转率 = 30\,000/3\,750 = 8(次)$$

利用这些数计算 3 个期间：

$$存货周转天数 = 365/5 = 73(天)$$
$$应收账款周转天数 = 365/25 = 14.6(天)$$
$$应付账款周转天数 = 365/8 = 45.6(天)$$

因此，其：

$$经营周期 = 73 + 14.6 = 87.6(天)$$
$$现金周转 = 87.6 - 45.6 = 42(天)$$

5.2.2　营运资本管理的要点

营运资本管理的核心是要确定何时的营运资本数量。营运资金过多，偿债能力强、但资金的获利能力低；营运资金少，资金的盈利能力上升、但偿债能力下降；所以，维持恰当的营运资金水平需要权衡营运资金的获利能力与到期时无力偿付的成本间关系。因此，企业进行营运资金管理必须考虑以下要点。

（1）在认真分析生产经营状况的前提下，合理确定营运资金的需要数量。企业营运资金的数量与企业生产经营活动有直接关系，当企业产销两旺时，流动资产会不断增加，流动负债也会相应增加；而当企业产销量不断减少时，流动资产和流动负债也会相应减少。因此，企业应采取一定的方法预测营运资金的需要数量，以便合理地使用营运资金。

（2）企业最为关键的是要考虑风险——报酬的权衡。在营运资本投资战略决策中，首要问题是风险与收益的权衡，企业应以价值最大化为目标，结合自身特点，做出慎重的选择。较高的营运资金持有量，意味着在固定资产、流动负债和业务量一定的情况下，流动资产额较高。这会使企业有较大把握按时支付到期债务，及时供应生产资料和准时向客户提供产品，从而保证经营活动平稳地进行，风险性较小。

（3）加速营运资金周转，提高资金的利用效果。营运资金周转是指企业的营运资金从现金投入生产经营开始，到最终转化为现金的过程。在其他因素不变的情况下，加速营运资金的周转，也就相应地提高了资金的利用效果。因此，企业要千方百计地加快存货、应收账款等流动资产的周转，以便用有限的资金，取得最优的经济效益。

（4）合理安排流动资产与流动负债的比例关系，保证企业有足够的短期偿债能力。流动资产、流动负债以及二者之间的关系能较好地反映企业的短期偿债能力。流动负债是在短期内需要偿还的债务，而流动资产则是在短期内可以转化为现金的资产。因此，如果一个企业的流动资产比较多，流动负债比较少，说明企业的短期偿债能力较强；反之，则说明短期偿债能力较弱。但如果企业的流动资产太多，流动负债太少，也并不是正常现象，这可能是因流动资产闲置或流动负债利用不足所致。因此，在营运资金管理中，要合理安排流动资产和流动负债的比例关系，以便在节约资金的同时保有足够的偿债能力。

5.3 营运资本的融资组合策略

5.3.1 营运资本融资组合策略的类型

企业在其日常运作中，必须使营运资本保持足够的流动性；同时，也希望企业能尽可能高效地运作并取得收益。因此，企业营运资金的管理关键在于解决在既有的总资产水平下，确定流动负债筹资与长期资本筹资的比例关系，这一比例关系可用流动负债占总负债的百分比来表示。我们根据风险——报酬权衡原则，把企业的营运资本的融资组合策略表述为稳健型的策略、保守型策略和激进型策略 3 种类型。

1. 稳健型策略

稳健型策略遵循的是短期资产由短期资金来融通，长期资产由长期资金来融通的原则，即企业用具有相同到期日的流动资产和流动负债为其季节性的资金变化融资。另外，在流动资产中，有一部分最低的产品和原材料储备是经常占用的，也属于长期占用的资产，称为永久性流动资产。稳健型策略如图 5 - 3 所示。

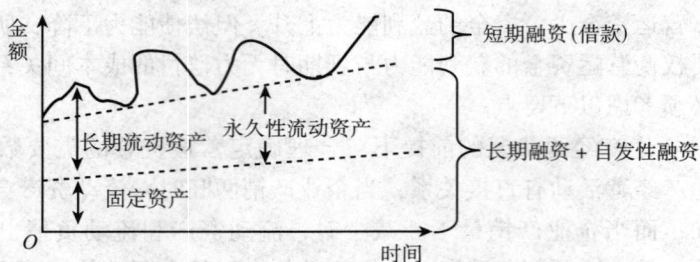

图 5 - 3 稳健型策略

这种融资组合策略的特点是临时性负债占企业全部资金来源的比例较小。因此，企业无法偿还到期债务的风险较低，同时蒙受短期利率变动损失的风险也较低。然而，由于因长期负债成本高于临时性负债的资金成本，以及经营淡季仍需负担长期负债利息，从而降低企业的收益。所以，稳健型融资组合策略是一种风险性和收益性均较低的营运资金筹资策略。

2. 保守型策略

保守型策略通常是将企业全部的长期资产、长期占用流动资产和一部分临时的流动资产都用长期资金来筹措，只有在资产的资金需求很大时，企业才将一部分短期资产用短期资金来融通。

在其他的情况下，当资产的需求处于低谷时，企业实际上拥有的长期资金超过了全部资产。在这种时候，企业把多余的资金投资于有价证券。通过用长期性资金来满足一部分季节性的资金需求的方法，企业构建了一道安全边际。这种策略的风险较小，但成本较高，会使企业的利润减少。保守型策略如图 5 - 4 所示。

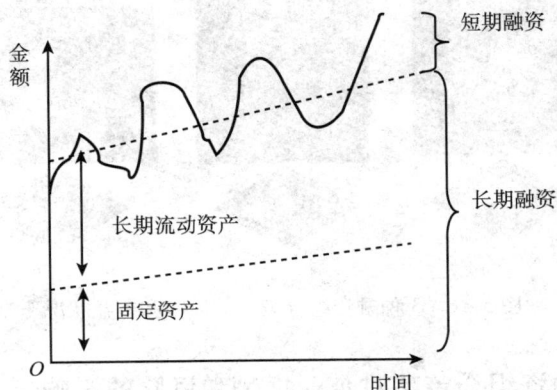

图 5 - 4 保守型策略

3. 激进型策略

激进型策略的特点是临时性负债不但融通临时性流动资产的资金需要，还解决部分永久性资产的资金需要。即这类企业不是采用短期资产由短期资金来融通，长期资产由长期资金来融通的原则，而是将部分长期资产由短期资金来融通，这便属于激进型融资策略。激进型策略如图 5 - 5 所示。

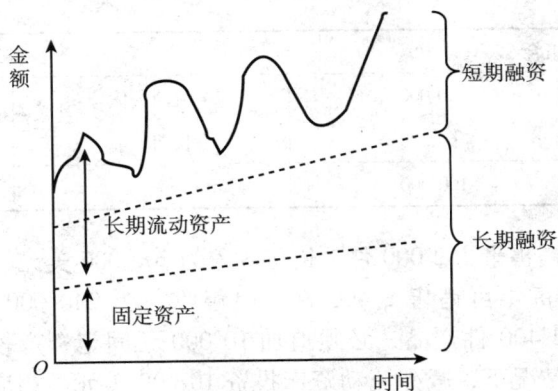

图 5 - 5 激进型策略

这一融资组合策略下的临时性负债占比重较大，由于临时性负债的资金成本一般低于长期负债的资本成本，所以该策略下企业的资本成本较低，可以减少利息支出，增加企业收益。但是，另一方面，短期资金融通了一部分长期资产，风险比较大，因此，激进型融资策略是一种收益性和风险性均较高的营运资金筹资策略。

总之，3 种融资组合策略的收益和风险状况如图 5 - 6 所示，其中激进型投资策略风险最大，其投资收益也最高。

图5-6　3种融资组合策略的风险和收益状况

5.3.2　不同的融资组合策略对企业报酬和风险的影响

不同的融资组合可以影响企业的报酬和风险。在资金总额不变的情况下，由于较多地使用了成本较低的短期资金，企业的利润会增加，最终可导致报酬增加。但是此时如果流动资产的水准保持不变，则流动负债的增加会使流动比率下降，短期偿债能力减弱，增加企业的财务风险。如下所示，不同的融资组合对企业的报酬和风险的影响不同。

【例5-2】某制造公司目前的资产组合、融资组合如表5-2所示。

表5-2　某制造公司资产组合与融资组合

单位：美元

资产组合		融资组合	
流动资产	40 000	流动负债	20 000
固定资产	60 000	长期资金	80 000
合　计	100 000	合　计	100 000

某制造公司目前年销售量为2 000件，销售收入为200 000美元，实现净利润20 000美元。现根据市场预测，每年可销售2 400件，销售收入为240 000美元，实现净利润为24 000美元。但要生产2 400件产品，必须追加10 000元固定资产投资。现该制造公司决定，在资产总额不变的情况下，减少流动资产投资10 000美元，相应地增加固定资产投资10 000美元。假设融资组合不变，那么，不同的资产组合对企业风险和报酬的影响如表5-3所示。

从表5-3中可以看出，由于采用了比较激进的投资组合，企业的投资报酬率由20%上升到24%，因此，报酬增加了。但流动资产占总资产的比重从40%下降到30%，流动比率也由2下降到1.5，这表明企业的财务风险增大了。因此，企业在投资时必须在风险和报酬之间进行认真权衡，选择最优的资产组合，以便顺利实现企业的财务目标。

表 5 - 3　不同资产组合对某制造公司风险和报酬的影响

单位：美元

项　目	现在情况（保守的组合）	计划变动情况（激进的组合）
资产组合		
流动资产	40 000	30 000
固定资产	60 000	70 000
资产总计	100 000	100 000
净利	20 000	24 000
几个主要比率		
投资报酬率	20 000/100 000＝20%	24 000/100 000＝24%
流动资产/总资产	40 000/100 000＝40%	30 000/100 000＝30%
流动比率	40 000/20 000＝2	30 000/20 000＝1.5

5.3.3　影响营运资本融资组合的因素

选择最优的企业营运资金的融资组合，一般应考虑以下因素来做出最优决策。

（1）期限配比。大多数公司都努力使资产和负债的期限能够配比。企业用短期银行贷款来投资存货，用长期融资来投资固定资产，通常都尽量避免用短期贷款来投资长期资产。因此，在企业营运资金的融资决策中应首先考虑期限是否配比，这样可以减少风险，避免短债长投所造成的风险。

（2）风险与报酬。由于流动资产具有较强的变现能力，企业如果持有大量流动资产可以降低企业的风险，但是，如果流动资产过多，就会影响企业的资金使用效益。

（3）相对利率。当长期利率与短期利率相差较少时，企业一般较多地使用长期资金；反之，当长期利率远远高于短期利率时，企业则会较多地利用流动负债，以便降低资金成本。

（4）企业经营规模。企业经营规模的大小也往往影响企业营运资金的融资结构。一般而言，企业经营规模较小时，流动负债的水平较高；而企业规模较大时，流动负债的规模通常较低，因为大企业的融资途径较多，可以从资本市场等途径取得资金以补充资金的缺口。

（5）企业所处的行业。不同行业的经营内容不同，企业的筹资组合有较大的差异。如，重工业和基础设施行业与批发、零售行业相比所需的流动负债相对较少。如，1983 年美国企业流动负债占总资金的比重，其中矿业行业为 15.5%，电力设备行业为 34.5%，批发行业为 47.1%。

复习思考题

思考题

1. 为什么公司要进行营运资本的管理？
2. 营运资本有哪些特点？营运资本管理有哪些要点？
3. 公司是否能通过改变营运资金政策而改变风险和收益的特性？
4. 比较激进型投资策略、中庸型投资策略和保守型投资策略的异同。
5. 影响营运资本融资组合的主要因素有哪些？

◇ 第 **6** 章

现金与有价证券管理

<u>6.1 现金管理概述</u>

6.1.1 企业持有现金的动机

现金资产的流动性最强，但其收益水平低。企业之所以要置存一定数量的现金，通常是基于以下 3 个方面的动机。

（1）交易性动机（Transaction Motive），即需要持有现金用于支付企业日常业务开支的需要，如支付工资、税款和股利等。现金的交易需求是由于企业的现金流进和流出经常是不平衡的，保留一定的现金余额可使企业能正常经营。支付需要的现金，取决于企业的规模和销售水平，一般与二者成正比例关系。

（2）预防性动机（Precautionary Motive），即指企业持有现金以应付意外事件对现金的需要，通常为应付萧条、回购股票、意外开支的现金需求。支付预防性现金的数额取决于三个因素：一是企业现金收支预测的可靠程度，二是企业的临时筹集资金的能力，三是企业经营者对风险的偏好。

（3）投机性动机（Speculative Motive），即企业在利用未预料到有利可图的机会时，如价格可能上涨的廉价采购机会、利率和汇率的有利波动等情况下持有现金的需求。

除以上 3 个基本现金需求动机外，许多企业持有现金还有一个补偿性余额（Compensatory balance）的需要。所谓补偿性余额是企业保证最低存款余额的需要，它是对银行所提供借款或其他服务的一种间接付款。

6.1.2 现金管理的目的

在保证企业正常生产经营的基础上，尽量节约使用现金，并从闲置的现金中获得最多的收益。企业库存现金过多会降低企业的投资收益，过少又可能发生资金短缺问题，影响企业的正常经营活动。因此，企业对现金的管理应该力求做到既保证企业生产经营活动所需的现金，降低经营风险，又不能使企业有过多的闲置资金，即保持最佳现金余额，以提高整个企业的收益。

6.2 现金日常管理

现金的日常管理主要利用现金浮账，围绕加强现金的流入，并在合理的范围内延缓现金的支付，保证现金安全，提高现金的使用效率。

6.2.1 浮账管理

1. 浮账的概念和种类

公司对外支付，开出付款支票后，会计账面上现金余额立即减少，而银行存款余额并不立即减少。而直到收款人真正从公司存款账户上将资金划走后，银行存款才减少。所以公司账面现金余额往往与银行账户余额不等，这就产生了现金支付"浮账"（Float），即浮账是指银行账户上可动用的余额与企业账簿中的账面余额之间的差额。

浮账分为付款浮账、收款浮账和净浮账。付款浮账是指当你开出一张支票，你的账面余额按支票的数额而减少，但直到这张支票结清之前，你在银行的可动用余额不会减少。这一差额就是付款浮账。收款浮账是指当你收到一张支票并把它存入银行，直到这笔资金贷记到你的银行账户上之前，你的账面余额将高于你的实际余额，此时，就是收款浮账。净浮账是指企业的支付行为产生付款浮账，而收款行为导致收款浮账，其总的净差额即为净浮账。在任何时点，净浮账可以简单地等同于企业的可用余额和账面余额的差额。如果净浮账是正的，说明企业的付款浮账超过了收款浮账，而其可用余额也超过了账面余额。企业可以利用该浮账获取收益。

【例 6-1】假定公司 5 月 4 日之前银行存款与账面现金余额均为 100 万美元，5 月 5 日开出一张 30 万元的付款支票，账面余额立即降为 70 万美元，但银行存款余额直到 5 月 15 日对方真正将资金划走后才减少到 70 万美元。则：

$$（5 月 5 日之前）浮账 = 银行存款余额 - 公司账面余额 = 100 - 100 = 0（美元）$$
$$（5 月 5 日～14 日）付款浮账 = 100 - 70 = 30（万美元）$$

如果公司每日支付额较大，付款浮账也较大，充分利用浮账，可给公司带来可观效益。一个每日付款 5 000 万美元的公司，在年利率为 10% 情况下，利用浮账每日可获得 5 000 × 10% /360 = 1.39 万美元的收益。10 天的支付延迟，就可获得 13.9 万美元的收益。

2. 浮账管理的方法

浮账管理就是要充分利用和增大付款浮账，同时加快回款，减少收款浮账。企业管理浮账的方法有以下几种。

（1）电汇。大额的支付由电汇来完成而不是采用支票。由于电汇快捷，从而减少了浮账。

（2）零余额账户（ZBAs）。这是一些余额为零的特殊的付款账户，其资金来自一个主账户。当这些账户上有支票进行付款提示时，资金就自动转入这些零余额账户。

（3）受控付款。这一技术可用于公司主要银行账户之外的其他银行开设的付款账户。与零余额账户一样，资金注入这些账户是建立在需要的基础上。这些银行通知公司需要什么资金，公司再把这些资金电汇给这些银行。反过来，当有富余资金时，银行也会通知公司并把资金汇回公司。

（4）应付款的集中处理。通过把应付款集中起来，财务经理知道所有的账单必须在何时付清，并确定是否有足够资金及时付清这些账单。

（5）银行信箱收款。这是公司投放收到的支票的邮政信箱。银行将负责每天打开信箱几次，处理这些支票并收款。通过有策略地在全国各地安置银行并选择高效率的银行，企业可以大幅度地降低浮账。

6.2.2　现金收入管理

企业在通常情况下，将采取措施加速收账从而缩短收款时间，提高现金的使用效率。

通常，企业收账时间大体由邮寄时间、支票处理延迟及银行的到账延迟 3 部分组成（见图 6-1）。

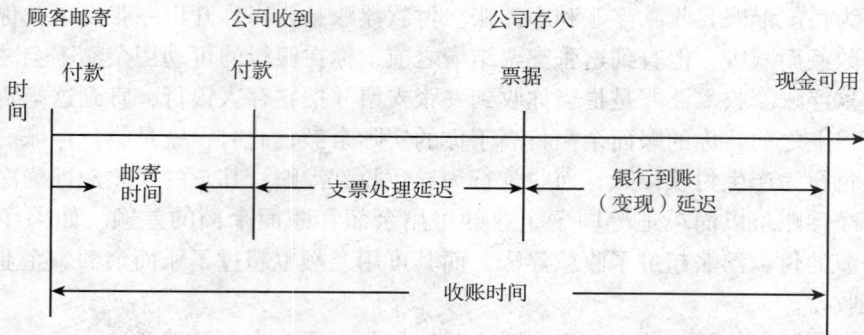

图 6-1　企业现金收入过程示意图

现金收款过程每个部分花费的时间取决于企业的客户及银行的地理位置以及公司现金收账的效率。企业加速收款的任务不仅是要尽量使顾客早付款，而且要尽快地使这些付款转化为可用现金。为此，必须满足如下要求：一是减少顾客付款的邮寄时间，二是减少企业收到顾客开来支票与支票兑现之间的时间，三是加速资金存入自己往来银行的过程。为达到以上要求，企业可采取两种方法。

1. 锁箱法

这主要是通过承租多个邮政信箱，以缩短从收到顾客付款到存入当地银行时间的一种现金管理方法。其以地域为基础，根据账单分布情况确定地区银行，在各地区银行所在地租用专用信箱。授权当地银行每日开启信箱，取得支票后立即予以结算，并通过电汇再将款项拨给企业所在地银行。锁箱流程如图 6-2 所示。

锁箱法的优点是大大地缩短了公司办理收款、存续手续的时间，即公司从收到支票到这些支票完全存入银行之间的时间差距消除了。但是，其成本较高，因为被授权开启邮政信箱的当地银行除了要求扣除相应的补偿性余额外，还要收取额外的服务费用。

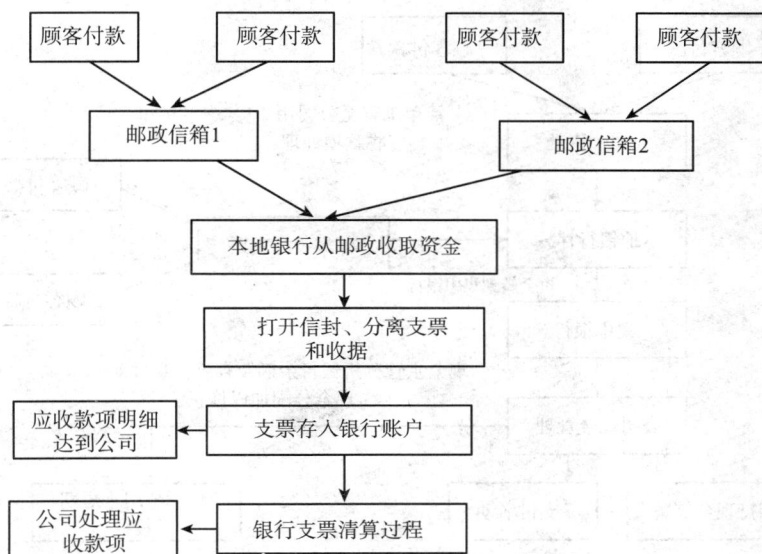

图 6-2　锁箱流程

【例 6-2】假设某公司最近要收回它在维什纳尔的所有客户欠款。该公司希望通过采用一个新的银行信箱收款系统并在亚特兰大和圣路易斯设置信箱，能缩短从顾客寄出支票到资金被收回的这段时间。经理人员预计节约 3 天时间，即从以前的平均 8 天降到平均 5 天。该公司每天收回 100 000 美元。和银行信箱有关的额外费用是每年 12 000 美元，而该公司的资金的机会成本是每年 10%。所采用新系统的预计年收益是多少？

$$减少的浮账 = 100\ 000\ 美元/天 \times 3\ 天 = 300\ 000（美元）$$

$$减少的浮账的价值 = 300\ 000 \times 10\% = 30\ 000（美元）$$

减：
$$年营运成本 = 12\ 000（美元）$$

$$银行信箱收款系统的税前净收益 = 18\ 000（美元）$$

减少 300 000 美元的浮账则减少了等额现金的占用。通过投资的报酬率为 10% 的项目，这笔现金每年赚 30 000 美元，减去系统的年营运成本 12 000 美元，每年仍能获得预期的税前收益 18 000 美元。

2. 现金集中银行法

现金集中银行法是一种通过建立多个策略性收款中心来代替通常在公司总部设立的单一收款中心，以加速账款收回的方法。其指定一个主要开户行为集中银行，并在收款额较集中的若干地区设立若干个收款中心。特定区域内的客户被指定付款给那个区域内的收款中心，收款中心将收到的款项立即存入当地银行，超过这些返回银行最高存款余额的资金则从当地银行转入企业总部所在地的集中银行。其目的是缩短从顾客寄出账款到现金转入企业账户的这一过程，其流程如图 6-3 所示。

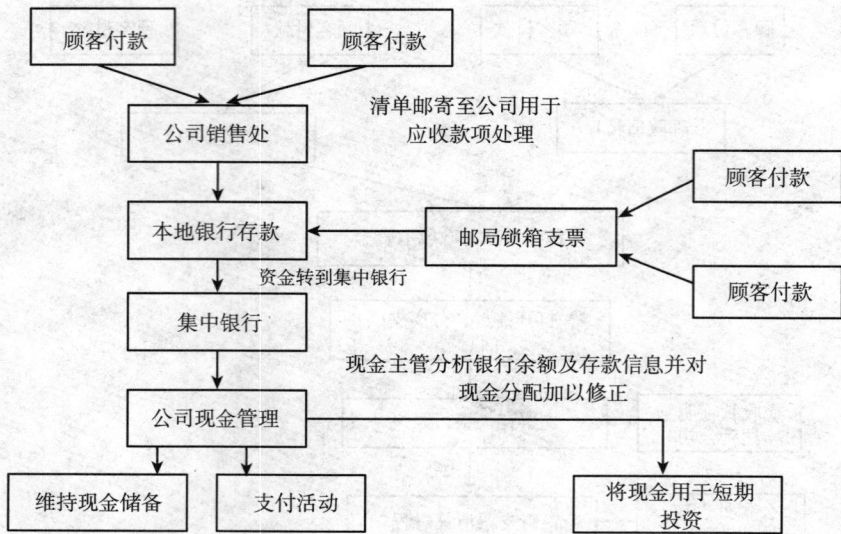

图 6-3　管理体系中的集中银行和锁箱流程

　　现金集中银行法的优点一是减少了账单和货款的邮寄时间，第二是缩短了兑现支票的时间，因为在这一方法下收款中心收到顾客汇来的支票存入该地区的地方银行，而支票的付款银行通常也在该地区内，因而支票兑现比较方便。同时，该方法能够加强对现金流入流出的控制，减少限制现金余额，便于企业进行有效投资。不过，这种方法也有其弊端，首先每个收款中心的地方银行都要求有一定的补偿余额，而补偿余额是一种闲置资金；其次，设立收款中心需要花费一定的物力和人力，成本较高。

6.2.3　现金支付管理

　　企业在进行现金支出管理时，关键问题是尽量延缓现金支出的时间，即控制付款和加速收款，这是企业提高现金周转效率的两个主要方面。通常，企业管理现金支出的方法有以下几种。

　　（1）增加付款浮账。由于通过延缓付款的浮账来自于邮递、支票处理以及到账时间，通过签发地理位置较远的银行的支票可以增加付款浮账。例如，纽约的供应商可以用洛杉矶开出的支票付款，这会增加支票在银行体系中清算所花费的时间。如果能够合理利用增加付款浮账的方法，可以大大减少企业现金持有量，从而提高企业的现金使用效率。但使用该方法也有一定风险：一可能会出现支付不及时的情况，影响企业的信用程度；二可能出现银行存款的透支现象。

　　（2）控制现金支出，即推迟支付。在不影响企业商业信用的前提下，企业应尽量利用供货方所提供的信用优惠，推迟应付账款的支付时间，尽量在信用期的最后一天付款。如，企业在采购材料时，如果付款条件是"2/10，n/30"，就应安排在发票开出后的第 10 天付款，这样企业可以最大限度地利用现金而又不丧失现金折扣。

　　（3）设置零余额账户。利用零余额账户（Zero-balance Account），企业与银行合作，保持一个主账户和一系列子账户。当从某个子账户签发的支票需要支付时，所需要的资金立即从主账户划拨过去。图 6 - 4 说明了这种系统可能的运行方式。

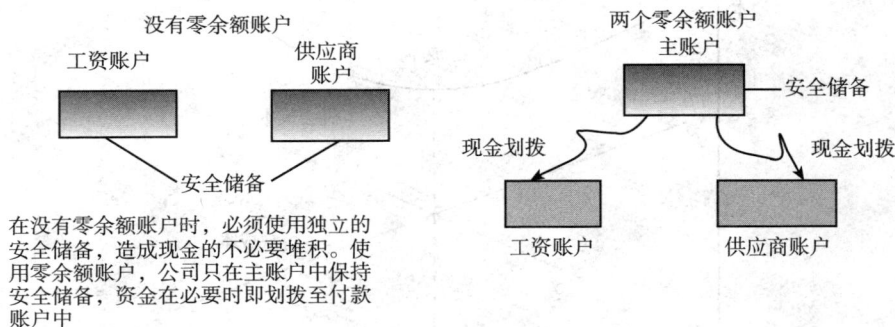

图 6 - 4　零余额账户

在图 6 - 4 中，企业拥有两个支付账户：一个用于供应商，一个用于工资。如果企业不使用零余额账户，那么每一个账户都必须保有一定余额的安全现金量；而如果企业使用了零余额账户，它就可以仅在主账户保持一定的安全储备，然后在必要时将资金划拨至子账户中。关键是在零余额账户安排下，作为缓冲的现金总量变小了，从而有更多的现金可派作其他用途。

（4）采用汇票付款。汇票不是"见票即付"的票据。在持票人将其提交给银行后，银行还必须将汇票交给付款人以获承兑，然后付款人将一笔相当于汇票金额的资金存入银行，这样就推迟了企业实际支付的时间。

6.3　现金余额管理

企业为了进行交易需要多少现金？在现金余额问题上，也存在风险与报酬的权衡问题，因此，应确定最佳的现金余额。

6.3.1　持有现金的成本

现金持有成本包括持有成本、转换成本和短缺成本。

（1）持有成本，又称机会成本，是指企业持有现金增加的管理费用及丧失再投资收益的机会成本。

（2）转换成本，是指企业为用现金购入有价证券及出售有价证券时付出的交易成本，如买卖佣金、委托手续费、证券过户费等。

（3）短缺成本，是指因缺乏必要的现金，不能应付经营开支而使企业蒙受的损失或付出的代价。

从理论上说，使得这三项成本总和最小的现金持有量为最佳的现金余额（见图 6 - 5）。

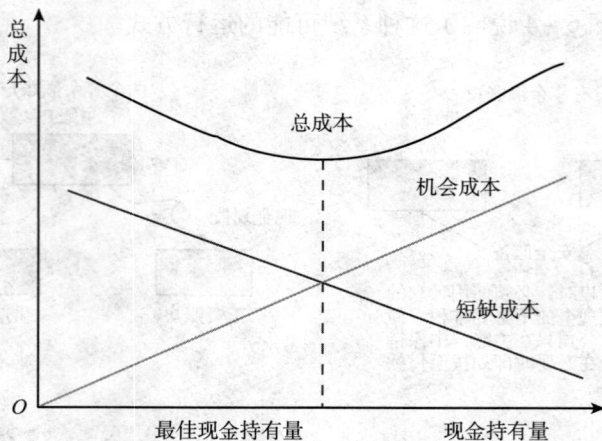

图 6 - 5　最佳现金余额

6.3.2　确定最佳现金余额的方法

1. 鲍摩尔模型（Baumol）（存货模型）

这是第一个将机会成本与交易成本结合在一起，确定目标现金余额的正式模型。它实际上是存货经济批量模型在现金管理上的运用，因此，又称为存货模型。

存货模型的目的是要求初始总成本最小的 C 值。现金余额总成本可以表示为包括现金持有成本和现金转换成本两部分，即：

$$现金总成本 = 持有成本 + 转换成本 \tag{6-1}$$

模型假设：公司未来对现金的需求一定，即支出率不变；计划期内不发生现金流入；现金每次的交易成本固定；不考虑安全现金库存。

设：C 为现金余额；K 为持有现金的机会成本（有价证券利率）；T 为一定时期现金总需求额；F 为补充现金而进行证券交易或贷款的固定成本；TC 为持有现金总成本。

则有：为使 TC 最小，对 C 求导，可得最优现金持有量公式为：

$$C' = \sqrt{\frac{2TF}{K}} \tag{6-2}$$

【例 6 - 3】泰德公司每次将短期投资转换为现金需要 100 美元的费用，公司下一年的预期现金需要量为 6 000 美元，短期有价证券投资回报率为 30%，公司维持交易所需持有的最优交易现金余额为多少？

解：

$$\sqrt{2 \times 6\,000 \times 100/30\%} = 2\,000（美元）$$

最佳现金余额为 2 000 元，这意味着公司从有价证券转换为现金的次数为（6 000/2 000）3 次。

2. 米勒-奥尔模型（Miller-Orr）（随机模型）

这一模型允许日常的现金流量根据概率函数而变化，因此，它比存货模型更符合实际。

并且，它把现实中的不确定性引入到未来的现金流中（见图 6-6）。

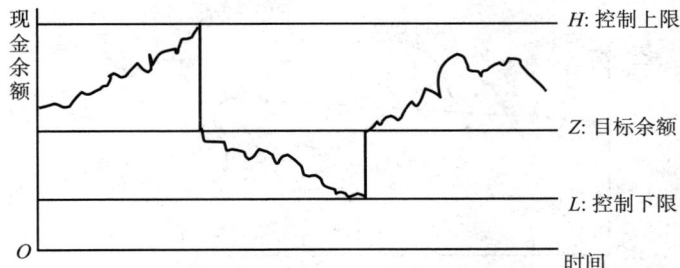

图 6-6　米勒-奥尔模型示意图

模型假设：考虑现金余额的每日随机变动，并假定服从正态分布；既考虑现金流入，又考虑现金流出，每次交易固定，权衡机会成本和交易成本。

现金余额期望总成本最小时的余额即最优。

$$Z = \sqrt[3]{\frac{3F\sigma^2}{4K}} + L \qquad\qquad (6-3)$$

$$H = 3Z - 2L \qquad\qquad (6-4)$$

$$平均现金余额 = \frac{4Z - L}{3} \qquad\qquad (6-5)$$

以上 3 个公式中，F 为现金与证券之间每次转换的成本；σ^2 为每日净现金流量的方差；K 为有价证券日利率（机会成本）；Z 为目标现金余额；H 为最高现金余额；L 为最低现金余额。

【例 6-4】某公司每天的净现金流量的标准差 σ 估计为 2 000 美元，另外，购买或出售有价证券的成本为 $F = 1\ 000$ 美元，年利率 10%，$L = 0$。

那么，$K = (1 + 10\%)^{1/365} - 1 = 0.000\ 261$，利用模型可计算出：$Z = 22\ 568$（美元），$H = 67\ 704$（美元），平均余额 $= 30\ 091$（美元）。

6.4　有价证券投资管理

如果企业有暂时的闲余资金，则可以把它投资于货币市场证券——短期有价证券。

6.4.1　临时现金盈余

企业由于各种原因会持有临时的闲余现金，其中有以下两个主要原因。

（1）季节性或周期性活动出现的临时现金盈余。一些企业的现金流量形态是可以预测的，它们在一年中的某段时间有现金盈余而在其他时间为赤字。如，生产浓缩果蔬汁行业的企业，就明显地呈现出季节性现金流量特征。像这类企业，就可以在现金盈余出现时购买有价证券而在现金流量赤字时卖出这些证券。同时，还可以通过银行贷款来满足临时现金短缺问题。使用有价证券和银行贷款应对临时融资需求的安排如图 6-7 所示。

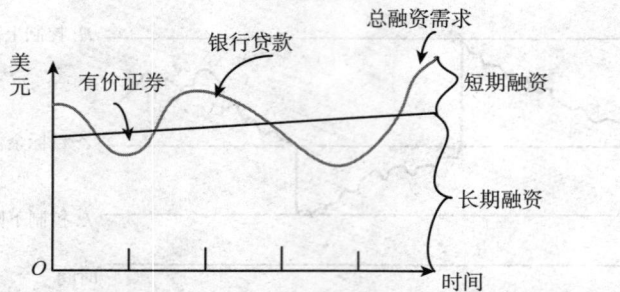

时间1：现金盈余出现，对流动资产的季节性需求低。盈余部分投资于短
　　　　期有价证券。
时间2：现金出现赤字时，对流动资产的季节性需求高。现金赤字时出售
　　　　有价证券和银行贷款来融资。

图6-7　季节性现金需求

（2）计划的或可能的支出。企业经营需要累计大量临时的有价证券投资以便为厂房扩建计划、股利支付或者其他大额支出准备现金来源。为此，企业可以在需要现金之前发行债券和股票，将所得款项投资于短期有价证券，然后在需要时出售这些证券以融通现金支出。而且，企业有时还可能面临不得不进行巨额支付的风险。

6.4.2　短期投资选择

货币市场的债券具有流动性强、期限短、违约风险低以及税收优惠等特征。按照风险与报酬递增的顺序，主要投资品种有以下几种。

（1）短期国库券。它包括90、180、270或360天内到期的债券。这些证券风险低、流动性最强，但它们能提供的报酬也最低。公司能直接购买或出售这些证券，也可以通过签订回购协议或与证券商达成的回购协议在这些证券上进行期限很短的投资。

（2）商业票据。这是指金融机构、银行及大型企业发行的无抵押的短期债券。期限很少超过270天，大多数的商业票据的初始到期末30～180天。商业票据的违约风险取决于发行方的财务实力。

（3）大额可转让存单。它是由国内或国外商业银行发行的可向第三方出售的定期存单。3个月、6个月、9个月及12个月的大额定期存单都有活跃的市场。

（4）银行承兑汇票。它是由商业银行已承兑的汇票，价值建立在承兑银行的商业信誉的基础上。

（5）可调利率优先股。货币市场的优先股是具有浮动的股利率的短期债券，其股利率经常重新确定，以反映现行的利率。因此，它的风险和报酬均低于其他的优先股，并且和其他的短期证券一样，受市场价值波动的影响很小。

复习思考题

思考题

1. 公司持有现金的动机是什么？试说明现金管理的目的。

2. 减少或消除浮账的益处是什么？

3. 解释锁箱法和现金集中银行法的概念是什么？试说明它们对现金管理的作用。

4. 什么是补偿性银行存款余额？它为什么对不同的存款人是不一样的？

计算题

1. 假设某人有175 000万美元的存款，没有流通在外的支票或未清算的存单。某天他存入一张150 000美元的支票，这时产生的是付款浮账还是收款浮账？他的可用余额为多少？账面余额为多少？

2. 假设某企业有价证券的日利率为0.018%，每次现金与有价证券的转换成本为120美元；该企业认为其任何时候的现金余额均不能低于50 000美元，根据历史数据测出的现金余额波动标准差为6 000美元。请计算最优现金返回线R和现金控制上限H分别为多少？

◇ 第 7 章

应收账款与信用管理

如果企业向购买者赊销商品或提供服务，购买者延后一段时间付款，就产生了应收账款。应收账款是企业流动资产的重要组成部分，其管理的主要目的是实现销售数量、坏账损失和应收账款周转率的最优组合，使企业利润最大化。

7.1 信 用 政 策

所谓信用（Credit）是指为了在销售货物或提供借款时提早获得收益，而准予购买方或是借款方在将来一定的期限内偿付的债额。应收账款属于企业信用部分，包括一家企业给其他企业的信用，即商业信用；以及给消费者的信用，即消费信用。应收账款的管理政策又称为信用政策，涉及到信用标准、信用条件和收账管理等方面。

7.1.1 信用标准和信用评估

信用标准是用来评价是否给予信用的准则，即企业提供信用时要求客户达到的最低的信用水平，通常用以预期的坏账损失率来衡量信用标准的确定。如"只对那些信用分数在 75 分以上的客户提供商业信用"或"只对那些预计坏账损失率低于 5% 的客户提供商业信用"。因此，企业应结合实际情况选择制定合理的信用标准，以利于企业扩大销售的同时降低违约风险，提高经营效益。而确定最合适的信用标准，就是要比较信用的边际成本与边际利润。只要前者小于后者，就应放松信用标准。为此，必须对企业相关的信用信息进行信用分析和信用评估。

1. 信用分析

信用分析（Credit Analysis）指的是确定是否向某一特定客户提供信用的过程，其所涉及的领域如图 7-1 所示。它通常要先收集相关信息，常用的评估客户信誉度的信息来源包括以下几个方面。

（1）财务报表，公司可以要求客户提供财务报表。根据财务报表，并按照财务比率的一些最低标准和经验法则，可以作为提供或拒绝提供信用的基准。

（2）客户向其他公司付款历史的信用报告。

（3）商业银行所提供的信用信息。

（4）客户向本公司付款的历史纪录。

在掌握以上信用信息的基础上，需对企业信用状况加以分析。企业信用分析的首要目标是评估客户的流动性。拥有足够现金的企业有可能在债务到期时偿还债务，而那些因没有足够现金流量缺乏流动性的企业，即使有盈利能力也会存在严重的信用风险。

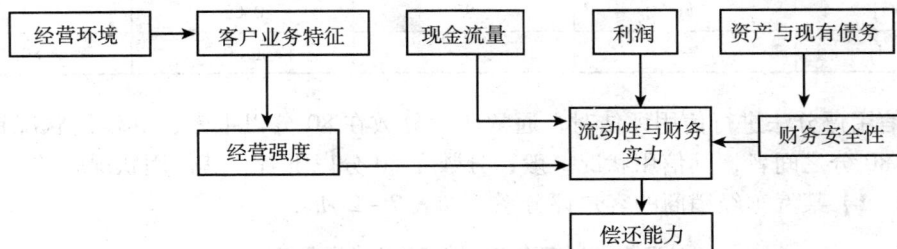

图 7 - 1　企业信用分析所涉及的领域

2. 信用评估

要对客户信用状况进行分析，必须对客户的信用状况进行合理的评估。通常采用的评估方法有以下两种。

（1）5C 原则。这是一种基于定性分析的方法，传统的 5C 原则的基本要素包括如下几点。

品性（Character）：客户履行到期债务的愿意程度。

能力（Capacity）：客户用经营性现金流量履行到期债务的能力。

资本（Capital）：客户的财务储备和财务实力。

抵押（Collateral）：为违约担保而抵押的客户的资产。

条件（Condition）：客户所在行业的宏观经济状况，这主要是指可能影响客户付款能力的经济环境。

（2）信用评分法。该方法是先对一系列财务比率和信用情况指标进行评分，然后按照一定的权重进行加权平均，得出客户综合的信用分数，并以此进行信用评估的一种方法，以确定客户的信用等级。其信用评分的基本公式为：

$$y = a_1 x_1 + a_2 x_2 + a_3 x_3 + \cdots + a_n x_n = \sum_{i=1}^{n} a_i x_i \qquad (7-1)$$

式中：y——某企业客户的信用评分；

a_i——事先拟订出的对第 i 种财务比率或信用品质进行加权的权重；

x_i——第 i 种财务比率和信用品质的评分。

表 7 - 1 所示为某企业客户的信用评分情况。

表 7 - 1　某客户信用评分情况表

项　　目	财务比率等	得分（x_i）	预计权数（a_i）	加权平均数（$a_i x_i$）
流动比率	1.8	85	0.1	8.50
速动比率	0.9	90	0.2	18.00
销售利润率	20%	80	0.1	8.00
负债比率	60%	70	0.15	10.50

项　　目	财务比率等	得分（x_i）	预计权数（a_i）	加权平均数（$a_i x_i$）
应收账款周转率	12（次）	85	0.15	12.75
赊购支付历史	尚好	75	0.25	18.75
未来发展预计	好	85	0.05	4.25
合　　计	—	—	1.00	80.75

在用信用评分法进行信用评估时，通常认为分数在 80 分以上者，其信用状况良好；分数在 60～80 分之间者，其信用状况一般；分数在 60 分以下者，其信用状况较差。

【例 7-1】某汽车经销商的客户评分系统如表 7-2 所示。

表 7-2　某汽车经销商的客户评分系统

电话状况（有住宅电话 5 分，用亲戚的 1 分，无 0 分）；

住房状况（拥有 6 分，抵押购买 3 分，租用 1 分，与人合住 1 分）

银行账户数目（无 0 分，1 个 4 分，1 个以上 6 分）；

在目前住所居住的年限（0.5 年以下 0 分，0.5～2 年 1 分，3～7 年 3 分，8 年以上 4 分）；

家庭成员人数（1 人 2 分，2 人 4 分，3～6 人 3 分，7 人以上 0 分）；

月收入（1 500 以下 0 分，1 500～2 500 元 1 分，2 500～3 500 元 2 分，3 500～5 000 元 4 分，5 000 以上 6 分）；

在目前岗位上工作年限（半年 0 分，0.5～2 年 1 分，3～7 年 2 分，8 年以上 4 分）；

面谈印象分（-5～+5）

其结果：如得 22 分以上，信用额度为 5 万美元；26 分以上，信用额度为 10 万美元；30 分以上，信用额度为 20 万美元。

3. 信用评级

信用评级（Credit Scoring）使用一套简单的符号系统表示信用质量，亦即为信用质量分类。其符号包括：AAA～C、A-1～B、aaa～c，等等。评级结果显示的是企业风险。传统的信用评级方法为打分法，即首先选择一组指标和财务比率；其次，给不同的指标或比率赋以不同的权重；第三，给每个指标或比率设定评分准则；最后，将每个信用级别与总得分范围联系起来。目前，很多专业评级公司都采用不同的评级模型对企业进行评级。总之，通过对企业进行信用评分，才能最终确定其信用标准。

4. 信用标准的确定

通过对客户的信用评估和信用分析，可以反映出客户的信用状况。结合定型分析和定量分析可以估计出企业的坏账损失率。信用标准的宽、严，可以用"差量分析法"予以分析。所谓"差量分析法"，是指比较不同信用政策下的收益与成本的变化。当改变信用政策所增加的收益大于增加的成本时，企业的净收益增加，则选择改变信用政策；反之，则不改变。

【例 7-2】某企业本年度的有关情况和信用标准如表 7-3 所示。

表7-3 某企业的信用标准与有关情况

项　目	数　据
S_a：在现有信用政策下的销售收入（美元）	792 000 美元
变动从成本率	80%
信用标准（以预期坏账损失率表示）	≤1.2%
平均实际坏账损失率	1%
应收账款管理成本	2 000 美元
信用期限	30 天
平均收款期	60 天
企业投资收益率	15%

该企业在下年度拟改变信用标准，现提出了 A、B 两个方案，信用标准变化对企业经营情况的影响如表 7-4 所示。

表7-4 A、B 两方案对企业经营情况的影响

A 方案（严格的信用标准）	B 方案（宽松的信用标准）
信用标准：只对预期坏账损失率低于0.8%的客户提供信用	信用标准：只对预期坏账损失率低于 1.5% 的客户提供信用
S_A：由于标准变化而减少销售额 720 000 美元	S_B：由于标准变化而增加销售额 900 000 美元
T_1：平均收款期为 50 天	T_2：平均收款期为 75 天
B_1：平均坏账率 0.6%	B_2：平均坏账率 1.2%
C_1：应收账款的管理成本 1 000 美元	C_2：应收账款的管理成本 3 500 美元

为了评价两个可选择的信用标准孰优孰劣，必须计算两个方案各自带来的收益和成本。而计算给予某客户商业信用的费用（信用成本），包括：坏账款损失、应收账款投资机会成本、应收账款管理费用。其计算公式如下：

$$净收益 = 贡献毛益 - 应收账款机会成本 - 应收账款管理费用 -$$
$$应收账款坏账损失 \tag{7-2}$$
$$贡献毛益 = （赊销收入 - 现金折扣）\times 贡献毛益率$$
$$应收账款机会成本 = 应收账款平均占用资金 \times 企业投资收益率$$
$$应收账款平均占用资金 = 应收账款平均余额 \times 变动成本率$$
$$应收账款平均余额 = 日销售额 \times 平均收款期$$
$$平均收款期 = 享受折扣客户的比例 \times 折扣期 + 不享受折扣客户的比例 +$$
$$不享受折扣客户的还账 \tag{7-3}$$
$$应收账款坏账损失 = 赊销净额 \times 坏账率 \tag{7-4}$$

现分别对两个方案进行测算，如表 7-5 所示。

表7-5　A、B两方案的测算结果

单位：美元

项　目	A方案（严格的信用标准）	B方案（宽松的信用标准）
信用标准变化对销售收入的影响	$S_A = (720\,000 - 792\,000) \times (1 - 80\%) = -14\,400$	$S_B = (900\,000 - 792\,000) \times (1 - 80\%) = 21\,600$
信用标准变化对应收账款机会成本（I）的影响	$I_A = (720\,000/360 \times 50 - 792\,000/360 \times 60) \times 80\% \times 15\% = -3\,840$	$I_B = (900\,000/360 \times 75 - 792\,000/360 \times 60) \times 80\% \times 15\% = 6\,660$
信用标准变化对坏账成本的影响	$B_1 = 72\,000 \times 0.6\% - 792\,000 \times 1\% = -3\,600$	$B_2 = 900\,000 \times 1.2\% - 792\,000 \times 1\% = 2\,880$
信用标准变化对管理成本的影响	$C_1 = 1\,000 - 2\,000 = -1\,000$	$C_2 = 3\,500 - 2\,000 = 1\,500$
信用标准变化对总成本（P）的影响	$P_1 = -3\,840 + (-3\,600) + (-1\,000) = -8\,440$	$P_2 = 6\,660 + 2\,880 + 1\,500 = 11\,040$
信用标准变化对净收益（R）的影响	$R_A = -14\,400 - (-8\,440) = -5\,960$	$R_B = 21\,600 - 11\,040 = 10\,560$

经过计算可以得出，由于A方案将使企业净收益减少5 960美元，而B方案却使企业净收益增加10 560美元，所以该企业应选择B方案，即放松的信用标准。

7.1.2　信用条件

所谓信用条件是指企业要求客户支付货款的条件，包括信用期间、折扣期限、现金折扣率及信用工具。信用条件可表示为"2/10，n/30"，即提供的信用期间为30天，折扣期限为10天，现金折扣率为2%。

1. 信用期限

信用期限（Credit Period）是授予客户信用的基本时间长度，即企业允许客户从购货到支付货款的时间限定。不同行业的信用期限差距很大，但几乎都在30～120天之间。一般而言，影响信用期限的因素主要包括以下几个方面。

（1）经营周期。通常买方的经营周期的长度被认为是信用期限较适当的上限。因为通过授予信用，企业为客户的经营周期提供了一部分资金融通，从而缩短了客户的现金周期。

（2）易腐烂性和抵押价值。易腐烂货物周转率较高而且抵押价值相对较低，此类商品信用期限因而较短。

（3）消费者需求。老字号产品周转率通常较高，新产品或者销路不畅的产品信用期限通常较长以吸引买主。

（4）成本、盈利性和标准化。相对变异的商品的信用期限较短，相对标准化的商品和原材料也是如此。它们的加价通常较低，而且周转率较高，这些都导致了较短的信用期限。

（5）信用风险。客户的信用风险较高，信用期限很可能较短。

（6）订单大小。如果订单较小，信用期限可能稍短一些，因为小订单的管理成本高，而且此类客户也相对不太重要。

（7）竞争。当处在高度竞争的市场中时，作为吸引客户的手段，企业可能提供较长的信用期限。

（8）客户类型。企业针对不同的客户提供不同的信用条件，如批发和零售商的信用条件是不同的。

但是，通常企业不宜过长地给客户延长信用期限，因为这样做的后果是：一则使平均收账期延长，占用在应收账款上的资金相应增加，引起机会成本增加；二则可能引起坏账损失和收账费用的增加。因此，企业是否延长客户信用期限应取决于信用期限增加的边际收入是否大于增加的边际成本。

2. 现金折扣

现金折扣（Cash Discount）是在客户提前付款时给予的优惠，通常是销售条款的一部分。对于客户而言，当借入资金利率小于放弃现金折扣的成本，借钱付款，享受折扣；当投资收益率大于放弃现金折扣的成本，放弃折扣，使用信用。放弃现金折扣的机会成本可按下式计算：

$$放弃现金折扣的年成本 i = \frac{r}{1-r} \times \frac{360}{d} =$$

$$\frac{现金折扣率}{1-折扣率} \times \frac{360}{超过折扣期限付款天数} \qquad (7-5)$$

【例 7-3】某企业按"2/10，n/30"的条件购入材料 100 万美元。如果该企业在 10 天内付款，便享受了 10 天的免费信用期，并获得现金折扣 2 万美元（100×2%）免费信用额为 98 万美元（100-2）。如果该企业在 11～30 天内付款，此时，该公司丧失了可以取得的折扣，不仅需要支付净购货款 98 万美元（100-2），而且需要支付丧失的折扣费用 2 万美元，但该公司使用信用资金的时间增加了 20 天，如图 7-2 所示。

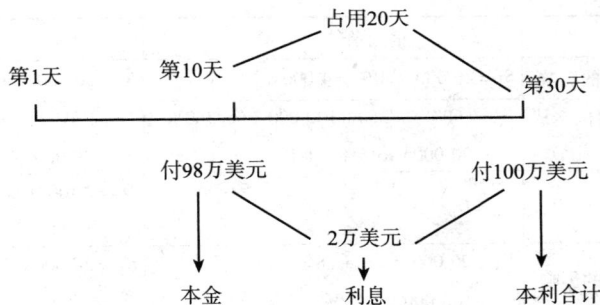

图 7-2　企业信用条件图示

该公司将 98 万美元资金占用了 20 天（30-10），到最后支付 100 万美元，其差额 2 万美元即为 98 万美元占用 20 天的利息额。

$$日利息额 = (100-98) \div (30-10) = 2 \div 20 = 0.1 万（美元/天）$$

$$日利率 = 日利息额/本金 = 0.1/98 \times 100\% = 0.102\ 04\%$$

$$年利率 = 日利率 \times 360 = 0.102\ 04\% \times 360 = 36.73\%$$

或者，购货的信用条件是"2/10，n/30"，公司在第 30 天付款，则放弃折扣的年成本为：

$$i = \frac{2\%}{1 - 2\%} \times \frac{360}{30 - 10} = 36.73\%$$

3. 信用条件的确定

虽然企业在信用管理政策中，已对可接受的信用条件做了规定，但当企业的生产经营环境发生变化时，仍需要对信用管理政策中某些规定进行修改和调整，并对改变条件的各种备选方案进行认真的评价。

【例 7-4】某企业在原有信用政策情况下的销售收入为 100 000 美元，销售利润率为 20%，应收账款的机会成本率为 15%，平均坏账损失率为 6%。在信用政策改变情况下的有关资料如下（见表 7-6），说明信用条件的变化情况。

表 7-6   A、B 两个备选方案的有关指标

信用条件 A	信用条件 B
信用条件：45 天内付清，无现金折扣	信用条件："2/10, n/30"
S_A：增加销售额 20 000 美元	S_B：增加销售额 30 000 美元
B_A：全部销售额的平均坏账损失率为 8%	B_B：全部销售额的平均坏账损失率为 4%
D_A：需付现金折扣的销售额占总 x_i 销售额的百分比为 0%	D_B：需付现金折扣的销售额占总 x_i 销售额的百分比为 50%
C_A：平均收现期为 60 天	C_B：平均收现期为 30 天

根据以上数据，分别测算两种信用条件对销售利润和各种成本的影响，可计算相关指标如表 7-7 所示。

表 7-7   A、B 两个备选方案的预测结果

单位：美元

项　　目	信用条件 A 方案	信用条件 B 方案
信用条件变化对销售利润的影响	$S_1 = 20\ 000 \times 20\% = 4\ 000$	$S_2 = 30\ 000 \times 20\% = 6\ 000$
信用条件变化对应收账款机会成本的影响	$I_A = (60 - 45/360 \times 100\ 000 + 60/360 \times 20\ 000) \times 15\% = 1\ 125$	$I_B = (30 - 45/360 \times 100\ 000 + 30/360 \times 30\ 000)15\% = -250$
现金折扣成本的变化	$D_A = 0$	$D_B = (100\ 000 + 30\ 000) \times 50\% \times 2\% = 1\ 300$
信用条件变化对坏账损失的影响	$K_A = 20\ 000 \times 8\% + (8\% - 6\%) \times 100\ 000 = 3\ 600$	$K_B = 30\ 000 \times 4\% + (4\% - 6\%) \times 100\ 000 = -800$
信用政策变化带来的净收益	$N_A = 4\ 000 - 1\ 125 - 3\ 600 - 0 = -725$	$N_B = 6\ 000 - (-250) - 1\ 300 - (-800) = 5\ 750$

7.1.3　收账政策

收账政策是信用政策的最后一个要素，即主要针对账款遭到拖欠甚至拒付时，企业应采取的对策。因此，所谓收账政策是指当客户违反信用条件时，企业采取的收回应收账款的策略与措施。

对于拖欠应收账款，无论企业采取何种方式进行催收，都要付出一定的收账成本，如收账发生的邮电通讯费用、收账人员的差旅费、法律诉讼费等。企业采取积极的收账政策，会减少应收账款的资金占用，减少坏账损失，但要增加收账成本；如果采取消极的收账政策，

虽然发生的收账成本较低，但会增加应收账款的资金占用，增加坏账损失。一般来说，收账成本支出越多，坏账损失的概率就越小，但这两者并不一定存在线性关系。通常情况是：①开始花费一些收账费用，应收账款和坏账损失有小部分降低；②收账费用继续增加，应收账款和坏账损失明显减少；③收账费用达到某一限度时，应收账款和坏账损失的减少就不再明显了，这个限度称为饱和点，如图 7-3 中的 P 点。因此，在确定收账政策时，必须对收账成本与减少的应收账款成本进行比较。

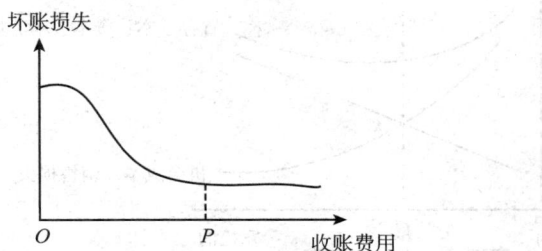

图 7-3 收账费用与坏账损失的关系图

【例 7-5】某企业现行收账政策和拟改变的收账政策如表 7-8 所示。

表 7-8 收账政策备选方案

单位：美元

项 目	现行收账政策	拟改变的收账政策
年收账费用	10 000	15 000
应收账款平均收款期/天	60	30
坏账损失率/%	4	2

该企业当年销售额为 1 200 000 美元（全部赊销），收账政策对销售收入的影响忽略不计。该企业应收账款的机会成本为 10%。现根据以上资料计算有关数据，如表 7-9 所示。

表 7-9 收账政策分析评价

单位：美元

项 目	当前收账政策	拟改变的收账政策
年销售收入	1 200 000	1 200 000
应收账款周转次数	360/60 = 6	360/30 = 12
应收账款平均占用额	1 200 000/6 = 200 000	1 200 000/12 = 100 000
拟改变的收账政策的机会成本	—	100 000×10% = 10 000
坏账损失	1 200 000×4% = 48 000	1 200 000×2% = 24 000
拟改变政策减少坏账成本	—	24 000
两项节约合计	—	10 000 + 24 000 = 34 000
按拟改变政策增加收账费用	—	15 000 - 10 000 = 5 000
拟改变政策可获得收益	—	34 000 - 5 000 = 29 000

因此，按拟改变的收账政策可获得收益 29 000 美元，故应采取该政策。

7.1.4　最佳信用政策

最佳信用政策是使应收账款的"置存成本"与"机会成本"总和最低（见图 7-4）。

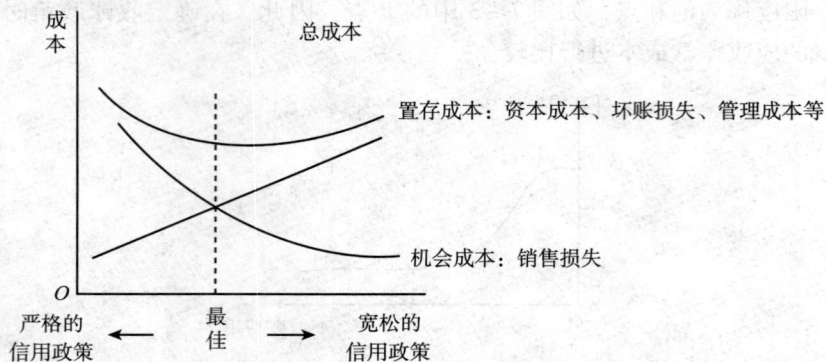

图 7-4　企业信用成本

企业可能永远也找不到最佳政策，但制定信用政策应考虑以下因素：行业特点；企业的财力、成本优势；竞争和市场状况；客户的类型、稳定程度及其信用状况；公司战略（如占领市场）。

7.1.5　综合信用政策

前面分析的是单项的信用政策，但要制定最佳的信用政策，应把信用标准、信用条件、收账政策结合起来，考虑信用标准、信用条件、收账政策的综合变化对销售额、应收账款机会成本、坏账成本和收账成本的影响。通常，制定综合信用政策时应考虑的基本模式如表 7-10、表 7-11 所示。

表 7-10　信用标准、信用条件及收账组合的结合

信用标准（预计坏账损失率%）	信用条件	收账政策
好（0~0.5；0.5~1）	宽松（n/60）	消极（拖欠 20 天不催收）
一般（1~2；2~5）	一般（n/45）	一般（拖欠 10 天不催收）
差（5~10；10~20）	严格（n/30）	积极（拖欠立即催收）
极差（>20）	不提供信用	—

表 7-11　信用等级与账款管理

信用等级	平均收账期/天	应收账款管理费用/美元	坏账款损失率
A	30	100	2%
B	60	400	10%
C	90	1 200	20%
D（新客户）	70	500	15%

决策选择的基本思路是通过比较信用标准、信用条件调整前后收益与成本的变动，遵循边际收入应当大于边际成本的原则，作出方案的优劣选择。企业一旦确定信用政策后，便可根据信用政策和预计的销售收入等指标来计算确定应收账款占用资金的数额。

【例 7-6】某公司 2010 年计划销售收入为 4 600 万美元，预计有 60% 为赊销，应收账款的平均收现期为 60 天。则 2010 年该公司应收账款平均占有资金的数额为：

$$4\ 600 \times 60\% \times 60/360 = 460(万美元)$$

7.2　应收账款的日常管理

7.2.1　应收账款追踪分析

在客户进行商品赊销以后，就应对客户进行追踪分析，因为客户债务偿还能力是随着它本身的经营情况发生变化。一般而言，客户赊购了产品，能否按期偿还贷款，主要取决于以下三个因素：一是客户的信用品质，二是客户的财务状况，三是客户是否可以实现该产品的价值转换或增值。当哪个因素发生变化时，企业就应制定完善的应收账款收款计划，尽快地收回账款。在商品销售的过程中，一个环节出了问题，将可能导致一系列的信用危机。

7.2.2　应收账款账龄分析

账龄分析是通过事先确定的时间期限对应收账款进行分类和评价。对应收账款的账龄分析，目的在于发现应收款项损失的可能性，判断客户潜在的亏损。一般来说，逾期拖欠时间越长，账款催收的难度越大，成为坏账的可能性也就越高。因此，进行账龄分析，密切注意应收账款的回收情况，是提高应收账款收现效率的重要环节。

对应收账款账龄的分析可以通过研究应收账款的账龄结构来完成。所谓账龄结构，是指各账款应收账款的余额占应收账款总计余额的比重，账龄分析的一般方法如下。

（1）分析 1 年内、1~2 年、2~3 年甚至 3 年以上账龄的应收账款项金额占应收账款项的比例。

（2）根据企业销售产品或服务的性质，判断企业应收账款项账龄结构的合理性。

（3）由于 1~2 年、2~3 年甚至 3 年以上的应收账款都是由以前期限较短的应收账款转化而来的，分析这些应收账款的变化，判断企业收账工作的成效。

（4）分析应收账款的坏账准备金提取政策是否与应收账款的回收可能性相匹配，即是否充分估计了坏账损失。

（5）分析应收账款中主要欠款单位欠款金额占应收账款项的比重；借款性质的其他应收款是否按时取得合同中规定的资金占用费。

【例 7-7】某批发零售企业 2009 年主营销售收入 3 300 万美元，2008 年主营销售收入 7 600 万美元，其他应收账款账龄结构分析表如表 7-12 所示。

表 7 – 12　某零售批发公司的应收账款账龄结构分析表

单位：万美元

账　　龄	2008 年 12 月 31 日		2009 年 12 月 31 日	
	金额	比例	金额	比例
1 年内	870	92%	705	77%
1～2 年	55	6%	157	17%
2～3 年	13	1%	36	4%
3 年以上	10	1%	20	2%
合　　计	948		918	

分析显示，该企业应收账款回收工作存在严重问题。2009 年当年发生的应收账款至少有 102 万美元（157 – 55）不能按时收回，占 2008 年发生应收账款的 12%。同时，超过 1 年的各账龄段的应收账款成倍增加，说明企业 2008 年前几类的应收账款有许多未收回。在 2009 年销售收入降低 50% 的情况下，应收账款占用没有减低，而且结构恶化，更加剧了企业困境。这时，企业应分析逾期账款具体属于哪些客户，这些客户是否经常拖欠账款，发生拖欠的原因何在。对不同拖欠时间的账款及不同信用品质的客户，企业应采取不同的收账方法，制定出经济可行的不同收账政策、收账方案；对可能的应收账款，也不能放松管理与监督，以防发生新的拖欠。

除了账龄分析表外，还应该对公司的应收账款的平均账龄进行计算，即计算公司所有没有得到清偿的发票的平均账龄。通常计算的方法有两种：一种是计算所有个别的没有清偿的发票的加权平均账龄，使用的权数是个别的发票占应收账款总额的比例；另一种方法是利用账龄分析表。如，假设某公司应收账款的账龄在 0～30 天的所有应收账款被假设为 15 天，账龄在 30～60 天的应收账款期账龄被假设为 45 天，而账龄在 60～90 天的所有应收账款，其账龄被假设为 75 天。于是，通过采用 15、45 和 75 的加权平均数，平均的账龄就被计算出来。而权数是账龄为 0～30 天、30～60 天、60～90 天的应收账款各自所占的比例。

【例 7 – 8】某公司的账龄分析表如下（见表 7 – 13），计算应收账款的平均账龄。

表 7 – 13　某公司的应收账款账龄结构分析表

账　　龄	金额/美元	百分比
0～30 天	11 800	50.2%
30～60 天	8 300	35.3%
60～90 天	3 400	14.5%
90 天以上	0	0
总　　计	23 500	100.0%

通过表 7 – 13 的有关资料，计算该公司的应收账款平均账龄为：

$$平均应收账款账龄 = 0.502 \times 15 + 0.353 \times 45 + 0.145 \times 75 =$$
$$7.53 + 15.89 + 10.88 =$$
$$34.30（天）$$

因此，该公司应收账款的平均账龄为 34 天。

7.2.3　收款率和应收账款余额百分比分析

管理应收账款质量的还有收款率和应收账款余额百分比两个指标。收款率是指在不同的月份收回的销售收入的比例。用收款率状况与预期的或预算的收款状况相比较，来判断收款速度是高于还是低于预期的情况。应收账款余额百分比是指在销售月的月末以及随后的每个月月末，该月的没有收回的销售收入所占的比例。

【例 7 - 9】某公司每月销售额与最初月份的销售额相联系的几个月的收款情况如表 7 - 14所示。如与这些数据相对应的收款率、应收账款余额百分比和没有收回的应收款的金额各是多少？与预计的比例相比较，你怎样评价收款行为和应收账款？

表 7 - 14 的 A 组显示了每个月的销售收入是怎样在后面的时间里收回的。例如，12 月的 1 200 美元的销售额的收款情况如下：12 月收回 110 美元，1 月收回 550 美元，2 月收回 420 美元，3 月收回 120 美元。B 组显示了与 A 组相对应的百分比。例如，12 月的应收账款的收款率：12 月是 110/1 200 = 0.092，1 月是 550/1 200 = 0.458，2 月是 420/1 200 = 0.350，3 月是 120/1 200 = 0.100。

表 7 - 14　某公司的应收账款收款率和应收账款余额百分比

月　份	8	9	10	11	12	1	2	3
销售收入	1 000	1 000	1 000	1 000	1 200	1 500	1 800	2 000
A 组 收款（$）								
当月	100	100	100	100	110	135	160	175
1 个月前		500	500	500	480	550	680	800
2 个月前			350	350	340	350	420	525
3 个月前				50	50	60	70	120
收款合计				1 000	980	1 095	1 330	1 620
B 组 收款率								
当月	0.100	0.100	0.100	0.100	0.092	0.090	0.089	0.088
1 个月前		0.500	0.500	0.500	0.480	+0.458	0.453	0.444
2 个月前			0.350	0.350	0.340	0.350	0.350	0.350
3 个月前				0.050	0.050	0.060	0.070	+0.100 = 1.00
				该月的 收款率				
C 组 应收账款（$）								
当月	900	900	900	900	1 090	1 365	1 640	1 825
1 个月前		400	400	400	420	540	685	840
2 个月前			50	50	60	70	120	160
3 个月前				0	0	0	0	0
应收账款合计				1 350	1 570	1 975	2 445	2 825
D 组 应收账款百分比								
当月	0.900	0.900	0.900	0.900	0.908	0.910	0.911	0.912 5
1 个月前		0.400	0.400	0.400	0.420	0.450	0.457	0.467
2 个月前			0.050	0.050	0.060	0.070	0.100	0.107
3 个月前				0.000	0.000	0.000	0.000	0.000
				该月的应收 账款余额 百分比				

C组显示有关尚未支付的应收款、应收款总额和应收款账龄的信息。例如，12月的全部1 570美元的应收账款由以下项目组成：12月的销售留下的1 090美元的应收款，来自11月销售的420美元的应收账款，还有60美元的应收款来自10月的销售。根据下面公式减去收款额（A组），整个C组的排列是呈斜线状的。即，来自1个月前的应收款减去来自2个月前的收款额等于来自2个月前的应收款。如，12月的来自1个月前的应收款420美元（在C组）减去1月的来自两个月前的收款额350美元（在A组）等于1月的来自两个月前的应收款420 - 350 = 70美元（在C组）。

D组提供了有关应收款余额百分比的信息。应收款余额百分比是由C组中的值除以最初月份的销售额。例如，在1月，当月的余额百分比、1个月前的余额百分比、2个月前的余额百分比分别为：0.910（=1 365/1 500）、0.450（=540/1 200）和0.070（=70/1 000）。

收款率和应收款余额的百分比通常是通过把它们和预期的数字相比较来进行计算的。在11月，B组的收款率恰好等于预计的水平。相应地，在11月，D组中的应收款余额百分比与其预期水平一致。然而，应收款的质量却在恶化。你可以看到在3月末，当月的和1个月前的收款率都低于预期，较晚的应收款（来自3个月前的销售）的收款率却提高了。收款所花的时间变长了。这种收款速度的放慢也出现在D组中的3月份的应收款余额百分比中。由于收款时间的拖延，应收款余额百分比高于预期水平，该公司可能在应收账款上出问题了。如果不改变它的信用条件，可能出现公司向信用不够格的客户提供信用，或者对其收款管理很差。

7.2.4　应收账款收现保证率分析

由于企业当期现金支付需求量与当期应收账款收现额之间存在着非对称性矛盾，并呈现出预付性与滞后性的差异特征，这就决定了企业必须对应收账款收现水平制定一个必要的控制标准，即应收账款收现保证率。

应收账款收现保证率是为适应企业现金收支配比关系的需要，所确定出的有效收现的账款应占全部应收账款的百分比，是二者应当保持的最低比例。其计算公式为：

$$应收账款收现保证率=(当期必要支付的现金总额-当期其他稳定可靠的现金流入总额)/当期应收账款总计金额 \quad (7-6)$$

其中，当期其他稳定可靠的现金流入总额是指从应收账款以外的途径以取得的各种稳定可靠的现金流入数额，包括短期有价证券变现净额、可随时取得银行贷款额等。

应收账款收现保证率指标反映了企业既定会计期间逾期现金支付数量扣除各种可靠、稳定的现金来源后的差额，必须通过应收账款项有效收现予以弥补的最低保障程度。

复习思考题

思考题
1. 如何进行应收账款的信用决策分析？
2. 决定信用长度的主要因素有哪些？在下列的几种情况下，指出哪家公司的信用期可能会较长并解释其原因：

（1）公司 A 销售治疗秃顶的神奇配方，公司 B 销售假发；

（2）公司 A 专门为房主提供产品，公司 B 为租户提供产品；

（3）公司 A 的存货周转率为 10 次/月，公司 B 的存货周转率为 20 次/月；

（4）公司 A 销售新鲜水果，公司 B 销售罐装水果。

3. 信用条件的主要内容是什么？

4. 如何理解收账政策？

计算题

某公司预计的年度赊销收入为 6 000 万元，其变动成本率为 65%，资金成本率为 8%，目前的信用条件为"n/60"，信用成本为 500 万元。公司准备改变信用政策，改变后的信用条件为"2/10，1/20，n/60"，预计信用政策改变不会影响赊销规模，改变后预计收账费用为 70 万元，坏账损失率为 4%。预计占赊销额 70% 的客户会利用 2% 的现金折扣，占赊销额 10% 的客户会利用 1% 的现金折扣，按一年 360 天计算。具体要求如下。

（1）计算改变信用政策后：①年赊销净额；②信用成本前收益；③平均收账期；④应收账款平均余额；⑤维持赊销业务所需要的资金；⑥应收账款机会成本；⑦信用成本后收益。

（2）通过计算判断是否适应信用政策。

◇ 第 *8* 章

存 货 管 理

存货利用程度的好坏，对企业财务状况会产生较大的影响，因此存货管理是公司财务管理的一项重要内容。

8.1　存货管理概述

8.1.1　存货的定义及其功能

存货（Inventory）是指企业在生产经营过程中为销售或耗用而储备的物资，通常包括各种原材料、燃料、包装物、低值易耗品、在产品、外购商品、协作件、自制半成品、产成品等。存货主要为公司经营带来弹性，减少缺货损失，其功能分述如下。

（1）储存必要的原材料和在产品，可以保证生产正常进行。生产过程中所需要的原材料是生产中必需的物质资料。存货在生产不均衡和商品供求波动时，可起到缓和矛盾的作用。

（2）储备必要的产成品，有利于销售。存货储备能增强企业在生产和销售方面的机动性以及适应市场变化的能力，以利于销售。企业有了足够的库存产品，能有效地供应市场，满足顾客的需要。相反，若某种畅销产品库存不足，将会坐失销售的良机。另外，为了应付市场上突然到来的需求，也应适当储备一些产成品。

（3）适当储存存货，便于企业维持均衡生产，降低产品成本。对于那些生产季节性产品，生产所需材料的供应具有季节性特征的企业，为实现均衡生产，降低生产成本的目的，就必须适当储备一定的半成品存货或保持一定的原材料存货。否则，这些企业若按照季节变动组织生产活动，难免会出现超负荷生产，这势必导致生产成本的提高。其他企业在生产过程中，同样会因为各种原因导致生产水平的高低变化，拥有合理的存货可以缓冲这种变化对企业生产活动及获利能力的影响。因为，为了降低生产成本，实现均衡生产，就要储备一定的产成品存货和一定的原材料存货。

（4）留有各种存货的保险储备，可以防止意外事件造成的事故。采购、运输、生产和销售过程中，都可能发生意外的事故，保持必要的存货保险储备，可避免或减少损失。

8.1.2 存货的成本

存货管理的关键在于重视与协调存货的采购活动，降低存货水平，从而降低持有存货的相关成本。与存货相关的成本主要包括以下 3 种。

（1）取得成本，即为获取某项存货而发生的成本，包括订购成本（分为固定性和变动性）和购置成本。订购成本是指为订购材料、商品而发生的成本。其中一部分与订货次数无关，如常设采购机构的基本开支等，称为固定订购成本；另一部分与订货次数有关，如差旅费、邮资等，这些成本与订购次数成正比，称为变动订购成本。购置成本又称为采购成本，由买价、运杂费等构成，它一般与采购数量成正比。存货的购置成本通常是稳定的。订购成本与购置成本之和便构成了取得成本。

（2）储存成本，即为保持一定量存货而发生的成本，包括仓储费、保管费、保险费、仓储损耗等。储存成本分为固定储存成本和变动储存成本，前者与存货数量的多少无关，如仓库折旧等；后者则与存货的数量有关，如存货占用资金的应计利息、存货的毁损和变质损失等，变动储存成本通常用平均存货量与单位存货的变动储存成本的乘积表示。

（3）缺货成本，指由于存货不足给企业造成的损失，比如停工待料损失、货物供应不足的损失等。

8.2 存货的日常管理

在整个企业的存货管理工作中，通常要进行四个方面的决策，即选择进货项目（进什么货）、选择供货单位（何处进货）、决定进货时间（何时进货）和决定进货批量（进多少货）。在实际工作中，财务部门要做的则是决定进货时间和决定进货批量，并根据进货有关要求控制、安排和调度资金。存货的日常管理主要解决如何确定最佳的存货采购量及采购的时间，以满足生产经营的要求并实现成本最低。按照存货管理的目标，存货日常管理的方法主要有以下几种。

8.2.1 经济订货量模型

经济订货量模型（Economic Ordering Quantity，EOQ）是在企业计划期内使存货总成本最小的存货订购数量。

1. 经济订货量模型的基本内容

经济订货量模型给出了一年中每次订货的最优数量。这种方法的计算原理为：它假设企业在一定时期内需要采购的存货总量是可以测试出来的，存货的使用是均匀的，在上一次存货用完后可以自由到市场上采购到下一批的存货。也就是说，这个模型假设存货是不间断地满足生产需要的，所以也就没有缺货造成的损失，即无缺货成本，是一定时期储存成本和订货成本总和最低的采购批量。其具体情况如图 8-1 所示。

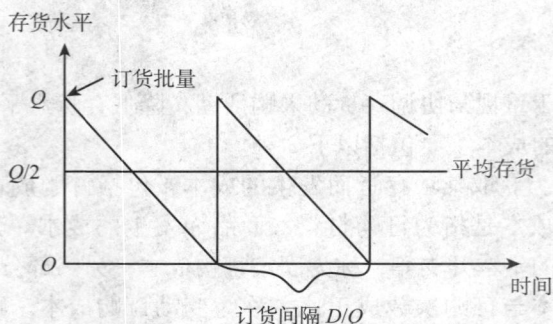

图 8－1　经济订货量模型

可见，全年总库存成本为：$TC = \dfrac{Q}{2}C + \dfrac{D}{Q}K$，如图 8－2 所示。

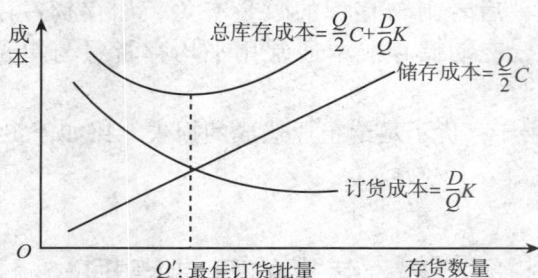

图 8－2　经济订货量模型的全年总库存成本

式中：D——某种存货全年需要量；

　　　Q——每次订货批量；

　　　C——单位存货年储存成本；

　　　K——每次订货成本。

为使 TC 最小，对 Q 求导数，并令导数等于零，得到经济订货批量为：

$$Q' = \sqrt{\frac{2DK}{C}} \tag{8-1}$$

将 Q' 代入 D/Q 中，得到最佳订货次数为：

$$N = \frac{D}{Q} = \sqrt{\frac{CD}{2K}} \tag{8-2}$$

将 Q' 代入总成本公式，得到最低库存总成本为：

$$TC = \frac{Q}{2}C + \frac{D}{Q}K = \sqrt{2DCK} \tag{8-3}$$

根据存货成本构成可知，储存成本与订货成本这两种成本的高低与订货批量多少的关系是相反的。订购的批量大，储存的存货就多，会使储存成本上升，但由于订货次数减少，则会使订货成本降低；反之，如果降低订货批量，可降低储存成本，但由于订货次数增加，会使订货成本上升。也就是说，随着订购批量大小的变化，这两种成本是互为消长的。

【例 8 - 1】某企业全年需要耗用 A 材料 8 000 吨，年单位储存成本为 100 美元，每次订货成本为 1 000 美元，则计算结果如下。

最佳订货批量为：

$$Q' = \sqrt{\frac{2DK}{C}} = \sqrt{\frac{2 \times 8\ 000 \times 1\ 000}{100}} = 400\ (\text{吨})$$

最佳订货次数为：

$$N = \frac{D}{Q} = \sqrt{\frac{CD}{2K}} = \frac{8\ 000}{400} = \sqrt{\frac{100 \times 8\ 000}{2 \times 1\ 000}} = 20\ (\text{次})$$

最低库存总成本为：

$$TC = \sqrt{2DCK} = \sqrt{2 \times 8\ 000 \times 100 \times 1\ 000} = 40\ 000\ (\text{元})$$

为了确定经济批量，一般可采用逐批测试法、图示法等进行计算。现举例如下。

【例 8 - 2】某公司全年生产耗用 A 材料 180 000 千克，该材料单价 20 美元，单位储存成本为 2 美元，每次订货成本 50 美元。该公司的系列订货批量下的有关成本计算采用逐批测试法，如表 8 - 1 所示。

表 8 - 1 某公司经济订货批量的有关成本

单位：美元

N	Q	$(D/Q) \times K$	$(Q/2) \times K_C$	TC
20	9 000	1 000	9 000	10 000
40	4 500	2 000	4 500	6 500
60	3 000	3 000	3 000	6 000
80	2 250	4 000	2 250	6 250
100	1 800	500	1 800	6 800

从表 8 - 1 可知，全年总成本最低为 6 000 美元，故 3 000 件为最优订货批量，即经济批量。表 8 - 1 中的有关资料可用图示法表示为图 8 - 3。

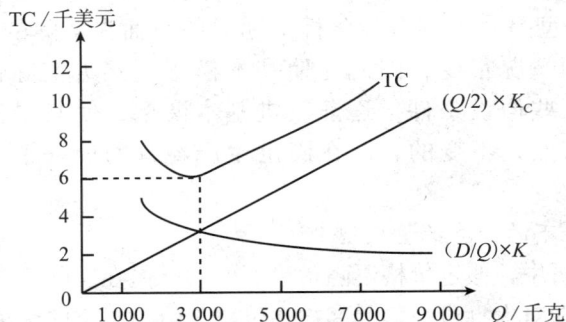

图 8 - 3 确定经济订货批量的图示法

2. 订货点

在经济订货量模型中，假定每次当库存量降至零时，下一批存货才入库，这种做法的前提是，企业从订货到存货入库所需时间极短，但这与实际情况经常不符合。在实际中，为了保证生产和销售正常进行，工业企业必须在材料用完之前订货，商品流通企业必须在商品售完之前订货。那么，究竟在上一批购入的存货还有多少时，订购下一批货物呢？这就是订货点的控制问题。所谓订货点，就是订购下一批存货时本批存货的储存量，用 R 来表示，$R = d \times L$。确定订货点，必须考虑的因素有：①平均每天的最大耗用；②预计每天的最大耗用量；③提前时间，即从发出订单到货物验收完毕所用的时间；④预计最长提前时间；⑤保险储备。它们之间的关系如图 8-4 所示。

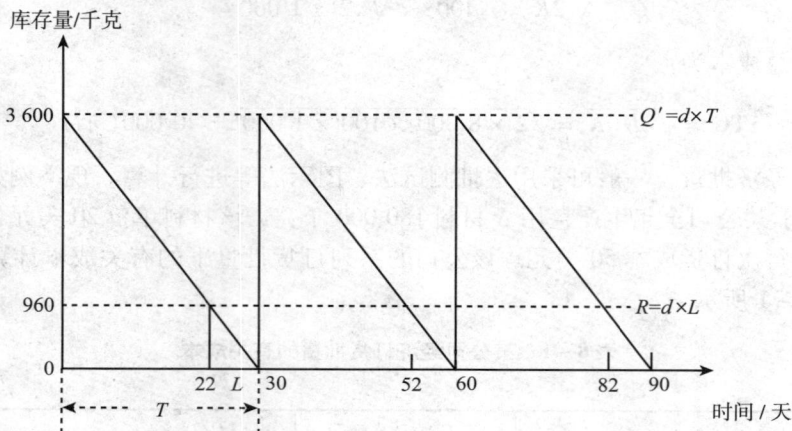

图 8-4 订货点与经济批量

【例8-3】某企业全年需要材料 43 200 千克，每次订货成本 300 美元，单位储存成本 2 美元，每日正常消耗量为 120 千克，提前期为 8 天，则：

$$R = 120 \times 8 = 960 \, (\text{千克})$$

也就是说，当该材料库存量下降到 960 千克时，就应当提出订货。由此可见，订货提前期对经济订货量并没有影响，只是在订货点发出订单即可。

3. 基本模型的扩展

经济订货量基本模型是在各种假设条件下建立的，而在实际的存货管理中，能够完全满足这些假设条件的情况很少，因此为使基本模型更接近实际情况，具有更高的实用价值，就需要取消某些假设条件，逐渐改进基本模型，使其得到扩展。但在扩张的过程中，基本的思路依然是不变的，即在满足生产经营的前提下，使有关存货的总成本达到最低。

1）有数量折扣情况下的经济批量模型

在上述经济批量分析中，假定价格不随批量而变动。但在实际经济运行中，许多企业在销售时都有批量折扣，即对大批量采购的客户在价格上给予一定的优惠。在这种情况下，除了考虑订货成本和储存成本外，还应考虑采购成本。

【例8-4】假设某公司全年需要甲零件 1 200 件，每订购一次的订货成本为 400 美元，每件年储存成本为 6 美元，每件价格为 10 美元，在这种情况下，经济批量为 400 件。但如果一次订购超过 600 件，可给予 2% 的批量折扣。试问应以多大批量订货？

按经济批量采购，不取得数量折扣。在不取得数量折扣，按经济批量采购时的总成本合计为：

$$总成本 = 年订货成本 + 年储存成本 + 年采购成本 =$$
$$1\,200/400 \times 400 + 400/2 \times 6 + 1\,200 \times 10 = 14\,400(美元)$$

不按经济批量采购，取得数量折扣。如果想取得数量折扣，必须按 600 件采购，此时三种成本的合计为：

$$总成本 = 年订货成本 + 年储存成本 + 年采购成本 =$$
$$1\,200/600 \times 400 + 600/2 \times 6 + 1\,200 \times 10 \times (1 - 2\%) = 14\,360(美元)$$

将以上两种情况进行对比可知，订购量为 600 件时成本最低。

2）存货陆续供应和使用情况下的经济批量模型

这个模型否定了存货集中到货的假设。而在实际中，存货则可能是陆续到货，从而使存货数量陆续增加，其中表现最为明显的是产成品的验收入库以及在产品在各生产环节的转移，它们基本上总是陆续供应和陆续被耗用的；对于原材料，也可能是陆续达到，大多数企业并不是等全部材料到齐后才开始耗用的，而是边补充边消耗。因此，修改后的基本模型如图 8 - 5 所示。

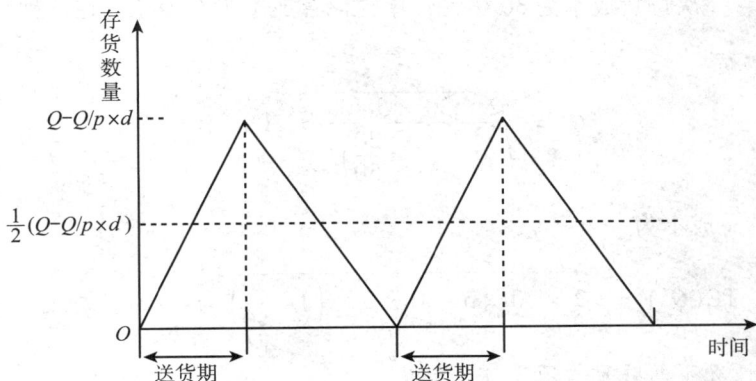

图 8 - 5 陆续供应和使用情况下的经济批量模型

设每日送货量为 p，每日耗用量为 d，则每批订货量 Q 全部送达所需要的天数为 Q/p，我们称之为送货期。

因存货每日耗用量为 d，故送货期内的全部耗用量为 $\dfrac{Q}{p} \times d$。

由于存货边送边用，所以每批送完时，最高库存量为 $Q - \dfrac{Q}{p} \times d$。存货平均库存量为：

$\dfrac{1}{2}\left(Q - \dfrac{Q}{p} \times d\right)$。

因此，与批量 Q 有关的总成本为：

$$TC(Q) = \frac{D}{Q}K + \frac{1}{2}\left(Q - \frac{Q}{p}d\right)C = \frac{D}{Q}K + \frac{Q}{2}\left(1 - \frac{d}{p}\right)C$$

以 Q 为自变量，对 TC 求导，得出：

$$TC = -\frac{2KD}{Q^2} + \frac{1}{2}\left(1 - \frac{d}{p}\right)C$$

令其为零，得出当订货变动成本与储存变动成本相等时，总成本 TC 有最小值，故存货陆续供应和使用的经济订货批量 Q' 的推导过程为：

$$\frac{D}{Q}K = \frac{Q}{2}\left(1 - \frac{d}{p}\right)K$$

$$Q' = \sqrt{\frac{2KD}{C\left(1 - \frac{d}{p}\right)}}$$

将 Q' 的公式代入上述总成本 TC 的公式中，可得出存货陆续供应和使用情况下的经济订货量总成本公式为：

$$TC(Q') = \sqrt{2KDC\left(1 - \frac{d}{p}\right)} \tag{8-4}$$

【例 8-5】某零件全年需求量为 5 400 件，每日送货量为 50 件，每日耗用量为 20 件，单价为 10 美元，一次订货成本为 30 美元，单位储存成本为 6 美元。在这种情况下，经济订货批量为：

$$Q' = \sqrt{\frac{2 \times 30 \times 5\ 400}{6 \times \left(1 - \frac{20}{50}\right)}} = 300\ (件)$$

经济批量的总成本为：

$$TC(Q') = \sqrt{2 \times 30 \times 5\ 400 \times 6 \times \left(1 - \frac{20}{50}\right)} = 1\ 080\ (美元)$$

3）不确定情况下的存货管理

经济批量基本模型和订货点的控制均假设存货的供需稳定而且确定，即每日需求量不变。但实际情况并非如此，企业对存货的需求量经常会发生变动，交货时间由于某些原因也可能延误。这些不确定性因素的存在，要求企业持有一定的保险储备量，以防止供应延误、存货短缺等问题的出现。保险存货又称为安全存货，是企业保留在手头的最低存货水平。图 8-6 显示了一段时期内，某公司在保险储备和其他更为现实的假设下的企业存货水平。

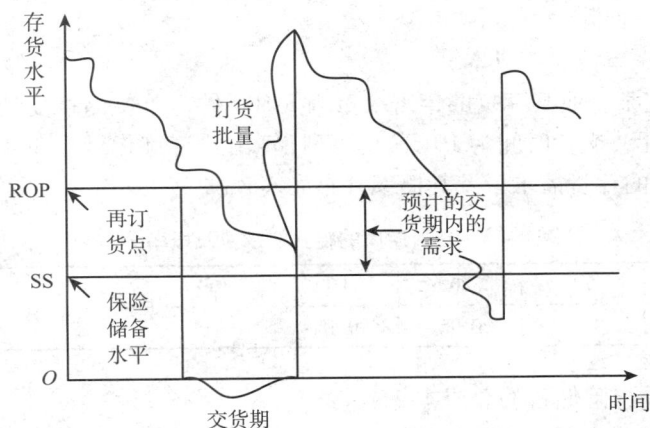

图 8 - 6　不确定需求和保险储备下的存货水平

图 8 - 6 中，企业耗用存货直到再订货点。在它的再订货点，企业按经济订货量模型订货，但在订货送到前有一段交货期。在交货期内，如果需求量很大，公司则发生缺货。为了防止存货中断，再订货点就是交货期内的预计需求加上保险储备。因此，此时存货的再订货点变为：

$$R = d \times L + B \qquad (8-5)$$

式中：R——订货点；

　　　L——交货时间；

　　　d——平均每日消耗量；

　　　B——保险储备量。

【例 8 - 6】星球公司每年使用 10 400 件存货，每次订货量为 200 件，存货保险储备量为 1 300 件。从订货到交货需要 4 周时间，公司的再订货点是多少？

星球公司每周使用量为：10 400/52 = 200（件）。

间隔期使用量为：200 × 4 = 800（件）。

再订货点为：800 + 1 300 = 2 100（件）。

所以，该公司应该在存货水平为 2 100 件时进行再订货。

与此同时，建立保险储备的代价则是存货储备成本的相应增加。而最佳保险储备的确定就是在存货短缺所造成的缺货成本和保险储备的储存成本之间做出权衡，使二者之和最小。其公式如下：

$$TC(S, B) = TC_s + TC_b = K_u \times S \times N + B \times K_c \qquad (8-6)$$

式中：$TC(S, B)$——保险储备有关的总成本；

　　　TC_s——短缺成本；

　　　TC_b——保险储备成本；

　　　K_u——单位缺货成本；

　　　S——缺货量；

　　　N——年订货次数；

B——保险储备量；

K_c——单位储存成本。

【例8-7】假定某企业某存货的年需求量为3 600件，单位储存变动成本为2美元，单位缺货成本为4美元，交货时间为10天，已经计算出经济订货量为300件，每年订货次数为12次，交货期内的存货需求量及其概率分布如表8-2所示。

表8-2　交货期内的存货需求量及概率分布

需求量（$10 \times d$）	70	80	90	100	110	120	130
概率	0.02	0.05	0.18	0.45	0.25	0.03	0.02

首先，计算不同保险储备的总成本。

（1）不设置保险储备量。即令$B = 0$，且以100件为再订货点。在这种情况下，当需求量≤100件时，不会发生缺货，其概率为0.70（0.02 + 0.05 + 0.18 + 0.45）；当需求量为110件时，缺货10件（110 - 100），其概率为0.25；当需求量为120件时，缺货20件（120 - 100），其概率为0.03；当需求量为130件时，缺货30件（130 - 100），其概率为0.02。因此，$B = 0$时缺货的期望值S_0、总成本TC（S，B）可计算如下。

$$S_0 = (110 - 100) \times 0.25 + (120 - 100) \times 0.03 + (130 - 100) \times 0.02 = 3.7(件)$$
$$TC(S, B) = 4 \times 3.7 \times 12 + 0 \times 2 = 177.6(美元)$$

（2）保险储备量为10件。即令$B = 10$，且以110件为再订货点。在这种情况下，当需求量≤110件时，不会发生缺货，其概率为0.95（0.02 + 0.05 + 0.18 + 0.45 + 0.25）；当需求量为120件时，缺货10件（120 - 110），其概率为0.03；当需求量130件时，缺货20件（130 - 110），其概率为0.02。因此，$B = 10$时缺货的期望值S_{10}、总成本TC（S，B）可计算如下：

$$S_{10} = (120 - 110) \times 0.03 + (130 - 110) \times 0.02 = 0.7(件)$$
$$TC(S, B) = 4 \times 0.7 \times 12 + 10 \times 2 = 53.6(美元)$$

（3）保险储备量为20件。同样运用以上方法，可计算$B = 20$时缺货的期望值S_{20}、总成本TC（S，B）为：

$$S_{20} = (130 - 120) \times 0.02 = 0.2(件)$$
$$TC(S, B) = 4 \times 0.2 \times 12 + 20 \times 2 = 49.6(美元)$$

（4）保险储备为30件。即$B = 30$件，以130件为再订货点。此种情况下可满足最大需求，不会发生缺货，因此可计算如下：

$$S_{30} = 0$$
$$TC(S, B) = 4 \times 0 \times 12 + 30 \times 2 = 60(美元)$$

然后，比较上述不同保险储备量的总成本，以其最低者为最佳。可以看出，当$B = 20$件时，总成本为49.6美元，是各总成本中最低的，所以应确定保险储备量为20件，或者说应该确定以120件为再订货点。

8.2.2 存货 ABC 控制法

存货 ABC 控制法是存货管理的一种简单方法。它主要是针对不同的存货对企业财务目标的实现具有不同的作用而提出的。也就是说，有的存货尽管品种数量很少，但价值巨大，如果管理不善，将给企业造成极大的损失。相反，有的存货尽管品种数量繁多，但价值微小，即使管理当中出现一些问题，也不至于对企业产生较大的影响。因此，无论是从管理能力还是经济角度看，企业不可能也没有必要对所有存货不分巨细地严格管理。ABC 分类管理正是基于以上考虑提出的，其基本思路是：在按照一定的标准，将企业存货按照价值量的大小分为 A、B、C 三类（或更多类）。其中，最重要的是 A 类，最不重要的是 C 类，即抓住主要的、重点部分加强管理。基本道理是数量很小的存货可能具有很高价值。例如，这种情况在一些使用相对贵重、高科技的部件和一些相对低廉的基础材料以生产产品的制造商中是存在的。图 8-7 为存货 ABC 控制法示意图。

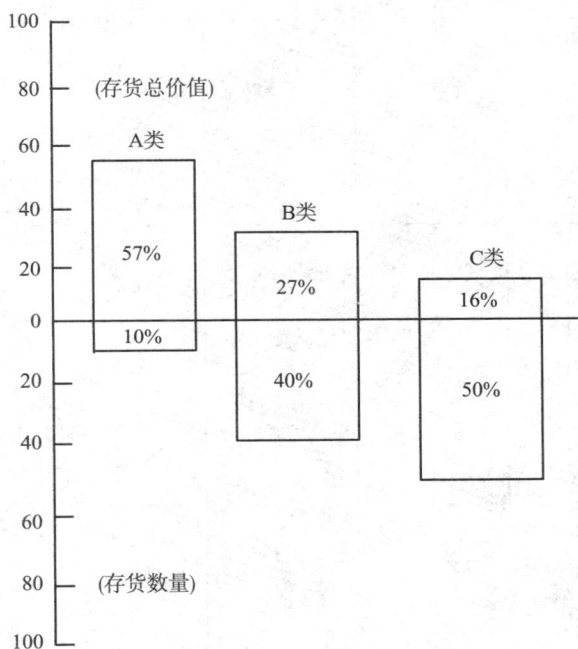

图 8-7 存货 ABC 控制法示意图

根据图 8-7 显示，标准乃按每类所代表的存货价值所占之百分比和其数量所占的百分比比较。如图中的 A 类仅占存货数量的 10%，但它占了存货总价值的一半以上。因而对 A 类项目要严格监控，存货数量也应保持在较低的水平；相反，有些基本存货项目，如螺母和螺栓，由于是关键部件并且比较便宜，可以大批量订货并大量持有，这些就属于 C 类的项目；而 B 类则由介于二者之间的存货组成。因此，运用 ABC 控制法控制存货资金，一般分以下几个步骤。

（1）计算每一种存货在一定时间内（一般为 1 年）的资金占用额。

（2）计算每一种存货资金占用额占全部资金占用额的百分比，并按大小顺序排列，编成表格。

（3）根据事先测定好的标准，把最重要的存货划为 A 类，把一般存货划为 B 类，把最不重要的存货划为 C 类，并画图表示出来。

（4）对 A 类存货进行重点规划和控制，对 B 类存货进行次重点管理，对 C 组存货只进行一般管理。

【例 8 - 8】某公司共有 20 种材料，共占用资金 100 000 美元，按占用资金多少的顺序排列后，根据 ABC 控制法原则划分为 A、B、C 三类，如表 8 - 3 所示。

表 8 - 3　某公司材料的分类情况

材料品种（用编号代替）	占用资金数额/美元	类别	各类存货所占的		各类存货占用资金的	
			种数/种	比重/%	数量/美元	比重/%
1	50 000	A	2	10	75 000	75
2	25 000					
3	10 000					
4	5 000					
5	2 500	B	5	25	20 000	20
6	1 500					
7	1 000					
8	900					
9	800	C	13	65	5 000	5
10	700					
11	600					
12	500					
13	400					
14	300					
15	200	C	13	65	5 000	5
16	190					
17	180					
18	170					
19	50					
20	10					
合　计	100 000		20	100	100 000	100

从表 8 - 3 可知，A 类存货种类虽少，但占用的资金多达 75%，所以应集中主要力量管理，对其经济批量要进行认真规划，对收入、发出要进行严格控制；C 类存货虽然品种多达 13 项，但占用的资金不多，只占总资金的 5%，所以不必花费太多的人力、物力、财力去进行管理，凭经验确定和进行规划；对 B 类存货介于 A 类和 C 类之间，也应该给予相当的重视，但不必像 A 类那样非常严格的控制。

如果上述数据用图来表示的话，则如图 8 - 8 所示。

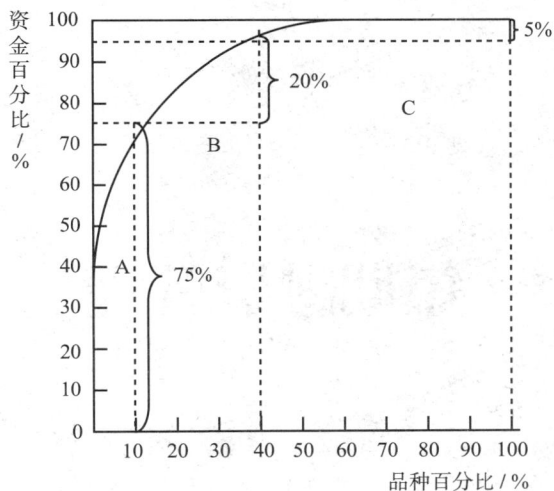

图 8 - 8 某公司 ABC 控制法分类图

复习思考题

思考题

1. 如何理解存货经济订货量模型的基本假设？其基本模型的扩展包括哪些内容？
2. 如何理解最佳订货批量。
3. 简述存货 ABC 控制法的主要内容。
4. 简述不确定情况下存货管理的内容。

计算题

某企业全年需从外购入零件 1 200 件，每批进货费用为 400 美元，单位零件的年储存成本为 6 美元，该零件每件进价为 10 美元。销售企业规定：客户每批购买量不足 600 件，按标准价格计算；每批购买量超过 600 美元，价格优惠 3%。

要求：

(1) 计算该企业进货批量为多少时才是有利的。
(2) 计算该企业最佳的进货次数。
(3) 计算该企业最佳的进货间隔期为多少天。
(4) 计算该企业经济进货批量的平均占用资金。

◇ 第 **9** 章

短期融资管理

9.1　自发性融资

公司自发性融资是在生产经营或商品交易过程中自然形成的，其数额取决于企业经营水平，主要包括商业信用和应付未付款项。

9.1.1　商业信用

商业信用是指在商品交易中因延期付款或预收货款而形成的企业之间的借贷关系，是企业间的一种直接信用行为，是企业短期融资的主要方式。

1. 商业信用的主要形式

（1）应付账款。应付账款是供应商给企业提供的一种商业信用，即卖方允许买方在购货后一定时期内支付货款的一种形式。卖方利用这种形式促销，而买方延期支付则等于向卖方借用资金购买商品，以满足短期资金的需求。在不影响公司的商业信用、信誉和在合理、合法的条件下，延期支付的时间越长，买方从中利用的资金就会更多。

（2）应付票据。在这种形式下，企业进行延期付款商品交易时开具的反映债权债务关系的票据。根据承兑人的不同，应付票据分为商业承兑票据和银行承兑票据；按是否带息，可分为带息票据和不带息票据。应付票据的利率一般低于短期借款利率，且不用相应的补偿性余额和支付协议费、手续费等。但是，应付票据到期必须归还，如延期要支付罚金，因而风险较大。

（3）预收账款。预收账款是卖方企业在交付货物之前向买方预先收取的部分或全部货款的信用形式。对于卖方来说，预收账款相当于向买方借用资金后用货物抵偿。预收账款一般用于生产周期长、资金需求量大的货物的销售，以缓解资金占用过多的矛盾。

2. 商业信用的成本分析

商业信用条件通常包括以下两种。

（1）有信用期，但是无现金折扣，如"n/30"表示在信用期 30 天内按发票金额全额支付。

（2）有信用期和现金折扣，如"2/10，n/30"表示在折扣期 10 天内付款，享受现金折扣 2%，若超过 10 天，必须在信用期 30 天内按全额付款。西方企业在各种信用交易活动中广泛地应用现金折扣，这主要是为了加速账款的收回。现金折扣一般为发票面额的 1% ～ 5%。在这种条件下，双方存在信用交易。买方若在折扣期内付款，则可获得短期的资金来源，并能得到现金折扣；若放弃现金折扣，则可在稍长时间内占用卖方的资金。放弃现金折扣的年成本可按下式计算：

$$放弃现金折扣的年成本\ i = \frac{r}{1-r} \times \frac{360}{d} =$$

$$\frac{现金折扣率}{1-现金折扣率} \times \frac{360}{超过折扣期限付款天数} \qquad (9-1)$$

【例 9 – 1】购货的信用条件是"2/10，n/30"，公司在第 30 天付款，则放弃折扣的年成本为：

$$i = \frac{2\%}{1-2\%} \times \frac{360}{30-10} = 36.73\%$$

9.1.2　应付未付款项

应付未付款项是企业生产经营和利润分配过程中已经计提但尚未以货币支付的款项，主要包括应付工资、应交税金、应付利润和应付股利等。

公司在经营活动中，根据有关的费用结算制度、法律和契约规定，有些费用无需立即支付而能在一定时期后才能进行结算、支付，这些应付未付款项可以为公司在短期内所利用，从而形成了公司的一种短期资金来源。以应付工资为例，企业通常以半月或月为单位支付工资，在应付工资已经计提但尚未支付的这段时间，就会形成应付未付款项，它相当于职工给企业的一种信用。总之，只要公司从事经营活动，这些款项就会发生，其中相当一部分金额十分稳定，在支付之前构成了一项能经常占用的资金来源，可用于公司正常的经营周转。

9.2　短　期　借　款

短期借款是企业向银行和其他非银行金融机构借入的期限在一年以内的借款。短期借款的成本主要包括利息和手续费，其成本的高低主要取决于贷款利率的高低和利息支付方式。通常，有效利率的计算有以下几种情况。

9.2.1　简单利率

在简单利率计算方式下，企业可以得到全部借款，在贷款到期时一次还本付息。如果借款的期限为一年，贷款的实际利率等于名义利率。但若企业贷款的利率低于一年的，则应该按实际借款的期限转换为各个时期的利率。

其计算方法为：

$$利率 = \frac{利息}{借款总额} \qquad (9-2)$$

【例 9－2】 某公司以 12.5% 的利率贷款 250 000 美元，借款条件是在无利息账户中保持 750 000 美元的余额，该公司账户余额在 0 ～ 600 000 美元间变动，过去两年内平均余额为 400 000 美元，则该公司的实际利率是多少？

$$实际利率 = \frac{0.125 \times 2\ 500\ 000}{2\ 500\ 000 - (750\ 000 - 400\ 000)} = 14.53\%$$

9.2.2 贴现利率

在贴现率贷款的情况下，银行在贷出款项时预先扣除利息，借款人实际取得的借款数额少于本金。由于银行预先扣除借款利息，使得贴现借款的实际利率提高。

其计算方法为：

$$利率 = \frac{利息}{借款额 - 利息} \tag{9-3}$$

【例 9－3】 某公司从一家银行贷款 100 000 美元，期限为 3 个月，规定的年利率为 6%，每次利息支出为 1 500 美元。如果该公司每隔 3 个月更替一次借款，其实际利率是多少？

$$实际利率 = \frac{1\ 500}{100\ 000 - 1\ 500} \times \frac{360}{90} \times 100\% = 6.09\%$$

9.2.3 有补偿性余额的实际利率

银行在发放贷款时，可能会要求借款企业将贷款的 5% ～ 20% 作为补偿性存款余额留在银行的存款账户上，其目的是保障贷款的安全性。由于有补偿性余额，企业可动用的借款余额会小于所申请的借款，造成借款的实际利率高于名义利率。

如果企业银行存款账户的余额为零，而且已知资金的需求数量，则必要的借款数额为：

$$必要的借款数额 = \frac{资金需求量}{1 - 补偿性余额百分比} \tag{9-4}$$

如果企业银行已存款的账户有一定的余额，且借款期限在一年以下，其实际利率的计算方法为：

$$实际利率 = \frac{名义利率}{1 - 补偿性余额百分比} \tag{9-5}$$

若采用贴现利率贷款方式，银行对补偿性余额的规定会使得实际利率更高，其计算方法为：

$$实际利率 = \frac{名义利率}{1 - 补偿性余额百分比 - 名义利率} \tag{9-6}$$

【例 9－4】 某公司需要 200 000 美元款项购入设备，向银行申请 1 年期贷款。银行同意以 6% 的利率向公司提供贷款，但要求公司在其银行存款账户上保留 20% 的补偿性余额，假设公司目前银行存款账户上的余额为零。计算公司应取得的借款数额和实际利率。

$$必要的借款数额 = \frac{200\,000}{1 - 20\%} = 250\,000（美元）$$

$$实际利率 = \frac{6\%}{1 - 20\%} = 7.5\%$$

若采用贴现利率贷款方式，则其实际利率为：

$$实际利率 = \frac{6\%}{1 - 20\% - 6\%} = 8.11\%$$

9.3　短期融资券

9.3.1　短期融资券的概念及其优缺点

1. 短期融资券的概念

短期融资券又称商业本票，是由信用较高的公司发行的短期无担保本票，是短期筹资的一种方式。一般来讲，只有实力雄厚、资信程度很高的大型工商企业或金融企业才有资格发行短期融资券。

2. 短期融资券的优点

（1）筹资成本低。一般而言，短期融资券的利率加上发行成本，通常要低于银行的同期贷款利率。例如，2005 年 8 月以来我国发行的企业短期融资券（见表 9 - 1），其 1 年期利率为 2.92%，而同期银行的 1 年期贷款利率为 5.58%。

表 9 - 1　我国 2005 年 8 月发行的短期融资券的成本对比

类　别	总　成　本
短期融资券	3.8%
流动资金贷款	5.58%
商业承兑汇票	4%～4.5%
银行承兑汇票	4%

（2）筹资范围广且筹资数额大。银行一般不会向企业贷款巨额的流动资金借款，比如，在西方，商业银行贷给个别企业的最大金额不能超过该公司资本的 10%。而短期融资券面对广大金融市场筹资，可以根据企业的资金需求状况和所有者权益的大小发行，以筹取资金满足企业流动资金的需求。

（3）扩大企业的影响，提高企业的知名度。但短期融资券筹资风险较大，发行条件严格，对筹资数量和偿还有限制，因而，一家公司如果能在货币市场上发行自己的短期融资券，就说明该公司的信誉很好。

3. 短期融资券的缺点

（1）发行短期融资券的风险比较大。短期融资券到期必须归还，一般不会有延期的可能。到期不归还，会产生严重的后果。

（2）发行短期融资券的弹性较小。只有当企业的资金需求达到一定数量时，才能使用短期融资券，如果数额较小，则不宜采用这种融资方式。另外，短期融资券一般不能提前偿还，因此，即使公司资金比较宽裕，也要到期才能还款。

（3）发行短期融资券的条件比较严格。并不是任何公司都能发行短期融资券，发行者必须是信誉好、实力强、效益高的企业，而一些小企业或信誉不好的企业则不能利用这种融资方式。

9.3.2　短期融资券的发行程序

1. 申请人须符合的条件

企业可以做出决策提出申请，但企业申请人必须符合以下条件。

（1）是在中华人民共和国境内依法设立的企业法人。

（2）具有稳定的偿债资金来源，最近一个会计年度盈利。

（3）流动性良好，具有较强的到期偿债能力。

（4）发行融资券募集的资金用于本企业生产经营。

（5）近3年没有违法和重大违规行为。

（6）近3年发行的融资券没有延迟支付本息的情形。

（7）具有健全的内部管理体系和募集资金的使用偿付管理制度。

（8）中国人民银行规定的其他条件。

2. 办理发行融资券的信用评级

企业发行融资券，均应经过在中国境内工商注册且具备债券评级能力的评级机构的信用评级，并将评级结果向银行间债券市场公示。近3年内进行过信用评级并有跟踪评级安排的上市公司可以豁免信用评级。短期融资券的信用评级程序如下。

（1）申请评估的企业应与评估公司签订委托协议书。

（2）签完协议后，评估公司即组织分析师、注册会计师和有关行业专家组成评估小组，负责具体的评估工作，在若干天内进行调查和研究，先进行现场调查然后初步写出评估报告。

（3）评估公司根据企业经营的业务性质，组织有关专家组成评审委员会对项目进行论证和审议，并实行定量计分的方式对该企业的融资券的信用等级做出评定。

（4）评估公司在此基础上，进一步综合分析有关情况，并确定该企业的融资券等级。融资券等级一般分为四等七个级别，分别是 A－1、A－2、A－3、B、C、D 各等级。其中，A－1为最高级别的短期债券，还本付息能力强，安全性很高；A－2 为还本付息能力较强，安全性较高；A－3 为还本付息能力一般，安全性易受外部不利因素的影响；B 为还本付息能力较低，有一定的违约风险；C 为还本付息能力很低，违约风险很高；D 为不能按期还本付息。

3. 向有关审批部门提出发行融资券的申请

企业申请发行融资券应当通过主承销商向中国人民银行提交以下备案材料。

（1）发行融资券的备案报告。

（2）董事会同意发行融资券的决议或具有相同法律效力的文件。

（3）主承销商推荐函（附尽职调查报告）。

（4）融资券募集说明书（附发行方案）。

（5）信用评级报告全文及跟踪评级安排的说明。

（6）经注册会计师审计的企业近三个会计年度的资产负债表、损益表、现金流量表及审计意见全文。

（7）律师出具的法律意见书（附律师工作报告）。

（8）偿债计划及保障措施的专项报告。

（9）关于支付融资券本息的现金流分析报告。

（10）承销协议及承销团协议。

（11）企业法人营业执照（副本）复印件。

（12）中国人民银行要求提供的其他文件。

（13）审批部门对企业的申请进行审查和批准。

4. 人民银行审查

人民银行金融市场司接到企业申请后，要对以下内容进行认真审查。

（1）对发行资格进行审查。这主要包括：审查发行单位是否具有工商管理局登记并领有营业执照；审查发行单位是否具有足够的自有资产；审查发行单位是否有可能的还款来源；审查信用担保人的资格和担保契约书的内容。

（2）对资金用途进行审查。企业发行融资券所筹集的资金只能用于解决企业临时性、季节性流动资金不足，不能用于企业资金的长期周转和固定资产投资。

（3）审查会计报表的内容。这主要包括：审查会计报表是否经注册会计签字；审查会计报表中的资金来源和资金占用是否合理；审查企业盈利情况如何；审查企业的主要财务比率是否健全。

（4）审查融资券的票面内容。融资券票面内容一般要载明如下内容：企业名称、地址；融资券票面金额；票面利率；还本期限和方式；利息支付方式；融资券的发行日期和编号；发行企业签章和企业法人代表签字等。

5. 正式发行融资券

融资券经审查机关审查同意后，便可正式发行。此后，投资者还要与发行人洽谈买卖条件，如果双方认为可以，则投资人买入融资券，发行人取得资金。

9.3.3　短期融资券业务在中国的实践

2004 年 10 月 18 日，证监会、银监会、人民银行联合出台了《证券公司短期融资券管理办法》。2005 年 4 月 27 日，人民银行发布了《全国银行间债券市场金融债券发行管理办法》，规定了包括商业银行在内的金融机构发行清偿次序等同于一般负债的金融债券的办法。从 2005 年 5 月 26 日国家开发投资公司发行首期短期融资券至 2005 年 12 月 13 日，已有 51 家企业发行 66 只短期融资券，累计发行量 1 305 亿元，包括 3 个月、6 个月、9 个月和 1 年 4 个期限品种。

2005 年短期融资券市场的运行情况如下：发行短券的企业共涉及 19 个行业，其中以综合类、交通运输、电力、采矿、钢铁、机械制造行业的企业较多，分别占整个发行企业总数的 16%、10%、10%、10%、8% 和 8%；而食品加工、农业、旅游、建筑、服装等 5 个行业仅各有 1 家企业发行短期融资券。从发行企业类型来看，国有独资企业 29 家，占发行人总数的 48%；上市公司 24 家，占发行人总数的 39%；非上市股份公司 1 家；其他类型企业 7 家，占发行人总数的 11%。从发行人的所有权性质来看，民营企业仅横店集团、山东魏桥、雅戈尔、广东梅雁和南京钢铁 5 家，三资企业只有中外合资的翔鹭石化 1 家。从企业发债规模来看，2005 年发行短期融资券的企业所有者权益最小的为万向钱潮，为 15.62 亿元；规模最大的是铁道部，为 7 275 亿元。所有者权益在 50 亿元以下的有 28 家，占 45%；50 亿元以上 100 亿元以下的有 12 家，占 20%；100 亿元以上的有 21 家，占 35%。分析数据表明，55% 的发行人所有者权益高于 50 亿元，可以说，2005 年的短期融资券市场是一个典型的大型企业融资市场。从企业发行额度来看，2005 年度发行人实际发行额在 10 亿元以下（包括 10 亿元）的有 27 家，占发行总家数的 45%；发行额在 10～20 亿元（包括 20 亿元）的有 21 家，约占发行总家数的 34%；发行额在 20～30 亿元（包括 30 亿元）的有 6 家，占比 10%；发行额在 30 亿元以上的有 7 家。从发行债券的期限结构来看，期限为 365 天的短期融资券，实际发行量占总发行量的 78%，期限为 270 天的短期融资券，实际发行量占总发行量的 15%，期限为 180 天的短期融资券，实际发行量占总发行量的 6%，期限为 90 天的短期融资券，实际发行量占总发行量的 1%。从发行利率来看，2005 年发行短期融资券的企业都采取了"簿记建档"的发行方式，发行价格和发行利率由发行人和主承销商根据市场情况决定。2005 年短期融资券市场的发行利率走势较为平稳，1 年期发行利率全年基本形成了 2.92% 的水平，直到 12 月中旬，由于年底资金面偏紧和一、二级市场利差的作用才打破了这一平静，南京钢铁和葛洲坝的发行利率上升至 3.23% 和 3.25%，随后的翔鹭石化和广东梅雁的发行利率更创年内新高，分别达到 3.53% 和 3.72%。而 270 天和 180 天的发行利率则一直保持在 2.7% 左右和 2.5% 左右。随着短期融资券供应数量和种类的增多，发行利率差异化将日趋明显。从企业的信用评级状况来看，2005 年发行的短期融资券信用评级中有 47 种被评为 A−1＋，15 种被评为 A−1。总体评级状况显示（见表 9−2），2005 年的短期融资券市场是一个高信用等级的市场。

表 9−2　截止至 2005 年 8 月 10 日我国企业短期融资券发行情况简表

单位：亿元

发行人	评级	利率	期限	规模
上海振华港口机械（集团）股份有限公司	A−1	2.92%	1Y	12
中国五矿集团公司（第一期）	A−1	2.92%	1Y	15
（第二期）	A−2＋	2.59%	6M	2
中国国际航空股份有限公司	A−1＋	2.92%	1Y	20
国家开发投资公司	A−1	1.98%	3M	10
华能国际电力股份有限公司（第一期）	BBB＋	2.70%	9M	5
（第二期）	BBB＋	2.92%	1Y	45
中国铝业股份有限公司	BBB＋	2.92%	1Y	20
中国联通有限公司（第一期）	A−1＋	2.92%	1Y	90
（第二期）	A−1＋	2.59%	6M	10
中国东方航空股份有限公司（第一期）	A−1		1Y	10
（第二期）	A−1	2.73%	9M	10
广东省交通集团有限公司	A−	2.92%	1Y	30

短期融资券在中国虽然只历经一年多的时间，但已经凸现了一些效应。

（1）银行贷款的替代效应。对商业银行流动资金贷款的替代，是短期融资券发行对商业银行最直接和最主要的影响。银行现行 1 年期短期流动资金贷款的基准利率为 5.58%，而同期限短期融资券的收益率基本稳定在 2.92%～2.94% 之间。即使考虑到发行费用因素，短期融资券的融资成本也比银行贷款要低得多。融资成本的差异，使企业更愿意选择短期融资券这种低成本的融资工具。

（2）融资结构的优化效应。近几年由于证券二级市场行情持续低迷，股市融资规模萎缩，2004 年直接融资与间接融资之比已经下降到 1∶19。从 M2/GDP 这一衡量一国经济货币化程度的指标看，我国在 2004 年已经达到 185%，远远超过欧美发达国家 40%～50% 的水平。间接融资比重居高不下，是导致这一指标过高的重要原因。短期融资券市场的快速发展，将加快金融领域的"脱媒"过程，促进社会融资结构的优化。一方面，有利于扩大直接融资规模，改善直接融资与间接融资之间的比例关系，优化社会总体融资结构；另一方面，有利于改善股票融资与企业债券融资发展不平衡、长期企业债券与短期企业债券发展不平衡的现状，优化直接融资的内部结构。

（3）利率改革的深化效应。在我国现实金融生活中，由货币市场各种金融交易利率组合而成的货币市场利率体系，已经成为我国市场利率的主体部分。自然，货币市场也成为市场利率的主导型市场。短期融资券市场的发展，对利率市场化改革具有明显的推动作用。

（4）融资渠道的拓宽效应。短期融资券的发行，拓宽了企业的融资渠道，降低了企业的筹资成本，优化了企业的财务结构。由于允许民营企业发行短期融资券，实现了发行主体多元化，不仅提高了市场的开放程度，也促进了民营经济的发展。

（5）混业经营的促进效应。从分业经营走向混业经营，是我国金融业发展的必然选择。随着金融改革的深化和金融开放程度的提高，金融机构之间产品和业务交叉的种类越来越多，范围越来越大，分业经营体制受到的冲击也越来越强烈。短期融资券市场的发展，使商业银行又介入了投资银行领域，成为企业债券的承销商。这不仅会加剧商业银行与券商在融资券市场的竞争，而且会推动金融混业经营趋势的发展，促进金融从分业经营体制向混业经营体制的过渡。

9.4　短期融资组合

企业筹资的目的是以较低的成本为企业具有较高投资回报的投资项目筹措到足够的资金。一个项目需要筹资多少的短期流动负债为最佳？短期负债和长期负债之间保持多少相对量最为适合？

一般而言，一个企业为了保持企业自身周期性的资金需求，可以采取两种融资策略。一是公司可以保留一笔金额相当大的有价证券。当对存货和其他流动资产的需求开始上升时，公司出售有价证券并将这笔现金用于各种采购。一旦货物出售、存货水平开始下降，公司重新投资于有价证券。图 9-1 所示为弹性融资政策。

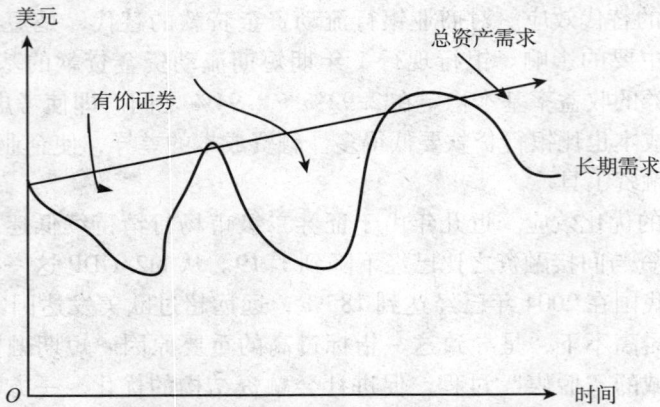

F政策通常意味着短期现金盈余和在现金及有价证券上的大量投资。

图9-1　备选的资产融资 F 政策

　　在另外一种极端，公司可以维持相对较少的有价证券。当对存货和其他流动资产的需求上升时，公司只是筹借必要的现金。当对资产的需求回落时，公司随即归还这部分贷款。这种政策称之为 R 政策，其代表的是限制性政策，如图9-2所示。

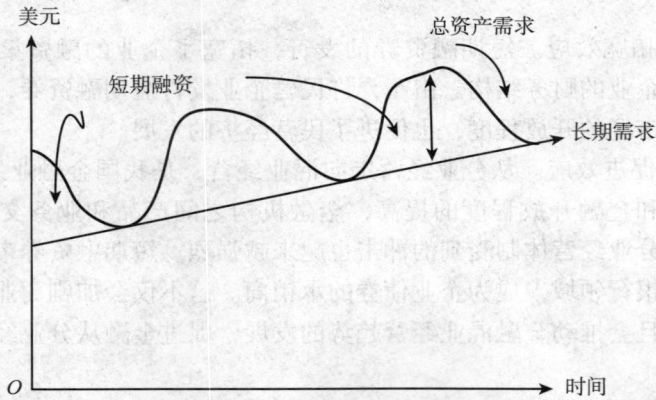

R政策对长期资产需求仅采取长期政策，而对季节性变动采用短期融资。

图9-2　备选的资产融资 R 政策

　　在采用 F 政策时，公司不作任何短期借款；在采用 R 政策时，公司则没有任何储备。因此，这两个都是极端的情况，一般我们会采取折中的方案——C 政策。在这个折中方案下，公司在融资需求达到高峰时借入短期资金，但在低谷时则以有价证券形式维持一定量的现金储备。当其他流动资产的需求不断上升时，公司可以在决定借款前使用这部分储备。这使得公司有能力在借助于短期借款之前，使其流动资产上升一定规模，如图9-3所示。

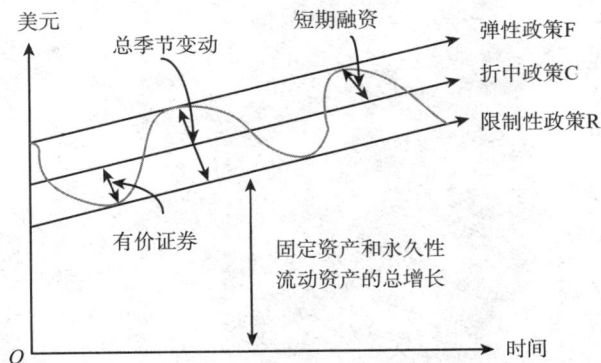

利用这种政策，公司保持一些流动资金的储备，以备初期的财务
季节性波动对现金的需求。当储备枯竭时，只能借助于短期借款。

图 9 - 3　折中的资产融资 C 政策

复习思考题

思考题

1. 商业信用的主要形式有哪些？
2. 短期融资券的优点及其发行的程序是什么？
3. 短期融资的组合方案包括哪些内容？
4. 短期融资券在我国的运行情况如何？有哪些益处？

计算题

某公司向银行借入短期借款 10 000 元，支付银行贷款利息的方式同银
行协商后的结果是：

（1）如采取收款法，则利息率为 14%；

（2）如采用贴现法，利息率为 12%；

（3）如采取补偿性余额，利息率降为 10%，银行要求的补偿性余额比
例为 20%。

请问：如果你是该公司的财务经理，你会选择哪种支付方式？

第 3 篇

金融证券的
价值评估

◇ 第 *10* 章

债券与股票的价值评估

10.1 价值的概念

价值的概念对不同的人而言有不同的含义，下面先简要地介绍几种主要的价值概念及其区别。

10.1.1 清算价值与持续经营价值

1. 清算价值

清算价值（Liquidation Value）是指一项资产或一组资产（如一个企业）从正在运营的组织中分离出来单独出售所能获得的货币金额。

2. 持续经营价值

持续经营价值（Going-concern Value）是指公司作为一个正在持续运营的组织出售时所能获得的货币金额。

3. 清算价值和持续经营价值的区别

清算价值是指一项资产或一组资产（如一个企业）从正在运营的组织分离出来单独出售所能获得的货币金额。这种价值是与公司的持续经营价值相对的。持续经营价值是指公司作为一个持续运营的组织整体出售时所能获得的金额。一般这两种价值是不相等的。实际上，一个公司在清算时的价值比公司在持续经营时的价值更大。

10.1.2 账面价值与市场价值

1. 账面价值

账面价值（Book Value）分为两种：①资产的账面价值，指资产的入账价值，即资产的成本减去累计折旧；②公司的账面价值，即资产负债表上所列示的资产总额减去负债与优先股之和。

2. 市场价值

市场价值（Market Value）是指资产交易时的市场价格。

3. 账面价值和市场价值的区别

资产的账面价值是指资产的入账价值，即资产成本减去累计折旧。公司的账面价值也等于资产负债表上所列示的资产总额减去负债与优先股之和。因为账面价值以历史成本为基础，所以它与一项资产或一个公司的市场价值关系不大。

一般，一项资产的市场价值是该资产（或类似资产）在公开市场上进行交易时的市场价格。对一个公司而言，市场价值是清算价值和持续经营价值二者中的较大者。

10.1.3 市场价值与内在价值

1. 内在价值

内在价值（Intrinsic Value）是指在考虑了影响价值的所有因素后决定的证券的应有价值。

2. 市场价值与内在价值的区别

根据市场价值的一般定义，证券的市场价值是证券的市场价格。对于一种活跃的证券，其市场价值是证券交易的最后一个报价。对于一种交易不活跃的证券，就必须去估计其市场价值。

证券的内在价值是指在对所有影响价值的因素——资产、收益、预期和管理等都正确估价后，该证券应得的价格。简而言之，证券的内在价值是它的经济价值。如果市场是有效率的，信息是完全的，那么证券的时价（Current Market Price）应围绕其内在价值上下波动。

10.2 债券的价值评估

10.2.1 相关术语

在讨论债券的价值评估前，先介绍几个相关术语。

（1）债券（Bond）：债券是发行者为筹集资金，向投资人发行的，在约定时间支付一定比例的利息，并在到期时偿还本金的一种有价证券。

（2）票面价值/面值（Face Value）：也称票面平价（Par Value）或本金（Principal），是一项资产的标定价值，它代表发行人借入并且承诺于未来某一特定日期偿付给债券持有人的金额。几乎所有的债券都规定一个到期日，到那时债券的发行者有义务向债券持有人支付相当于债券面值的款项。

（3）票面利率（Coupon Rate）：也称息票利率。债券上标明的利率，即年利息支付额除以债券的票面价值，是债券发行者预计一年内向投资者支付的利息占票面金额的比率。

（4）债券的到期日（Maturity）：是指偿还本金的日期。债券都规定到期日，以便到期时归还本金。

10.2.2 非零息债券的定价

如果债券有到期日，那么在对该债券定价时，不仅要考虑各期利息，而且要考虑它的到期值（面值）。若一种债券的利息是在每年年末支付的，则该债券的价值为：

$$V = \frac{I}{(1+k_d)^1} + \frac{I}{(1+k_d)^2} + \cdots + \frac{I}{(1+k_d)^n} + \frac{MV}{(1+k_d)^n} =$$

$$\sum_{t=1}^{n} \frac{I}{(1 + k_{\mathrm{d}})^{t}} + \frac{MV}{(1 + k_{\mathrm{d}})^{n}} = \qquad (10-1)$$

$$I(\mathrm{PVIFA}_{k_{\mathrm{d}},n}) + MV(\mathrm{PVIF}_{k_{\mathrm{d}},n}) \qquad (10-2)$$

式中： I——每年支付固定的利息；

n——到期前的年数；

k_{d}——投资者的预期报酬率；

V——债券的现值（内在价值）；

MV——债券的到期价值（Maturity Value）；

$\mathrm{PVIFA}_{k_{\mathrm{d}},\infty}$——贴现率为 k_{d} 的无限期的年金现值系数；

$\mathrm{PVIFA}_{k_{\mathrm{d}},n}$——利率为 k_{d}，即期数为 n 的复利现值系数。

【例 10 - 1】一张票面价为 2 000 美元，票面利率为 10%，9 年后到期的债券，计算其价值。10% 的票面利率意味着每年向持有人支付 200 美元的利息。若投资者的预期报酬率是 12%，则：

$$V = \frac{200}{1.12^{1}} + \frac{200}{1.12^{2}} + \cdots + \frac{200}{1.12^{9}} + \frac{2\,000}{1.12^{9}} =$$

$$200(\mathrm{PVIFA}_{12\%,9}) + 2\,000(\mathrm{PVIF}_{12\%,9})$$

查表可知，年利率为 12% 的 9 年期年金现值系数是 5.328；年利率为 12% 的 9 年期复利现值系数是 0.361。所以，该债券的现值是：

$$V = 200 \times 5.328 + 2\,000 \times 0.361 = 1\,065.6 + 722 = 1\,787.60(美元)$$

在实际工作中从业人员利用专业财务计算器或计算机中的 Excel 程序，使运算更加快捷、准确。运用 Excel 程序，输入已知变量，得到该债券的现值是 1 787.60 美元。

$$Rate = 12\%, Nper = 9, PMT = 200, FV = 2\,000, 结果 PV = -1\,787.60(美元)$$

10.2.3　零息债券的定价

零息债券（Zero-coupon Bond），又称贴现债券（Pure Discount Bond）或贴息债券，是一种以低于面值的贴现方式发行，不支付利息，到期按债券面值偿还的债券。债券发行价格与面值之间的差额就是投资者的利息收入。由于面值是投资者未来唯一的现金流，所以贴现债券的内在价值由以下公式决定：

$$V = \frac{MV}{(1 + k_{\mathrm{d}})^{n}} = \qquad (10-3)$$

$$MV(\mathrm{PVIF}_{k_{\mathrm{d}},n}) \qquad (10-4)$$

【例 10 - 2】某公司发行票面价为 2 000 美元 10 年期的零息债券，若投资者的预期报酬率是 12%，则：

$$V = \frac{2\,000}{1.12^{10}} = 2\,000(\mathrm{PVIF}_{12\%,10})$$

查表可知，年利率为 12% 的 10 年期复利现值系数是 0.322，因此：

$$V = 2\ 000 \times 0.322 = 644(美元)$$

运用 Excel 程序，得到该债券价值为 643.95 美元。

$$Rate = 12\%, Nper = 10, FV = 2\ 000, 结果\ PV = -643.95(美元)$$

若投资者能以 644 美元的价格购买该债券，并在 10 年后以 2 000 美元的价格被发行公司赎回，则该债券的初始投资将为投资者提供了 12% 的年回报率。

10.2.4　半年付息一次债券的定价

有些债券每年支付一次利息，而美国发行的大多数债券每年支付两次利息。为了计算每年支付两次的债券的价值，就必须调整债券的定价公式（10-1）和（10-2），则：

$$V = \sum_{t=1}^{2n} \frac{I/2}{(1 + k_d/2)^t} + \frac{MV}{(1 + k_d/2)^{2n}} = \quad (10-5)$$

$$(I/2)(PVIFA_{k_d/2,2n}) + MV(PVIF_{k_d/2,2n}) \quad (10-6)$$

式中：k_d——预期名义报酬率；

$I/2$——半年支付的利息；

$2n$——到期前半年期的期数。

注意：不仅半年支付的利息要以半年为期间进行折现，而且到期时支付的价值之和也要以半年为期间进行折现。因为半年折现一次的假设一旦采用，就应适用于所有的现金流量。

【例 10-3】A 公司发行一种债券，息票率为 10%，期限为 12 年，预期名义报酬率为 14%，则面值 1 000 美元的债券的现值为

$$V = 50(PVIFA_{7\%,24}) + 1\ 000(PVIF_{7\%,24}) =$$
$$50 \times 11.469 + 1\ 000 \times 0.197 = 770.45(美元)$$

运用 Excel 程序计算，该债券的价值为 770.61 美元：

$$Rate = 14\%/2, Nper = 12 \times 2, PMT = 1\ 000/2, FV = 1\ 000, 结果\ PV = -770.61(美元)$$

10.3　优先股的价值评估

10.3.1　股票的概念及分类

1. 股票的概念

股票是股份公司发给股东的所有权凭证，是股东借以取得股利的一种有价证券。股票持有者即为该公司的股东，对该公司财产有要求权。

2. 股票的分类

股票可以按不同的方法和标准分类：按股东所享有的权利，可分为普通股（Common Stock）和优先股（Preferred Stock）；按票面是否标明持有者姓名，分为记名股票和无记名股票；按股票票面是否记明入股金额，分为有面值股票和无面值股票。

10.3.2   优先股的定义

优先股（Preferred Stock）是一种有固定股利的股票，但股利的支付要由董事会的决定。优先股在股利支付和财产请求权方面优先于普通股。

与普通股相同，优先股的每股都代表其持有者对公司的部分所有权。但与普通股不同的是，优先股的持有人通常没有投票表决权。优先股的股利一般以固定形式发放，并且数额高于普通股股利。

10.3.3   优先股的定价

优先股在发行时不规定到期日，但它有固定支付股利的性质，这与永久债券是类似的。所以，优先股的现值为：

$$V = D_p / k_p \qquad\qquad (10-7)$$

式中：D_p——事先规定的每股优先股一年的股利；

k_p——确定的贴现率。

【例 10-4】某公司发行在外的优先股的股利率为 9%，面值为 100 美元，若投资者的预期报酬率是 14%，则每股优先股的价值为：

$$V = 9/0.14 = 64.29(美元)$$

10.4   普通股的价值评估

普通股（Common Stock）是代表公司最终所有权和风险的有价证券。债券和优先股的现金流量是由交易合同事先规定的，而普通股的现金流量则与此不同，它的未来报酬有更大的不确定性。下面介绍普通股投资者报酬的规模和模式。

10.4.1   股利贴现模型

股票预期的现金流指支付给股东的股利或公司经营所获得的净现金流。所谓股利贴现模型（DDM），指计算股票的未来预期现金流的现值，并作为股票的价值。

任意一种股利贴现模型都是通过观察发现该股票的投资者所期望的收益——包括现金股利和股票价格改变两部分。

【例 10-5】假定持有期为一年，A 公司的股票预期的每股股利（D_1）为 5 美元，年末预期派息后的价格（P_2）为 110 美元。

风险调整贴现率，或称市场资本报酬率，指为吸引投资者投资该股票而应达到的预期收益率。在例 10-5 中，假定风险调整贴现率为每年 15%。

投资者预期的收益率 $E(r_1)$ 等于 D_1 加预期价格的增值 $P_1 - P_0$，再除以股票当前的价格 P_0。假定该预期收益率等于必要报酬率，得：

$$E(r_1) = \frac{D_1 + P_1 - P_0}{P_0} = k \qquad\qquad (10-8)$$

$$0.15 = \frac{5 + 100 - P_0}{P_0}$$

上式体现了股利贴现模型最重要的性质：任意一期的预期收益率都等于市场资本报酬率 k。通过这个等式，根据年末股票的预期价格，可以推导出股票当前价格的计算公式：

$$P_0 = \frac{D_1 + P_1}{1 + k} \qquad (10-9)$$

在该例中，A 公司的股票价格为：

$$P_0 = \frac{5 + 110}{1.15} = 100(美元)$$

从上例可以看出，要计算股票的当前价格，首先要预测股票年末的价格。投资者可以按照推算的同一逻辑进行推理，A 股票第二年年初的预期价格为：

$$P_1 = \frac{D_2 + P_2}{1 + k} \qquad (10-10)$$

将式（10-10）带入式（10-9），就可以用 D_1、D_2 和 P_2 来表示 P_0，即：

$$P_0 = \frac{D_1 + P_1}{1 + k} = \frac{D_1 + \dfrac{D_2 + P_2}{1 + k}}{1 + k} \qquad (10-11)$$

$$P_0 = \frac{D_1}{1 + k} + \frac{D_2}{(1 + k)^2}$$

反复替代，就可以得到股利贴现模型的总公式为：

$$P_0 = \frac{D_1}{(1 + k)} + \frac{D_2}{(1 + k)^2} + \cdots = \sum_{t=1}^{\infty} \frac{D_t}{(1 + k)^t} \qquad (10-12)$$

也就是说，每股价格等与它未来所有预期股利之和的现值，贴现率为市场资本报酬率。

10.4.2　稳定增长股利贴现模型

采用式（10-12）的股利贴现模型进行计算需要预测未来所有的股利，这在实际操作时并不容易，因此，我们可以对未来股利的形式进行一些简化，假设股利的增长率 g 保持不变，使股利贴现模型运用到实际的计算中。

【例 10-6】假定平稳发展公司的每股股利预期每年稳定增长 10%，该公司的未来股利的预期现金流为：$D_1 = 5$，$D_2 = 5.5$，$D_3 = 6.05$，…

将预测的股利增长 $D_t = D_1(1 + g)^{t-1}$ 代入式（10-11），可得到稳定以 g 增长的永续股利现金流的现值为：

$$P_0 = \frac{D_1}{k - g} \qquad (10-13)$$

把平稳发展公司的数据带入公式，得到该公司股票的价格为：

$$P_0 = \frac{5}{0.15 - 0.10} = \frac{5}{0.05} = 100(\text{美元})$$

稳定增长股利贴现模型的内涵如下。

（1）如果预期增长率为零，则评估公式就化简为永续年金的现值公式：$P_0 = D_1/k$。

（2）假定 D_1 和 k 保持不变，则 g 越大，股票的价格越大。但是当 g 趋近于 k 时，模型就开始膨胀；也就是说，股票的价格趋向于无限。所以，只有当股利的预期增长率小于市场资本报酬率时，该模型才是有效的。

（3）股票价格的计算公式为：$P_1 = \dfrac{D_2}{k-g}$，因为 $D_2 = D_1(1+g)$，替代后得到：

$$P_1 = \frac{D_1(1+g)}{k-g} = P_0(1+g)$$

这样，股票价格与改变幅度为：

$$\frac{P_1 - P_0}{P_0} = \frac{P_0(1+g) - P_0}{P_0} = g$$

就是说，按照稳定增长股利贴现模型，股票价格与股利的预期增长率相同。只要股利稳定增长，股票价格每年的上升比率将等于股利的稳定增长率 g。以平稳发展公司为例，它的预期收益率为每年15%，其中预期股利收益率为每年5%，股票价格的增值为每年10%。

10.4.3 未来盈利与投资机会的评估

运用现金流贴现方法进行评估的第二种方法，是评估未来的盈利和投资机会。这种方法关注的焦点不是股利，而是盈利能力以及投资机会。这有助于分析家把注意力集中在决定价值的核心内容上。一个公司的股利政策不是决定其价值的核心因素。要想弄清这一点，我们来看一看投资家在计划接管公司时会如何确定它的价值。在那时，投资家考虑的不会是未来股利应采取何种形式，因为他们可以选择任意一种喜欢的形式。

假定不发行新股，那么每期盈利与股利之间的关系是：

$$\text{股利}_t = \text{盈利}_t - \text{新的净投资}$$

因此，确定股票价值的总公式为：

$$P_0 = \sum_{t=1}^{\infty} \frac{D_t}{(1+k)^t} = \sum_{t=1}^{\infty} \frac{E_t}{(1+k)^t} - \sum_{t=1}^{\infty} \frac{I_t}{(1+k)^t} \tag{10-14}$$

式中：E_t——第 t 年的盈利；

I_t——第 t 年的净投资。

通过这个等式，我们可以认识到非常重要的一点，即一个公司的价值不等于它未来预期盈利的现值，而应该等于它未来预期盈利的现值减去被公司用于再投资的盈利——新的净投资——的现值。如果仅用公司未来预期盈利的现值来计算公司的价值，就会高估或低估公司的价值，因为新的净投资额可能为正，也可能为负。

在衰退的行业内，总投资额一般不会大于现有资本的规模；也就是说，净投资额为负，生产能力会随时间的推移而减少。在发展成熟或停滞不前的行业，总投资额通常与现有资本的规模正好相等，净投资额为零，生产能力维持原状。在扩张的行业，总投资额多数大于现有资本的规模，净投资额为正，生产能力会随时间的推移而增大。

如果根据盈利和投资机会来评估公司价值，那就可以将其分成两个部分：①在现有状态下未来可能获得盈利的现值；②未来投资机会的净现值（即未来的盈利减去为获得该盈利所需的投资额）。用公式可以表述为：

$$P_0 = E_1/k + 未来投资机会的净现值$$

【例 10 - 7】 A 公司是一家零增长的公司，它的每股盈利为 15 美元。A 公司每年的投资额正好补充被损耗的生产能力，也就是说它每年的净投资为零。假定 A 公司每年都把盈利分给股东做股利，而且股利每年保持不变。如果资本化报酬率为每年 15%，零增长公司的股票价格应为 100 美元，即：

$$P_0 = 15/0.15 = 100（美元）$$

【例 10 - 8】 假定增长公司 A 与零增长公司 B，二者最初的盈利相同，但增长公司 A 每年把 60% 的盈利用于新的投资项目，这些投资项目的收益率为每年 20%（比每年 15% 的市场资本报酬率高 5 个百分点）。开始时增长公司 A 的股利会低于零增长公司 B 的股利，因为增长公司每年分配的股利不是每股 15 美元，而是 15 美元的 40%，只有每股 6 美元。另外的每股 9 美元用于公司的再投资，以获得每年 20% 的盈利。

尽管开始时增长公司 A 每股的股利低于零增长公司 B，但它的股利会随时间的推移而增加，而且增长公司 A 现在的股价也会高于零增长公司 B。具体证明如下所述。

首先我们运用股利贴现模型计算出增长公司的股利增长率。每股股利和盈利增长率的公司如下：

$$g = 盈利留存率 \times 净投资的收益率$$

根据该式，我们得到增长公司的每股增长率为：

$$g = 0.6 \times 0.2 = 0.12，即每年 12\%$$

按照稳定增长模型的公式，我们可以推算出增长公司 A 股票的价格，即：

$$P_0 = \frac{6}{0.15 - 0.12} = \frac{6}{0.03} = 200（美元）$$

增长公司 A 未来投资的净现值就是 A 公司与零增长公司 B 每股的差价：

$$未来投资的净现值 = 200 - 100 = 100（美元）$$

增长公司 A 股票的价格高于零增长公司 B 的原因并不在于增长本身，而在于新投资项目的收益率高于市场资本报酬率。再投资的收益率为每年 20%，而市场资本报酬率只有每年 15%。明白这个原理，对于掌握评估股票价值的方法具有非常重要的意义。

为了把问题说得更透彻，我们再来看看再投资的收益率为每年 15% 时结果会怎么样。为与上例的增长公司 A 相区别，我们称低收益率的公司为正常利润公司 C。

正常利润公司 C 每年将盈利的 60% 用于再投资，再投资的收益率是每年 15%。因此，它的盈利和股利的增长率为每年9%，即：

$$g = 盈利留存率 \times 新投资的收益率$$
$$g = 0.6 \times 0.15 = 0.09, 即每年9\%$$

按照稳定增长股利贴现模型，我们得到正常利润公司 C 的股票价格为：

$$P_0 = \frac{6}{0.15 - 0.09} = \frac{6}{0.06} = 100（美元）$$

即使正常利润公司 C 的每股股利预计每年可以增长9%，但是某股票当前的价格与零增长公司相同。这是因为，正常利润公司后来增长的股利与开始减少的股利正好相抵消。

零增长公司 B 和正常利润公司 C 当前股票价格相同，这说明它们来年每股预期盈利的现值相同，即：

$$P_0 = E_1/k = 15/0.15 = 100（美元）$$

所以，即使正常利润公司 C 的每股股利、每股盈利及股票价格预计每年能增长9%，这也没有增加公司股票现在的价值。也就是说，如果公司把所有盈利作为股利支付给股东，股票当前的价格也不会发生改变，因为正常利润公司再投资的收益率与市场资本报酬率相等。

综上所述，增长本身不会增加公司的价值。要想增加价值，未来新投资项目的收益率就必须高于必要报酬率 k。当公司未来投资机会的收益率与 k 相同时，股票的价值可通过公式 $P_0 = E_1/k$ 计算。

10.4.4　市盈倍数分析法

评估公司股票价值被广泛采用的方法是市盈倍数方法。这种方法可以快速地测算出公司股票的价值：先通过其他可比公司的数据推导出适当的市盈倍数，再将其与该公司股票预期的每股盈利相乘，由此得到的积就是该公司股票的价值。现在，我们借助于现金流贴现模型，进一步分析市盈倍数测算法。

由前面的分析可知，公司股票价格的计算公式为：

$$P_0 = E_1/k + 未来投资机会的净现值$$

如果公司的市盈倍数较高，原因可能有两个：一是市场资本报酬率相对低，二是投资增值的现值相对高。也就是说，它们未来投资项目的收益率高于其市场资本报酬率。

因未来投资项目的收益率高于市场资本报酬率而导致其市盈率较高的股票，称为成长性股票。

股票市场的有些观察家认为，导致成长性股票市盈率高的原因，是大家预计这些股票的每股盈利会上升。然而，这是一种具有误导性的言论。前面提到，正常利润公司预计每年增长9%，而零增长公司根本不存在增长的可能，它们的市盈率却一样。所以，导致市盈率高的原因不是增长本身，而是公司有机会投资的项目，它的收益率高于市场资本报酬率 k。

市盈率会随时间的变化而变化。当新的信息传达到市场时，投资者对公司盈利的预期会相应改变。盈利预期增长率或资本报酬率较小的改变将导致市盈率较大的改变。这不仅适用于单个股票，也适用于整个股票市场。

10.5　金融证券的收益率

前面一部分的内容讨论了如何通过按贴现率（或预期报酬率）对证券的收入流量资本化而实现对长期金融工具的定价。其中贴现率（或预期报酬率）是由该证券的风险所决定的。在定价等式中，如果用证券的市场价格（P_0）代替内在价值（V），那么就能求出市场预期报酬率（Market Required Rate of Return）。该报酬率所决定的预期现金流量的贴现值等于证券目前的市场价格，它反映证券的（市场）收益。预期现金流量随所分析的证券不同而不同，可能是利息支付，也可能是本金支付，还可能是股利支付。只有在证券的内在价值等于它的市场价值（价格）时，投资者的预期报酬率才会等于证券的（市场）收益率。

不同证券有不同的现金流量、到期日和时价，市场收益率的一个重要作用就是为投资者对不同的证券进行比较提供一个统一的基准。

10.5.1　债券的到期收益率

到期收益率（Yield to Maturity，YTM），是指债券按市价购买并一直持有至到期日所产生的期望收益率。债券的市场预期报酬率（k_d）常被称为债券的到期收益率。到期收益率是债券按当前市场价格购买并持有至到期日所产生的期望收益率，它也称债券的内部收益率（Internal Rate of Return，IRR）。若从数学上解释，它是使债券所有预期的利息支付和到期时本金（面值）支付的现值等于债券时价的那个贴现率。举例说明，回顾一下式(10-3)，即有到期日的付息债券（Interest Bearing Bond）的价值等式，在这个公式中，用时价（P_0）代替内部价值（V），则等式变为：

$$P_0 = \sum_{t=1}^{n} \frac{I}{(1+k_d)^t} + \frac{MV}{(1+k_d)^n} \tag{10-15}$$

如果把 I、MV 和 P_0 的实际值代入公式，就可以解出 k_d，即债券的到期收益率。然而，到期收益率的求解非常的复杂，需借助于债券价值表。

1. 插值法

插值法（Interpolate）用于估计处于两个已知数字间的一个未知数字。如果我们只有现值表，仍可应用试错法（Trial-and-error Procedure）近似地求出到期收益率。

【例 10-9】假设有一种 1 000 美元面值的债券有以下特征：时价 761 美元，期限 12 年，息票率 8%（每年支付利息）。现要确定一个贴现率，该贴现率应使债券预计现金流的现值等于债券的时价。假定我们先把 10% 作为贴现率，求债券预期现金流的现值。按给定的现值因素查表。

$$V = 80(\text{PVIFA}_{10\%,12}) + 1\,000(\text{PVIF}_{10\%,12}) =$$
$$80 \times 6.814 + 1\,000 \times 0.319 = 864.12(\text{美元})$$

按 10% 的贴现率求出的债券现值要大于债券时价 761 美元。因而，需要使用一个更大的贴现率，从而使其现值降到 761 美元以下。现用 15% 的贴现率，可得：

$$V = 80(\text{PVIFA}_{15\%,12}) + 1\,000(\text{PVIF}_{15\%,12}) =$$
$$80 \times 5.421 + 1\,000 \times 0.187 = 620.68(\text{美元})$$

这一次所选用的贴现率又太大了，计算所得的现值小于时价 761 美元。所以使债券预期现金流贴现值等于 761 美元的贴现率一定在 10% ～ 15% 之间。

为近似地计算该贴现率，在 10% ～ 15% 间应用插值法，则计算如下：

$$0.05 \left[X \begin{bmatrix} 0.10 & 864.12 \\ \text{YTM} & 761.00 \\ 0.15 & 620.68 \end{bmatrix} 103.12 \right] 243.44$$

$$\frac{X}{0.05} = \frac{103.12}{243.44}$$

因此：

$$X = \frac{0.05 \times 103.12}{243.44} = 0.021\,2 \quad (\text{美元})$$

所以，在上例中，$X = \text{YTM} - 0.10$，即 $\text{YTM} = 0.10 + X = 0.10 + 0.021\,2 = 0.121\,2$ 或 12.12%。用计算器求出的准确值是 11.82%。可见，用插值法计算求得的到期收益率只是近似值（必须牢记这一点），这是因为两个已知贴现率（10% 和 15%）之间的关系并不是线性的。但是，插值法中两个已知贴现率的差越小，求得的结果越准确。例如，若在例 10 – 9 中用 11% 和 12%，则求得的结果将更接近于"真实"的到期收益率。

2. 债券的价格变动

理解了债券性质之后，我们就可以对债券价格进行更多的研究。

（1）当市场预期报酬率大于债券规定的息票率时，债券的价格将小于债券的面值。该债券以折价出售，即以低于面值的价格出售。面值超过时价的部分被称为债券折价。

（2）当市场预期报酬率小于债券规定的息票率时，债券价格将大于债券面值。该债券应以溢价出售。时价超过面值的部分被称为债券溢价。

（3）当市场预期报酬率等于债券规定的息票率时，债券的时价等于债券面值。该债券以平价出售。

（4）如果利息率上涨，市场预期报酬率也随之上升，则债券的价格会下降。若利息率下跌，则债券的价格会上升。简而言之，利息率的变动方向与债券价格的变动方向相反。

从第 4 点可以看出，利息率的变动会引起债券价格的变动。由于利率变动所引起的债券价格变动被称为利率风险。值得注意的是：只有证券在到期前被出售，并且证券购买后利息率水平上涨，投资者才会因利率风险而受损。债券价格的其他变动，不像前四点那么明显。

（5）若给定市场预期报酬率的变动幅度，则债券期限越长，债券价格变动幅度就越大。一般地，债券期限越长，则一定的市场预期报酬率变动就越大。这是因为，若到期价值较大的证券离到期日越近，则在决定市场价格时，利息支付的影响就越小，市场预期报酬率对市场价格的影响也越小；而且，一般地，若债券期限越长，则在利息率总体水平发生变动时，投资者的价格变动风险也就越大。

（6）若给定市场预期报酬率的变动，则债券票息率越低，债券价格变动幅度越大。也就是说，债券价格的变动方向与息票率的变动方向相反。一般而言，报酬支付越集中在较晚的时间，一定的投资者的预期报酬率所引起的现值变化较大。所以，即使高息票率的债券和低息票率的债券有相同的期限，低息票率的债券的价格也更易于变化。

3. 到期收益率与半年利息（Semiannual Compounding）

正如前面提到的，美国债券大部分都是一年付两次息的，而不是一年付一次息。这个复杂的实际情况在简化了的讨论中常常被忽略了。在考虑半年付息一次时，只要把债券定价公式中的内在价值（V）代之以时价（P_0），就可以求出到期收益率了。结果为：

$$P_0 = \sum_{t=1}^{2n} \frac{I/2}{(1 + k_d/2)^t} + \frac{MV}{(1 + k_d/2)^{2n}} \qquad (10-16)$$

求解 $k_d/2$，就能得到半年的到期收益率。

在实践中，多数人都采用将半年到期收益率翻倍的方法求出年到期收益率，即名义年到期收益率（Nominal annual）。年到期收益率被债券交易商们称为债券同等收益率（Bond-equivalent yield）。但正确的方法应是将"1 加上半年的到期收益率"，平方后再减去 1，即：

$$(1 + 半年到期收益率)^2 - 1 = 实际年到期收益率$$

10.5.2 优先股收益率

在优先股定价等式（10-6）中，以时价（P_0）代替内在价值（V），就可以得到：

$$P_0 = D_p/k_p \qquad (10-17)$$

式中：D_p——优先股事先规定的每年的每股股利；

k_p——优先股市场预期报酬率（优先股的报酬率）。

对公式进行变形，就可以直接求出优先股的报酬率：

$$k_p = D_p/P_0 \qquad (10-18)$$

【例 10-10】假定 A 公司的 100 美元面值的优先股的每股时价是 91.25 美元，每年每股股利 10 美元，则 A 公司优先股的报酬率为：

$$k_p = 10/91.25 = 10.96\%$$

10.5.3 普通股收益率

用贴现普通股预期现金股利的贴现率应等于该普通股时价提供的收益率。例如，某公司适用固定增长率的股利贴现模型，则该公司的普通股的时价（P_0）由下式来确定：

$$P_0 = D_1/(k_e - g) \qquad (10-19)$$

式中：k_e——股票市场决定的收益率。

求解得：

$$k_e = D_1/P_0 + g \qquad (10-20)$$

从式（10-20）可以看出，普通股的收益率有两个来源：一是预期股利收益，D_1/P_0；

二是资本利得收益（Capital Gains Yield）。g 有很多种称呼，它是预期的股利的几何增长率；在这个模型里，它也是与预期的股票价格的年变化率（$P_1/P_0 - 1 = g$），它还指资本利得收益率。

复习思考题

思考题

1. 一个公司的市场价值和它的清算价值或持续经营价值有关系吗？若有，请问它们之间是什么关系。
2. 证券的内在价值与证券的市场价值有区别吗？若有，在什么情况下有区别？
3. 债券和优先股在定价的处理上有哪些相同点？
4. 为什么股利是普通股定价的基础？

计算题

1. A 公司发行一种 1 000 美元面值的债券，息票率 8%，期限 4 年，每年支付一次利息。
   (1) 若市场预期报酬率是 15%，则债券的市场价值是多少？
   (2) 若市场预期报酬率下降到 12%，则债券的市场价值是多少？下降到 8% 又如何呢？
   (3) 若息票率不是 8% 而是 15%，则债券的市场价值是多少？若预期报酬率下降到 8%，债券的市场价格会怎么变化？

2. B 公司目前普通股的每股股利是 1.60 美元。公司预期以后的前 4 年股利以 20% 的增长率增长，后 4 年股利以 15% 的增长率增长，再往后则以 7% 的迅速增长。这一阶段增长模式与预计的收益周期相联系。投资者的预期报酬率为 16%。这种股票的每股价值是多少？

3. 一种 1 000 美元面值的债券目前的市场价格为 935 美元，其息票率为 8%，还有 10 年才到期。利息每半年支付一次。在计算前，请先估计一下到期收益率是高于还是低于息票率，请说明原因，并计算：
   (1) 该债券暗含的由市场决定的半年期贴现率（即半年期到期收益率）是多少？
   (2) 用 (1) 中的答案计算：债券的名义年到期收益率和实际年到期收益率。

4. 一种零息债券面值为 1 000 美元，时下的售价为 312 美元，恰好还有 10 年到期。
   (1) 该债券暗含的由市场决定的半年期贴现率（半年期到期收益率）是多少？

(2) 利用 (1) 中的答案,计算该债券的:名义年到期收益率和实际年到期收益率各是多少?

5. 今天 C 有限公司的普通股支付了年股利,每股 1 美元,而当天的普通股收盘价为 20 美元。假定市场预期该公司的年股利以 5% 的固定比率永远增长下去。

(1) 计算该股票内含的收益率是多少?

(2) 预期的股息收益率是多少?

(3) 预期的资本利得收益率是多少?

6. D 公司拥有息票率为 14%、面值为 1 000 美元的已发行债券,还有 3 年到期,利息半年支付一次。

(1) 如果要求预期名义报酬率为 12%、14%、16% 时,此债券的价值应该各为多少?

(2) 假设其他条件相同,但为零息票率、净贴现债券。预期名义报酬率为 12%、14%、16% 时,债券的价值分别为多少 (贴现期为半年)?

◇ 第 *11* 章

资本资产定价模型

11.1 风险与收益

每个人在决定价值和做投资选择时都必须考虑风险。实际上，证券定价和对风险与收益权衡的理解组成了股东财富最大化的基础。在本章中，我们把讨论的重点放在单个投资者投资于普通股的风险和收益，但是讨论的结果可以扩展用于其他资产和其他种类的投资者。首先我们应该了解什么是风险和收益。

11.1.1 预期收益率与标准差

1. 风险和收益的定义

（1）收益（Return）等于一项投资的收入加上市价的任何变化，它经常以占投资的初始市价的一定百分比来表示。在一定期间（比如说一年）进行一项投资的收益率，就是基于所有权而收到的现金支付加上市价的变化，再除以初始价格。如投资者可能购买了 100 美元的证券，该证券向投资者支付 7 美元现金。一年后，它值 106 美元。这样，该证券的收益率将是（7 + 6）/100 = 13%。所以证券的收益有两个来源——收入加上任何涨价收益（或跌价损失）。对于普通股，可以把一期的收益定义为：

$$R = \frac{D_t + (P_t - P_{t-1})}{P_{t-1}} \tag{11-1}$$

式中：　　R——（预期的）收益；

　　　　t——过去（未来）特定的时间段；

　　　　D_t——第 t 期期末的现金股利；

　　　　P_t——第 t 期的股价；

　　　P_{t-1}——第 $t-1$ 期的股价；

$P_t - P_{t-1}$——该期间的资本利得。

注意：这个公式既可以用于决定实际的每一期收益（在历史数据的基础上计算），也可以用于决定预期的每一期收益（在未来的预期股利和价格基础上计算）。

（2）风险（Risk）是指证券预期收益的不确定性。为了便于切入风险的讨论，我们先看几个例子。假设投资者购买了收益率为 8% 的一年期国库券。如果投资者持有该国库券满一年，那么就会在这一投资上实现政府保证的 8% 的收益率。现在若换成购买任意一家公司的普通股，并持有一年，则预期收到的现金股利可能会如期实现，但也有可能不能如期实现。而且，一年后的股价可能比预期的要低得多，甚至可能比当初的买价还要低，所以这次投资的实际收益与预期的收益可能相去甚远。若我们把风险定义为预期收益的不确定性，则国库券是无风险的证券，而普通股是有风险的证券。证券的不确定性越大，其风险也越高。

除无风险证券外，其他所有证券的期望收益率都可能不同于实际收到的收益率。对于有风险的证券，实际收益率可以看成是一个有概率分布的随机变量。概率分布（Probability Distribution）是一系列可能的价值量，这些价值量可以被假定为一个随机变量。例如，假定投资者预期，投资于某普通股一年的收益如表 11 - 1 中的前两部分所示，它代表一年投资期望收益率的概率分布。该概率分布可以用两个标准衡量，即期望收益率和标准差。

2. 期望收益率和标准差

期望收益率（Expected Return）是在以收益发生的可能性为权数时的加权平均数。标准差（Standard Deviation）是变量的分布偏离其中值的程度的统计方法，是方差的平方根。期望收益率 $\bar{R}$ 为：

$$\bar{R} = \sum_{i=1}^{n} R_i P_i \qquad (11-2)$$

式中：R_i——第 i 种可能的收益率；

　　P_i——收益率发生的概率；

　　n——可能性的数目。

可以看出，期望收益率是所有可能收益率的加权平均数，权数是可能收益率的发生概率。

为了完整地描述收益率分布的两个方面，需对期望收益率的分散度或偏离度进行衡量。偏离度的一般衡量标准是标准差。收益率的标准差越大，则收益率分散度越大，投资风险也越大。

标准差 σ 在数学上可以表示为：

$$\sigma = \sqrt{\sum_{i=1}^{n} (R_i - \bar{R})^2 P_i} \qquad (11-3)$$

【例 11 - 1】假设一投资者预期投资于某普通股一年的收益如表 11 - 1 的前两部分所示，它代表一年投资期望收益率的概率分布，试求该股票的期望收益率、该期望的概率分布的方差及该概率分布的标准差？

根据表 11 - 1 可知，期望收益率 $\bar{R}$ = 9%，分布的方差 σ^2 = 0.007 03，标准差 σ = 0.083 8。

3. 标准差的使用

以上讨论的是离散（非连续）型概率分布，即随机变量，如收益率在一个时点只取特定的值。在这里，若是为了决定具体某一收益率的发生概率，我们就不必计算概率分布的标准差。如为决定上例中小于零的实际收益率发生的概率，参见表 11 - 1 的第 1、2 栏，可见其发生的概率是 0.05 + 0.10 = 15%。连续型概率分布的随机变量在一个时点可取任何值，对于连续分布的变量，在计算它发生的概率时，程序要稍微复杂些。但是，对于普通股的收益率，把它假设为连续型概率分布更切合实际。这是因为，普通股的可能收益从大的损失到大的收入之间的任何数字都是可能的。

表 11 - 1　用可能的一年期收益率的概率分布计算期望收益率和收益率标准差

可能的收益率（R_i）	概率（P_i）	计算期望收益率（$\bar{R}$）	计算方差（σ^2）
		$(\bar{R}) = (R_i)(P_i)$	$(\sigma^2) = (R_i - \bar{R})^2 P_i$
- 0.10	0.05	- 0.005	$(-0.10 - 0.09)^2 \times 0.05$
- 0.02	0.10	- 0.002	$(-0.02 - 0.09)^2 \times 0.10$
0.04	0.20	0.008	$(0.04 - 0.09)^2 \times 0.20$
0.09	0.30	0.027	$(0.09 - 0.09)^2 \times 0.30$
0.14	0.20	0.028	$(-0.10 - 0.09)^2 \times 0.05$
0.20	0.10	0.020	$(-0.10 - 0.09)^2 \times 0.05$
0.28	0.05	0.014	$(-0.10 - 0.09)^2 \times 0.05$
$\sum = 1.00$		$\sum = 0.090 = \bar{R}$	$\sum = 0.007\ 03 = \sigma^2$

标准差 = $\sqrt{0.007\ 03} = 0.083\ 8 = \sigma$

假定收益率的概率分布是正态（连续）分布。正态分布的密度函数是对称的，并呈钟形，实际收益率有 68% 的概率落入期望收益率（左或右）的一个标准差的范围内；有 95% 的概率落入期望收益率（左或右）的两个标准差的范围内；有超过 99% 的概率落入期望收益率（左或右）的三个标准差的范围。通过实际收益率偏离期望收益率几个标准差的形式，可以决定实际收益率大于或小于某一特定数字的概率。

【例 11 - 2】 结合例 11 - 1，假定收益率的概率分布近似于正态分布，期望收益率等于 9%，标准差等于 8.38%。现求未来收益率小于零的概率。

先决定从 0% 到期望收益率 9% 有多少个标准差。为此我们比较两个数值 -9% 以及它除以标准差的除数。结合上例，结果是 -0.09/0.083 8 = -1.07 个标准差（负数表明考察的是期望收益率的左边）。一般地，我们用下面的公式计算：

$$Z = \frac{R - \bar{R}}{\sigma} = \frac{0 - 0.09}{0.083\ 8} = -1.07 \tag{11-4}$$

式中：R——利息的可能收益率范围；

　　　Z——R 偏离期望收益率几个标准差。

如上所述，收益率分布的标准差是衡量风险的较好方法。它可以作为衡量收益率变动的绝对标准，即标准差越大，实际收益率的不确定性越大；而且它还可以用于决定实际结果大于还是小于一特定数额的可能性。

4. 方差系数

方差系数（Coefficient of Variation，CV）是概率分布的标准差与期望值的比率。它是相对风险的衡量标准。若投资项目的规模不同，则在比较它们的风险或不确定性时，用标准差作为风险的衡量标准可能会引起误解。考虑两种投资机会 A 和 B，它们的一年期收益率的正态分布如表 11 - 2 所示。

表 11 - 2　投资机会 A 和 B 一年期收益率的正态分布

	投资 A	投资 B
期望收益率 ($\bar{R}$)	0.08	0.24
标准差 (σ)	0.06	0.08
方差系数 (CV)	0.75	0.33

我们是否能得出这样的结论：因为投资 B 的标准差大于 A 的标准差，所以投资 B 的风险大于投资 A 的风险。若以标准差作为风险的衡量标准，则肯定会得出投资 B 风险更大的结论。然而，考虑期望收益率的大小后，可以发现投资 A 的变动性更大。这类似于生活中的一个现象。一个亿万富翁年收入的标准差为 1 万美元，一个普通人年收入的标准差为8 000美元；但实际上，该亿万富翁的年收入的标准差要大大地小于普通人年收入的标准差。因此，为了调节投资的规模或范围，可以用收益率的标准差除以期望收益率，从而得到方差系数：

$$方差系数(CV) = \sigma/\bar{R} \tag{11-5}$$

因此，方差系数是相对偏离（相对风险）的衡量标准———一种"每单位期望收益率"所含风险的衡量标准。方差系数越大，投资的相对风险也就越大。若以方差系数作为衡量风险的标准，则投资 A 的风险大于投资 B 的风险，因为投资 A 的方差系数是 0.75，而投资 B 的方差系数只是 0.33。

11.1.2　证券投资组合的风险与收益

前面我们把讨论的重点放在了处于分离状态的单项投资的收益之上。但实际上，投资者很少把所有的财富都投入一种资产或单个投资项目中，而是构建一个投资组合或投资于一系列项目。

1. 投资组合的收益

投资组合（Portfolio）是两种或两种以上的证券或资产的组合。投资组合的期望收益率就是组成投资组合的各种证券的期望收益率平均数，权数是投资于各种证券的资金占总投资额的比例（权数之和须等于100%）。投资组合的期望收益率 $\bar{R}_p$ 的一般计算公式如下：

$$\bar{R}_p = \sum_{j=1}^{m} W_j \bar{R}_j \tag{11-6}$$

式中：W——投资于 j 证券的资金占总投资额的比例或权数；

$\quad\bar{R}_j$——证券 j 的期望收益率；

$\quad m$——投资组合中不同证券的总数。

两种证券的期望收益率和标准差如表 11 - 3 所示。

表 11 - 3　证券 A 和证券 B 的期望收益率和标准差

	证券 A	证券 B
期望收益率 ($\bar{R}_j$)	14%	11.5%
标准差 (σ)	10.7%	1.5%

如果投资于两种证券的货币额是相等的，那么这个组合的期望收益率是：$0.5 \times 14.0\% + 0.5 \times 11.5\% = 12.75\%$。

2. 投资组合的风险和方差的重要性

投资组合的期望收益率等于组合中单个证券期望收益率的加权平均数；而投资组合的标准差的计算并不这样直接，它不是简单地把组合中单个证券的标准差进行加权平均而得到的。若只是将证券的标准差进行加权平均，则会忽略证券收益的相互关系，即协方差。但是这个协方差不会影响组合的期望收益率。

协方差（Covariance）是衡量两个变量（如证券的收益）一起变动程度的统计量。正的协方差表明，平均而言，两个变量是朝同一方向变动的；负的协方差表明，平均而言，两个变量是朝相反方向变动的；协方差为零表明两个变量是无关的。证券收益率间的协方差使有关投资组合标准差的计算复杂化。尽管如此，证券的协方差使得在不减少潜在收益的同时降低风险成为可能。

投资组合标准差的计算很复杂，需要举例说明。对于大多数的投资组合而言，标准差主要是证券间协方差的加权平均。权数是投资于每种证券的资金比例，而用以加权的协方差是由所有的组合中任意两种证券的收益率之间的协方差组成的。

通过对投资组合标准差的决定因素的理解可知：投资组合是否有风险，更多地取决于组合中任意两种证券的协方差，而不取决于组合中单个证券的风险（标准差）。这意味着只要证券的变动方向是不一致的，单个有高风险的证券就能组成一个只有中低风险的投资组合。

11.1.3 投资分散化及系统性风险与非系统性风险

1. 投资分散化

分散化的概念可以从日常生活语言中窥见一斑——"不要把所有的鸡蛋放在一个篮子里"，它鼓励我们把资产分散。若把这个概念用于投资，其含义是要在许多资产或投资项目间分散风险。不过，它虽然给我们指出了分散风险的方向，但是它仍只是很原始的分散风险的方法。这种分散风险的方法似乎意味着，把1万美元投资于10种不同的证券，比把相同的资金投资于5种不同的证券更能使风险分散。问题在于，这种原始的风险分散的方法忽视了证券收益之间的协方差（或相互关系）。投资组合中包含的10种证券可能是来自于同一行业的10种股票，倘若如此，则它们的收益就有很高的相关关系，另一个投资组合虽由5种股票组成，但它们来自于不同的行业，则其投资收益的相关关系也就低，因此投资组合收益的变动性就低。

有意义的证券组合方法将会降低风险。在某一期间内，证券 A 的收益随大的经济变动而呈周期性变动，证券 B 的收益则略呈反周期性变动。因此，这两种证券的收益是负相关关系，若向两种证券投资相等的金额，则将降低投资组合收益的离散度。这是因为某些单个证券收益的变动性被相互抵消了。其实，只要证券间不是正相关的关系，组合起来就会有降低风险的好处。

投资于世界金融市场也可以比投资于单个国家的证券市场分散更多的风险。这是因为，由于不同国家的经济周期不是完全同步的，一个国家的经济衰退可能被另一个国家的经济繁荣所抵消。而且，汇率风险和其他风险也会加剧分散的影响。

2. 系统性风险与非系统性风险

系统性风险（Systematic Risk）是市场收益率整体变化所引起的股票或投资组合的收益率的变动性。非系统性风险（Unsystematic Risk）是不能由一般的市场变动来解释的股票和投资组合收益率的变动性。它可以通过分散投资而避免。

前面讨论过，彼此没有正相关关系的几种证券组合起来后，会有助于降低投资组合的风险。但是，投资组合并不能消除所有的风险。在选择一种股票时，投资组合的风险等于该股票的标准差。随着投资组合中任意选择的股票数目的增加，投资组合的总风险降低了。但是投资组合的总风险降低的速率是递减的。投资组合的总风险由两部分组成。

第一种风险——系统性风险，是由那些影响整个市场的风险因素所引起的，这些因素包括国家经济的变动，税收改革或世界能源状况的改变，等等。这一部分风险是影响所有证券的风险，因此不能被分散掉。换句话说，即使一个投资者持有很好的分散化的投资组合也要承受这一部分风险。

第二种风险——非系统性风险，它是一种特定公司或行业所特有的风险，它与经济、政治和其他影响所有证券的系统因素无关。例如，一次大的罢工可能只影响一家公司；一个新的竞争者可能开始生产同样的产品；一次技术突破使一种现有产品消亡。对大多数股票而言，非系统性风险占总风险或总标准差的 50% 左右。但是，通过分散投资，非系统性风险能被降低；而且，如果分散是充分有效的，这种风险还能被消除。因此，投资者所持有的股票的全部风险并不都与投资者相关，因为股票的非系统性风险是可以分散掉的。正由于此，在一种股票的风险中，重要的是不可避免风险或系统性风险。投资者能期望得到补偿的风险也是这种系统性风险。他们不能期望市场对可避免风险有任何超额补偿。

11.2　资本资产定价模型

资本资产定价模型（CAPM）是 20 世纪 60 年代由诺贝尔奖获得者 William Sharpe 创建的。在厌恶风险的投资者行为中，隐含着一种均衡关系，即每一种证券的风险和期望收益之间的均衡关系。在市场均衡时，一种证券被假定能提供与系统性风险（不能通过分散投资而避免的风险）相称的期望收益率。证券的系统性风险越大，投资者期望从该证券获得的收益率也越大。期望收益率和系统性风险的关系以及证券的定价是资本资产定价模型的精髓。

11.2.1　资本资产定价模型

资本资产定价模型（Capital-Asset Pricing Model，CAPM）是一种描述风险与期望收益率（预期报酬率）之间关系的模型。在这一模型中，某种证券的期望收益率（预期报酬率）就是无风险收益率加上这种证券的系统风险溢价。

资本资产定价模型的假定。首先，它假定资本市场是有效率的；在该市场上，投资者的信息完全，交易成本很低，投资的限制很少，没有一个投资者能影响股票的市场价格；其次，它假定所有的投资者对单个证券的走势都有相同的看法，并且他们的预期都是建立在一个共同的持有期（如一年）之上的。

我们可以考虑两种投资机会。第一种是投资于无风险证券，其持有期内的收益率是确定的，所以用中短期国库券的利率代替无风险收益率；第二种是投资于普通股股票的市场组合（Market Portfolio）。它由所有流通的普通股股票组成，权数则由各股票流通在外的总市价占所有流通股票的总市价的比例决定。因为市场组合难以操作，所以大部分人用标准普尔 500 种股票价格指数代替市场组合。这种市场价值为权数加权而成，有广泛的代表性，因此，该指数反映了 500 普通股股票的市场走势。标准普尔 500 种股票价格指数（Standard & Poor's 500 Stock Price Index，S&P 500 Index）由从广泛的行业群中选出的最重要的 500 种普通股所组成的、以市场价值为权数加权后的指数，它是市场整体走势的度量。

11.2.2 贝塔系数与证券市场线

1. 特征线与贝塔系数

1）特征线

特征线（Characteristic Line）是描述单个证券的收益率和市场组合的收益率之间的相互关系的一条直线，该直线的斜率等于贝塔。现在我们比较一下单个股票（以下简称个股）的期望收益率和市场期望收益率。在比较时，只有比较超过无风险收益率的那部分收益率是有用的。这部分超额收益率是风险性资产之间差异形成的基本标志。超额收益等于期望收益率减去无风险收益率。图 11-1 是一个个股的超额期望收益率与市场组合的超额期望收益率比较的例子。图 11-1 中的黑线就是证券的特征线，它描述了个股的超额收益率与市场组合的超额收益率的预期关系。二者间的预期关系可能是以经验数据为基础的，若是如此，个股实际的超额收益率和市场组合实际的超额收益率就能画在图上，其回归线就是二者历史关系的最好描述。这种情形可见图示的散点图。每一个点都代表着在给定的月份（总共 60 个月）内个股的超额收益率和标准普尔 500 种股票价格指数的超额收益率。

$$\frac{已付股利 + （期末价格 - 期初价格）}{期初价格}$$

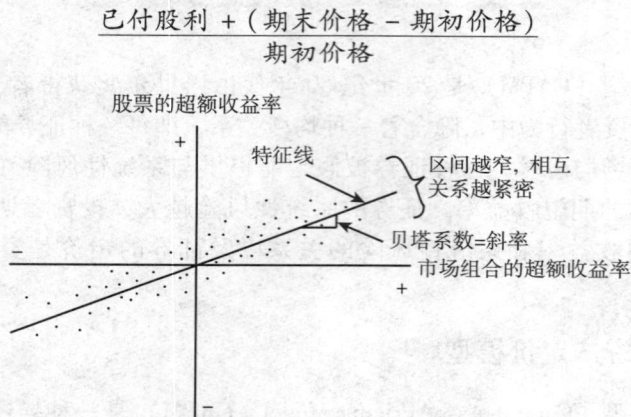

图 11-1 个股超额收益率和市场组合超额收益率的关系

2）贝塔系数

贝塔系数（Beta）是一种系统性风险指数。它用于衡量单只股票收益率的变动对于市场组合收益率变动的敏感性。市场组合的贝塔值是组合中各只股票贝塔值的加权平均数，图 11-1 显示了这个最重要的量度——贝塔系数。

　　贝塔是证券市场线的斜率，即个股超额收益率的变化与市场组合的超额收益率的变化之比。若特征线的斜率是 1.0 则意味着个股超额收益率与市场组合超额收益率等比例变化。换而言之，该股票与整个市场有同样的系统风险。若市价上扬，每月提供的超额收益率是 5%，则我们可以预期：平均而言，个股的超额收益率是 5%。若斜率大于 1.0，则意味着个股超额收益率的变动大于市场组合超额收益率的变动；从另一种角度考虑，这意味着个股的不可避免风险要大于市场整体的不可避免风险；对这种股票的投资是一种"进攻性"投资。若斜率小于 1.0，则个人超额收益率的变动小于市场组合的超额收益率的变动，对这种股票的投资被称为"防御性"投资。上述三种情况的例子如图 11 - 2 所示。

　　股票特征线的斜率越大，用贝塔系数描述的系统性风险也越大。这意味着，在市场超额收益率朝上或往下变动时，个股的超额收益率以更大还是以更小的幅度变化取决于贝塔系数。按定义，在市场组合的贝塔系数等于 1.0 时，该贝塔系数就是相对于市场组合而言的个股的系统性风险，或不可避免风险。这种风险不能靠投资于更多的股票来分散掉，因为它是由影响所有股票的经济和政治环境变化而产生的。

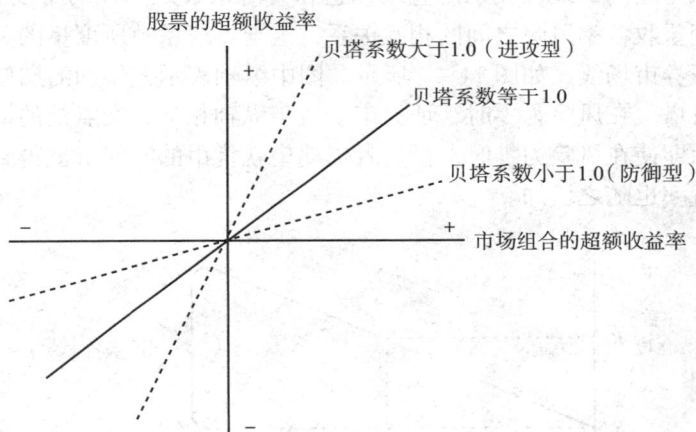

图 11 - 2　不同贝塔系数特征线的例子

　　投资组合中的贝塔系数是组合中各个股票贝塔系数的加权平均数，权数是组合中各个股票市场价值占组合总市场价值的比例。所以，个股的贝塔系数代表个股对高度分散的股票组合的风险的贡献。

2. 预期报酬率与证券市场线

1）预期报酬率

　　若假定金融市场是充分有效的，投资者作为一个整体是充分分散的，则非系统性风险是微不足道的。个股主要的风险是系统风险。个股的贝塔系数越大，它的系统性风险就越大，预期报酬率也就越大。若进一步假定非系统性风险已经被分散掉，则股票的预期报酬率为：

$$\bar{R}_j = R_f + (\bar{R}_m - R_f)\beta_j \tag{11 - 7}$$

式中：R_f——无风险收益率；

　　　$\bar{R}_m$——市场组合的期望收益率；

β_j——j 股票的贝塔系数。

投资者对个股的预期报酬率应等于市场对无风险要求的收益率加上风险溢价。而风险溢价是下面两个因素的函数：①预期的市场收益率减去无风险收益率，这是市场上代表性股票要求的风险溢价；②贝塔系数。

【例 11-3】假定国库券的期望收益率是 8%，市场组合的期望收益率是 13%，A 公司的贝塔系数是 1.3。该系数表明，A 公司股票比代表性股票（即贝塔系数为 1.0 的股票）有更大的系统风险。根据式（11-7），A 公司股票的预期报酬率为：

$$\bar{R}_j = 0.08 + (0.13 - 0.08) \times 1.3 = 14.5\%$$

此结果表明，平均而言，市场预期 A 公司会有 14.5% 的年收益率。由于 A 公司有更大的系统性风险，因此它的收益率要高于市场上代表性股票的期望收益率。

2）证券市场线

证券市场线（Security Market Line，SML）是一条描述单个证券（或股票组合）的期望收益率与系统性风险之间的线性关系的直线，它和贝塔系数是同样的量度。式（11-7）描述了单个证券的期望收益率风险之间的相互关系，这与贝塔系数所度量的关系是一样的，这种线性关系就是证券市场线，如图 11-3 所示。图中纵轴表示一年期的期望收益率，横轴表示系统风险指数贝塔。在风险为零时，证券市场线与纵轴相交，交点处的期望收益率等于无风险收益率，表示即使在风险为零时，投资者仍期望就货币的时间价值得到补偿。随着风险增加，要求的收益率也随之增加。

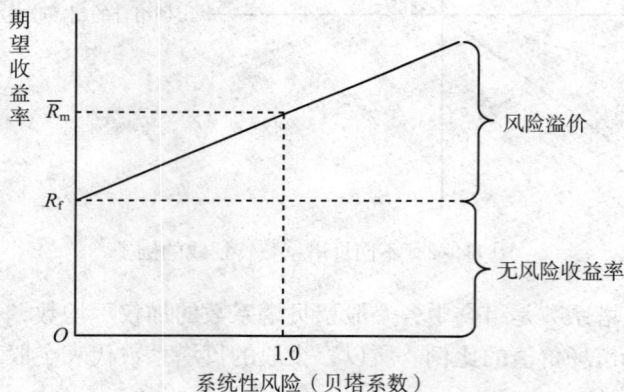

图 11-3　证券市场线（SML）

11.2.3　资本资产定价模型的应用

1. 资本资产定价模型所需信息的获得

若投资者认为过去可以很好地代表未来，则他就可以用个股的超额收益率和市场组合的超额收益率的历史数据计算贝塔。对于那些交易活跃的股票，有很多服务机构提供该公司的贝塔资料：这些资料常是以过去 3～5 年间的周收益率或月收益率为基础计算出来的。这些贝塔信息的服务机构包括价值线投资调查（Value Line Investment Survey）、市场指南（Market Guide）和标准普尔股票报告（Standard and Poor's Stock Reports）。从这些服务机构取得贝塔数据有一个明显优点：即无需计算就能获得一只股票过去的贝塔数据。大部分股票的贝塔数值的范围是从 $0.4 \sim 1.4$。若投资者认为一只股票过去的系统性风险适用于未来，则历史上的贝塔系数可以代替预期贝塔系数。

不仅是贝塔的数据可以通过对未来状况的最佳估计而取得，而且市场收益率和无风险收益率的数据也可以通过这种方法取得。历史数据可能很好地代替未来数据，但也有可能并不能很好地代替。若以过去的一段经济相对平稳而通货膨胀率较高的时期来代替未来，则过去平均的市场收益率和无风险收益率就是片面的，以此来估计未来的市场收益率和无风险收益率，就会低估它们。因此，在这种情况下，若用历史的平均收益率去计算证券要求的收益率，就会发生错误。在另一种情形下，若近几年实现的市场收益率可能很高，但预期今后不会再有这样的收益率，则用此历史数据去估计未来的市场收益率，就会发生高估。

在上述情况下，无风险收益率和市场收益率必须直接估计。估计无风险收益率比较简单，投资者只要参照当时合适的国库券收益率就可以估计出无风险收益率了。估计市场收益率比较困难，不过它仍然是可以估计的。市场收益率可以由证券分析家、经济学家或其他经常预期该收益率的专家共同估计。

2. 风险溢价的使用

市场组合的超额收益率（超过无风险收益率的部分）就是市场风险溢价（Market Risk Premium）。在式（11–7）中，它是用（$R_m - R_f$）来表示的。标准普尔 500 种股票价格指数的预期超额收益率一般在 $5\% \sim 8\%$ 之间。在计算市场组合的收益率时，可以不直接计算它，而通过在当时的无风险收益率之上加上一个风险溢价来求得。为说明这一点，假定我们处在一个不确定的时期，有相当大的令人厌恶的风险，因此，我们估计市场收益率 $R_m = 0.08 + 0.07 = 15\%$，其中 0.08 是无风险收益率，0.07 是估计的市场风险溢价。换言之，若我们估计市场的风险相当的小，我们就可以用 5% 的风险溢价，若是如此，则估计的市场收益率就是 13%。

最重要的是，式（11–7）中所用的普通股股票预期的市场收益率和无风险收益率都是根据目前的市场估计出来的。胡乱地使用收益率的历史数据会错误地估计资本资产定价模型中所使用的数据。

3. 股票的收益率和股票价格

资本资产定价模型为我们提供了一种估计证券要求的收益率的方法。该收益率就可以作为股利定价模型中的贴现率。前面提到股票的每股内在价值可以表示成预期的未来股利的现值。即：

$$V = \sum_{t=1}^{\infty} \frac{D_t}{(1 + k_e)^t} \qquad (11–8)$$

式中：D_t——第 t 期的预计股利；

　　　k_e——股票的预期报酬率；

　　　$\sum$——从第 1 期直至永远的各期未来股利的现值之和。

【例 11–4】假定 A 公司的股票适用固定增长率股利模型，现要决定该股票的价值。该模型是：

$$V = \frac{D_1}{k_e - g} \qquad (11-9)$$

式中：g——预期的每股股利的年增长率。

进一步假定 A 公司第 1 期的预期股利是 2 美元每股，每股股利的预期年增长率是 10%；前面已求出 A 公司的预期报酬率是 14.5%。在这些假定和估计的基础上，可求解股票价值为：

$$V = \frac{2.00}{0.145 - 0.1} = 44.44（美元）$$

若该价值等于股票目前的市场价格，则股票的期望收益率将等于投资者的预期报酬率。这个 44.44 美元是该股票的均衡价格，该均衡价格是建立在投资者对公司和整个市场无风险资产现有收益率的预期基础之上的。

当上面的那些预期改变时，股票的价值（或价格）也就改变了。假定经济中的通货膨胀率下降，经济进入相对稳定增长的时期，结果利息率下降，投资者的风险降低，而且，公司股利的增长率也有所降低。这些假定改变前后各种指标的变化如表 11-4 所示。

表 11-4 市场预期变化对公司股票价格的影响

	改变前	改变后
无风险利率（R_f）	0.08	0.07
预期市场收益率（$\bar{R}_m$）	0.13	0.11
A 公司的贝塔值（β_j）	1.30	1.20
A 公司的股利增长率（g）	0.10	0.09

假定改变后，A 公司的股票为补偿系统性风险而被要求的预期报酬率变为：

$$\bar{R}_j = 0.07 + (0.11 - 0.07) \times 1.20 = 11.8\%$$

把该预期报酬率（11.8%）作为 k_e，则股票新的价值为：

$$V = \frac{2.00}{0.118 - 0.09} = 71.43（美元）$$

所以，所有这些假定的改变一起发生作用，使股票的每股价值从每股 44.44 美元上升到每股 71.43 美元。如果这些假定的改变是市场的选择，那么每股 71.43 美元也是该股票的均衡价格。因此，股票的均衡价格会随市场预期化而很快地变化。

4. 股票定价的偏低和偏高

前面刚说到，在市场均衡时，投资者的预期报酬率将等于他的期望收益率，即所有股票都将在证券市场线上。若股票不在证券市场线上，则意味着什么呢？若假定，所有的投资者知道股票的预期报酬率与股票的系统性风险（或不可避免风险）之间的大致关系，并以此画出证券市场线。两种股票 X 和 Y 由于某些原因未能正确定价，假定相对于证券市场线而言，X 股票定价偏低，而 Y 股票定价偏高。

倘若如此，则最后的结果是，X 股票预期的实际收益率会大于为补偿系统性风险所要求的预期报酬率。相反，Y 股票预期的实际收益率会小于为补偿系统性风险所要求的预期报酬率。这样，投资于 X 股票就有了超额收益率。投资者若能发现这种投资机会，将会争相购买 X 股票。投资者的挤兑会抬高 X 股票的价格压低其期望收益率。那么，这种情况会持续多长时间呢？它会一直持续到价格所决定的期望收益率移到证券市场线上为止。而对于 Y 股票，投资者意识到，投资于其他股票虽然冒同样的系统风险，却会得到比 Y 股票更高的收益率，他们就会将持有的 Y 股票售出。这种大家都出售 Y 股票的压力会压低它的价格而使期望收益率上升，直到 Y 股票的期望收益率回到证券市场线上为止。

当这两种股票的期望收益率回到证券市场线上时，市场就重新达到均衡。结果，股票的期望收益率又等于它们各自的预期报酬率了。经验表明，股价的非均衡状态不会持久，股价对新信息的调整是很快的。也有相当多的经验说明，只要市场是有效率的，证券市场就是一种有用的方法。因而，由证券市场线决定的收益率就可以作为股利贴现模型中的贴现率。

11.3　资本资产定价模型的发展与替代模型

11.3.1　资本资产定价模型存在的问题

近几年，资本资产定价模型面临着挑战。我们知道，该模型的关键思想用贝塔值来衡量风险。以往的经验研究也表明，贝塔值对收益率，特别是普通股股票组合的收益率有合理的解释作用。虽然同任何事物一样，没有人认为这个模型是完美无缺的，但是该模型在理解上和应用上都相当的容易。不过，人们已经逐渐认识到，市场是有缺陷的，如公司破产成本、税收和制度限制等，为了解释它们的影响，要对模型作进一步改进。

在学者们努力解释证券的实际收益率时，发现了几种资本资产定价模型的反例。一种是小企业或规模效应（Small-form or Size Effect）。他们发现，在其他条件不变时，市值（普通股每股价格乘以流通在外的股票数）小的普通股股票比市值大的普通股股票有更高的收益率。

另一种反例是市盈率（Price/Earnings）和市场价值-账面价值比率（Market-to-book-value Ratios）低的普通股股票比这两个比率高的普通股股票有更高的收益率。

还有一种反例是 1 月效应（January Effect）。例如，在 12 月到第二年 1 月间持有股票比在其他时候持有同样长的期间会产生更高的收益率。虽然 1 月效应已被发现多年，但并不是每年都会发生的。

在一篇富有挑战性的论文中，Eugene Fama 和 Kenneth French 对普通股股票的收益率、公司市场价值-账面价值比率及贝塔值三者之间的关系作了实证研究。通过对 1963—1990 年期间的股票收益率的研究后，他们发现，规模和市场价值—账面价值比率对股票平均的收益率有较强的解释作用。在把这两个变量首次用于回归分析时，增加一个贝塔变量后，并没有发现解释作用增加了多少。Fama 教授根据这一研究宣称：贝塔——作为解释收益率的关键变量——已经"消亡"了。由此，Fama 和 French 开始严厉批评资本资产定价模型对普通股股票收益率的解释作用。他们建议用公司的市场价值（规模）和市场价值-账面价值比率来衡量风险。

Fama 和 French 是用两个建立在市场价值基础上的变量去解释市场价值收益，并得出了上面的结论。但是，他们研究所用的因变量和自变量有很高的相关性，得出上述结论并不令人惊奇。Fama 和 French 没有把重点放在风险上，而是放在了实际收益率上。他们的发现并没有任何的理论根据。因此，虽然贝塔值可能不是普通股投资的实际收益率的最好解释工具，但它是衡量风险的合理标准；更进一步说，投资者是厌恶风险的，贝塔值则给出了有关投资者期望得到的最低收益率的信息。对该期望收益率，投资者可能能够实现，也可能不能实现。但是从公司的财务角度而言，它有助于引导资金在投资项目间的分配。

11.3.2 套利定价模型

套利定价理论（Arbitrage Pricing Theory，APT）是一种关于资产的价格是由多种因素和有效的普通套利行为所决定的理论。

也许，套利定价理论是对资本资产定价模型（CAPM）的最大挑战。套利定价理论是由 Stephen A. Ross 首先发展的，该理论的基本思想是在竞争性的金融市场上套利行为将保证由风险和收益所决定的价格达到均衡。套利行为就是发现两样本质上相同的东西，以低价购入并以较高价售出。那么投资者怎样才能发现哪种东西便宜，哪种东西昂贵呢？根据套利定价理论，投资者会考虑 n 种一般的风险因素。

可以用一个简单的两因素模型（Two Factor Model）作为例子说明套利定价理论。假定证券的实际收益率 R_j 能表示成如下形式：

$$R_j = a + b_{1j}F_1 + b_{2j}F_2 + e_j \qquad (11-10)$$

式中： a——在两种因素的价值为零时的收益率；
F_1 和 F_2——因素 1 和因素 2 的（不确定的）价值；
b_{1j} 和 b_{2j}——因素 1 和因素 2 的反应系数，它表示某一个因素变动 1 单位时所引起的证券收益率的变动量；
e_j——误差项。

在两因素模型中，两因素是系统性风险或不可避免风险。常数项 a 代表无风险收益率。误差项是证券特有的或非系统性风险。这种风险可以通过广泛的证券组合而分散掉。这些都和资本资产定价模型中讨论的一样。两种模型的唯一区别在于：在两因素模型中，有两个风险因素，而在资本资产定价模型中，只有一个因素，即股票的贝塔值。风险是由因素的不可预计的变化决定的。

与式（11-10）中的实际收益率相对，证券的期望收益率为：

$$\overline{R}_j = \lambda_0 + b_{1j}\lambda_1 + b_{2j}\lambda_2 \qquad (11-11)$$

式中：λ_0——无风险资产的收益率。

其他的 λ 为特定因素决定的风险溢价，如 λ_1 是 $b_{1j}=1$ 和 $b_{2j}=0$ 时的超额期望收益率（超过无风险收益率的部分）。这两项可为正，也可为负。正的 λ 反映市场是厌恶风险的，负的 λ 与价值有关的因素要求的收益率较低。

【例 11-5】M 有限公司的普通股与两种因素有关，其反映系数分别是 1.4 和 0.8。若无风险收益率（Risk-free Rate）是 8%，λ_1 是 6%，λ_2 是 2%，股票的期望收益率是：

$$\bar{R}_j = \lambda_0 + b_{1j}\lambda_1 + b_{2j}\lambda_2 =$$
$$0.08 + 1.4 \times 0.06 - 0.8 \times 0.02 = 14.8\%$$

第一种因素反映的是风险这个令人厌恶的东西，因此必须有较高的期望收益率作为补偿，第二种因素对投资者是有价值的，因此只需较低的期望收益率作为补偿。所以，λ 代表某个风险因素的价格。

因此，式（11-10）说明证券的期望收益率等于无风险收益 λ_0 加上两个因素的风险溢价。为决定期望收益率，需先把各种风险因素的市场价格 λ 乘以特定证券的反应系数（Reaction Coefficient）b_s，并将它们的积加总。该加权数就是证券的总风险溢价，把它与无风险收益率相加就等于期望收益率。

11.3.3 多因素模型

虽然资本资产定价模型对我们的帮助很大，但是它并不能准确地衡量市场均衡的过程或投资者对特定股票要求的收益率。多因素模型（Multifactor Model）认为证券的收益率对多种因素或指数有敏感性，而不仅仅对市场整体变动敏感。由于多因素模型考虑更多的风险因素，因此它的解释作用自然强于单因素模型，如资本资产定价模型。资本资产定价模型是考察风险和资本市场要求的收益率的实际方法，它也为理解不可避免（系统）风险、分散投资和为筹集资金需在无风险收益率之上加一块风险溢价提供了一个一般框架。这个框架适用于财务学中所有的定价模型。

在考虑更多的因素时，两因素模型的原理仍然适用，只要在模型中加上多个因素和它们的反应系数就可以了。因素模型的基本思想是这样的，它认为在共同作用力和偶然因素（误差项）的作用下，各个证券一起变动或分别变动。其思路是要把机会因素分离出去，以便求得共同作用力（即风险因素）。

要做到这一点，有一种方法是应用统计技术，称为因素分析（Factor Analysis）；另一种方法是把具体因素放入理论中，然后加以测试。例如，Richard Roll 和 Stephen A. Ross 认为主要有五种重要的要素，这些要素是：①预期通货膨胀率的变动；②通货膨胀中无法预期的变化；③无法预期的工业生产的变化；④低级债券和高级债券的不同收益率（违约风险溢价）的无法预期的变化；⑤长期债券和短期债券的不同收益率的无法预期的变化。前三个因素首先会影响公司的现金流量，其次会影响公司的股利和股利增长率；后两个因素会影响市场资本化比率或贴现率。

不同的投资者对待不同种类的风险有不同的态度。例如，某些投资者可能不愿承担较高的通货膨胀风险，而愿意承担相当大的违约风险和生产力风险。许多股票也许有相同的贝塔值，但组成总风险的要素有很大的不同。实际上，若投资者关心这些风险的要素，则资本资产定价模型就不能很好地解释股票的期望收益率。

11.3.4 均衡达成的方式——套利行为

罗尔-罗斯（Roll-Ross）或其他的类型的因素模型是如何达到均衡的呢？答案是，通过投资者分别对前面提到的多种因素所进行的套利行为，市场才达到了均衡。根据套利定价理论，两种证券的反应系数式（11-11）中的 b_s 若相等，则两种证券的期望收益率也相等。若实际情况并非如此，会发生什么情况呢？投资者会争相购买期望收益率较高的证券，而出售期望收益率较低的证券。

【例11-6】假定市场上投资者要求的预期报酬率是两种因素的函数，无风险收益率是7%，则：

$$\bar{R}_j = 0.07 + b_{1j} \times 0.04 - b_{2j} \times 0.01$$

A公司和B公司有相同的要素反应系数，其中：$b_{1j}=1.3$，$b_{2j}=0.9$。因此，两种证券要求的收益率是：

$$\bar{R}_j = 0.07 + 1.3 \times 0.04 - 0.9 \times 0.01 = 11.3\%$$

但A公司的股票低迷，其期望收益率是12.8%，而B公司的股票每股价格相对较高，其期望收益率只有10.6%。一个聪明的套利者就会购买A公司的股票而出售B公司的股票（或暂时出售）。若套利者对其他因素判断正确，他所冒的风险只是由因素1和因素2所引起的风险，则两种证券的总风险是相等的。由于定价错误，一种证券提供的期望收益率超过与风险对应的收益率，而另一种证券提供的期望收益率则低于其风险对应的收益率。这是一种货币游戏，聪明的套利者总是想抓住每一次可能的获利机会。

当套利者认为证券的价格失真并进行套利交易时，价格就逐渐被调整了。上例中A公司的股票价格会上升，而它的期望收益率会下降；相反，B公司的股票价格会下降，而它的期望收益率会上升。这种变动一直会持续到两种股票的期望收益率都到11.3%时才停止。

根据套利定价模型，理性的市场参与者能够利用所有机会获得套利利润。当所有证券的期望收益率都符合变动的反应系数 b_s 的一定线性关系时，市场就得到了均衡。所以，均衡价格的基础是套利行为。套利定价理论表明市场参与者按一般协议组成的行为模式行动，该协议用来确定影响证券价格变动的相关风险因素。

该假定在多大程度上符合现实仍值得讨论，因为市场上既没有关于重要的风险要素的协议，也没有经验表明该假定是稳定和一贯的。正是由于考虑了复合风险，套利定价理论才有吸引力，我们知道不同的证券可能受不同风险的影响。尽管套利定价理论有很大的吸引力，但它仍不能代替资本资产定价模型。目前，套利定价模型对公司财务学的发展是很有启示的。

复习思考题

思考题
1. 特征线和贝塔系数的定义是什么。
2. 为什么贝塔是系统性风险的衡量标准？它的含义是什么？
3. 股票的预期报酬率是什么？它是怎样衡量的？

计算题

1. 假定某人对风险非常厌恶，但是他仍投资于普通股股票，那么他所投资的股票的贝塔值大于 1.0，还是小于 1.0？为什么？

2. 假定某人投资于 ABC 公司的普通股股票产生的一年期收益率如表 11-5 所示。

表 11-5　某人投资于 ABC 公司的普通股股票产生的一年期收益率

发生的概率	0.1	0.2	0.4	0.2	0.1
可能收益率	-10%	5%	20%	35%	50%

(1) 期望收益率和标准差是多少？

(2) 假定（1）中一年期收益率符合正态分布，则收益率小于等于 0 的概率是多少？收益率小于 10% 的概率呢？收益率大于 40% 的概率呢？（均假定为正态分布）

3. M 实业公司的贝塔系数是 1.45，无风险收益率是 8%，市场组合的期望收益率是 13%。目前公司支付的每股股利是 2 美元，投资者预期未来几年公司的增长率是 10%。

(1) 根据资本资产定价模型，该股票的预期报酬率是多少？

(2) 在（1）确定的收益率下，股票目前的每股市价是多少？

(3) 若贝塔系数变为 0.80，而其他保持不变，则预期报酬率和每股市价又是多少？

4. A 公司和 B 公司普通股股票的期望收益率和标准差如表 11-6 所示，两种股票预期的相关系数是 -0.35。

表 11-6　A 公司和 B 公司普通股股票的期望收益率和标准差

	$\bar{R}_j$	σ_j
普通股（A 公司）	0.10	0.05
普通股（B 公司）	0.06	0.04

试计算组合的风险和收益，该组合由 60% 的 A 公司股票和 40% 的 B 公司股票组成。

◇ 第 *12* 章

衍生证券的定价

12.1 远期合约与期货合约市场

12.1.1 远期合约与期货合约

1. 远期合约

远期合约是交易双方在将来的一定的时间，按照合约规定的价格交割货物、支付款项的合约。

人们经常签订了远期合约而并不知道。例如，某人计划 1 年后从伦敦去纽约旅游，订飞机票时，民航人员告诉他，他现在可以以 1 000 美元的价格购票，也可以出发时再订购机票。在这两种情况下都是在出发当天支付票款。如果他决定以 1 000 美元订票，则他已经和航空公司签订了一个远期合约。签订这个远期合约后，他消除了乘机费用超过 1 000 美元的 1 年后票价为 1 500 美元，他将为自己明智地锁定 1 000 美元的庆幸。相反，如果出发时票价是 500 美元，而他仍然要依照协议中的远期价格支付票款，这时他就会遗憾于自己的选择了。

远期合约的主要特征有以下几个方面。

（1）交易双方同意在将来按现在确定的交割价格交换某商品。

（2）远期价格是使远期合约的当前市场价格为零的交割价。

（3）一方并不即时向另一方支付货币。

（4）远期合约的面值等于合约确定的商品数量乘以远期价格。

（5）同意买入特定商品的一方称为多头，同意卖出商品的一方称为空头。

（6）如果合约到期日时的现货价格高于远期价格，则多头方盈利；如果合约到期日时的现货价格低于远期价格，则空头方盈利。

2. 期货合约

期货合约实质是在有组织的交易所交易的标准化远期合约。买卖方之间，双方各自同交易所单独订立合约。标准化是指所有条款（交割的数量与质量等）都是一致的。远期合约通常可减少买卖双方的风险。

假设有一位种植小麦的农妇，现在距收割还有 1 个月，但收获的数量基本确定了。由于农妇的大部分财产取决于小麦的收成，所以她现在希望以一个固定的价格卖出去，然后在将来交割，以此消除未来价格可能带来的风险。

再假设有一个面点师，他在 1 个月后需要小麦制作面包。面点师的主要财富取决于他的面包生意。与农妇一样，面点师也面临着未来小麦价格的不确定性，然而对他而言，减小价格风险的方法是现在购买小麦并在未来交割。这样，面点师和农妇天然地存在契合关系，因为农妇希望现在卖出小麦而在将来交割以减少风险。因此，农妇和面点师达成一个远期价格，在交割时，面点师按此价格支付给农妇。这个远期合约规定，不管交割日现货价格为多少，农妇都必须按远期价格向面点师交割一定数量的小麦。

3. 远期合约与期货合约的区别

期货合约和远期合约在许多方面目的是相同的，但在若干方面又有所不同。

远期合约是由交易双方（通常是商业公司）谈判达成的，具有一些独有的特征，这些特征取决于双方的需求。如果有一方希望在交割日之前终止合同，这种"定制法"就表现出了劣势，因为它使得合约缺乏流动性。

期货合约是在交易所交易的标准化合约。交易所指定特定商品合约的大小、交割的时间与地点等，因此，期货合约的任何一方都很容易在指定的交割日之前"关闭"（即终止）仓位。事实上，绝大多数期货合约在最后的交割日之前就终止了。

期货的多头方或空头方均与交易所签订合约。交易所精心设计使多头与空头的数量相匹配。交易指令是通过拥有交易所席位的经纪商传递的。为了确保期货合约的交易方不违约，交易所要求每个账户都有足够的抵押品（称为保证金需求），用以弥补损失。每个交易日所有的账户都要按天的清算价格标价。

当账户中的抵押金额低于某一预定水平时，交易者会接到经纪商的"补交保证金通知"，要求交易者增加资金。如果交易者不立即答复，经纪商将按现行市场价格为交易者清仓，并归还所余保证金。

这种每日实现收益或损失的过程，使违约的可能性降到最低。期货合约每日按市场标价的另一个结果是，无论它们的面值有多大，在每日交易时，其市场价格总为零。

在合约期之内的任何一天，交易者可以决定是否清仓。敞口头寸表示每个交易日结束时，仍发行在外的期货合约的总数。由于有一个完善的程序，因此保证金可以防范违约风险。大量使用期货市场的是信用级别难以审查的个人和企业，而远期合约则适用于交易双方的信用级别较高并且容易确定的情况。例如，在外汇市场上，远期合约很常见，此时的交易双方为两家银行或银行与其公司客户。

12.1.2　期货市场的功能

商品期货市场最明显的功能在于为商品价格风险在市场参与者之间的再分配提供了便利。同时，商品期货价格也为商品的生产者、批发商和消费者提供了重要的信息，他们必须决定现在销售（或消费）多少小麦以及为将来储存多少。由于期货合约提供了回避由储存商品带来的价格风险的手段，从而可能使储存商品的决策与承担价格变动所带来的金融风险的决策相分离。

假设距下一个收割季节还有 1 个月，某小麦批发商的存货中尚有上一季的 1 吨小麦。小麦的现货价格是每蒲式耳 2 美元，1 个月后（新的小麦已收获）交割的期货价格为 F，批发商回避价格变动风险的方法有：①在现货市场上按每蒲式耳 2 美元的价格出售小麦，并立即交割；②以 F 的价格卖空期货，并在 1 个月后交割小麦。在这两种情况下，他都能完全确定卖出小麦可得到的价格。

假设批发商储存小麦的成本——"持有成本"，包括利息、仓库、损耗等——为每蒲式耳每月 10 美分。只有在 F 大于 2.10 美元时，批发商选择方法②，将这 1 吨小麦持有 1 个月（即直到下一个收获季节）。例如，如果期货价格为每蒲式耳 2.12 美元，则批发商会选择将小麦储存 1 个月。

现在假设另一个批发商的持有成本为每蒲式耳每月 15 美分。在 2.12 美元的价位上，这位"高储存成本"的批发商将选择方法①，在现货市场上立即卖出小麦，而不是持有小麦并卖空期货以回避风险。因此，只有当批发商的持有成本小于小麦期价与现价之差时，他才会选择将小麦持有 1 个月。

用 S 表示小麦的现货价格，C_j 表示批发商 j 的持有成本，只有当 $C_j < F - S$ 时，批发商会选择将小麦储存 1 个月。期价与现价之差，称为价差，它决定了总共有多少小麦将储存起来和由谁储存。

由于期货市场和远期市场创造了一种机制：让成本最低的批发商进行必要的物理储存，从而提高了经济效率。

假设下一个小麦收获季节预计为一个特大的丰年，因而从社会需求看，最好是将现在储存的所有小麦都消费掉。远期市场使人们有可能不需要现实地储存小麦就能回避价格风险。远期价格低于当前的现货价格，将不要储藏小麦的信息传递给所有的小麦生产商和批发商，因此，它不会对任何持有小麦到下一收获季节的人支付报酬，即使储存不耗费成本（即 $C = 0$）。

12.2 商品期货的价格

12.2.1 商品期货价格与期货价格的关系

上节我们看到，批发商有两种方法回避存货对小麦价格变动的风险：①在现货市场上按每蒲式耳 2 美元的价格卖出小麦；②以价格 F 卖空期货，储存小麦，并在 1 个月后交割。

现在选择购买小麦并选择方法②，如果期货价格大大高于现货价格，套利者可以锁定一个确定的套利收益。这使现货价格与期货价格之间的价差确立了一个上限：期货价格不能大于现货价格加持有成本，即 $F - S \leqslant C$。

持有成本随时间的变化和市场参与者的变化而变化，因而差价的上限不是恒定的。

12.2.2 商品期货的期价-现价平价关系式

1. 商品期货的期价-现价平价关系式

正如有存量时套利的力量形成了小麦期价与现价之间的价差一样，黄金也是如此。期货价格与现货价格的关系式称为期价-现价平价关系式。

【例 12 -1】 假设某人正考虑明年投资于黄金。现有两种方法进行投资。其一是按当前的现货价格 S 购买黄金，存放起来，并在年末按价格 S_1 售出。设 s 是将黄金存放 1 年的成本与现货价格的比例。其收益率为：

$$r_{黄金} = \frac{S_1 - S}{S} - s \tag{12-1}$$

另一种在这一年投资于黄金的方法是，同样用 300 美元，不直接投资于黄金，而是投资于黄金的综合产品。这项黄金的综合产品是投资 300 美元（即现货价格）于无风险资产，同时持有 1 年后交割的黄金远期合约的多头，远期价格为 F。投资于这项黄金综合产品的收益率将为：

$$r_{黄金} = \frac{S_1 - F}{S} + r \tag{12-2}$$

例如，如果无风险利率是 8%，黄金综合产品的收益率将为：

$$\bar{r}_{黄金} = \frac{S_1 - F}{300} - 0.08$$

根据一价原则，这两项相同的投资必须提供同样的收益率，式 (12 -1) 等于式 (12 -2)，得到：

$$\frac{S_1 - S}{S} - s = \frac{S_1 - F}{S} + r$$

调整该式，我们得到黄金的期价—现价的平价关系式为：

$$F = (1 + r + s) \times S \tag{12-3}$$

在本例中，1 年后交割的黄金的远期价格应为每盎司 330 美元。

$$F = (1 + r + s) \times S = 1.10 \times 300 = 330（美元）$$

如果式 (12 -3) 不成立，远期价格高于每盎司 330 美元，套利者以现货价格买入黄金，同时按远期价格卖出并在将来交割，能够从中获利；反之，如果远期价格低于每盎司 330 美元，套利者可以在现货市场上卖空黄金（即买入黄金并立即卖出），将卖空收益投资于无风险资产，同时持有远期合约的多头。在实践中，保持期价-现价平价关系的是黄金交易商，因为通常他们的储存成本和交易成本都最低。

表 12 -1 列示了当远期价格不是每盎司 330 美元而是 340 美元时存在的套利机会。交易商借入资金，以每盎司 300 美元购入黄金，同时按每盎司 340 美元卖出黄金远期合约。1 年以后还清贷款并支付了储存成本后，不管那时的现货价格是多少，都有 10 美元的盈余。

表 12 – 1   黄金远期价格过高时的套利机会

套利仓位	即期现金流/美元	1 年后的现金流/美元
卖出远期合约	0	$340 - S_1$
借入 300 美元	300	-324
购买 1 盎司黄金	-300	S_1
支付储存成本		-6
净现金流	0	$340 - 330 = 10$

表 12 – 2 列示了当远期价格不是每盎司 330 美元而是 320 美元时黄金交易商的套利机会。交易商将在现货市场上按每盎司 330 美元卖空黄金，将资金投资于无风险资产，同时按每盎司 320 美元买入黄金远期合约。1 年后偿付贷款并留下储存成本后，无论那时的现货价格是多少，都将有 10 美元盈余。

期价-现价平价关系式不能简单地加以应用。它并不意味着远期价格是由现货价格和持有成本决定的，远期价格和现货价格是在市场上同时决定的。如果我们知道其中之一，通过一价原则，我们就能知道另一个的值。

表 12 – 2   黄金远期价格过低时的套利机会

套利仓位	即期现金流/美元	1 年后的现金流/美元
卖空 1 盎司黄金	300	$- S_1$
购买远期合约	0	$S_1 - 320$
投资 300 美元于 1 年期纯贴现债券	-300	324
回收储存成本		6
净现金流	0	$330 - 320 = 10$

2. "隐含" 的持有成本

黄金的期价-现价平价关系式的一个结论是，远期价格不能比现货价格提供更多的关于预期将来现货价格的信息。在没有存量时，远期价格中包含了当前现货价格所没有的预期将来现货价格的信息。

人们可以从观察到的黄金的现货价格和远期价格推导出唯一信息，即隐含持有成本，它是期货价格与现货价格之间的价差，即：

$$隐含的持有成本 = F - S$$

它表示投资者处于实际投资黄金和购买黄金综合产品的临界点时隐含的边际持有成本。

由式（12 – 3）的期价-现价平价关系式可知，持有成本与现货价格之比等于无风险利率与储存成本率之和：

$$F = (1 + r + s) \times S$$

$$\frac{F - S}{S} = r + s$$

因此，从隐含持有成本中减去无风险利率，可以推导出储存黄金的隐含成本为：

$$s = \frac{F - S}{S} - r$$

【例 12－2】假设我们观察到黄金的现货价格是每盎司 300 美元，1 年远期价格为 330 美元，无风险利率是 8%。求隐含持有成本和隐含储存成本各为多少？

隐含持有成本 = $F - S = 330 - 300 = 30$（美元/盎司）

隐含储存成本 = $(F - S)/S - r = 0.10 - 0.08 = 0.02$ 或 2%

12.3　金融期货的价格

12.3.1　金融期货的期价-平价关系式

1. 金融期货的定义

金融期货是指在将来交割的股票、债券和外汇等金融产品。与小麦或黄金等商品不同，金融期货没有内在价值，它们不能用于消费，不能投入实际生产，或者出于自身的原因而保存。它们代表对将来收入的要求权。

2. 金融期货的期价-平价关系式

证券可以以非常低的成本产出和存放，这会反映在其现价与期价之间的关系上。事实上，我们在推导期价与现价的平价关系时，完全可以近似地忽略这些成本。

假定有一只假想的 S&P 股票，它是一个广泛投资于多样化的股票投资组合的共同基金的股份。它不支付股利，而将所有股利用于再投资。一股 S&P 的远期合约承诺按一定的交割价格在一定的交割日交割一股 S&P 股票，我们用 F 表示这个远期价格。该合约的多头方同意在交割日支付 F 美元给空头方。我们用 S_1 表示交割日的股票价格。合约通常用现金清算而不用实际交割股票，这意味着到期时不发生股票的交割，只支付 F 与 S_1 之间的差价。例如，假设远期价格为每股 108 美元，若交割日时的股价为 109 美元，多头方向空头方收取 1 美元；如果时价为 107 美元，多头方必须支付空头方 1 美元。

现在来考虑 S&P 股票的远期价格与现货价格的关系。假设 S&P 的现货价格是 100 美元，无风险利率为每年 8%，1 年以后交割。远期价格应为多少？

我们可以复制一份 S&P 股票，方法是购入面值为 F 的纯贴现债券，同时购买一股 S&P 的远期合约。当远期合约到期时，我们按债券面值 F 收回现金，用这些现金按远期价格购买一股 S&P 股票。

因此，远期合约加上纯贴现债券，构成了一个综合 S&P 股票，其收益的概率分布和 S&P 股票完全一致。根据一价原则，这两个相同的证券应当有同样的价格。

表 12－3 表示用纯贴现债券和远期合约复制股票的交易与收益状况。注意 S&P 股票与其复制组合 1 年后的收益相同，表示为 S_1。

表 12 –3　用纯贴现债券和股票远期合约复制无股利支付股票

仓 位	即期现金流/美元	1 年后的现金流/美元
购买一股股票	−100	S_1
复制投资组合（综合股票）		
持有股票远期合约的多头	0	$S_1 - F$
购买面值为 F 的纯贴现债券	$-F/1.08$	F
总的复制投资组合	$-F/1.08$	S_1

设股票综合产品的成本等于实际股票的成本，我们得到：

$$S = \frac{F}{1 + r} \qquad (12 - 4)$$

即现货价格等于远期价格按无风险利率折现的净值。

调整式（12 - 4），得到用当前的现货价格 S 和无风险利率计算远期价格 F 的公式为：

$$F = S \times (1 + r) = 100 \times 1.08 = 108(美元)$$

在一般的情况下，当远期合约和纯贴现债券的到期日等于 T 年时，我们得到如下的期价-现价平价关系式：

$$F = S(1 + r)^T \qquad (12 - 5)$$

它表示远期价格等于现货价格按无风险利率计算 T 年复利后的未来价值。

这一关系式是在套利的推动下保持的。我们可以假想该关系式被打破时的情况。首先，假设根据无风险利率和现货价格，远期价格过高了。例如，假设 $r = 0.08$，$S = 100$ 美元，远期价格 F 为 109 美元而不是 108 美元，这样，远期价格比平价关系式中的值高 1 美元。

假设存在 S&P 股票和 S&P 远期合约的竞争性市场，这样就存在着套利机会。为了利用该机会，套利者将在现货市场上购买股票，同时卖出远期合约。因此，套利者将买入 S&P 股票，资金来源为 100% 的借入资金，同时卖空 S&P 远期合约进行对冲。交易的结果是，年初的净现金流为零，年末有每股 1 美元的净现金流入。如果交易的股票数量为 100 万股，则套利利润将为 100 万美元。

表 12 –4 归纳了进行套利需进行的交易。套利者将试图大规模地进行这些交易。他们在现货市场和远期市场上的买卖活动将引起远期价格下跌和现货价格上涨，直到式（12 –5）恢复平衡为止。

表 12 –4　股票期货套利

套利仓位	即期现金流/美元	1 年后的现金流/美元
卖出远期合约	0	$109 - S_1$
借入 100 美元	100	−108
购买一股股票	−100	S_1
净现金流	0	1

同黄金一样，这个期价-现价平价关系式不能轻易地加以应用。它并不意味着远期价格是由现货价格和无风险利率决定的；相反，所有三个变量——F、S 和 r 是由市场共同决定的。如果我们知道其中任何两个，根据一价原则，就可以确定第三个变量。

12.3.2　"隐含"的无风险利率

人们可以用无风险资产和远期合约复制股票，同样，可以在购买股票的同时卖空远期合约，以此复制纯贴现债券。假设 F 为 108 美元，S 为 100 美元，r 是 1 年。我们可以这样复制一个面值为 108 美元的 1 年期纯贴现债券，即以 100 美元购买 1 股股票，同时以 108 美元的远期价格卖空一份 1 年后交割的远期合约。

起始的支出为 100 美元，1 年后无论股票现货价格 S 为多少，收益都将为 108 美元。因此，如果你能用 100 美元的总成本买入面值为 108 美元的综合性 1 年期纯贴现债券，那么隐含的无风险利率就是 8%。表 12-5 归纳了所涉及的交易。

表 12-5　股票期货套利

仓位	即期现金流/美元	1 年后的现金流/美元
购买面值为 108 美元的国债	$-108/(1+r)$	108
复制投资组合（综合债券）		
买入一股股票	-100	S_1
卖空远期合约	0	$108 - S_1$
总的复制投资组合	-100	108

而一般而言，购买股票并卖空远期合约所获取的隐含的无风险利率为：

$$\bar{r} = \frac{F - S}{S} \qquad (12-6)$$

12.3.3　远期价格的含义

当股票不支付股利，且风险溢价为正时，很容易证明远期价格不是对将来现货价格的预测。为说明这一点，假设 S&P 股票的风险溢价是每年 7%，无风险利率为 8%，因此，S&P 的预期收益率是每年 15%。

如果当前的现货价格为每股 100 美元，预期 1 年后的现货价格为 115 美元。这是因为在不支付股利的情况下，S&P 的预期收益率为 15%，期末的现货价格必然比期初现货价格高 15%。

$$S\&P\ 的预期收益率 = \frac{期末价格 - 期初价格}{期初价格}$$

但是，期价-现价平价关系式告诉我们，1 年后交割的 S&P 的预期价格一定是 108 美元。购买综合股票（纯贴现债券加上远期多头合约）预期赚取的风险溢价是 7%，与投资者购买股票本身是相同的。

12.3.4　有现金支付的期价-现价平价关系式

在前面，我们假设股票在远期合约期内不支付任何现金股利，推导出了期价-现价平价关系式。现在我们来考虑存在现金股利时，需如何修正式（12-5）的股票期价-现价平价关系式。

假设人人都预期年末每股的现金股利为 D，如果不能确知股利，就不能准确复制出股票的收益，但是可以根据预期股利确定期价-现价关系。复制投资组合如今将包含购入面值为 $F+D$ 的纯贴现债券，并买入远期合约，如表 12-6 所示。

表 12-6　用纯贴现债券和股票期货复制支付股利的股票

仓　位	即期现金流/美元	1 年后的现金流/美元
购入股票	$-S$	$D+S_1$
复制投资组合（综合股票）		
买入一股股票的期货合约	0	$S_1 - F$
买入面值为 $D+F$ 的纯贴现债券	$\dfrac{-D+F}{1+r}$	$D+F$
总的复制投资组合	$\dfrac{-D+F}{1+r}$	$D+S_1$

设股票价格等于复制投资组合的成本，我们得到：

$$
S = \frac{D+F}{1+r}
$$
$$
F = S \times (1+r) - D \qquad (12-7)
$$
$$
F = S + r \times S - D
$$

当 D 小于 $r \times S$ 或股票的股利率（D/S）小于无风险利率时，远期价格将大于现货价格。由于不能完全确知 D，套利的力量不完全来自保持期价-现价平价关系式。这种情况，我们称之为准套利。

12.3.5　"隐含"的股利

前面提到对于不支付股利的股票，可以从现货价格与远期价格中推导出隐含的无风险利率。对于支付红利的股票，我们可以推导出隐含股利。调整式（12-7），得到：

$$
\overline{D} = S \times (1+r) - F
$$

因此，如果我们知道 $S=100$ 美元，$r=0.08$，$F=103$ 美元，则预期股利的隐含价值为 5 美元。

$$
\overline{D} = 100 \times 1.08 - 103 = 5（美元）
$$

12.4　期权与或有要求权的价格

1997 年 10 月 14 日凌晨，瑞典皇家科学院宣布将 1997 年度诺贝尔经济学奖授予美国斯坦福大学教授迈伦·斯科尔斯（Myron Scholes）和哈佛大学教授罗伯特·默顿（Robert Merton），表彰他们在金融衍生商品定价理论方面所做出的杰出贡献。这一事件体现了人们对 20 年来在期权定价研究方面进展的肯定，也充分反映了金融理论对现代经济生活所产生的巨大影响。

12.4.1　期权与期权价值

1. 期权的概念和分类

期权（Option）又称选择权，是指赋予期权购买者在规定期限内按双方约定的价格（简称协议价格，即 Striking Price）或执行价格（Exercise Price）购买或出售一定数量的某种金融资产（称为潜在金融资产或标的资产）的权利的合同。

按期权购买者的权利划分，期权可分为看涨期权（Call Option）和看跌期权（Put Option）。看涨期权赋予期权购买者购买标的资产的权利，而看跌期权赋予期权购买者出售标的资产的权利。

按期权购买者可以执行期权的时限划分，期权可分为欧式期权和美式期权。美式期权可在期权有效期内任何时候执行，欧式期权只能在到期日执行。在交易所中交易的大多数期权为美式期权。但是，欧式期权比美式期权更容易分析，并且美式期权的一些性质总是可由欧式期权的性质推导出来，因此我们在分析期权价值时，通常先从欧式期权入手，进而推导出美式期权的性质。

需要强调的是，期权赋予其持有者做某件事情的权利，而持有者不一定行使该权利。这一特点使期权不同于远期和期货，在远期和期货合约中持有者有义务购买或出售该标的资产，因此，投资者签署远期或期货合约时的成本为零，但投资者购买一张期权合约必须支付期权费，或者称为期权的价格。

2. 期权的盈亏分布

1）看涨期权的盈亏分布

看涨期权的盈亏分布如图 12 - 1 所示。

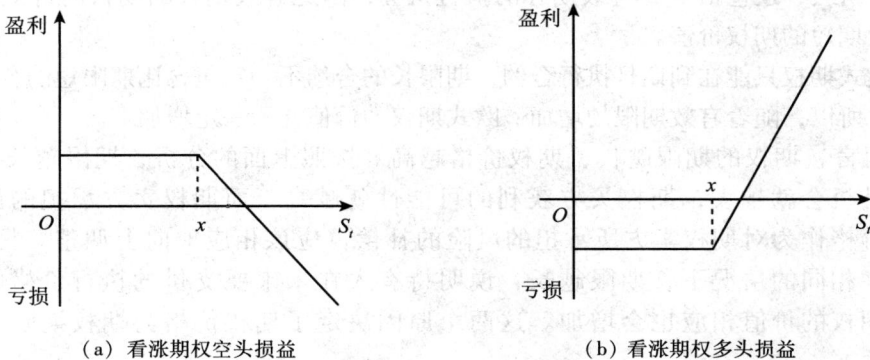

(a) 看涨期权空头损益　　　　　　　　(b) 看涨期权多头损益

图 12 - 1　看涨期权的盈亏分布

对看涨期权多头而言，如果股票价格小于执行价格，此时执行期权会有净亏损，因此时的期权被叫作"虚值期权"（Out of the Money）。从点 x 越向左，"虚值"的程度越深，期权在到期日有价值的可能性越小。如果股票价格大于执行价，此时执行期权会减少损失或有净利润，这时的期权才有实际价值，因此被称作"实值期权"（In the Money）。如果当前的股价等于期权执行价，这时期权被称为"两平期权"（At the Money）。

2）看跌期权的盈亏分布

看跌期权的盈亏分布如图 12 - 2 所示。

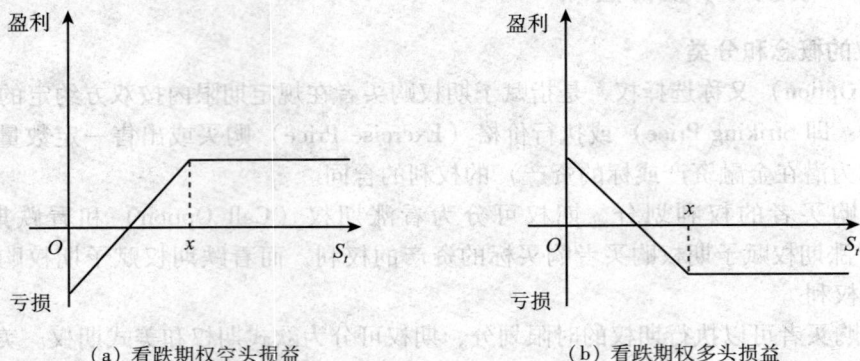

（a）看跌期权空头损益　　　　　（b）看跌期权多头损益

图 12 - 2　看跌期权的盈亏分布

3. 影响期权价格的主要因素

1）标的资产的现价和执行价格

由于看涨期权在将来某一时间执行，则其损益为执行时标的资产的价格与执行价格的差额，所以当标的资产价格上升时，看涨期权的价值上升；当执行价格上升时，看涨期权的价值下降。对于看跌期权来说，其损益为执行价格与执行时标的资产的价格的差额，因此看跌期权的行为刚好与看涨期权相反。

2）期权的期限

当期权的有效期限增加时，美式看跌期权和看涨期权的价值都会增加。考虑其他条件相同只有到期日不同的两个期权 A、B，设 A 的有效期长于 B，则 A 的执行机会不仅包含了 B 的所有执行机会，还包括了 B 有效期外的执行机会，因此有效期长的期权的价值总是大于或等于有效期短的期权价值。

由于欧式期权只能在到期日执行合约，期限长的合约不一定包含比期限短的合约更多的执行机会，所以，随着有效期限的增加，欧式期权的价值并不一定增加。

通常而言，期权的期限越长，期权价格越高。按照上面的分析，期限越长，未来股票价格上升机会就越大，期权买方获利的可能性就越高，而期权卖方承担的风险也越大，期权价格作为对期权卖方所承担的风险的补偿也应该相应地向上调整。另一方面，在其他条件相同的情况下，期限越长，说明持有人在未来要支付的执行价格的现值越小，因此期权的价值相应也会增加。这两个原因决定了期权价格与期权期限的长短呈正相关关系。

3）标的资产价格的波动率

标的资产价格的波动率反映了未来标的资产价格变动的不确定性。随着波动率的增加，标的资产价格上升到很高或下降到很低的机会也随着增加。看涨期权的持有者从资产价格上升中获利，而当资产价格下跌时，其最大亏损就是期权费。与此类似，看跌期权的持有者从资产价格下跌中获利，而当资产价格上升时，仅有有限的损失。因此，随着波动率的增加，看涨期权和看跌期权的价格都会增加。

4）无风险利率

无风险利率对期权价格的影响则不是那么直接。当无风险利率增大时，会使期权标的资产的预期收益率增加；同时，作为贴现率的无风险利率的上升，使期权持有者未来收益的现值减少。这两种效应都会使看跌期权的价值减少。而对于看涨期权来说，第一种效应将使期权的价值增加，第二种效应使期权的价值减少，究竟期权的价值是增加还是减少，取决于两种效应的比较。通常情况下，前者的影响将起主导作用，即随着无风险利率的上涨，看涨期权的价格总是随之上涨。

5）有效期内预计发放的红利

在除息日后，红利将减少标的资产的价格，因此看涨期权的价值将下降，看跌期权的价值将上升，所以看涨期权的价值与预期红利的大小反向变动，看跌期权的价值与预期红利的大小正向变动。

表 12 - 7 是对上述内容的总结。

表 12 - 7　影响期权价格的主要因素

变量增加	看涨期权价格变化	看跌期权价格变化
股票的波动	上涨	上涨
期限	上涨	上涨
利率	上涨	下降
执行价格	下降	上涨
股票价格	上涨	下降

12.4.2　期权与期货的区别

1. 买卖双方的权利义务

期货交易中，买卖双方具有合约规定的对等的权利和义务。期权交易中，买方有以合约规定的价格是否买入或卖出期货合约的权利，而卖方则有被动履约的义务。一旦买方提出执行，卖方则必须以履约的方式了结其期权部位。

2. 买卖双方的盈亏结构

期货交易中，随着期货价格的变化，买卖双方都面临着无限的盈与亏。期权交易中，买方潜在盈利是不确定的，但亏损却是有限的，最大风险是确定的；相反，卖方的收益是有限的，潜在的亏损却是不确定的。

3. 保证金与权利金

期货交易中，买卖双方均要交纳交易保证金，但买卖双方都不必向对方支付费用。期权交易中，买方支付权利金，但不交纳保证金。卖方收到权利金，但要交纳保证金。

4. 部位了结的方式

期货交易中，投资者可以平仓或进行实物交割的方式了结期货交易。期权交易中，投资者了结其部位的方式包括三种：平仓、执行或到期。

5. 合约数量

期货交易中，期货合约只有交割月份的差异，数量固定而有限。期权交易中，期权合约不但有月份的差异，还有执行价格、看涨期权与看跌期权的差异。不但如此，随着期货价格的波动，还要挂出新的执行价格的期权合约，因此期权合约的数量较多。

期权与期货各具优点与缺点。期权的好处在于风险限制特性，但却需要投资者付出权利金成本，只有在标的物价格的变动弥补权利金后才能获利。但是，期权的出现，无论是在投资机会或是风险管理方面，都给具有不同需求的投资者提供了更加灵活的选择。

12.4.3 卖出-买入期权的平价关系

表12-8和图12-3描述了买入股票和卖出期权两个独立成分构成的收益，说明了它们如何组合成股票的保险头寸。该投资组合的最低价值是执行价格100美元。表12-9和图12-4描述了由债券和买入期权两个独立成分构成的收益，说明了它们如何组合为股票的保险头寸。

因此，包含股票和执行价格为 E 的投资组合，相当于纯贴现无风险债券（面值为 E）和执行价格为 E。根据一价原则，它们的价格应当相同。

表12-8 买入股票和卖出期权的收益结构

仓位	到期日时仓位的价格/美元	
	如果 $S_t < 100$	如果 $S_t > 100$
股票	S_t	S_t
卖出期权	$100 - S_t$	0
股票加卖出期权	100	S_t

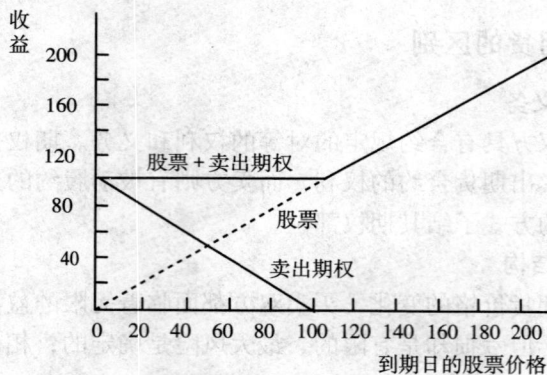

图12-3 买入股票和卖出期权的收益图

表12-9 纯贴现债券加买入期权的收益结构

仓位	到期日时仓位的价格/美元	
	如果 $S_t < 100$	如果 $S_t > 100$
面值为100美元的纯贴现债券	100	100
买入期权	0	$S_t - 100$
纯贴现期权加买入期权	100	S_t

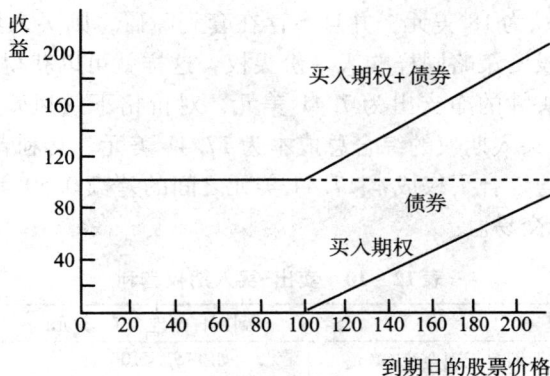

图 12-4 纯贴现债券加买入期权的收益结构图

式（12-8）表达了这一价格关系：

$$S + P = \frac{E}{(1+r)^t} + C \qquad (12-8)$$

式中：S——股票价格；

E——执行价格；

P——卖出期权的价格；

r——无风险利率；

t——期权的期限；

C——买入期权的价格。

式（12-8）称为卖出-买入平价关系式，该式除了可依据四种证券中三种证券的价格确定另一种的价格，还可用作一种"配方"，将其中任意三种证券组合为第四种证券的综合性产品。例如，调整式（12-8），我们发现买入期权相当于持有股票，借入执行价格的现值（即按面值 E 卖空无风险纯贴现债券），并且购买卖出期权。

$$C = S - \frac{E}{(1+r)^t} + P \qquad (12-9)$$

式（12-9）使我们能够更深入地认识买入期权的特性。实际上，买入期权的特征可分解为 3 个部分：

（1）购买股票；

（2）借入部分资金（杠杆效应）；

（3）对下跌风险购买保险（卖出期权）。

式（12-9）还可以看作是将一个卖出期权转化为买入期权的公式；反之亦可。

【例 12-3】假设式（12-9）中等号右边各变量的值为：

$S = 100$ 美元，$E = 100$ 美元，$t = 1$ 年，$r = 0.08$，$P = 10$ 美元

则买入期权的价格 C 将为 17.41 美元，即：

$$C = 100 - 100/0.08 + 10 = 17.41（美元）$$

进一步分析，假设 C 为 18 美元，并且不存在套利障碍，则买入期权的价格过高。套利者卖出买权，并用复制投资策略同样购入一份买权，这样就可以获得套利收益，换言之，就是贱买贵卖。持有股票头寸的净支出为 7.41 美元，对价格下跌风险进行保险（卖出期权）的成本是 10 美元，因而买入期权的综合总成本为 17.41 美元。套利者可以以 18 美元的价格卖出买权，而买权价格与综合买权成本 17.41 美元之间的差额 0.59 美元将留作自己的收益。表 12 – 10 列示了有关的交易。

表 12 – 10　卖出-买入期权套利

仓　位	即期美元现金流/美元	到期日的现金流/美元	
		如果 $S_t < 100$	如果 $S_t > 100$
卖出一份买入期权	18	0	$-S_t + 100$
购买复制投资组合（综合买权）			
买入一股股票	-100	S_t	S_t
借入 100 美元现值	92.59	-100	-100
购买卖出期权	-10	$100 - S_t$	0
净现金流	0.59	0	0

重新调整式（12 – 9）的各个项目，我们可以对卖出期权、买入期权、股票和债券之间的关系得到一些更深入的认识，即：

$$C - P = S - \frac{E}{(1 + r)^t} \qquad (12 - 10)$$

在这一形式下，卖出-买入平价关系式有如下含义。

（1）如果股票价格等于期权执行价格的现值，则买入期权的价格等于卖出期权的价格。

（2）如果股票价格高于期权执行价格的现值，则买入期权的价格高于卖出期权的价格。

（3）如果股票价格低于期权执行价格的现值，则卖出期权的价格高于买入期权的价格。

12.4.4　期权定价关系式

1. 布莱克-斯科尔斯的期权定价模型

布莱克-斯科尔斯模型的基本假定如下。

（1）不存在交易成本和税收，交易信息可以立即无成本地获得。

（2）只考虑欧式期权。

（3）股权与股票是高度可分的。

（4）短期利率已知，并且在整个期权合同期内保持不变。

（5）不存在流动性限制，投资者可以以市场利率进行任何数量的借与贷。

（6）不考虑股息或红利。

（7）交易是连续进行的，因而股票价格连续变化，并且以随机游走的方式表现出来。

（8）股票的瞬时收益率服从正态分布。

（9）股票收益的方差在整个期权合同期内为常数，并且众所周知。

（10）在签订期权合同或卖出股票时，市场是完善的。

布莱克-斯科尔斯公式为：

$$C = \Phi(d_1)S - \Phi(d_2)Ee^{-rt} \qquad (12-11)$$

式中：

$$d_1 = \frac{\ln(S/E) + (r + \sigma^2/2)t}{\sigma\sqrt{t}}$$

$$d_2 = d_1 - \sigma\sqrt{t}$$

式中：C——买入期权价格；

　　S——股票的当前价格；

　　E——期权的执行价格（协定价格）；

　　r——无风险利率；

　　t——离到期日的年限数；

　$\Phi(d)$——概率算子，是正态函数在自变量为 d 时的累积和；

　　σ——股票收益率的标准差，该收益率指的是连续复利的年收益率。

我们用卖出-买入平价关系 $P = C - S + Ee^{-rt}$ 替换 C，可以推导出卖出期权的价格公式。卖出期权价格的最终公式为：

$$P = [\Phi(d_1) - 1]S + [1 - \Phi(d_2)]Ee^{-rt}$$

2. 布莱克-斯科尔斯模型的修正

布莱克-斯科尔斯公式是在一系列假定的基础上推导出来的，但是在实际中，这些假定未必都满足。例如，从理论上说要保持无风险对冲，我们应该根据股票价格的变化和时间的变化随时调整对冲率，但是由于交易成本的存在，在实际运作中我们不可能做到连续调整。通常，交易者都是一两个星期才调整一次对冲比率。另外，即使投资者愿意调整，委托商也不可能马上执行，而这些因素都会对期权的价格产生影响。

严格的假定会限制公式的使用范围，影响公式与实际情况的相符程度。为了提高公式的适用性，以默顿为代表的经济学家对布莱克-斯科尔斯模型进行了修正和推广。这些修正包括以下几个方面。

（1）考虑股息或红利对期权价格的影响。

（2）假定无风险利率是随机变化而非固定的。

（3）股票价格可跳跃而非连续变动。

（4）通过加入一些其他参数可以使布莱克-斯科尔斯模型变得更精确，如加入期权价格关于股票价格二阶导数、期权价格关于期限的一阶导数、期权价格对利率的一阶导数等。

3. 默顿的期权定价公式

在推导公式时，布莱克-斯科尔斯假设在期权存续期内不支付股利。默顿推广了该模型，使之包含一个稳定的连续股利率 d。股利调整后的期权定价公式为：

$$C = \Phi(d_1)Se^{-rt} - \Phi(d_2)Ee^{-rt}$$

式中：

$$d_1 = \frac{\ln(S/E) + (r - d + \sigma^2/2)t}{\sigma\sqrt{t}} \qquad (12-12)$$

$$d_2 = d_1 - \sigma\sqrt{t}$$

需要注意的是，期权定价公式中并没有清楚地表现出股票的预期收益率。其效应反映在股票价格上：关于未来股票价格预期或者股票的必要预期收益的任何变化，将导致股票价格变动，因而买入期权的价格也发生变动。但是，给定任一股票价格，不必知道股票的预期收益，就可以推导出期权的价格。依据当前观察到的股票价格，分析员们对股票的预期收益会持有异议，而对期权正确价格的意见则是一致的。

12.4.5 公司负债与资本的或有要求权分析

或有要求权分析（CCA）是将期权定价中的复制法应用于其他证券的估值。本小节着重说明当已知公司的总价值时，如何对公司的负债及资本进行估值。

【例 12-4】有一家从事房地产业的公司 ABC。它发行了两种证券：普通股（100 万股）和总面值为 8 000 万美元的零息债券（8 万份债券，每份面值为 1 000 美元）。ABC 的债券于 1 年后到期。如果 ABC 的总市值为 1 亿美元，其股票与债券各自的市场价格为多少？

设：V 为当前 ABC 资产的市场价格（1 亿美元）；

   E 为当前 ABC 资本的市场价格；

   D 为当前 ABC 负债的市场价格。

该公司资本与负债的总市值为 1 亿美元，即：

$$V = D + E = 1(亿美元)$$

我们试图求出 E 与 D 的值。

考虑一下 1 年后股票到期时 ABC 证券持有者可能的收益。收益图用图 12-5 和图 12-6 表示。如果公司资产的价值超过了其负债的面值（即如果 $V_1 > 8\ 000$ 万美元），股东将获得两者的差价（即 $V_1 - 8\ 000$ 万美元）。如果资产价值跌至 8 000 万美元以下，公司将对债券违约，股东将一无所获，债券持有者将获得公司的全部资产。

图 12-5 表明，公司价值低于 8 000 万美元时，债券持有者获得公司的全部资产；公司价值高于 8 000 万美元时，债券持有者获得 8 000 万美元。

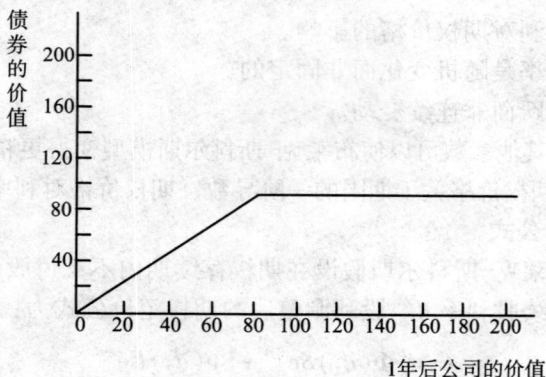

图 12-5　ABC 债券的收益图

图 12-6 表明，公司价值低于 8 000 万美元时，股票持有者一无所获；公司价值高于 8 000 万美元时，他们获得公司价值减去 8 000 万美元的部分。

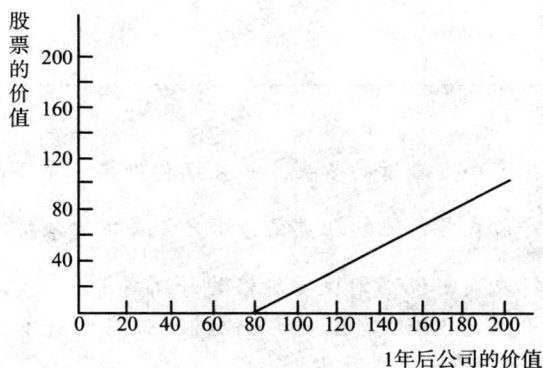

图 12 – 6　ABC 股票的收益图

注意，ABC 资本的收益图与以公司本身为基础资产的买入期权的收益图是相同的，该期权的执行价格为债券的面值。因此，我们只要变换一下符号，就可以运用公式（12 – 11）。结果，公司资本价值的公式为：

$$E = \Phi(d_1)V - \Phi(d_2)Be^{-rt}$$

式中：

$$d_1 = \frac{\ln(V/B) + (r + \sigma^2/2)t}{\sigma\sqrt{t}}$$

$$d_2 = d_1 - \sigma\sqrt{t}$$

式中：V——公司的价值；

E——公司资本的价值；

B——纯贴现债券的面值；

r——无风险利率；

t——按年计算的债务到期时间；

σ——公司资产的连续复利年收益率的标准差；

$\Phi(d)$——标准正态分布中小于 d 的随机变量的概率分布。

根据定义，债券价值 D 等于 $V - E$。因此，债券所承诺的年复利利率 R 为：

$$R = \frac{\ln(B/D)}{t}$$

假定无风险利率为每年 8%，公司资产价值的波动性为 0.3，则 $E = 2\,824$ 万美元，$D = 7\,176$ 万美元。

复习思考题

思考题

1. 如果某人持有小麦期货的多头，并且期货价格不是下跌而是上涨了 $6\frac{1}{3}$ 美分每蒲式耳，他的期货交易账户会发生什么变化？

2. 一个玉米批发商，观察到现货价格为每蒲式耳 3 美元，1 个月后交割的期货价格是 3.10 美元。如果他持有玉米的成本为每蒲式耳每月 0.15 美元，他应当怎样做？

3. 在什么时候，远期价格不能比当前的现货价格提供更多的关于预期将来现货价格的信息？

4. 试比较黄金与股票的期价-现价平价关系式。

5. 股票的持有成本是什么？

计算题

1. 假设 $r=0.04$，$S=600$ 美元，$s=0.02$，则黄金的价格为多少？说明如果不是该值时存在的套利机会。

2. 假设黄金现货价格为每盎司 300 美元，1 年远期价格是 336 美元，则黄金的隐含持有成本是多少？若无风险利率为每年 8%，则隐含储存成本是多少？

3. 假设 S&P 的现货价格为 100 美元，1 年远期价格为 106 美元，则隐含的无风险利率是多少？如果实际的无风险利率是每年 7%，试说明存在的套利机会。

4. 假设 S&P 股票的风险溢价是每年 6% 而不是 7%。若无风险利率仍为每年 8%，这对预期将来的现货价格有何影响？对远期价格有何影响？

5. S 公司的 6 个月的买入期权允许持有者以 30 元的价格获得每股股票。现在每股价格为 25 元，按连续复利计算的收益的预期标准差为 0.20，短期年利率为 8%。

    (1) 根据布莱克-斯科尔斯公式，期权价值为多少？

    (2) 如果目前每股价格为 30 元，则期权价值为多少？如果目前每股价格为 35 元又如何呢？

第 4 篇

资本预算管理

◇第 *13* 章

资本预算与现金流预测

13.1　资本预算概述

13.1.1　资本预算的概念

资本预算（Capital Budgeting）是提出长期投资方案（其回收期在一年以上）并进行分析、选择的过程。通俗地说，资本预算就是一张列有为明年或未来某一时间计划的投资项目的清单，一般在标准的格式或标准的计算机模板上对每一个项目进行简明扼要的描述，而后进行一系列的筛选工作。最终的资本预算要反映出公司整体的战略意图与发展方向。

尽管每个企业进行资本预算的工作细节不尽相同，但一般地讲，资本预算的过程涉及以下几个方面的内容。

（1）提出与公司战略目标相一致的投资方案。

（2）预测投资项目的税后增量营业现金流量。

（3）预测项目的增量现金流量（净现金流）。

（4）依据财富最大化目标选择投资项目。

（5）继续评估修正后的投资项目，审计已完成的投资项目。

13.1.2　项目分析的本质

资本预算分析的最基本的单元是投资项目，新的投资项目的挖掘是受到使企业价值增值和追求股东利益最大化这样一种想法的驱使。如何评判一个企业的价值是否增值、股东的财富是否增加了呢？是使企业的利润最大化，还是使企业净资产（股东权益）的市场价值最大化？答案当然是后者。

因此，投资项目分析过程就是看这一项目给股东的财富带来如何的变化，项目支出（现金）是在初始阶段，而收益（现金）是在未来的年度中取得，要评估项目给企业价值带来的变化就要考虑货币的时间价值法则，一个项目的现金流入的现值超出现金流出的现值时才能使股东的财富增加。

投资项目的现金流出与流入的预测是一个非常复杂的过程，要在充分调研、周密思考、合理假设的基础上进行。不仅如此，评价这些现金流对股东财富的市场价值的影响也同样不是一件轻松的事情。因为虽然我们分析的基点是单个项目，但我们最终要考察的是这一项目对企业整体现金流带来的是什么样的变化，即我们使用企业在项目前后产生的现金流的差额作为计算股东财富价值变化的依据，这样的现金流被称为增量现金流（Incremental Cash Flow）。

13.1.3 投资项目的类型与创意

需要资本支出的投资项目可以大致分为以下 3 类。

（1）新产品型：公司为生产新产品的需要，对厂房、设备和仓库等的资本支出。

（2）削减成本型：公司为降低劳动力成本而购买自动化设备的资本支出。

（3）替换现有资产型：公司为替换现有设备以提高生产能力或降低生产费用的资本支出。

公司投资项目的提出或创意，主要来自于顾客、公司的研究和开发部门、公司内部的生产部门以及竞争。如果公司要想得到源源不断的投资创意，就应建立起鼓励管理人员和员工努力寻求可获得增长机会或生产改进方案的激励机制。

13.2 项目未来现金流的预测

资本预算的一个重要任务是预测一个项目的未来现金流量，现金流预测的准确性决定着最终分析结果的准确性。要准确地预测项目的现金流，必须了解相关项目现金流量的基本特征与预测的基本原则。

13.2.1 项目现金流的基本特征

项目的现金流预测是建立在销售额的增量基础上的，预测的项目现金流具有以下基本特征。

（1）预测的是现金流量而非收入。在金融决策中，公司关注的是现金流量而非收入表示的投资项目的预期收入。金融决策与财务会计在数据方面的侧重上有很大的区别，金融决策侧重的是现金流，而财务会计则强调收入或盈利。因为，公司是用现金进行投资的，而不是会计的账面收入。只有在预期未来有更多现金流入的情况下，公司才会在当期用现金进行投资。

（2）预测的是营业现金流量。项目的现金流预测是建立在销售额的增量基础上的，公司对于每个投资方案，预测的是相关项目的营业现金流量。而融资现金流如利息支付、本金支付、现金股利等不在投资项目现金流量分析的范围之内。但是，用于补偿资本成本的投资收益则应包括在现金流量分析的范围之内。融资成本可用投资者的预期收益率作为贴现率来确定。

预测项目的营业现金流，这就需要确定项目营业现金流量的持续时间。通常，用项目投资所购买设备的生命周期作为项目的期限，因为这基本上是进行新的投资决策的时间。

（3）预测的是增量现金流量。我们只分析公司在采用某个项目与不采用某个项目之间的现金流量的差别，所以预测的现金流量就是一个投资项目引起的企业现金支出和现金收入的增加数量，即增量现金流量，也称净现金流量。比较采纳与不采纳某个投资项目，只有增量现金流量才是最重要的。

（4）预测的是税后现金流量。投资项目的现金流量是建立在税后基础上的，包括初始投资在内所有预期的现金流量都需要转换为相应的税后现金流量。所以，所用的适当贴现率应为税后收益率或税后资本成本。

归纳起来，预测的相关项目的未来现金流应是"税后增量营业现金流量"。

预测一个项目的税后增量营业现金流量，可以采用以下两种方法。

（1）现金流入 = 收入 - 现金支出 - 税。

（2）现金流入 = 收入 - 总费用 - 税 + 非现金支出。

两种方法计算结果是相同的，都是税后净营业现金流量，不同之处在于对非现金营业支出的处理上。

13.2.2 预测项目未来现金流的基本原则

税后增量营业现金流量看似简单，但在实际操作中对其计算我们必须还考虑到一些具体因素，预测项目现金流中对这些因素的处理应遵循以下原则。

1. 应忽视沉没成本

沉没成本（Sunk Costs）是指过去已经发生的不会影响当前行为或将来决策，而又无法回收的成本支出。我们关注的是成本和收益的增量，而过去无法回收的成本支出与现在的投资项目是不相关的，所以不应该进入决策过程。

【例 13 - 1】健康乳品厂目前正在评估建立一条巧克力牛奶罐装生产线的 NPV（净现值）。为此项目，公司已经支付给了一家咨询公司 100 000 美元作为市场测试分析的费用，这笔费用是去年支付的。健康乳品厂的管理层现在进行资本预算的决定，这样的成本应该考虑进去吗？

答案是不应该。去年花出去的这 100 000 美元已经不可收回，已经是溢出去的奶。当然，花费 100 000 美元做市场分析决定的本身，在这笔费用沉没之前是与资本预算完全相关的。关键的一点是，公司一旦发生这笔费用，它对于将来的任何决定就成为不相关的了。

2. 应考虑机会成本

现金流量的确定中，应适当考虑任何适宜的机会成本。如果我们为一个投资项目分配厂房空间，而这个空间也可以用于别的方面，那么在项目评估时则必须考虑它的机会成本。如果某个投资项目需要使用当前未被利用的一栋建筑物，该建筑物的市场销售价格为 30 万美元，那么这 30 万美元的税后净值应视为该项目的初始现金支出。

【例 13 - 2】假设宏大贸易有限公司有一个空闲的库房，这个库房用来存放了一个新的电子弹球游戏机。该公司想将此游戏机用于运营，那么库房和土地的成本应不应该计算在这个新的游戏机项目中？

答案是应该。库房的使用不是免费的，它发生了机会成本，因为这个库房如果不用来存放该游戏机，它可以被用来做其他的用途而给公司创造现金，比如出租或卖掉。因此，可选择的其他用途就成为了电子弹球游戏机项目的机会成本。

3. 应考虑投资项目负效应的影响

在决定增量现金流的过程中，还有一个比较困难的事情就是准备进行的投资项目给公司带来的其他负效应（Side Effects）的计量。最重要的负面作用就是收入的侵蚀。

侵蚀是指公司原产品的客户和销售收入转到新项目的产品上来的现象。如果公司准备推出一种新产品，而这种新产品会与公司现有产品形成竞争，那么仅仅依据新产品的总销售额来预测现金流量则是不正确的。我们必须考虑这种变化对已有产品可能产生的损害。

【例 13 – 3】假设创新发动机公司正在决定一种新型跑车的资本预算，正在计算这一项目的净现值。这种新型跑车的客户很有可能是正准备购买该公司家用长箱轿车的客户。那么，新型跑车所有的收入和利润是增量吗？

答案应该是否定的。因为一部分的现金流是从创新发动机公司原来的产品中转移过来的，这就是侵蚀现金流。

4. 应考虑项目投资引起的营运资本变化

当资本投资包括一部分流动资产时，应将其投入的营运资本（存货资金占用）包括在初始投资的资本支出中，而且项目实施有关的流动负债（如应付账款等）也应当视为资本投资的一部分。营运资本中与项目实施有关的任何变化都被视为流动负债净值的自发性变化。营运资本的投资在其发生时作为现金流出，而在项目结束时必须以现金流入的形式收回。

5. 应考虑通货膨胀的影响

通常，在整个项目的投资期内价格水平并不是保持不变的。所以在预测现金流量时，必须考虑预期的通货膨胀。产品销售的价格水平变动，会影响未来现金流入量；工资和原材料成本的价格变动，会影响现金流出量。

6. 应考虑折旧的税收影响

因为折旧是公司在应税收入中扣减的费用项目，所以折旧就可以减少应税收入。在其他情况不变的情况下，折旧的金额越大，应纳税额越小。

对于资本性资产折旧，公司可以选择各种折旧方法，如直线折旧法和各种加速折旧法。出于税收上的考虑，许多公司愿意采用加速折旧法。

通常，如果经营活动中使用的某项已折旧的资本性资产出售后获得的收入大于其账面折余价值，超出部分应缴纳所得税。如果资产出售所得收入低于账面价值，发生的损失可以从公司的普通收入中扣除。免征税额净值等于折旧资产销售的损失乘以公司普通收入所得税率。

13.2.3　项目未来现金流量的确定

这里介绍一种确定项目现金流量的基本方法，这就是按照时间将项目的现金流分为初始现金流出量、期间增量净现金流量及期末增量净现金流量三个部分，分别计算这三个方面的项目现金流量，最后的综合结果就是一个项目的净现金流量。

1. 初始现金流出量

项目初始净现金投资量的计算内容一般如表 13 – 1 所示，主要包括购置资产的成本、安装成本、净营运资本变化、处置旧资产的销售收入和所得税调整等。

表 13 - 1　确定初始现金流出量的基本内容

(1) 新资产的成本
(2) ＋资本性支出（运输及安装费等）
(3) ＋（－）净运营资本的增加（减少量）
(4) －新资产替换旧资产的决策中，旧资产出售所得收入
(5) ＋（－）与旧资产出售相关的税负（税收抵免）
(6) ＝初始现金流出量

2. 期间增量现金流量

从初始现金投资后的第一期到最后一期现金流量所发生的净现金流量，其内容与实现的过程如表 13 - 2 所示。

表 13 - 2　确定期间增量现金流量

(1) 营业收入的净增量（减少量）减去（加上）营业费用的任何净增加（减少量）
(2) ＋（－）税法确认的折旧费用的净增加（减少）
(3) ＝税前收入净变化
(4) －（＋）税收的净增加（减少）
(5) ＝税后收入净变化
(6) ＋（－）税法确认的折旧费的净增加（减少）
(7) ＝该期增量净现金流量

3. 期末增量净现金流量

最后一期净现金流量需要单独列出，原因是某些特殊的现金流量往往发生在项目的结束之时，如出售或处理资产的残值；与资产出售或处理有关的税收（税收抵免）；项目结束时营运资本在最后一期收回等。表 13 - 3 列示了于项目结束时的内容。

表 13 - 3　确定期末增量现金流量的基本内容

(1) 收入的净增加量（减少量）减去费用（不包括折旧）的任何净增加量（减少量）
(2) －（＋）税法确认的折旧费的净增加量（减少量）
(3) ＝税前收入净变化
(4) －（＋）税负的净增加量（减少量）
(5) ＝税后收入净变化

13.3　项目未来现金流预测与分析的举例

下面通过新产品型和替换现有资产型两个项目的实例来说明项目未来现金流量预测方法的运用。同时，用第4章中已经总结出的最基本的投资法则——净现值法——来评估或分析这些项目。

13.3.1　新产品型项目的现金流预测与分析

下面以生产各种运动球类的企业——保德公司作为考察的目标，来看看如何在资本预算过程中计算项目的现金流，即增量现金流。

【例 13 - 4】 保德公司建立于 1970 年，成立之初只生产足球，现在成为生产乒乓球、橄榄球、足球和高尔夫球的大型企业。而且，因其在 1983 年研制并生产出一种高性能的高尔

夫球而享誉盛名。从此以后，保德公司一直致力寻求其他增加效益、增加现金流的业务。1995 年，公司副总裁倪先生发现了一个新的运动球类市场并预计有非常好的前景，而目前还没有大企业进入。这一市场就是生产带颜色的保龄球市场。倪先生相信，有相当多的保龄球手除了看重成绩外，还非常注重球的外表和风格。同时，他还相信，保德公司在成本优势和开拓市场的能力方面是其他竞争者无法比拟的。

基于以上考虑，1996 年底，保德公司决定进行有色保龄球市场的调研。公司在全国三个大城市做了问卷调查，调查的结果比预期还要好，带有鲜艳色彩的保龄球可占有 10%～15% 的市场份额。

此项市场调查花费了 250 000 美元。有人指责这个费用太高了，但倪先生认为这是沉没成本不应该包含在项目评估中。

不管怎样，保德公司现在决定要购买设备生产这种保龄球。公司有一闲置的厂房，保龄球的生产可以放在那里进行。这一厂房的净值为零，即原值减累计折旧为零，但它包括土地仍可以卖 150 000 美元（税后）。

倪先生与他的员工一起开始做新项目的分析，并做出了如下假设。

（1）机器设备的投入需 100 000 美元。

（2）机器的使用年限为 5 年，5 年后机器残值为 30 000 美元。

（3）在机器的 5 年使用期内，保龄球的产量预计如表 13-4 所示。

表 13-4 保龄球的产量预计

单位：千美元

第 1 年	第 2 年	第 3 年	第 4 年	第 5 年
5 000	8 000	12 000	10 000	6 000

（4）保龄球的单价在第一年预计为 20 美元，但由于保龄球市场的高度竞争性，在年通货膨胀率为 5% 的情况下，单价每年只可递增 2%。

（5）生产保龄球用的塑料变得越来越贵，因此生产性现金流出量每年需递增 10%。第一年的单位生产成本为 10 美元。

（6）所得税率为 34%。

现金流的预测是在倪先生所做假设的基础上进行的。分析的过程在表 13-5～表 13-8 中展现开来。其中，表 13-8 是对现金流预测的最终结果，而表 13-5 是投资和收入的基础数据，表 13-6 和 13-7 帮助解释表 13-5 中的数据是如何得来的。

1. 项目的分析

项目所需的投资支出列在表 13-5 中，它们包括以下 3 个部分。

（1）保龄球机器设备。在第 0 年，即现在购买机器设备需 100 000 美元现金流出。第 5 年卖掉该设备，卖价 30 000 美元，有现金流入 217 600 美元（见表 13-5 附注）。

（2）库房的机会成本。如果保德公司接受生产保龄彩球的项目，则需使用那间闲置的库房，而因此损失了可卖掉这间闲置库房所获得的收入，估计的库房和土地的售价就是该项目的机会成本。

（3）对营运资金的投资。所需的营运资金显示在表 13-5 的第 5 行。由于规模扩张的缘故，营运资金在开始的几年逐步增加。在资本预算中有一个通常的假设就是所有的营运资金在项目结束时能全部收回。换句话说，所有的存货最终都能被全部卖掉。这些现金流的情况显示在第6行。关于营运资金更多的讨论，请参见本章后面的内容。

以上3方面的投资所发生的现金流出和流入情况反映在表13-5中。

表13-5　保德公司现金流量计算表（假设所有现金流量发生在每年年末）

单位：千美元

	第0年	第1年	第2年	第3年	第4年	第5年
投资：						
（1）保龄球生产机器	-100					21.76*
（2）累计折旧		20	52	71.2	82.72	94.24
（3）机器净值		80	48	28.8	17.28	5.76
（4）机会成本	-150					150
（5）净营运资金	10	10	16.32	24.97	21.22	0
（6）净营运资金的变化值	-10	0	-6.32	-8.65	3.75	21.22
（7）投资活动产生的现金流[（1）+（4）+（6）]	-260		-6.32	-8.65	3.75	192.98
收入：						
（8）销售收入		100	163.2	249.72	212.2	129.9
（9）营业成本		50	88	145.2	133.1	87.84
（10）折旧		20	32	19.2	11.52	11.52
（11）税前收入[（8）-（9）-（10）]		30	43.2	85.32	67.58	30.54
（12）34%税率		10.2	14.69	29.01	22.98	10.38
（13）净收入		19.8	28.51	56.31	44.6	20.16

　*假设机器在第5年末的残值的市场价为30 000美元。资本利得就是市场价格和机器账面净值的差额，为24 240美元（30 000-5 760）。资本利得按所得税率34%缴税，应交纳资本利得税8 240美元（34%×24 240）。资本利得税后值为21 760美元（30 000-8 240）。

表13-6　保德公司营业收入和成本表

单位：千美元

（1）年份	（2）产量	（3）单价	（4）销售收入	（5）单位成本	（6）营业成本
1	5 000.00	20.00	100 000.00	10.00	50 000.00
2	8 000.00	20.40	163 200.00	11.00	88 000.00
3	12 000.00	20.81	249 720.00	12.10	145 200.00
4	10 000.00	21.22	212 200.00	13.31	133 100.00
5	6 000.00	21.65	129 900.00	14.64	87 840.00

注：单价每年递增2%；单位成本每年递增10%。

表13-7　保德公司机器折旧表

单位：千美元

年　份	折旧期为5年的设备每年折旧额
1	20 000
2	32 000
3	19 200
4	11 520
5	5 760

注：这一折旧表是根据税务局对不同设备其使用年限和每年折旧额的规定进行计算而来的。

表 13 – 8　保德公司的增量现金流

单位：千美元

	第 0 年	第 1 年	第 2 年	第 3 年	第 4 年	第 5 年
（1）销售收入［表 13 – 4 第 8 行］		100	163.2	249.72	212.2	129.9
（2）营业成本［表 13 – 4 第 9 行］		−50	−88	−145.2	133.1	−87.84
（3）税金［表 13 – 4 第 12 行］		−10.2	−14.69	−29.01	−22.98	−10.38
（4）营业活动产生的现金流［（1）−（2）−（3）］		39.8	60.51	75.51	56.12	31.68
（5）投资活动产生的总现金流［表 13 – 4 第 7 行］	−260		−6.32	−8.65	3.75	192.98
（6）项目产生的总现金流［（4）＋（5）］	−260	39.8	54.19	66.86	59.87	224.66

　　至此，我们已经计算出了保龄彩球项目给整个公司所带来的现金流的变化量，据此我们就可以利用净现值法来评估这一项目，即计算净现值（NPV）。NPV 的结果可以说明项目给公司价值所带来的变化，如果 NPV＞0，则说明这一项目为企业带来了价值的增值；当 NPV＜0 时，则表明这一项目使企业的价值降低了，股东的财富缩水了；而当 NPV＝0是，意味着这一项目没有给企业价值带来任何变化。不过，NPV 的计算是在能反映特定企业风险的恰当的贴现率基础上进行的。表 13 – 9 显示了在不同贴现率基础上的 NPV 值。在表中我们可以看到，当贴现率为 15.67% 时，这一项目给企业带来的价值变量为 0。换句话说，这个项目的内部收益率为 15.67%。当保德公司的贴现率大于 15.67% 时，就应该拒绝该项目。

表 13 – 9　保龄彩球项目对保德公司价值的影响

单位：千美元

贴现率	公司价值的变化（NPV）
4%	123.64
10%	51.59
15%	5.47
15.67%	0
20%	−31.35

2. 对净营运资金的进一步注解

　　对净营运资金的投资分析是任何资本预算分析当中非常重要的一部分。现在我们再回头看看表 13 – 8 中第 5 行和第 6 行，很多人可能会问这些数字是从哪儿来的。引起对净营运资金投资的需求来源于以下 3 个方面。

　　（1）在成品销售之前需购买原材料和其他存货。

　　（2）保存一定量的现金以备未预见事件的发生。

　　（3）信用销售，致使产生应收账款而非现金（信用采买产生应付账款，可充减对净营运资金的投资）。

　　这几方面资金的使用代表企业的现金流出，因为企业从其他地方产生的资金被捆绑在这个项目中了。

　　为了看清对净营运资金的投资是如何形成的，我们重点观察第一年。在表 13 – 6 中，保德公司的经理预计第一年的销售收入为 100 000 美元，营业成本为 50 000 美元。如果收入和成本都是以现金形式发生的，那么公司将收到 50 000 （100 000 – 50 000） 美元的现金。

　　然而，全部的现金交易是不现实的。因此，经理们预计如下。

　　（1） 9 000 美元采取信用销售，意味着第 1 年收到的现金只有 91 000 美元。9 000 美元的应收账款将在第 2 年回收。

　　（2） 相信他们能够延期支付 50 000 美元成本中的 3 000 美元，意味着实际的现金支出为 47 000 美元 （50 000 – 3 000）。当然，这 3 000 美元将在第 2 年支付。

　　（3） 决定在第 1 年留存 2 500 美元的存货以备库存不足或特殊情况的发生。

　　（4） 决定在第 1 年留存 1 500 美元的现金作为这一项目的特定用途，以防备现金不足而给生产带来影响。

　　因此，对第 1 年的净营运资金的投资应为：

$$对净营运资金的需求 = 应收账款 - 应付账款 + 存货 + 现金 =$$
$$9\ 000 - 3\ 000 + 2\ 500 + 1\ 500 = 10\ 000 （美元）$$

　　因为对这 10 000 美元现金需求的满足要来源于企业其他地方创造出来的现金，所以这个项目的经理们必须尽可能准确地测算这一现金流出量。这一项目在前几年是呈增长趋势的，对以上三方面的资金需求也随之增加。对净营运资金需求的增加代表现金流出的进一步加大，在表 13 – 5 中的第 6 行，我们看到在最初几年是负数。然而，随着项目的衰落，对净营运资金的需求也相应减少，最终为 0。也就是说，应收账款最后全部收回现金，为项目而留存的那部分现金返还给公司的其他部分，并且所有的存货全部被卖掉。对现金的逐步释放，在表 13 – 5 中第 6 行的第 4 年和第 5 年以正数表示。

　　一般来说，公司的计算表（如表 13 – 5）在处理净营运资金时，将它视为一个事物，对净营运资金的构成（如应收账款、存货等）并不列在计算表中。但这并不表明营运资金的数字是凭空而来的，而是通过对各构成部分进行严谨的预测和分析而得来的，就像我们对第 1 年的分析那样。

3. 利息费用

　　也许你会关心利息的问题，在保德公司的例子中被省略了。确实，对于很多项目来说，所需资金中有相当部分可能是借款得来的，保龄球项目也不例外，会增加公司的债务总量。我们假设项目不进行债权融资这种方式显然是不符合现实情况的。各个公司通常在计算项目现金流时会假设资金只采取股权融资解决，而所进行的债权融资只在折现率中做调整，而不反映在现金流中。

13.3.2　替换现有资产型项目的现金流预测与分析

　　【例 13 – 5】 LMN 公司正在考虑购买一台价值为 20 万美元的自动化设备，以替换一台旧设备。新设备可以减少劳动力和维修成本，预计在今后的每年中可节省现金流出量为 10 万美元。新设备的生命周期为 4 年，4 年后该设备的残值为零。新设备的运输费及安装费为 15 000 美元。旧设备的生命周期也是 4 年，已使用 2 年，但可按其账面价值的折余价值 2 万美元的价格出售。因为残值与账面折余价值相等，所以旧资产出售不引起税后变化。

该项目的初始现金流量如表 13 – 10 所示。

表 13 – 10　项目的初始现金流出量

单位：美元

	新设备的购置成本	200 000
+	运输及安装费用	15 000
–	旧资产出售所得的净收入	20 000
+	与旧资产出售有关的税收（税收抵免）	0
=	初始现金流出量	195 000

设备的相关信息如下。

（1）新设备与旧设备都采用加速折旧法，税法规定的各期折旧率如表 13 – 11 所示。

表 13 – 11　税法规定的各期折旧率

回收期/年	1	2	3	4
折旧率/%	33.33	44.45	14.45	7.41

（2）旧设备的原始折旧基数为 30 万美元。折旧基数（Depreciable Basis）是某项资产的所有安置成本，主要包括资产的购置成本、运输及安装费用等。用折旧基数乘以税法规定的相应折旧率等于每期折旧额，税法允许在一定时间内从应税收入中扣除这个折旧额。那么，新设备的折旧基数为购置成本 20 万美元加上运输及安装费用 15 000 美元，即 215 000 美元。

我们关注的是新设备替换旧设备与持续使用旧设备这两种方案在现金流量上的差别，所以要用新设备的折旧费减去旧设备的折旧费用，得出与项目相关的增量折旧费。表 13 – 12 显示了用税法规定的相应折旧率计算出由于该项目实施在折旧费用上发生的变化。

表 13 – 12　项目实施在折旧费用上的净增量

单位：美元

	年　　份			
	1	2	3	4
（1）新设备的折旧基数	215 000	215 000	215 000	215 000
（2）新设备的各期折旧	71 660	95 568	31 842	15 932
（3）旧设备的折旧基数	300 000	300 000	30 000	300 000
（4）旧设备剩余的各期折旧	44 430	22 230	0	0
（5）税法确认的折旧费用净增值	27 230	73 338	31 842	15 932

注：新设备的各期折旧为其折旧基数乘以税法规定的相应折旧率：33.33%、44.45%、14.81% 和 7.41%。
　　旧设备剩余的第 1 年与第 2 年的折旧，是其折旧基数分别乘以税法规定的第 3 年折旧率 14.81% 和第 4 年折旧率 7.41%。
　　税法确认的折旧费用净增值为 =（2）-（4）。

表 13 – 13 显示了对该项目未来增量现金流量的计算过程。

表 13 – 13 项目未来净现金流的计算

单位：美元

	每年年末				
	0	1	2	3	4
期间增量净现金流量（第 1~3 年）					
营业收入的净变化（不包括折旧）		100 000	100 000	100 000	100 000
税法确认的折旧费用净增量		(27 230)	(73 338)	(31 842)	(15 932)
税前收入净变化		72 770	26 662	68 158	84 068
税负净增量（税率40%）		(29 108)	(10 665)	(27 263)	(33 627)
税后收入净变化		43 662	15 997	40 895	50 441
税法确认的折旧费用净增加量		27 230	73 338	31 842	15 932
第 1~3 年增量净现金流量		70 892	89 335	72 737	
期末增量净现金流量					66 373
未考虑项目善后处理时的增量现金流量					
新资产的残值				0	0
与新资产的处理或出售有关的税收				0	0
期末增量净现金流量					66 373
净现金流量	(200 000)	70 892	89 335	72 737	66 373

该项目的初始现金流出量为 200 000 美元，之后 4 年中每年年底产生的净现金流入量分别为 70 892 美元、89 335 美元、72 737 美元和 66 373 美元。

如果，假设该项目的贴现率为 10%，就可以计算项目每年净现金流量的现值总和为：

$$NPV = 238\ 260 - 200\ 000 = 38\ 260（美元）$$

结论：该项目的 NPV 为正，值得投资。

复习思考题

思考题：

1. 什么是资本预算？资本预算的过程涉及哪些内容？
2. 资本支出的投资项目有哪三种基本类型？它们之间有何区别？
3. 相关项目的未来现金流量有哪些基本特征？
4. 预测项目的税后增量营业现金流量应考虑哪些因素？

计算题：

1. 在计算一个项目的 NPV 时，下列哪些现金流应该被视作增量现金流？

（1）公司其他产品销售的减少。

（2）厂房和设备的资本支出。

（3）过去 3 年对新产品的研发所支付的费用。

（4）每年的折旧费用。

（5）支付出去的红利。

（6）项目终止时对设备的出售的收入。

（7）生产工人休假时的薪金和医疗费用。

2. 某制造公司正在考虑一个新的投资项目。有关投资的财务预测如表 13 - 14 所示（公司所得税率为 33%）。

表 13 - 14　某制造公司新投资项目的财务预测

单位：美元

	第 0 年	第 1 年	第 2 年	第 3 年	第 4 年
销售收入		5 000	5 000	5 000	5 000
营业成本		1 500	1 500	1 500	1 500
投资	8 000				
折旧		2 000	2 000	2 000	2 000
净营运资金	200	250	300	200	0

（1）计算这项投资的增量收入。

（2）计算这项投资的增量现金流。

（3）假设恰当的折现率为 12%，这一项目的 NPV 是多少？

3. 宏远投资公司正考虑购买一台价值 50 万美元的计算机设备，这一设备使用寿命 5 年。设备采用直线法进行折旧，5 年后这种计算机设备可卖 10 万美元。这台计算机使用后，将节省 5 个年薪 12 万美元的人工，还将节省净营运资金 10 万美元。净营运资金将在项目结束时全部收回。公司所得税率为 33%。如果适合该公司的折现率为 12%，问这台计算机是否值得购买？

4. 考虑下列两个项目 A 和 B，项目 A 的现金流是在真实数量的基础上测定的，而项目 B 的现金流是基于名义数量来预测的，它们的现金流如表 13 - 15 所示。

表 13 - 15　项目 A 和项目 B 的现金流

年　份	项目 A	项目 B
0	-40 000	-50 000
1	20 000	10 000
2	15 000	20 000
3	15 000	40 000

该公司恰当的名义折现率为 15%，通货膨胀率为 4%，试问应该选择哪一个项目？

◇第 *14* 章

资本预算的方法

用正确的方法预测了资本预算决策所需的相关现金流量之后，我们还需要评估各个投资方案的可行性。评价和分析投资项目是否可行或在几个投资方案中判别孰优孰劣的指标可分为以下两类。

一类为静态指标，也称为非贴现指标。这类指标不考虑时间价值的因素，主要包括静态投资回收期（Payback Period，PBP）和平均收益率（Average Accounting Return，AAR）。

另一类为动态指标，也称贴现指标。这类指标在分析时考虑了时间价值的因素，主要包括净现值（Net Present Value，NPV）、内含报酬率（内部收益率）（Internal Rate of Return，IRR）、现值指数（Profitability Index，PI）和动态投资回收期（Discounted Payback Period）等。

本章将介绍这几种资本预算的评估和选择的方法。

14.1 净现值法

14.1.1 净现值法评估项目的基本要点

第 4 章中已介绍了投资决策的基本准则，净现值（NPV）法是最基本、普遍适用的评估方法。如果一个项目的 NPV 为正，则说明该项目能为企业带来价值的增值，否则，会降低企业的价值。

【例 14 –1】某公司正考虑投资一个无风险项目，成本为 100 万美元。一年后有 107 万美元的现金净流入并且没有其他现金流。公司经理可能在以下两个方案中选取一个。

方案 1：用这 100 万美元投资该项目。一年后获得的 107 万美元将作为红利发放给股东。

方案 2：放弃项目，将这 100 万美元现在发放给股东。

如果选择方案 2，那么股东可能将红利存到银行一年。因为项目是无风险的并持续一年，如果银行存款利率低于 7%，股东可能更倾向于方案 1。

项目 1 和项目 2 的比较可以很容易地用净现值法进行。如果利率为 6%，该项目的 NPV 是：

$$-100 + 107/1.06 = 0.94(美元)$$

由于 NPV 大于 0，项目应该被采纳。但如果利率高于 7%，将会使项目的 NPV 为负数，意味着项目应该被放弃。

所以，选择项目的基本要点是：接受 NPV 大于零的项目将使股东受益。

14.1.2 净现值法的基本特征

从原理角度讲，NPV 可以明了地告诉股东一个项目可以给他们的财富增加多少价值。为什么说 NPV 方法是最优秀的一种项目的评估方法？因为它有如下 3 个基本特征。

（1）NPV 使用的是现金流。与会计学中应计制的盈利相比，现金流更能体现企业的价值。在资本预算中应使用现金流而不是人工计算出的盈利。

（2）NPV 使用一个项目全部的现金流。有些评估方法忽略了在特定日期之后产生的现金流，因此这些方法缺乏完整性。

（3）NPV 对现金流进行合理的折现。有些评估方法忽略了货币的时间价值。但投资项目评估的方法不只 NPV 这一个，下面将介绍另外几种评估指标。

14.2 投资决策的静态评价指标

静态评价指标是指不考虑货币时间价值的投资决策指标。

14.2.1 静态投资回收期

静态投资回收期（PBP）是指投资所引起的现金流入累计到与初始投资额相等所需要的时间，一般以年为单位。

1. 静态投资回收期的计算方法

静态投资回收期的计算方法依每年的现金净流入量是否相等而分为两种。

（1）如果每年的现金净流入量相等，则：

$$投资回收期 = \frac{原始投资额}{每年现金净流入量} \qquad (14-1)$$

【例 14-2】假设某项目原始投资额为 30 000 美元，项目投产后每年现金净流入量为 12 000 美元，那么该项目的投资回收期为：

$$投资回收期 = \frac{30\ 000}{12\ 000} = 2.5(年)$$

（2）如果每年的现金净流入量不等，则计算回收期要根据年末原始投资额与累计现金净流入量的差额决定。

【例 14-3】假设某项目初始投资额为 50 000 美元，投产后三年的现金净流入量分别为 18 000 美元、20 000 美元和 30 000 美元。该项目的投资回收期是多少？

$$前两年累计现金净流入量 = 18\ 000 + 20\ 000 = 38\ 000(美元)$$

前三年累计现金净流入量 = 18 000 + 20 000 + 30 000 = 68 000(美元)

由此我们可看出回收 50 000 美元初始投资的时间在 2 年到 3 年之间。第 3 年只需 12 000 美元即可全部收回初始投资。产生 12 000 美元占第 3 年全年 30 000 美元的时间为:

$$\frac{12\ 000}{30\ 000} = 0.4\ (年)$$

因此,该项目的投资回收期 = 2 + 0.4 = 2.4 (年)。

2. 利用静态投资回收期评价投资项目的准则

先确定一个"标准回收期";如果项目回收期 < 标准回收期,则接受;如果项目回收期 > 标准回收期,则拒绝;进行项目比较时,选择投资回收期短的那一个。

3. 对静态投资回收期指标的分析

优点:简单易懂。

缺点:这一方法至少产生以下 3 大问题。

(1) 投资回收期内忽略了现金流的货币时间价值。

(2) 忽略了回收期之后的现金流情况,这样的问题容易使决策人选择急功近利短期定位的项目。

(3) 缺乏客观的回收期标准。用以作为评判标准的"标准回收期"往往是以过去的经验或通过主观臆断出来的,缺乏客观依据。

4. 静态投资回收期评价准则的使用

从管理的角度来说,静态投资回收期评价方法通常是较大和组织结构较复杂的公司在考察较小的项目时使用的一种方法。诸如建立一个小仓库,或为卡车更换发动机等这样的投资决策,一般由基层管理者作出决定即可。

14.2.2 平均收益率指标

另外一个广泛使用但也有着严重缺陷的项目评价指标是平均收益率(AAR)指标。它是项目寿命期内平均年净利润与账面平均投资价值的比率。该比率越高,表明项目获利能力越强。

1. ARR 的计算

ARR 的计算公式为:

$$平均收益率 = \frac{年平均净利润}{平均投资金额} \tag{14 - 2}$$

2. 利用平均收益率方法评价投资项目的准则

设定目标会计收益率。如果 ARR 大于目标会计收益率,则接受该项目;否则,拒绝该项目。

3. 对平均收益率指标的分析

ARR 指标的优点如下。

(1) 数据索取容易,计算简便。ARR 的计算所需的数据从企业现成的会计系统中就可以获取。

(2) 考虑了整个项目寿命期的收益,克服了静态投资回收期的缺点。

ARR 指标的缺点如下。

（1）没有使用正确的数据源。其计算选取的是会计上的净利润和账面投资额。从而扭曲了实际结果。

（2）没有考虑时间价值。

（3）如静态投资回收期一样，目标收益率的确定带有主观色彩。

ARR 指标虽然有上述诸多缺陷，但在实践中仍为人们广泛使用。也许是因为它计算比较简便并且可利用现成的会计系统中的数据从而节省成本。

14.3　投资决策的动态评价指标

动态评价指标是考虑了货币时间价值的投资决策指标。

14.3.1　动态投资回收期

我们已知了静态投资回收期的缺点，一些决策者因此使用对静态投资回收期改进了的指标——动态投资回收期进行项目的评估。

动态投资回收期（The Discounted Payback Period）是指投资所引起的现金流入量的现值累计到与初始投资额相等所需要的时间，一般以年为单位。

对动态投资回收期进行分析，其优缺点如下。

优点：考虑了时间价值的因素。

缺点：（1）缺乏客观的标准；（2）忽略了回收期之后的现金流情况。

14.3.2　现值指数

1. 现值指数的公式

现值指数（PI）又称获利指数，是项目未来预计现金流现值之和与初始投资额的比值。它是 1 美元原始投资可获得的现值净收益，是一个相对数指标，用公式表示为：

$$PI = \frac{未来现金流现值之和}{初始投资} \qquad (14-3)$$

2. 利用现值指数方法评估投资项目的准则

（1）在各项目是独立的、互不干扰的情况下，如果 PI > 1，则接受；如果 PI < 1，则拒绝。

（2）在排他性的项目选择中，选择 PI 大的那一个。

（3）在可用资金有限，但公司愿意尽可能多地选取那些盈利的项目，因此需在若干项目中进行资本配置，在这种情况下，现值指数是最适用的一种方法。

3. 对现值指数的分析

优点：

（1）考虑了货币时间价值的因素，可从动态的角度反映投资方案收益与成本的关系；

（2）相对数的特点决定了它可以方便地进行独立投资机会获利能力的比较和资金配置

方案的确定。

缺点：它只可反映投资的相对盈利性和投资的效率，不能给出投资方案对企业财富的经济贡献有多大。

14.3.3　内含报酬率指标

内含报酬率（IRR）也称内部收益率，是指当进行现金流贴现时，使现金流入量现值之和与现金流出量现值之和相等，即净现值为零的贴现率。

1. IRR 的计算

假设一个简单的项目，初始投资 100 万美元，一年后产生 110 万美元现金流，寿命是一年，用通常的表示方法表示这些现金流的情况即为（－100，110）。对于给定的贴现率 r，项目的净现值可描述为：

$$NPV = -100 + \frac{110}{1 + r}$$

贴现率为多少时，NPV 才为零？

我们先任意给出一个贴现率，比如说 8%，这样，我们就得出：

$$1.85 = -100 + \frac{110}{1 + 8\%}$$

由于这时的 NPV 为正，我们试着调高贴现率，比如说调到 12%，这时：

$$-1.79 = -100 + \frac{110}{1 + 12\%}$$

由于 NPV 又为负数，说明 12% 的贴现率高了，所以我们降低一些，比如说 10%，这时：

$$0 = -100 + \frac{110}{1 + 10\%}$$

这一反复试算过程告诉我们，当贴现率等于 10% 时，该项目的净现值为零。因此，我们说 10% 是这一项目的内含报酬率（内部收益率）。这个简单例子的蕴含也是非常简单的。如果贴现率等于 10%，那么公司接受和拒绝该项目的愿望是等同的。但如果贴现率低于 10%，公司应该接受此项目，而如果贴现率高于 10%，则公司将应拒绝该项目。

2. 使用 IRR 方法评估投资项目的一般准则

如果 IRR 大于贴现率，则接受项目；反之，如果 IRR 小于贴现率，则拒绝项目。

3. IRR 方法的运用

现我们参考基本的 IRR 准则，试着计算稍微复杂一些的问题。

【例 14－4】某一项目的现金流情况为（－200，100，100，100），为了计算 IRR，我们运用试算方法，试着计算贴现率为 20% 和 30% 时的 NPV，得出表 14－1 所示的结果。

表 14-1　贴现率为 20%和 30%时的 NPV

贴现率	NPV	贴现率	NPV
20%	8.87	30%	-14.15

经过更多次的反复试算后，我们发现使 NPV 为零的贴现率是 23.38%。所以该项目 IRR 为 23.38%。在 20%贴现率的情况下，NPV>0，故接受此项目。然而，如果贴现率为 30%，NPV<0，则拒绝此项目。

在计算 IRR 时，使用机械的反复试算方法是一项异常烦琐的工作，特别是项目期限很长时更是如此。但我们要感谢 Excel 为我们提供了非常强大的计算功能，我们可以利用Excel 计算 IRR，这样将使我们的工作变得很轻松。以上题为例，看看在 Excel 中如何轻松计算 IRR。

第 1 步：将现金流数据输入，如表 14-2 所示。

表 14-2　现金流数据

	A	B	C	D	E
1	现金流	-200	100	100	100

第 2 步：在插入工具栏中插入函数 f_x，在选择类别选项中选择"财务"，然后选择 IRR。

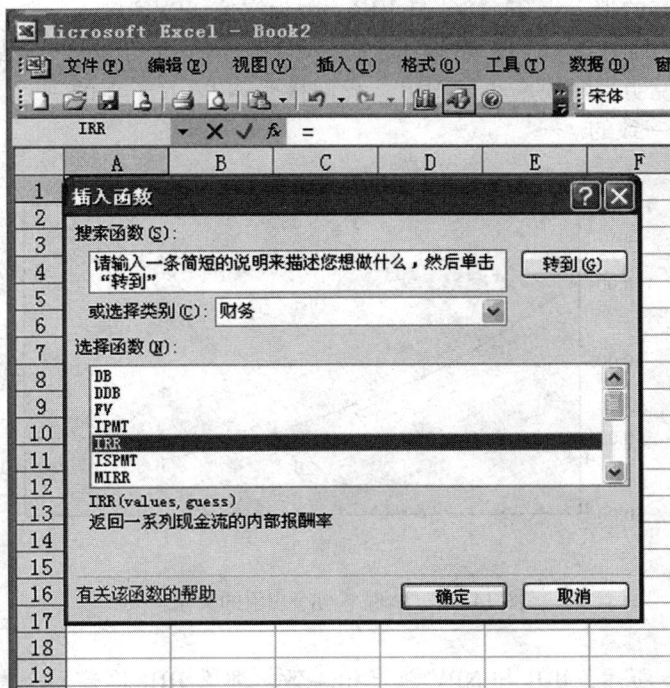

图 14-1　IRR 函数

第 3 步：选取数据范围。

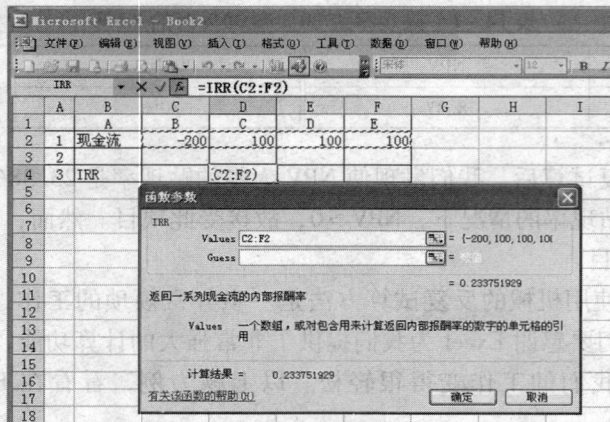

图 14 - 2　IRR 函数的使用

第 4 步：只要用鼠标轻点确定，就可得到结果为 23.38%。

上述 IRR 的计算可用代数表达式表示：

$$0 = -200 + \frac{100}{(1+IRR)} + \frac{100}{(1+IRR)^2} + \frac{100}{(1+IRR)^3}$$

这里 IRR 未知，图 14 - 3 描述了找到 IRR 意味着什么。图中描绘了 NPV 是贴现率的函数。曲线与 X 轴相交的那一点 23.38% 是 IRR，因为它使 NPV 为零。

图 14 - 3 很清楚地告诉我们，贴现率小于 IRR 时 NPV 大于零并且贴现率大于 IRR 时 NPV 小于零。这就说明当贴现率小于 IRR，我们接受 NPV 大于零的项目。因此，IRR 准则与 NPV 准则是完全一致的。

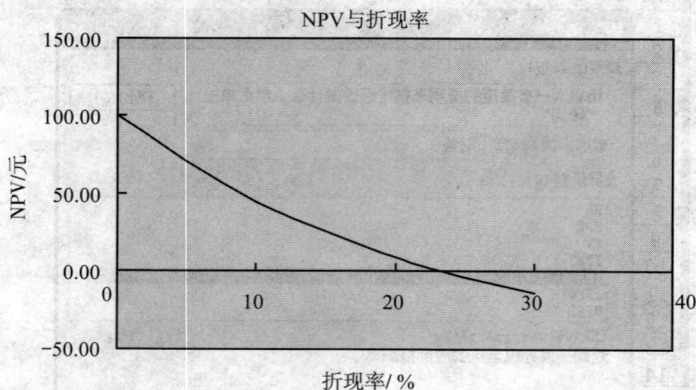

图 14 - 3　贴现率与净现值的关系

如果事情都如上所述，IRR 与 NPV 总是相一致，那么 IRR 将是一个奇妙的发现，因为使用它就可以容易地在项目之间进行优劣的排序。但在一些更为复杂的情况下使用 IRR 会出现很多问题。

14.4　IRR 法可能出现的问题及处理方法

在讨论问题之前，我们先考察什么是独立项目和排他项目。独立项目是指一个项目的接受或拒绝不影响对其他项目作出接受或拒绝的决定。比如，麦当劳正考虑在一个偏僻的小岛上设立一个汉堡包销售点，那么对这一投资的接受或拒绝对麦当劳系统中的其他加盟店无关。因为这样一个偏僻的小岛不会影响其他加盟店的销售。

相互排斥的项目 A 和 B 是指你可以接受 A 或接受 B 或二者全部拒绝，但你不能二者全部接受。比如，项目 A 决定建一栋公寓，而项目 B 决定在同一块土地上建一个电影院。这种情况下 A 和 B 是互斥的项目。

下面我们首先说明使用 IRR 法对独立项目和排他项目都有影响的两个问题，接下来我们介绍只影响排他项目的两个问题。

14.4.1　同时影响独立项目和排他项目的两个问题

内含报酬率和净现值如表 14-3 所示。

表 14-3　内含报酬率和净现值

单位：万美元

时间	项目 A			项目 B			项目 C		
	0	1	2	0	1	2	0	1	2
现金流	−100	130		100	−130		−100	230	−132
IRR		30%			30%		10%	和	20%
NPV@10%		18.2			−18.2			0	
接受项目									
如果市场		<30%			>30%		>10%	但	<20%
收益率									
融资项目									
还是投资项目		投资			融资			混合	

问题 1：投资项目决策还是融资项目决策。

我们从项目 A 开始讨论，它有现金流（−100，130），其 IRR 为 30%。NPV 与折现率之间的关系在图 14-3 中反映。可看出折现率上升，NPV 下降。

现在观察项目 B，其现金流为（100，−130），与项目 A 正好相反。在项目 B 中，公司先收到资金，然后投放出去。尽管不常见，但这种情况在现实中确实存在。比如，一个公司要举办一次研讨会，要求参加者预付会议费用，当会议真正开始时会发生大笔的开销，像这样的情况就是现金流入先于现金流出。

为了便于分析，我们仍使用试算法计算 IRR。

$$-4 = +100 - \frac{130}{1+25\%}$$

$$0 = +100 - \frac{130}{1+30\%}$$

$$3.7 = +100 - \frac{130}{1+35\%}$$

项目 B 与项目 A 正好相反，在项目 B 中，当贴现率小于 IRR 时，NPV 为负，而当贴现率大于 IRR 时，NPV 为正。NPV 与贴现率之间的关系如图 14 - 4 所示。项目 B 的图形很直观地告诉我们对于这类融资项目决策的准则是：当 IRR 小于贴现率时，接受项目；当 IRR 大于贴现率时，则拒绝项目。

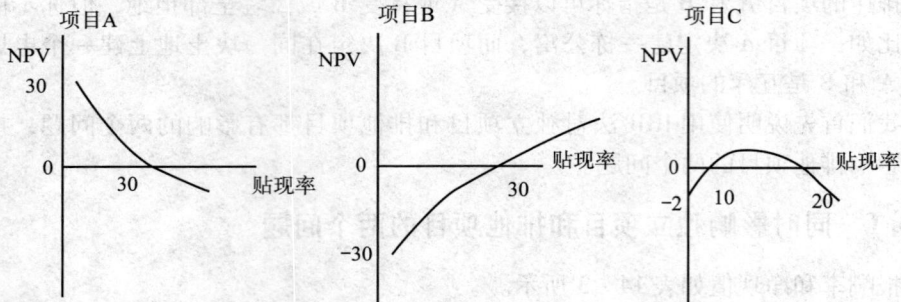

图 14 - 4　不同类型项目的 IRR 与 NPV 之间的关系

融资项目的 IRR 可视同于成本率，投资项目的 IRR 可理解为收益率。对项目 B 来说，假设公司需要 100 万美元，它可以采取两种渠道获得：①执行项目 B（比如收取预付款）；②向银行贷款。实际上这就变成了，执行项目 B 获取 100 万美元的成本率（IRR）与向银行贷款利率（贴现率）相比较，当然，如果 IRR 小于银行利率，则采用项目 B 的方案；否则，IRR 大于银行利率，则意味着不如向银行借款，因此否定项目 B。

以上有关对项目 B 的分析，我们可对照它来分析一下项目 A。如果公司有 100 美元考虑投资，那么它有两种投资方式：①执行项目 A（比如购置设备）；②借给银行。实际上项目 A 是银行存款的替代方案，在二者之间进行比较。执行项目 A 的内涵报酬率为 30%，如果银行存款小于 30%，则选择项目 A，否则，放弃项目 A 而选择银行存款。

对于项目 A 而言，公司首先支付资金，项目 B 首先收到资金，我们将项目 A 称作是投资类项目而称项目 B 为融资类项目。

问题 2：多个报酬率。

假设项目 C 有现金流（-100，230，-132）。因为这个项目首先有负的现金流，接下来是正的现金流，然后又是负的现金流，这个项目的现金流变换两次符号。经过计算，我们不难得出这个项目不止一个 IRR，而有两个，10% 和 20%①。应该用哪一个？10% 还是 20%，在这样的情况下，IRR 没有任何意义，因为我们找不出好的理由使用其中一个而放弃另一个。

这时我们总可以退身依靠 NPV 对项目作出抉择。图 14 - 4 描画出项目 C 的 NPV 和贴现

---

① 计算：$-100 + 230/1.1 - 132/1.1^2 = -100 + 209.09 - 109.09 = 0$ 和 $-100 + 230/1.2 - 132/1.2^2 = -100 + 191.67 - 91.67 = 0$

率之间的关系。我们看到，贴现率在 10%～20% 之间时，NPV 大于零；而贴现率小于 10%，大于 20% 时 NPV 为负。

一般来说，现金流符号的变换会产生多个 IRR。理论上说，现金流系列中如果有 N 次正负符号的变换就会有多个 IRR，最多时为 N 个。在现实世界中，一个项目在初始投资之后会产生多个现金净流出和现金净流入的现象。

然而，现金流只有一次正负符号的变换，使用 IRR 作为项目评判的指标是可靠安全的。

表 14-4 是对以上 3 种情况下的准则的总结。

表 14-4　项目评估准则

现金流	IRR 的个数	IRR 标准	NPV 标准
最初现金流为负，以后均为正	1	若 IRR > r，接受 若 IRR < r，放弃	NPV > 0，接受 NPV < 0，放弃
最初现金流为正，以后均为负	1	若 IRR < r，接受 若 IRR > r，放弃	NPV > 0，接受 NPV < 0，放弃
最初现金流之后，一些为正，一些为负	可能多于 1 个	IRR 不适用	NPV > 0，接受 NPV < 0，放弃

我们注意到，在如上 3 种情况下，NPV 标准都是一样的。换句话说，NPV 准则在任何情况下都是适用的。相对应地，IRR 只能在一定条件下使用。

14.4.2　影响排他项目的两个问题

前面提及过，在两个或多个项目中，公司最多只能选取一个，那么这些项目就是相互排斥的、排他的。现在我们提出在排他的项目使用 IRR 时出现的两个问题。这两个问题尽管逻辑截然不同，但看起来却很相似。

问题 1：规模问题。

一位老板提出这样一个问题要求大家讨论："现有两个机会，只允许你选取其中的一个，或一个都不选。机会 1：投资 10 万美元，建一座仓库，一年后该仓库出售可卖出 20 万美元。机会 2：投资 2 500 万美元，兴建一栋写字楼，一年后出售该写字楼，可回收资金 3 000 万美元。应该选择那一个机会？"

$$\text{机会 1} \qquad 0 = -10 + \frac{20}{1 + \text{IRR}}$$

$$\text{IRR} = \frac{20 - 10}{10} = 100\%$$

$$\text{贴现率} < 100\% \text{ 时}, \text{NPV} > 0$$

$$\text{机会 2} \qquad 0 = -2\,500 + \frac{3\,000}{1 + \text{IRR}}$$

$$\text{IRR} = \frac{3\,000 - 2\,500}{2\,500} = 20\%$$

$$\text{贴现率} < 20\% \text{ 时}, \text{NPV} > 0$$

当贴现率＜20%，比如说18%时，机会2的NPV＝42.37万美元；机会1的NPV为6.95万美元。尽管机会1的IRR高于机会2的IRR，但机会2的NPV大于机会1的NPV，这时还应该选择机会2。

而当贴现率大于20%时，机会2的NPV为负，这时应选取机会1。

在这里，IRR的问题出在哪里？为什么这时IRR不是一个好的选择标准呢？因为IRR忽略了项目的投资规模。机会1有更高的IRR，但投资额很小。换句话说，机会1高的报酬率被大规模投资获取绝对经济效益的能力抵消了。

既然完全照搬IRR法会误导我们，那么能调整或纠正它而使之得到正确的应用吗？现以下面的例题加以说明。

【例14-5】小王和小张刚刚购买了一个剧本，他们想拍成一部电视剧，但他们在大小两个预算方案的选择上产生了分歧。两种预算的现金流情况如表14-5所示。

表14-5 两种预算的现金流情况

	第0期间现金流/万美元	第1期间现金流/万美元	NPV 贴现率25%	IRR
小预算	-10	40	22	300%
大预算	-25	65	27	160%

他们考虑这是一个风险比较高的项目，因此认为25%的贴现率是适当的。小王想选择预算大的方案因为它的NPV较高，而小张倾向于预算小的方案因为它的IRR较高。他们谁对呢？从前面的叙述中得知，任何情况下，NPV准则是最可靠的，但小王如何说服小张采用大预算方案？因为小张坚持使用IRR标准。

这就是我们要介绍的增量IRR（Incremental IRR）。小王计算出大预算方案相对于小预算方案的增量现金流，如表14-6所示。

表14-6 大预算方案相对于小预算方案的增量现金流

	第0期间/万美元	第1期间/万美元
大预算对比小预算的增加现金流	-25-（-10）=-15	60-40=25

以上表明，大预算方案在第0期的增量现金流为-15，第1期为25。小王据此计算出增量IRR。

计算增量IRR的公式为：

$$0 = -15 + \frac{25}{1+IRR}$$

$$增量 IRR = 66.67\%$$

由于这一项目恰当的贴现率为25%，所以小王也计算了增量现金流的NPV。

$$增量现金流的 NPV = -15 + \frac{25}{1+25\%} = 5(万美元)$$

我们知道，如果小预算方案作为一个独立的项目来说是完全可以采纳的。但现在对于二选一来说，就必须做出严谨的比较。必须有充足的、可使人信服的理由说明多出的15万美元的投资确实能够带来更大的收益。我们可从三个角度利用三种方法来说服小张放弃小预算方案的选择。

第一方法：比较两个预算方案的 NPV。大预算方案的 NPV 大于小预算方案的 NPV。因此应选择大预算方案。

第二方法：相对于小预算方案，大预算方案的增量 NPV 等于 5 万美元，因此选择大预算方案。

第三种方法：相对于小预算方案，大预算方案的增量 IRR 为 66.67%，因为 66.67% 大于 25% 的贴现率，所以选择大预算方案。

以上三种方法得出的结论是一样的，一定不要单纯比较两种方案的 IRR，如果这样做的话，就必然作出错误的选择。

最后一点需提请注意的是，有人会问，在计算增量现金流时，应该用谁减谁？在这里我们用大预算方案的现金流减小预算方案的现金流，这样使得第 0 期是一个净流出流量，然后我们可利用最基本的 IRR 准则对增量现金流作出判断[1]。

问题 2：时间问题。

这是继规模问题之后，关于排他项目的评估在使用 IRR 准则时出现的另一个问题。对这一问题，我们仍使用例题来阐述。

【例 14 - 6】某一公司有一个仓库，对于仓库的使用有两种替代方案：一是用于存放化学制品（项目 A），二是用于存放电子设备（项目 B）。A、B 两项目的现金流如表 14 - 7 所示。

表 14 - 7 A、B 两项目的现金流

年 份	0	1	2	3	NPV			
					@0%	@10%	@15%	
项目 A	- 10 000	10 000	1 000	1 000	2 000	669	109	16.04%
项目 B	- 10 000	1 000	1 000	12 000	4 000	751	- 484	12.94%

我们发现，项目 B 在低贴现率的条件下有较高的 NPV，并且项目 A 在高贴现率时 NPV 较高。如果我们仔细观察现金流的格局就不难找出其中的原因。项目 A 的现金流发生得较早，而项目 B 现金流产生得较晚。假如我们设定一个较大的贴现率，那么我们将倾向于 A，因为我们也同时假设了 A 早期所产生的现金流可以以同样大的贴现率进行再投资。而对项目 B 来说，大部分的现金流是在第 3 年产生的，因此，贴现率低的时候它的价值较高。

在图 14 - 5 中，我们可清晰地看出，两个项目在贴现率为 10.55% 时的 NPV 是相等的，随着贴现率的减小，项目 B 的 NPV 迅速地上升，相应地，随着贴现率的增大，项目 B 的 NPV 又快速地下降。

接下来要解决的是，到底应选取哪一个项目？我们使用解决规模问题的方法来解决现金流产生时间的问题。

---

[1] 我们也可以用小预算方案的现金流减大方案的现金流，但这将使得第 0 期是一个净流入量，因此应该使用评估融资类项目的 IRR 准则。当然这样做是完全可以的，但容易使我们混淆。

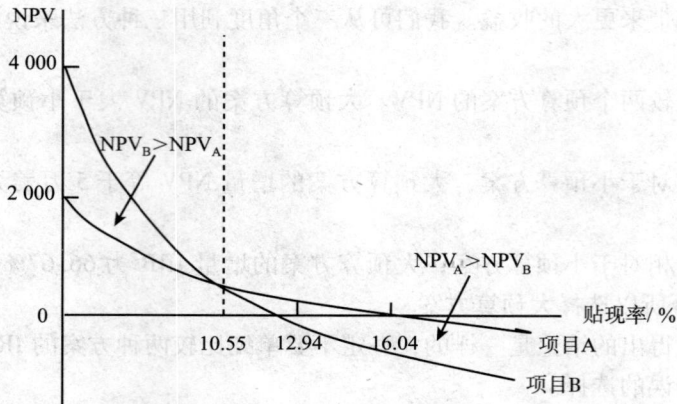

图 14-5 现金流时间不同，使用 IRR 所带来的问题

第一种方法：比较两个项目的 NPV。当贴现率小于 10.55% 时，项目 B 优于项目 A。如果贴现率大于 10.55%，则应选择项目 A。

第二种方法：比较增量 IRR 与贴现率。增量 IRR 的计算，首先确定项目 B 相应于项目 A 的增量现金流，如表 14-8 所示。

表 14-8 项目 B 相应于项目 A 的增量现金流

年　份	0	1	2	3	增量 IRR	增量现金流的 NPV		
						@0%	@10%	@15%
B - A	0	-9 000	0	11 000	10.55%	2000	83	-593

这一表格表明，增量 IRR 为 10.55%。换句话说，当贴现率为 10.55% 时增量 NPV = 0。所以，如果相应的贴现率小于 10.55%，根据基本的 IRR 准则，应选择项目 B。相反，如果相应的贴现率大于 10.55%，则应选取项目 A。

第三种方法：计算增量现金流的 NPV。当贴现率是 0 或是 10% 时，增量现金流的 NPV 是正的，因此应选择项目 B；当贴现率为 15% 时，项目 B 的增量现金流的 NPV 小于零，所以应放弃项目 B，而选用 A。

总之，使用以上三种方法中的任何一种都可以得出相同的答案。只是要切记不可简单地比较项目 A 和 B 的 IRR 而作出决定。

在计算增量现金流时，涉及谁减谁这个问题的时候，前面我们曾建议使用投资规模大的项目减小项目以便使得最初的现金流是负的，这样可以套用基本的 IRR 准则。但在这个问题中，两个项目有相同的初始投资额，这时应如何处理？我们的建议是确保减出来的第一个非零现金流为负数。在刚才的例题中，使用项目 B 减项目 A 可以做到这一点。这样的话，我们仍可以运用基本的 IRR 准则。

以上两个问题是关于排他性的项目而言的，虽然我们区分出了规模问题和时间问题，并且分别针对如何解决这两个问题进行了讨论。其实在实践当中，我们没有必要决定是哪一种问题，只是简单地使用增量 IRR 或 NPV 方法对项目作出评估即可。

14.4.3　对 IRR 准则的再评价

虽然 IRR 存在着如上的诸多问题，但在现实中人们仍普遍地使用它。这是因为人们发现它能满足 NPV 所不能满足的需求的功能。比如它可以满足人们只用单一的一个回报率来概括关于项目的所有信息，这个单一的回报率能够提供给人们一个简单的方法来讨论项目，并使得相互沟通变得相当轻松。

为了检验你是否理解了 NPV 和 IRR，请考虑下面两种陈述。

（1）计算 NPV 时，必须知道贴现率是多少，而当计算 IRR 时不需要参考贴现率。

（2）所以，IRR 准则比 NPV 准则应用起来更简单，因为当使用 IRR 准则时不需要使用贴现率。

第 1 个陈述是对的，NPV 的计算需要贴现率，IRR 的计算是当 NPV 等于 0 时求解回报率；而第 2 个陈述是错的，为了应用 IRR，必须将 IRR 与贴现率进行比较。所以，无论是使用 NPV 还是 IRR 做决策，都是需要贴现率的。

14.5　资本预算中其他问题的处理方法

前面我们介绍了在一些实际问题的解决中使用 IRR 会出现很多问题。在实践当中还会遇到其他问题而我们还未曾涉及，下面仅就实际中可能出现的寿命不同的项目这种情况，讲述对其处理的方法。

14.5.1　寿命不同的项目

假设一个公司必须在两部寿命不同的机器当中挑选一个。这两部机器所做工作完全相同，但营业成本不同。在选择时一个简单的应用方法是 NPV 准则，它建议我们应选择机器成本的现值较低的那个。但这样做会导致错误的决定，因为成本低的机器很可能提前更换。当我们在互斥的两个寿命不同的项目中选择时，对项目的评估必须是在其寿命相同的基础上进行。换句话说，以前的方法都不适用，需要一种新的方法来解决这个问题，这一新方法必须考虑未来所有替换的决定。

下面我们讨论著名的替换链问题。

【例 14－7】某网球俱乐部要在两种网球投掷器中选择其中的一种。机器 A 比机器 B 价格低但寿命短。两种机器的现金流出量如表 14－9 所示。

表 14－9　两种机器的现金流出量

机器	期间				
	0	1	2	3	4
A	500	120	120	120	
B	600	100	100	100	100

A 花费 500 美元购置可使用 3 年，每年维护费为 120 美元（年底支付）；B 花费 600 美元购置可使用 4 年，每年需维护费用为 100 美元（年底支付）。假设两种机器每年所产生的盈利是相同的，所以我们在分析当中忽略现金流入量不计。以上数据表示的全部是现金流出量，假设项目的折现率为 10%。

为了作出决定，我们计算每种机器的成本现值：

$$机器\ A: 798.42 = 500 + \frac{120}{1.1} + \frac{120}{1.1^2} + \frac{120}{1.1^3}$$

$$机器\ B: 916.99 = 600 + \frac{100}{1.1} + \frac{100}{1.1^2} + \frac{100}{1.1^3} + \frac{100}{1.1^4}$$

机器 B 的成本现值更高，一般的判断将会选择 A，但 B 的使用寿命长，也许它分摊到每年的实际成本更低。那么怎样合理地调整机器不同的使用寿命而使得它们具有可比性？下面介绍两种方法：匹配周期和对等的年度成本。

14.5.2 匹配周期

假设该俱乐部运营这个业务 12 年，那么机器 A 将有 4 个完整的周期并且机器 B 将有 3 个完整的周期。现考虑机器 A 的第二个周期。它需要在第 3 年末被更换掉，所以又需一个 500 美元和后 3 年中（第 4～6 年）每年 120 美元的维护费用。第三个周期从第 6 年末开始，第四个周期将从第 9 年末开始第 12 年末结束。在前面分别计算机器 A 和机器 B 的成本现值时我们知道，机器 A 每一周期的成本为 798.42 美元，但第二个周期的 798.42 美元是在第 3 年末发生的，第三个周期的 798.42 美元是在第 6 年末发生的，同理第四个周期的成本现值是在第 9 年末发生的，因此可表示为：

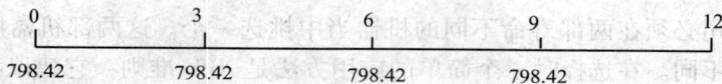

所以，机器 A 在 12 年中所发生的成本现值为：

$$2\,188(美元) = 798.42 + \frac{798.42}{1.1^3} + \frac{798.42}{1.1^6} + \frac{798.42}{1.1^9}$$

现在考虑机器 B 的第二个周期。它的更换是在第 4 年末，并随之发生的每年 100 美元的维护费用。第二次更换，即第三个周期是在第 8 年末。所以同机器 A，我们计算出机器 B 在 12 年中所发生成本的现值为：

$$1\,971(美元) = 916.99 + \frac{916.99}{1.1^4} + \frac{916.99}{1.1^8}$$

因为两种机器在 12 年当中都有完整的周期，所以这样的比较是合适的。通过比较，我们看出，机器 B 的成本要低于机器 A 的，因此机器 B 应该被选取。

这种方法比较直观、易懂，但它有一个缺点，就是将周期匹配起来的话，有时需要很多的周期数而需要大量的计算时间。比如，如果机器 C 的使用寿命是 7 年，机器 D 的使用寿命是 11 年，那么这两种机器需要在 77 年中进行比较。如果需在 3 种机器中选择，机器 E 的使用寿命是 4 年，那么需要在 308 （$7 \times 11 \times 4$） 年的期间内比较，可想而知计算是多么的费时。所以这里介绍另外一个可供选择的方法。

14.5.3 对等的年度成本

对于机器 A，一个周期的一系列现金（500，120，120，120）支出相当于在期间 0 时单一的 798.42 美元现金流支出。我们现在希望将这 798.42 视为相等的三年的年金。利用以前章节年金的计算技巧，就有：

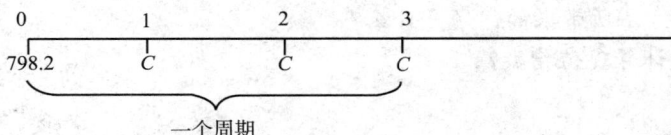

一个周期

$$798.42 = C \times \text{PVIFA}_{10\%,3}（n = 3, i = 10\% \text{ 的年金现值系数}）$$

$$\text{PVIFA}_{10\%,3} = \frac{1 - (1 + i)^{-n}}{i} = \frac{1 - 1.1^{-3}}{0.1} = 2.486\ 9$$

将 $\text{PVIFA}_{10\%,3}$ 代入式中，得出 $C = 321.05$（美元）

所以，我们可以说，一个周期的现金流（500，120，120，120）等同于三年中每年年末支付 321.05 美元的年金（321.05，321.05，321.05）。若干个周期就有若干个（321.05，321.05，321.05）。我们将 321.05 美元称作机器 A 对等的年度成本。

现在让我们转向机器 B，同样的方法计算出机器 B 的对等年度成本：

$$916.99 = C \times \text{PVIFA}_{10\%,4}$$
$$C = 289.28（美元）$$

机器 B 一个周期的现金流（600，100，100，100，100）就等同于现金流（289.28，289.28，289.28，289.28）。有多少个周期就有多少个（289.28，289.28，289.28，289.28）。

表 14 - 10 描述了两种机器的对等年度成本的比较。

表 14 - 10 两种机器的对等年度成本的比较

单位：美元

年 份	0	1	2	3	4	5	…
机器 A	321.05	321.05	321.05	321.05	321.05	321.05	…
机器 B	289.28	289.28	289.28	289.28	289.28	289.28	…

很明显，对比对等年度成本，机器 B 优于机器 A。

两种方法所得结论是相同的。在实践中，使用哪一种方法，视具体情况择用较简便的那种即可。

复习思考题

思考题

1. AAR 由哪三个步骤来计算？AAR 的缺陷有哪些？

2. 列出静态投资回收期的问题及其优点。

3. 独立项目和排他项目之间的区别是什么？评估这两类项目时使用 IRR 方法所带来的问题是什么？

4. 如何计算现值指数？

计算题

1. 理光软件公司有表 14-11 所示的项目。

表 14-11　理光软件公司的项目

单位：美元

年　　份	项目 A	项目 B
0	-7 500	-5 000
1	4 000	2 500
2	3 500	1 200
3	1 500	3 000

① 假设理光回收期的标准为 2 年，应选择哪个项目？

② 假设理光使用 NPV 准则在这两个项目之间排序。如果恰当的折现率是 15%，应选择哪个项目？

2. 假设某铺路公司今天为一个新的工程投资 100 万美元。该项目将无限期地每年创造 15 万美元的现金，恰当折现率为 10%。

① 该项目的回收期是多少？如果公司期望回收期为 10 年，这个项目应该被采用吗？

② 该项目的动态回收期是多少？

③ 该项目的 NPV 是多少？

3. 假设某人今天获得 5 000 美元并在未来的若干期间内按表 14-12 所示的计划偿还。

表 14-12　偿还计划

单位：美元

年　　份	现　　金	年　　份	现　　金
0	5 000	3	-1 000
1	-2 500	4	-1 000
2	-2 000		

① 这笔借款的 IRR 是多少？

② 如果贴现率为 10% ，你应该接受这笔借款吗？

③ 如果贴现率为 20% ，你应该接受这笔借款吗？

④ 在贴现率为 10% 和 20% 时，其对应的 NPV 分别是多少？你前面所做的选择与 NPV 准则一致吗？

4. 作为东方快递公司的财务总监，某人需要对表 14 - 13 所示的两个互斥的项目做出判断。

表 14 - 13　东方快递公司两个互斥的项目

单位：美元

年　份	项目 A	项目 B
0	-5 000	-100 000
1	3 500	+65 000
2	3 500	65 000

① 这两个项目的 IRR 分别是多少？

② 如果你只知道项目的 IRR，你如何选择？

③ 你在②中做选择时忽略了什么？

④ 以上问题如何修补？

⑤ 计算项目的增量 IRR。

⑥ 基于⑤得出的结果，你应选择哪一个？

⑦ 假设你已决定折现率为 15% 。根据 NPV 准则，哪一个项目你应该选择？

5. 表 14 - 14 所示为两个排他的项目 A 和项目 B。

表 14 - 14　两个排他的项目 A 和项目 B

单位：美元

年　份	项目 A	项目 B
0	-1 200	-2 100
1	600	1 000
2	550	900
3	450	800

① 根据回收期准则，应选择哪一个项目？

② 假设该公司不上所得税，并且以上现金流为折旧前收入。使用直线折旧法折旧。项目 A 和 B 的平均收益率是多少？

③ 哪个项目有更高的 IRR？

④ 基于增量 IRR，应选取哪个项目？

6. 办公室自动化公司准备购置一台复印机，在两种型号 XX40 和 RH45 之间选择。XX40 比 RH45 价格便宜，但经济寿命短。这两台复印机每年的维护费如表 14 – 15 所示。这些现金流都是真实现金流。通货膨胀率为 5%，名义折现率为 14%。假设两种复印机创造的收入是相同的。一旦公司选定了其中的一种，以后将永远买这一型号。公司应该选取哪一种型号的复印机（忽略税和折旧）？

表 14 – 15　XX40 和 RH45 每年的维护费

单位：美元

复印机	第 0 年	第 1 年	第 2 年	第 3 年	第 4 年	第 5 年
XX40	700	100	100	100		
RH45	900	110	110	110	110	110

第 *15* 章

资本预算中的风险与管理期权

在前面介绍的项目现金流预测和资本预算的方法中，我们没有考虑风险问题。但是现实中，不同的投资项目存在着不同程度的风险，并且直接影响着投资决策。

15.1 项目风险与投资决策

在资本预算决策中必须对投资项目的风险与收益进行量化。量化投资项目的风险与收益，可以用概率分布的两个参数来概括，就是预期值和标准差。

15.1.1 预期值的计算

我们可以根据项目现金流发生的概率来预测项目未来现金流量的预期值（Expected Value）。预期值是项目产生的现金流量的加权平均数，权数是发生的概率。

【例 15-1】某公司正在考虑两个投资方案，它们的初始投资额与生命周期都相同。表 15-1 列示了管理者根据三种经济状况，预计的两个项目在下一年的净现金流入量，即可能的收益。

表 15-1 项目 A 与项目 B 可能回报的概率分布

单位：万美元

经济状况	概 率	项目 A 可能收益	项目 B 可能收益
衰 退	0.25	-1 000	1 200
正 常	0.40	3 500	3 000
繁 荣	0.35	7 000	6 000

在估计了收益的概率和可能收益之后，就可以计算出预期值。以 $E(X)$ 代表预期收益，P_i 代表在第 i 种情况下的发生概率，X_i 代表在第 i 种情况下的可能收益，预期收益的计算公式为：

$$E(X) = P_1 X_1 + P_2 X_2 + \cdots + P_n X_n$$

$$E(X) = \sum_{i=1}^{n} P_i X_i \tag{15-1}$$

项目 A 与项目 B 的预期收益为：

$$E(X_A) = 0.25 \times (-1\,000) + 0.40 \times 3\,500 + 0.35 \times 7\,000 = 3\,600(万美元)$$
$$E(X_B) = 0.25 \times 1\,200 + 0.40 \times 3\,000 + 0.35 \times 6\,000 = 3\,600(万美元)$$

项目 A 与项目 B 的预期现金流量是相同的。但是，我们在表 15 – 1 中可以明显地观察到项目 A 现金流的波动性大于项目 B。所以，还需计量两个项目的风险程度，即标准差。

15.1.2　标准差的测度

风险与现金流的概率分布有关，金融领域广泛用来量化和测量现金流量概率分布波动性的统计指标是标准差（Standard Deviation），它是方差的平方根。标准差的数值越大，风险越大。标准差（σ）的计算公式为：

标准差 = 可能收益与预期收益之差的平方与概率乘积之和的平方根

$$\sigma = \sqrt{P_1[X_1 - E(X)]^2 + P_2[X_2 - E(X)]^2 + \cdots + P_n[X_n - E(X)]^2} = \sqrt{\sum_{i=1}^{n} P_i[X_i - E(X)]^2} \qquad (15-2)$$

例 15 – 1 中，项目 A 与项目 B 的标准差为：

$$\sigma_A = \sqrt{0.25(-1\,000 - 3\,600)^2 + 0.40(3\,500 - 3\,600)^2 + 0.35(7\,000 - 3\,600)^2} = 3\,056(万美元)$$

$$\sigma_B = \sqrt{0.25(1\,200 - 3\,600)^2 + 0.40(3\,000 - 3\,600)^2 + 0.35(6\,000 - 3\,600)^2} = 1\,897(万美元)$$

两个项目的预期收益都是 3 600 万美元，然而项目 A 有一个更大的标准差，表明其风险更大。

测度某个概率分布的相关离差的指标是方差系数（CV），在数学中将其定义为某个概率分布的标准差与预期值之比，它可用于测度项目的相对风险。方差系数越大，表明一个项目的相对风险越高。因此，方差系数是测度每个项目预期收益的风险指标。

项目 A 的方差系数为：

$$CV_A = \frac{3\,056}{3\,600} = 0.85$$

项目 B 的方差系数为：

$$CV_B = \frac{1\,897}{3\,600} = 0.53$$

项目 A 的方差系数大于项目 B，所以项目 A 具有更大的风险。

15.1.3　连续概率分布

在现实生活中，通常一个投资项目是有连续时间的。所以，项目可能收益的分布也是一个连续概率分布，一个项目的现金流序列的风险程度，可能常常随着时间的推移而发生变化的，也就是一个时期和另一个时期的概率分布可能是不同的。现金流的预期值和概率分布的分散性是随着时间而变化的。在量化投资项目的风险时，我们必须考虑这个因素。

15.2　连续概率分布的项目风险

我们进一步地研究随时间推移而变化的项目风险，即连续概率分布的项目风险。下面我们介绍两种主要的连续概率分布的风险测量方法。

15.2.1　概率树法

概率树（Probability Tree）法又称决策树法，该方法是用图形或列表的方式将项目所有可能产生的现金流表示出来的一种风险分析方法。当一个项目未来可能的现金流量与前期的结果有关时，就可以用这种方法将可能的现金流量具体地列示出来。预测的具体步骤如下。

1. 预测项目的未来现金流及其发生概率

假设，我们预测一个项目后两年可能的现金流量结果，在项目的概率树分析中，用一个树状分枝（序列）来表示一个可能现金流结果与发生概率。新项目的第 1 期现金流结果与前期无关，因此与每个分枝相联系的初始部分的概率称之为初始概率。而第 2 期现金流的结果将取决于前期发生的情况，因此后续时期涉及的概率称之为条件概率。最后，将第 1 年初始概率与第 2 年条件概率相乘的结果，称之为联合概率。

【例 15 – 2】某公司正在考虑一个投资项目，初始投资 200 万美元。图 15 – 1 用概率树列示了公司管理层预测的该项目第 1 年和第 2 年的现金流量的可能结果及其发生概率。

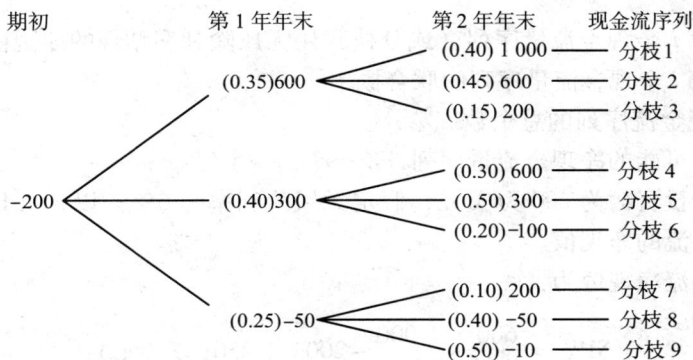

图 15 – 1　连续概率分布现金流预测的概率树（单位：万美元）

该项目的初始投资的现金流出量为 200 万美元。第一分枝中，第 1 年的实际现金流入量 600 万美元的初始概率为 35%；第 2 年流入 1 000 万美元的条件概率是 40%。那么，第一分枝的联合概率为：0.35 × 0.40 = 0.14。用此方法，再计算出第二分枝中的联合概率为：0.35 × 0.45 = 0.157 5；第三分枝权中联合概率为：0.35 × 0.15 = 0.052 5。表 15 – 2 显示了依次用同样的方法，得到所有分枝的联合概率。

表 15－2　概率树的列表形式

单位：万美元

第 1 年		第 2 年		联合概率
初始概率 P	净现金流量	条件概率	净现金流量	
		0.40	1 000	0.140 0
0.35	600	0.45	600	0.157 5
		0.15	200	0.052 5
		0.30	600	0.120 0
0.35	300	0.50	300	0.200 0
		0.20	－100	0.080 0
		0.10	200	0.025 0
0.25	－50	0.40	－50	0.100 0
		0.50	－10	0.125 0

初始投资为 200 万美元

2. 计算概率分布净现值的预期值

通常，我们可以用项目的预期收益率来折算现金流的净现值，以调整未来现金流的货币时间价值和风险。但在概率树法中，我们预测了未来现金流的整个概率分布，需要排除货币时间价值的影响，而只单独地分析项目的风险。因此我们使用无风险利率将现金流量折算为现值。计算概率分布净现值的预期值（$\overline{\text{NPV}}$）公式为：

$$\overline{\text{NPV}} = \sum_{i=1}^{Z} (\text{NPV}_i \cdot P_i) \tag{15-3}$$

式中：NPV_i——第 i 个现金流量序列（或分枝）用无风险利率贴现的净现值；

$\quad\quad P_i$——第 i 个现金流量序列的联合概率；

$\quad\quad Z$——现金流序列的总个数。

本例中有 9 个可能的净现金流量序列，$Z = 9$。

该项目的初始投资额为 200 万美元，假定无风险利率为 6%。以式（15－3）分别计算这 9 个序列的现金流的净现值。

序列 1 的现金流净现值为：

$$\text{NPV}_1 = \frac{600}{1.06} + \frac{1\ 000}{1.06^2} - 200 = 1\ 256(万美元)$$

序列 2 的现金流净现值为：

$$\text{NPV}_2 = \frac{600}{1.06} + \frac{600}{1.06^2} - 200 = 900(万美元)$$

……

运用式（15－3），依次将计算出的各个序列的净现值分别乘以它们各自的联合概率之后加总，就得到净现值概率分布的预期值。计算过程如表 15－3 所示。

表 15 - 3　项目净现值预期值的计算过程

单位：万美元

(1) 现金流序列	(2) 净现值	(3) 联合概率	(4) = (2) × (3)
Z	NPV_i	P_i	$\overline{NPV}$
1	1 256	0.14	176
2	900	0.157 5	142
3	544	0.052 5	29
4	617	0.12	74
5	350	0.20	70
6	-6	0.08	-0.48
7	-69	0.025	-1.73
8	-292	0.10	-29
9	-256	0.125	-32
			$\overline{NPV}$ =428 = 加权平均

该项目净现值的预期值为 428 万美元。

必须注意的是，一个预期净现值（$\overline{NPV}$）为正的项目并不能作为接受这个项目的信号，因为它是用无风险利率贴现的，还没有考虑该项目的风险程度。所以，必须还要用风险调整贴现率来折现每期的预期现金量，这才能满足股东财富最大化的目标。

3. 计算净现值概率分布的标准差

净现金流概率分布标准差 σ_{NPV} 的计算公式为：

$$\sigma_{NPV} = \sqrt{\sum_{i=1}^{Z} P_i (PNV_i - \overline{NPV})^2} \qquad (15-4)$$

本例的标准差为：

$$\sigma_{NPV} = [0.14 \times (1\,256-428)^2 + 0.157\,5 \times (900-428)^2 + 0.052\,5 \times (544-428)^2 +$$
$$0.12 \times (617-428)^2 + 0.20 \times (350-428)^2 + 0.08 \times (-6-428)^2 +$$
$$0.025 \times (-69-428)^2 + 0.10 \times (-292-428)^2 + 0.125 \times (-256-428)^2]^{1/2} = \sqrt{268\,847} =$$
$$519(万美元)$$

将该项目的这个标准差与公司普通项目的标准差（平均风险水平）相比较，然后根据风险的差异来调整项目的贴现率，再以所确定的贴现率来贴现项目的现金流，就可以运用任何一种投资决策的准则来评估这个项目的可行性。

概率树法能够具体地预测项目的现金流的净现值及净现值发生的范围，以图形和列表的方式进行项目未来净现金流的预测显得直观明了。但是，这种方法还没有根据项目风险调整公司所要求的收益率，而且在更复杂的情况下可行性较差。

15.2.2　模拟法

模拟法是在接受某个投资项目时，以一个合格概率信息的模型为基础来测试该项目的可能结果，然后来估算净现值的预期值、内涵报酬率的期望值或盈利指数的期望值。模拟过程需要借助于计算机。

【例 15 –3】QWE 公司运用一个仿真模型在取得一个新投资项目的现金流序列信息时应考虑的因素如表 15 –4 所示。

表 15 –4　应考虑的因素

市场分析：(1) 市场规模；(2) 销售价格；(3) 市场增长率；(4) 市场占有率
投资成本分析：(5) 所需投资额；(6) 设备的使用期限；(7) 投资的残值
营业成本和固定成本：(8) 营业成本；(9) 固定成本

上述各个因素的可能结果与每个因素及其发生的概率密切相关。公司确定了这些因素的概率分布，就可以计算出这些因素随机组合的内涵收益率或按无风险利率计算的净现值。

以市场规模因素举例，假设市场规模具有表 15 –5 所示的概率分布。

表 15 –5　市场规模所具有的概率分布

市场规模/万美元	100	150	200	250	300	350	400
概　率	0.05	0.10	0.20	0.30	0.20	0.10	0.05

当用该方法估计出所有的 9 个因素的概率分布后，可以运用计算机对这 9 个因素进行仿真实验。第 (1) 至第 (4) 个因素共同决定每年的销售额；第 (8) 和第 (9) 个因素决定每年营业成本和固定成本。这 6 个因素共同决定每年的增量收入。再将前 6 个试验值与该项目 (5)、(6) 和 (7) 这 3 个因素的试验值结合起来后，就有充分的信息来计算这试验的内涵报酬率 (IRR) 或净现值 (NPV) 了。

该方法中 9 个因素的测试是多次重复的过程，当这一过程被重复足够多次以后，内涵报酬率就可以被描绘成一个连续分布图。从这个分布图中就能确定内部收益率的期望值和其分布的离差。模拟法在实际工作中要借助于计算机的仿真试验，这里仅仅简单地说明其基本过程。

15.3　项目组合的风险

前面我们讲述了单个投资项目的风险测度，下面我们进一步研究多个项目时的组合风险。投资组合理论同样也适用于多个项目组合的风险分析与风险管理。

如果，当一个项目的未来现金流与公司已经存在的资产密切相关，而另一个项目的未来现金流与那些已经存在的资产不太相关时，那么前一个项目所形成的公司总风险将大于后一个项目。在这种情况下，我们就需要运用投资组合理论来找出那个组合风险相对较小的项目，并测算项目组合的总风险。

15.3.1　项目组合的预期值与风险的测度

项目组合净现值的预期值（$\overline{\text{NPV}_\text{P}}$）是用无风险利率贴现的各个单个项目净现值的预期值的总和。项目组合净现值的预期值的计算公式为：

$$\overline{\text{NPV}_\text{P}} = \sum_{i=1}^{m} \sum_{j=1}^{m} \text{NPV}_i + \text{NPV}_j \qquad (15-5)$$

式中：m——项目组合中的项目总数；

NPV_i——项目 i 的净现值的预期值；

NPV_j——项目 j 的净现值的预期值。

项目组合的净现值的概率分布的标准差不是每个单个项目标准差的加总。在这里我们关注的是项目组合中一个项目与另一个项目的风险相关性，所以，项目组合的标准差（σ_P）的计算公式为：

$$\sigma_\text{P} = \sqrt{\sum_{i=1}^{m} \sum_{j=1}^{m} \sigma_{i,j}} \qquad (15-6)$$

式中：$\sigma_{i,j}$——项目 i 和项目 j 的净现值的协方差。

式（15-6）中的协方差可以表示为：

$$\sigma_{i,j} = \rho_{i,j} \sigma_i \sigma_j \qquad (15-7)$$

则：

$$\rho_{i,j} = \frac{\sigma_{i,j}}{\sigma_i \sigma_j}$$

式中：$\rho_{i,j}$——项目 i 和项目 j 可能净现值之间的相关系数；

σ_i——项目 i 的标准差；

σ_j——项目 j 的标准差。

【例 15-4】假设，某公司有一个正在实施的项目 A，而且正在考虑另一个项目 B。假定这两个项目有表 15-6 所示的净现值的预期值、标准差和相关系数。

表 15-6　项目 A 和项目 B 净现值的预期值、标准差和相关系数

	净现值的预期值/美元	标准差/美元
项目 A	200 000	15 000
项目 B	120 000	7 000
相关系数	0.30	

项目组合的净现值的预期值为两个单个项目净现值的和，那么 A、B 两个项目组合的净现值的预期值为：

$$\overline{\text{NPV}_\text{P}} = 200\ 000 + 120\ 000 = 320\ 000(\text{美元})$$

项目组合的标准差为：

$$\sigma_{\text{P}} = \sqrt{\sum_{i=1}^{m}\sum_{j=1}^{m} \rho_{i,j}\sigma_i\sigma_j} = \sqrt{\sigma_i^2 + 2(\rho_{i,j}\sigma_i\sigma_j) + \sigma_j^2} =$$

$$\sqrt{15\,000^2 + 20 \times 0.30 \times 15\,000 \times 7\,000 + 7\,000^2} = 18\,358(\text{美元})$$

通过接受项目 B，公司的净现值的预期值从 20 万美元增加到 32 万美元。净现值的标准差从 15 000 美元增加到 18 358 美元。在没接受项目 B 时，公司的方差系数（CV）是 15 000/200 000 = 0.075，而接受项目 B 之后的方差系数是 18 358/320 000 = 0.057。这表明接受项目 B 能够降低公司的总风险。

通过上述分析可知，通过接受一个与现存项目的相关性较低的项目，可以降低公司的总风险，从而增加公司的价值。在其他条件不变的条件下，各个项目之间的可能的净现值之间的正相关程度越低，净现值的标准差就越小。当然，当增加一个项目时相关系数还取决于该项目净现值的预期值。

15.3.2　项目组合的相关性

两个项目之间的协方差不仅取决于它们各自的标准差，还取决于它们之间的相关系数。因此，需要预测两个项目可能净现值的相关性。相关性是分析项目组合风险的关键因素。

当预期项目与公司曾经接受的项目相似时，我们可以通过历史数据来计算相关性。而对于没有相似性的项目，则只能通过预测相关性来评估这个项目。项目的相关性是指两个项目收益的"联动"程度，它的统计指标就是相关系数。我们可以通过上述的预测现金流量概率分布的预期值的方法，只要测算出两个项目的标准差之后，就可以计算出项目组合的相关系数，即：

相关系数 = 协方差 / 标准差的乘积

用公式表示如下：

$$\rho_{i,j} = \frac{\sigma_{i,j}}{\sigma_i\sigma_j}$$

相关系数在 1（完全相关）到 -1（完全不相关）之间取值。$\rho = 1$，表示两个项目的净现值是同比例地同向变化；$\rho = -1$，表示两个项目的净现值是同比例地反向变化；$\rho = 0$，两个项目是独立的或不相关的。因为绝大多数项目都与经济正相关，所以现实中大多数项目的相关性在 0 至 1 之间。在投资项目的决策中应选择那些相关性较低的项目，才能降低公司项目组合的总体风险，从而增加公司的价值。

15.4　资本预算的风险调整

不同项目的风险往往是不同的，当我们考虑并度量了一个项目的投资风险后，还必须根据项目的风险差异来调整项目分析的贴现率。下面介绍两种风险调整资本预算的方法。

15.4.1　风险调整贴现率法

风险调整贴现率（Risk-adjusted Discount Rate，RADR）是依据风险与收益匹配的原则来调整项目的贴现率。任何项目所要求的收益率都等于无风险利率加上附加风险的收益率。项目的附加风险越高，所要求的补偿也就越大。如果一个投资项目的风险高于普通项目的风险（即"平均"水平），那么就应调高贴现率来补偿超额部分的风险。反之，则应调低贴现率。当公司确定了适合项目风险所要求的收益率后，就应当使用这种风险调整贴现率来折算现金流。然后，可以采用除了内涵报酬率（IRR）法之外的其他投资准则来分析这个项目。在采用 IRR 法时，应将项目的内涵报酬率与风险调整后的贴现率进行比较，如果内涵报酬率超过了风险调整贴现率，则投资项目可以接受；反之，则不能接受。

风险调整贴现率法的公式为：

$$NPV = \sum_{t=1}^{n} \frac{ACF_t}{(1+k)^t} - I_0 \tag{15-8}$$

式中：ACF_t——第 t 期的税后预期现金流；

I_0——初始现金投入；

k——风险调整后的贴现率；

n——项目的期限。

在运用风险调整贴现率法时，如果新项目的风险水平高于公司普通项目的风险水平，则应对该项目采用较高的收益率标准。否则，就会高估了高风险项目的净值。这样，以"平均"风险贴现的投资决策就会减少股东财富。同样，对于风险低于公司普通项目风险水平的新项目，应采用较低的收益率标准，否则会低估新项目的净现值。风险调整贴现率要求获得与项目的风险水平相适应的收益率。

【例 15-5】例如，某公司考虑引进一条新产品的生产线，项目初始投资为 25 万美元，预计生命周期为 4 年。过去这家公司只保守地生产传统性产品，新产品的生产技术、市场销售都具有很大的不确定性，所以公司认为该项目属于风险性投资。公司管理者认为，这个项目的收益率以公司通常所要求的预期收益率 10% 来贴现是远远不够的，至少应达到 15% 才可以。公司预期该项目的现金流入量如表 15-7 所示。

表 15-7　公司预期该项目的现金流入量

单位：美元

年　份	1	2	3	4
预期现金流	80 000	80 000	80 000	80 000

用 Excel 程序计算预期现金流入量的现值为：

Rate = 15%，Nper = 4，PMT = 80 000，结果 PV = 228 398（美元）

NPV = 228 398 - 250 000 = -21 602（美元）

用 15% 风险调整贴现率贴现预期未来现金流的现值是 228 398 美元，减去初始投资的 250 000 美元，项目的净现值为 -21 602 美元，该项目不能采纳。而如果用 10% 的贴现率来贴现，项目的净现值为 3 589 美元。

风险调整贴现率法在实际应用中，通常根据公司对项目风险的分类来设定不同的贴现率。例如，某家公司对公司总体上所要求的收益率为 10%，根据不同项目采用表 15 – 8 所示的收益率作为贴现率标准来进行资本预算分析。

表 15 – 8　不同项目的收益率

项目分类	要求的收益率/%	项目分类	要求的收益率/%
重置决策	10	改建或扩建项目	15
与当前主营业务无关项目	18	研究和开发项目	25

以项目分类来确定项目的贴现率，降低了资本预算分析的工作难度，但是项目分类的收益率具有一定的主观性，从而降低了评估的准确性。

15.4.2　等价现金流法

等价现金流法是在资本预算中将那些有风险的未来预期现金流替换成被认为是等价的无风险现金流，然后以无风险利率对等价现金流贴现并计算出净现值来评估投资项目的一种方法。

假如，你参加一场游戏，其胜负的概率各为 50%。如果赢了可获得 100 美元，而输了什么也没有（没有损失）。这样，你不确定的收益为 50 美元。再假如你不参加这场游戏可以得到 30 美元，而这确定的 30 美元收益与不确定的 50 美元收益对你来说效果都是相同的。那么，30 美元的确定收益就是有风险收益 50 美元的等价现金流。当然，由于每个人的风险态度不同，而等价现金流也不同。

我们以等价系数（α_t）表示等价确定值与风险预期值之间的比率关系：

$$\alpha_t = \frac{\text{等价的无风险现金流}_t}{\text{原预期风险现金流}_t} \tag{15 – 9}$$

等价系数 α_t 在 0 和 1 之间变化，当 $\alpha = 0$ 时，表示风险无穷大；当 $\alpha = 1$ 时，表示无风险。

这样，将预期的有风险的现金流量乘以等价系数 α_t 就等于等价现金流，然后将这个等价的无风险现金流用无风险利率来贴现，就可以获得项目的净现值和获利能力指数。等价现金流法的公式为：

$$\text{NPV} = \sum_{t=1}^{n} \frac{\alpha_t \text{ACF}_t}{(1 + r_f)^t} - I_0 \tag{15 – 10}$$

式中：α_t——第 t 年的等价系数；

ACF_t——第 t 年的预期税后现金流；

r_f——无风险利率；

I_0——初始投资额；

n——项目期限。

计算出项目的净现值之后，运用资本预算的投资准则来分析该项目。注意，如果采用

IRR 法分析项目，应将项目的内涵报酬率与无风险利率相比较，而不是与公司所要求的收益率比较。

【例 15 – 6】 MNB 公司计划投资一个预期寿命为 4 年的项目，初始投资为 15 万美元，公司要求的收益率为 12%，无风险利率为 6%。表 15 – 9 列示了 MNB 公司运用等价现金流法的测算预期现金流的现值的过程。

表 15 – 9 运用等价现金流法预测未来现金流的现值

单位：美元

年 份	(1) 预期现金流	(2) 等价系数	(3) 等价无风险现金流 (1) × (2)	(4) 贴现因子 1/ (1.06)^t	(5) 现值 (3) × (4)
1	60 000	0.90	54 000	0.943	50 922
2	90 000	0.80	72 000	0.890	64 080
3	95 000	0.70	66 500	0.840	55 860
4	80 000	0.60	48 000	0.792	38 016

$$NPV = (50\ 922 + 64\ 080 + 55\ 860 + 38\ 016) - 150\ 000 = 58\ 878（美元）$$

项目的净现值为正，选择该项目可以增加股东财富。

等价现金流的判断也具有很大的主观性，而且由于每个人的风险态度不同，不同的财务经理使用这种方法的弹性也很大。所以，在实际中该方法并不常用。

15.5 项目中的管理期权

15.5.1 管理期权及其重要性

前面我们一直假定一个资本预算项目，通过公司管理者的预测与分析后，一旦接受这个项目就会执行下去一直到项目的结束。然而，风险或不确定性并不会因为公司选择和实施了特定的投资项目而不存在或不再发生。所以现实中，公司管理者经常会根据条件的变化，来灵活地改变原来的项目决策。换言之，公司管理者对项目的执行是有选择权的，这与金融期权有着非常类似的基本特征：决策者有权利而不是义务在未来必须执行期权合约。因此，我们将管理者根据条件变化进一步做出决策来影响一个项目的预期现金流量、项目寿命或未来是否接受的灵活性，称之为管理期权（Managerial Option）。

如果在投资项目中没有考虑到管理期权，将会导致分析人员在评估项目时低估项目的净现值。下面引用一个例子来说明这个问题①。

【例 15 – 7】某家电影公司以 100 万美元向某位作家购买了将其小说改拍成电影的权利。如果小说成功了，公司就将其拍成电影；如果失败了，则放弃将其拍成电影的权利。图 15 – 2 以决策树的形式描述了该投资项目的决策过程。

① （美）维慈·博迪，罗伯特·C·莫顿. 金融学. 北京：中国人民大学出版社，2009：433 – 434.

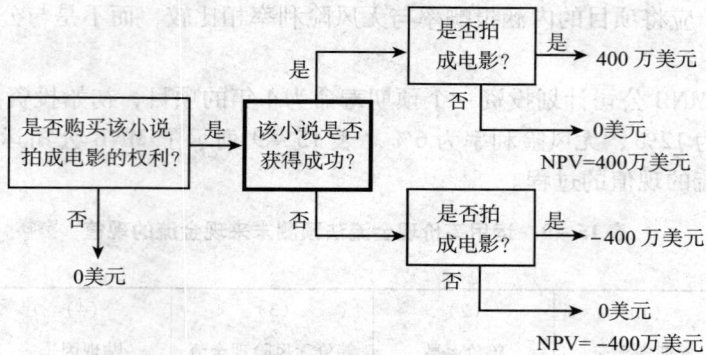

图 15 – 2　投资电影项目的决策树

图 15 – 2 中，项目成功与失败的概率各为 50%，项目成功了将获得的净现值为 400 万美元，失败了将损失的净现值为 –400 万美元。按照传统的现金流贴现分析，电影公司绝不会用 100 万美元投资一个净现值为 0 的项目 [400 × 0.5 + (–400) × 0.5]。但是，这个投资机会的分析是错误的，原因在于没有考虑到这个项目的期权特征。因为在这个项目中，管理者有权利而不是有义务将小说拍成电影。请注意图 15 – 2 中的黑框表示的环节，如果小说成功了管理者才会选择将它拍成电影；如果小说失败了管理者有权放弃改拍电影的权利，期权的价值为 0。这样，购买该期权将会为公司带来 200 万美元的净现值 (400 × 0.5 + 0 × 0.5)。只要用于计算这个净现值的预期收益率低于 100%，该项目预期收益的现值就会大于购买小说版权所支付的 100 万美元。因此，在分析投资项目时，考虑管理期权对未来变化的适应能力是非常重要的。

依据期权理论，项目预期收益的不确定性将会增加该项目的价值。假定例 15 – 7 中，未来收益的浮动范围增加了 1 倍，而预期值仍保持为 0，即如果该书成功了其净现值为 800 万美元；如果失败了其净现值为 –800 万美元，预期最坏的收益为 0。那么考虑项目的管理期权，该项目的预期净现值将会增加到 400 万美元 (800 × 0.5 + 0)，未来可能的收益范围增加了 1 倍。从这个意义上讲，项目预期收益的不确定性会增加它的价值。

管理期权会增加一个投资项目的价值，一个项目的价值可以被视为其用传统现金流贴现分析计算的净现值与期权价值之和。

$$项目价值 = 净现值(NPV) + 期权价值 \qquad (15 – 11)$$

上例中购买小说版权的项目价值 = 0 + 200 = 200（万美元）

在资本预算中，项目中的管理期权非常重要，其作用表现在以下 3 个方面。

（1）它有助于将投资项目的分析分解为具有一定时间跨度的一系列管理决策。例如，项目各个阶段的发起或扩张，放弃或签约，等待、放慢或加速的决策变化。

（2）它明确了评估项目时不确定性的作用。预期收益的不确定性越大，使用期权的投资机会越多，从而项目的预期值也就越大。

（3）它为我们提供了一种测算投资项目中期权价值的方法，即运用评估股票买入期权的定量模型进行项目管理期权价值的评估。

15.5.2　管理期权的类型及举例

管理期权的主要类型有以下 3 种。

（1）扩张（或收缩）的期权：当条件有利时，它允许公司扩大生产；当条件不利时，它则允许公司收缩生产。

（2）放弃（或继续）的期权：如果某个项目具有放弃价值，这种期权是项目所有者的固定选择；如果相反，这个项目则可以继续执行。

（3）延迟（或加速）的期权：对某个项目放慢而等待接受新信息的期权；相反，当获得有利的新信息后决定加速执行项目的期权。

下面将具体介绍几种主要管理期权的运作。

1. 扩张（或收缩）的期权

【例 15-8】OKM 公司正在评估一种环保的创新性产品，该公司准备为此建立一座每月生产能力为 20 000 件新产品的工厂。但是，现在从生产和市场角度看都是不经济的，预测的净现值为 –100 万美元。按照传统的现金流贴现分析方法，该项目应被拒绝。

然而，不断获得的信息已证明该产品将有很好的市场前景。如果销售量陡然增长，那么 OKM 公司将在短期内（两年内）扩大这个新工厂，产量将增加到 3 倍。然而，只有现在开始的第 1 期投资才会有机会激发起市场这种更高的需求水平。如果，OKM 公司不进行这个率先的初始投资，公司将在经营发展战略上丧失先动效应。

假定市场在 2 年后将会迅速扩大的概率为 50%。如果市场真的扩大了，那么第 2 年年末的第 2 期投资扩张的净现值将为 500 万美元，用预期收益率贴现后的净现值为 400 万美元。如果两年后市场衰退，那么公司将不再投资这个项目。从而在第 2 年末的增量净现值为 0。该项目管理期权所产生的净现值的预期值是 0.5 × 400 + 0.5 × 0 = 200（万美元），该项目的价值为 200 – 100 = 100（万美元）。

虽然，按照现金流贴现分析预测的项目净现值为负，但是我们发现项目扩张期权的价值足以抵消这个负的净现值。正因为该项目用有了一个价值期权，所以应该接受这个项目。

2. 放弃（或继续）的期权

放弃期权是指当实施某个项目之后又放弃该项目。这涉及期权的放弃价值，放弃价值（Abandonment Value）指某项目的资产在外部市场出售时的市场价值或将这些资产应用到公司其他领域时的机会成本。一般当发生下述两种情况时，应该放弃正在实施的项目：（1）其放弃价值大于项目后继未来现金流量的现值；（2）现在放弃该项目比未来某个时刻放弃它更好。当放弃的可能性存在时，投资项目的价值会增加。因此，其项目的价值是：

$$项目价值 = 没有放弃的期权净现值 + 放弃的期权价值 \quad (15-12)$$

【例 15-9】某机床制造公司正在考虑引进一套新设备来生产 CM-Ⅱ型机床，这种机床只能生产 1~2 年，因为现在正在设计的 CM-Ⅲ型机床将替代它。CM-Ⅱ型的项目方案需要花费 200 万美元，现金流的概率分布在表 15-10 中列示。为简便起见，假定第 2 年以后，该方案预期不会产生任何现金流量或残余价值，而且在第 1 年末有预期放弃价值 100 万美元。

表 15-10 显示了该公司预计的这项目两年中 9 个序列的可能的现金流量的概率分布。

表 15 – 10　项目的概率分布——初始情况

单位：万美元

第 1 年年末		第 2 年年末		联合概率（P_i）
初始概率	现金流量	条件概率	现金流量	
		（1）0.25	0	0.062 5
0.25	80	（2）0.50	80	0.125 0
		（3）0.25	150	0.062 5
		（4）0.25	100	0.125 0
0.50	150	（5）0.50	150	0.250 0
		（6）0.25	200	0.125 0
		（7）0.25	150	0.062 5
0.25	200	（8）0.50	200	0.125 0
		（9）0.25	300	0.062 5

放弃价值 100 万美元

初始投资为 200 万美元

假设公司的预期收益率为 12%，用其作为贴现率就可计算出没有放弃期权时项目的预期净现值[①]。具体方法是用概率树法中的式（15 – 3）：

$$\overline{\text{NPV}} = \sum_{i=1}^{z} (\text{NPV}_i \cdot P_i)$$

首先计算每个序列的净现值（NPV_i），然后将每个序列的净现值乘以该序列的联合概率（P_i），最后将所有现金流序列按概率加权后的净现值加总，就得到没有放弃期权时的预期净现值（见表 15 – 11）。

表 15 – 11　没有放弃期权时的项目预期净现值的计算过程

单位：万美元

序列	第 1 年 现金流量	第 2 年 现金流量	NPV_i	联合概率（P_i）	NPV
	（1）	（2）	（3）*	（4）	（5）**
1		0	−129	0.062 5	−8
2	80	80	−65	0.125 0	−8
3		150	−9	0.062 5	−1
4		100	14	0.125 0	2
5	150	150	54	0.250 0	14
6		200	93	0.125 0	12

[①]　在前面的概率树法中，我们用无风险利率作为贴现率贴现现金流的现值，在那里我们要剔除货币时间价值的影响，单独分析项目的风险程度。这里我们用预期收益率来贴现现金流量，以同时调整未来现金流量的时间价值和风险程度。

续表

序列	第 1 年 现金流量 (1)	第 2 年 现金流量 (2)	NPV_i (3) *	联合概率（P_i） (4)	NPV (5) **
7		150	98	0.062 5	6
8	200	200	138	0.125 0	17
9		300	218	0.062 5	14

加权平均 = 48 = NPV

用 12% 的预期收益率作为贴现率。

$* \quad (3) = (1)/1.12 + (2)/1.12^2 - 200$

$** \quad (5) = (3) \times (4)$

初始投资为 200 万美元

该项目的净现值（NPV）为 48 万美元。

依据放弃理论，当该项目的第 1 年年末的放弃价值 100 万美元大于后继项目现金流量的现值 48 万美元时，该公司应放弃这个项目。因为现金流量预期只有两期，所以迟于第 1 年放弃该项目的可能性不存在。但是，我们在进一步观察表 15-5，会发现当第 1 年的现金流为 80 万美元时，第 2 年的可能现金流量的预期值是 78 万美元（$0.25 \times 0 + 0.5 \times 80 + 0.25 \times 150$）。然后用 12% 的预期收益率贴现到第 1 年末，现值为 70 万美元，比第 1 年年末的 100 万美元的放弃价值小。但是，如果第 1 年的现金流量为 200 万美元或 300 万美元，放弃就不合算了。因为这两种情况的第 2 年可能的现金流量的预期值贴现到第 1 年年末的现值分别为 134 万美元 [（$0.25 \times 100 + 0.5 \times 150 + 0.25 \times 200$）/1.12] 和 190 万美元 [（$0.25 \times 150 + 0.5 \times 200 + 0.25 \times 300$）/1.12]，它们都大于放弃价值 100 万美元。

当我们决定放弃该项目时，就必须对第 1 年中的现金流量作一些修正。因为，如果决定第一年末放弃该项目，就应将放弃价值 100 万美元作为第一年年末的额外现金流入量，那么第一年的现金流量将从 80 万美元增加到 180 万美元。而由于放弃该项目，第 2 年的现金流量为 0。表 15-12 列示了对表 15-10 和表 15-11 修正后的现金流量情况和净现值。

表 15-12　项目放弃的概率分布与净现值——修正后的情况

单位：万美元

第 1 年末		第 2 年末		NPV_i (5) *	联合概率（P_i） (6) **	NPV (7) ***
初始概率 (1)	现金流量 (2)	条件概率 (3)	现金流量 (4)			
0.25	180	1.00	0	−39	0.25	−10
		0.25	100	14	0.125 0	2
0.50	150	0.50	150	54	0.250 0	14
		0.25	200	93	0.125 0	12

第1年末		第2年末		NPV$_i$	联合概率（P_i）	NPV
初始概率	现金流量	条件概率	现金流量			
(1)	(2)	(3)	(4)	(5)*	(6)**	(7)***
		0.25	150	98	0.062 5	6
0.25	200	0.50	200	138	0.125 0	17
		0.25	300	218	0.062 5	14

加权平均数 = 55

初始投资为200万美元。

若放弃该项目，在第一年年末有100万美元的额外现金流入。

预期收益为12%。

* (5) = (2)/1.12 + (4)/1.12 − 200

** (6) = (1) × (3)

*** (7) = (5) × (6)

修正后的项目净现值为55万美元。可以看出修正后的净现值有了明显的提高。这是因为，如果在市场条件不利时放弃该项目，那么初始情况下的最差的现金流量就被消除了。如果当一个项目的放弃价值足够大时，那么就应该放弃它。

如果，放弃价值小于该项目的预期净现值，而不放弃的项目预期净现值又足够大时，则决定这个项目继续执行为好。所以，上述方法也可用来评估投资项目的可持续性。

3. 延迟期权

当信息尚不充分，而不必要立即执行的某些投资项目，可以通过等待获得关于市场需求、价格、成本和其他方面的新信息，由此存在一个项目的延迟权。但是，延迟或等待并不意味着公司放弃早期的现金流量和可能失去的先动优势。比如，一个新产品的投资决策，管理者拥有现在推出这种产品或选择将来在推出该产品的期权。如果现在推出这种新产品，那么相当于等待而言可以获得较早的现金流量。但是，如果等待，公司可以有更有利的方式推出这种新产品。同其他管理期权一样，可能的结果不确定性越大，延迟的期权价值也就越大。但是，必须注意的是在延迟期权中项目期权的公开性，因为在收集信息的等待中其他公司也将认识到这种项目的开发机会，会导致项目的边际收益率的降低。

15.5.3 管理期权的价值评估

我们已经知道：项目价值 = 净现值（NPV） + 期权价值，当知道了一个项目的价值与其净现值后，就能够计算出该项目中管理期权的价值。下面介绍一种简便、直接计算管理期权价值的方法，即运用 Black-Scholes 公式来评估管理期权的价值。

1. 包含购买期权的投资项目

【例 15 - 10】A 公司正在考虑收购 B 公司。假设这两家公司的资本都是权益资本，它们在市场上可以自由流通的普通股都为 100 万股。B 公司现在的市价为 1 亿美元，其价值波动的标准差为 0.20。假定 B 公司的管理者向 A 公司提供了一种期权：A 公司向 B 公司支付 500 万美元（期权费），在 1 年内以 1.05 亿美元收购 B 公司的全部股份。市场上无风险利率为每年 5%，那么这项投资合算吗？

这是一个资本预算决策，以支付 500 万美元的成本获得 1 年内以 1.05 亿美元收购 B 公司的权利。为了确定该期权的价值，我们采用股票欧式买入期权定价的 Black-Schloes 公式，即：

$$C = \Phi(d_1)S - \Phi(d_2)E\,e^{-rT}$$

$$d_1 = \frac{\ln(S/E) + (r + \sigma^2/2)T}{\sigma^2\sqrt{T}}$$

$$d_2 = d_1 - \sigma\sqrt{T}$$

式中，C 为买入期权的价格；S 为股票的价格；E 为执行价格；T 为期权到期的年限；r 为无风险利率；σ 为股票年金化连续复利的标准差。运用 Black-Ssholes 公式的软件程序计算该项目的期权价值，输入已知的 5 个变量，C 的输出值如表 15－13 所示。

表 15－13　C 的输出值

S	E	r	T	σ	d	结果
100	105	5%	1	20%	0	$C = 8.02$（百万美元）

其净现值为 NPV＝802－500＝302（万美元），结论是该投资机会的 NPV 为正，值得投资。

2. 包含管理期权的投资项目

当一个投资机会没有明显的涉及到期权的购买问题，而只包含了管理期权时，这个期权的价值评估与上述的方法是相同的。

【例 15－11】 假设 C 公司正在考虑投资一座发电厂。第一阶段，该项目需要投资 500 万美元建造厂房；第 2 阶段，即 1 年后要投资 10 500 万美元购买机器设备。假设从现在看该发电厂的价值为 11 000 万美元，其不确定性的标准差为 0.2，无风险利率为 5%。

如果用传统的现金流贴现分析的方法，预期收益率 k 贴现发电厂的现值，该项目的净现值为：

$$\text{NPV} = \frac{11\,000}{1+k} - \frac{10\,500}{1+5\%} - 500 = \frac{11\,000}{1+k} - 10\,500（万美元）$$

如果该公司的预期收益率（k）为 10%，那么该项目的净现值就为：

$$\frac{11\,000}{1.10} - \frac{10\,500}{1.05} - 500 = -500（万美元）$$

结果表明不值得投资，但是上述方法忽视了该项目的期权特征：即管理者有权利在 1 年内放弃这个方案。也就是说，只有在该发电厂的价值超过了 10 500 万美元时，管理者才会在第 2 阶段继续投资 10 500 万美元。按照管理期权的理论，在该项目的第 1 阶段实际上用 500 万美元购买了一个买入期权，期权的有效期为 1 年。该期权在第 2 个阶段，它的执行价格为 10 500 万美元，该项目完成后的现值为 10 000 万美元（11 000/1.10）。

运用 Black-Scholes 公式的程序，输入以下变量：$S = 100$（百万美元）、$E = 105$（百万美元）、$r = 5\%$、$T = 1$、$\sigma = 20\%$，可以求出该管理期权的价值为 802 万美元。该项目的净现值为正的 302 万美元，而不是忽视管理者放弃该项目期权时计算出来的负净现值。

实际上，未来所有的投资机会都可以被视为买入期权。因为公司在决定是否投资时可以等待，在投资后也可以决定终止。公司可以等待的时间类似于期权的有效期限；初始投资类似于买入期权的价格；继续投资类似于执行价格；而项目预期现金流的现值类似于相关股票的价格。一般来说，传统的净现值法都低估了项目的价值，因为它忽视了期权的价值。

复习思考题

思考题

1. 为什么在资本预算中要考虑项目的风险？
2. 采用概率树法进行项目风险分析时，什么是初始概率、条件概率和联合概率？
3. 在评估资本投资时，为什么使用无风险利率将现金流量贴现为现值？
4. 在分析项目组合的风险时，净现值的相关性有什么作用？如何判断特定项目是否被接受？
5. 什么是管理期权？为什么在资本预算中考虑项目的管理期权非常重要？
6. 管理期权有哪些主要类型？它们之间有什么区别？

计算题

1. NPL公司正在考虑购买一台生命周期为两年的新设备。该设备的价格为3 000美元，未来的税后现金流量取决于市场对公司产品的需求。表15-14以概率树的形式给出了与这台设备有关的未来现金流量的分布情况。

表15-14　与这台设备有关的未来现金流量的分布情况

第1年		第2年		分　枝
初始概率	净现金流量/美元	条件概率	净现金流量/美元	
0.40	1 500	0.30	1 000	(1)
		0.40	1 500	(2)
		0.30	2 000	(3)
0.60	2 500	0.040	2 000	(4)
		0.040	2 500	(5)
		0.20	3 000	(6)

（1）各个分枝的联合概率分别是多少？

（2）假定无风险利率是10%：①6个完全分枝的净现值各是多少？②可能净现值的概率分布的预期值和标准差各是多少？

（3）假定概率分布是正态分布，那么实际净现值比0小的概率是多少？这个概率值的意义是什么？

2. ZC 公司想开发一条新产品生产线——布丁生产线。生产线可能的净现值的概率分布的预期值和标准差分别是 1.2 万美元和 9 000 美元。公司现存的生产线包括冰淇淋、松软白干酪和酸乳酪生产线。这些生产线的净现值的预期值和标准差如表 15－15 所示。

表 15－15　各生产线净现值的预期值和标准差

单位：美元

	净现值的预期值	净现值的标准差
冰淇淋	16 000	8 000
松软白干酪	20 000	7 000
酸乳酪	10 000	4 000

这些产品之间的相关系数如表 15－16 所示。

表 15－16　各产品之间的相关系数

	冰淇淋	松软白干酪	酸乳酪	布　丁
冰淇淋		1.00		
松软白干酪	0.90	1.00		
酸乳酪	0.80	0.84	1.00	
布丁	0.40	0.20	0.30	1.00

（1）对于由三种现存产品构成的组合，计算其可能净现值概率分布的预期值和标准差。

（2）计算现存产品加上布丁所构成的新产品组合的净现值与标准差。比较（1）和（2）的结果。你认为布丁生产线什么样？

3. BPM 公司正在考虑开设一个新的分店。如果在其新的分店里建造一间办公室和 100 只宠物笼子，那么需要的初始现金支出为 10 万美元。在今后 15 年内每年能产生净现金流量 1.7 万美元，而 15 年以后土地的租期已满，该项目不会有任何残值。公司的预期收益率为 18%。如果该分店确实很有吸引力，很成功。那么，BPM 公司将在第 4 年末再扩建 100 只笼子，预期第 5～15 年的现金流量每年将再增加 1.7 万美元。公司认为这个新分店很成功的概率为 50%。

（1）初始项目可以被接受吗？为什么？

（2）扩张的期权价值是多少？在具有该期权的情况下项目的总价值为多少？现在项目可以被接受吗？为什么？

第 16 章

向财务杠杆与资本成本

第 5 篇

资本成本、资本结构与股利政策

◇ 第 *16* 章

预期收益率与资本成本

在资本预算的方法中使用的贴现率由何而来？为什么称它为风险调整的贴现率？站在投资人和被投资人这两个不同角度，贴现率又分别被称作预期收益率和资本成本。作为投资人，出借或付出了资金当然要索取回报，回报的多少用预期收益率来衡量。资本成本是指企业为筹集和使用资金而付出的代价。投资人的预期收益率就是企业层面上的资本成本，二者是同一事物的两种不同称谓而已。

企业的资金来源于两个方面：一方面是来自于公司外部的债务资本，另一方面是股东的权益资本。债务资本和权益资本的大小决定了企业的资本结构。对于高风险的项目，投资人必然要求高收益，因此使企业的资金使用成本增加。

资本成本的规则还告诉我们，具体项目要具体分析。一个公司新项目的风险可能高于或低于已有项目的风险，因此，每个项目要评价它自身的资本成本。对于一个拥有 A 和 B 两个项目的公司而言，它的价值应为：

$$公司价值 = PV_A + PV_B$$

投资人根据项目 A 的风险设定贴现率对项目 A 产生的现金流进行贴现来评估项目 A 的价值，同样用反映项目 B 风险的贴现率对项目 B 产生的现金流进行贴现来评估项目 B 的价值。在通常情况下，两个贴现率是不同的。

在这一章中，将讨论企业的各类资金筹集和使用的成本是如何计量的，并讨论将企业作为一个整体来看，不同的资金来源所形成的公司资本成本是如何计算的。另外，我们还要考虑如何根据项目的风险程度来调整和计算贴现率等问题。

16.1 资 本 成 本

一般使用资本成本率这样的指标来表示资本成本的大小。资本成本率通常简称为资本成本，是指企业筹资费用加上用资费用之和与筹资额的比率，用百分比表示。资本成本率一般有以下两种。

（1）个别资本成本，指各种不同筹资方式的成本率。比如债务资本中的长期借款成本率和债券类资本成本率分别是多少；对于筹集和使用权益资本中的优先股股本金、留存收益和普通股股本金的成本率又分别是多少等。

（2）综合（加权平均）资本成本，指对于同时使用债务资本和权益资本的企业来说，综合这两方面资本的成本率。

16.1.1 个别资本成本

在资本成本中包括筹集费用和用资费用两类成本。其中筹集费用是指在筹集活动中为获得资本而发生的费用，一般是根据约定，支付一次性的、固定的费用，在今后资金的使用过程中不再发生，如佣金、手续费等。用资费用是在资金占用期间定期支付的费用，如利息、股利等。

1. 债务资本成本的测算

债务资本成本（Cost of Debt）包括长期借款资本成本和长期债券资本成本两种。债务资本成本中的用资费用是以利息形式存在的，大家知道，利息作为费用可以税前列支从而抵扣利息这一部分的所得税，税后成本才是企业实际发生的成本。所以在测算债务资本成本率时要考虑所得税的因素。

1）长期借款成本

根据前面的描述，对于定期付息，到期一次还本的长期借款来说，其成本率计算公式为：

$$K_{\mathrm{L}} = \frac{I_{\mathrm{L}}(1 - T)}{L(1 - F_{\mathrm{L}})} \tag{16-1}$$

式中：K_{L}——长期借款资本成本；

I_{L}——长期借款年利息；

T——所得税率；

L——筹资额，即借款本金；

F_{L}——长期借款一次性支出的筹集费用。

【例16-1】某公司在银行贷到一笔 8 年期长期借款，金额 1 000 万美元，手续费率 0.2%，年利率 6%，每年结息一次，到期一次还本。公司所得税率 33%。该笔长期借款的资本成本计算如下：

$$K_L = \frac{1\ 000 \times 6\% \times (1 - 33\%)}{1\ 000 \times (1 - 0.2\%)} = 4.03\%$$

【例16-2】如果每半年结息一次，其他条件不变，该笔长期借款的资本成本有何变化？这一变化就在于因为结息次数的增加而使年实际利率提高了。我们看看这时的实际利率变成了多少。

$$年实际利率 = \left(1 + \frac{6\%}{2}\right)^2 - 1 = 6.09\%$$

如果是每季结息一次呢？每月结息又怎样呢？

$$年实际利率 = \left(1 + \frac{i}{m}\right)^m - 1 \tag{16-2}$$

式中：m——每年结息次数。

所以，在例 16-1 中，若每半年结息一次，其他条件不变，借款成本为：

$$K_L = \frac{1\,000 \times 6.09\% \times (1 - 33\%)}{1\,000 \times (1 - 0.2\%)} = 4.09\%$$

上述方法只是对资本成本的粗略计算，因为它没有考虑到货币的时间价值而使得结果不精确。精确的计算应该使用现金流折现的方法得出税前资本成本，然后再得出税后资本成本。如果仍然是到期一次还本这种方式，那么计算资本成本的公式为：

$$L(1 - F_L) = \sum_{t=1}^{n} \frac{I_t}{(1 + K)^t} + \frac{P}{(1 + K)^n} \quad\quad (16-3)$$

$$K_L = K(1 - T) \quad\quad (16-4)$$

式中：P——到期偿还的本金；

K——税前资本成本。

式（16-3）左边是实际借款额，因为是在今天收到的现金流，所以不需折现。式（16-3）右边的第一项为借款期内各期支付的利息现值之和，第二项是到期时偿还本金的现值。这一等式表明一笔长期借款的税前资本成本使得现金流入现值等于现金流出现值。

得出税前资本成本后，利用式（16-4）计算税后资本成本。

仍使用例 16-1 中的数据，在考虑货币时间价值的条件下，到期一次还本，计算那笔长期借款的资本成本是多少？

$$1\,000 \times (1 - 0.2\%) = \sum_{t=1}^{8} \frac{100 \times 6\%}{(1 + K)^t} + \frac{1\,000}{(1 + K)^8}$$

通过计算得出 $K = 6.03\%$。

如果使用手算，其计算过程相当复杂，但利用 Excel 中的函数和强大的计算功能，其过程将被大大的简化。现我们使用 Excel 中的 PV 函数和工具栏的单变量求解进行计算。

首先在事先给定一个 K 值的基础上利用 PV 函数计算出等式右边，如图 16-1 所示。

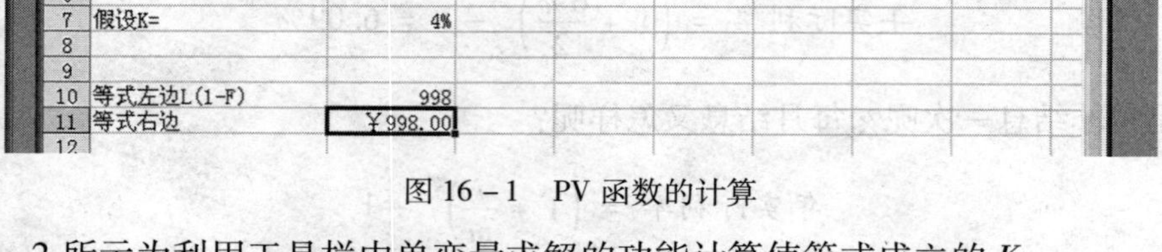

图 16-1 PV 函数的计算

图 16-2 所示为利用工具栏中单变量求解的功能计算使等式成立的 K。

图 16-2　单变量求解

求得 $K = 6.03\%$。

6.03% 是税前的资本成本，使用公式（16-4），计算出税后资本成本 $=4.04\%$。

在现实世界中，长期借款特别是银行长期借款本金的偿还方式往往是在借款期限内分次偿还的，尤其是对于那些金额较大的借款。在这种情况下，只需对式（16-1）作一调整仍然可以利用式（16-3）和（16-4）计算资本成本。调整后的公式为：

$$L \times (1 - F_L) = \sum_{t=1}^{n} \frac{I_t}{(1+K)^t} + \sum_{m=1}^{n} \frac{P_m}{(1+K)^m} \qquad (16-5)$$

如果例 16-1 中，其他条件不变，本金从第 3 年开始等额偿还，问资本成本多少？

$$1\,000 \times (1 - 0.2\%) = \sum_{t=1}^{8} \frac{1\,000 \times 6\%}{(1+K)^t} + \sum_{m=1}^{6} \frac{1\,000 \div 6}{(1+K)^m} \times \frac{1}{(1+K)^5}$$

计算得出 $K = 7.17\%$。根据式（16-4），税后资本成本 $=4.8\%$。

在计算公式当中，注意第 2 项 m 为本金偿还次数，假定每年末还款。分 6 次偿还，因假定以等额还款方式偿还，故每次还款额为 $1\,000/6 = 166.67$。又因为 6 次还款额折现到第 3 年末，要得到其现值，还需乘以一个折现系数。

2）长期债券成本

长期债券是发行公司承诺支付利息和偿还本金的一种有价证券。分公开发行和私募发行两种。另外，债券设有面值（最初的会计价值），而债券的买卖双方在交易时决定债券的市场价值，市场价值不一定等于面值，因此就形成了折价、平价和溢价发行。所以债券的资本成本的计算与长期借款有所不同。另外不同的一点是债券的筹资费用比长期借款的筹资费用要高。而二者相同的是利息都可税前抵扣从而减免利息部分的所得税。

按一次还本、分期付息的方式，长期债券资本成本的计算公式为：

$$K_B = \frac{I_B(1-T)}{B(1-F_B)} \qquad (16-6)$$

式中：K_B——债券资本成本率；

I_B——债券票面年利息；

B——按发行价格确定的债券筹资额；

T——所得税率；

F_B——筹资费用率。

【例 16 - 3】 假定某公司发行面额为 1 000 美元，5 000 张 10 年期债券，票面利率为 10%，每年付息一次。以面额发售，发行费用率为 5%，公司所得税率 33%。债券的资本成本是多少？

$$K_B = \frac{5\,000 \times 1\,000 \times 10\% \times (1 - 33\%)}{5\,000 \times 1\,000 \times (1 - 5\%)} = 7.05\%$$

但如果该债券是以折价或溢价发行的话，式（16 - 6）中 B 就以发行价格计算，而利息的支付按票面价格计算。

【例 16 - 4】 假如该公司发行的例 16 - 3 中的债券是以溢价 100 美元发行的，其他条件不变，这时的资本成本是多少？

$$K_B = \frac{5\,000 \times 1\,000 \times 10\% \times (1 - 33\%)}{5\,000 \times 1\,100 \times (1 - 5\%)} = 6.41\%$$

如长期借款成本的计算一样，若忽略货币的时间价值这一因素，计算会比较简便，但不精确；若要精确的计算结果就需考虑现金的支出现值和现金的收入现值，使其二者相等的折现率成其为资本成本。公式为：

$$B(1 - F_B) = \sum_{t=1}^{n} \frac{I_B}{(1+K)^t} + \frac{P}{(1+K)^n} \tag{16-7}$$

$$K_B = K(1 - T) \tag{16-8}$$

沿用例 16 - 3 数据，计算该债券的成本。

$$5\,000 \times 1\,000 \times (1 - 5\%) = \sum_{t=1}^{10} \frac{5\,000 \times 1\,000 \times 10\%}{(1+K)^t} + \frac{5\,000 \times 1\,000}{(1+K)^{10}}$$

$$K = 11\%$$

$$K_B = 11\% \,(1 - 33\%) = 7.37\%$$

如果债券溢价或折价发行，那么式（16 - 7）左边的现金流入按实际发行价格计算。

2. 权益资本成本的测算

权益资本可分为优先股股本金、留存收益和普通股股本金三种。股东的收益是企业税后净利润中的一部分，因此，权益资本的使用不能使企业享有税赋减低的好处，但股东的收益可视企业或分红政策的情况，可能获取相等丰厚的回报。对于一个全部使用权益资本的企业来说，评估企业所需要的折现率应为权益资本成本（Cost of Equity）。

1）优先股成本 K_P（Cost of Preferred Stock）

优先股既具有债务的特性又具有普通股股票的特性，亦既具有债务固定收益的特性又具有普通股股票无限期、不可赎回的特性。所以，我们可将优先股视作永续年金，根据永续年金的计算公式 $P_0 = \frac{D}{K_P}$，得出优先股成本 K_P。

$$K_P = \frac{D_1}{P_0} \tag{16-9}$$

式中：D——固定股利；

　　P_0——当前价格。

　　2）留存收益成本 K_S（Cost of Retained Earnings）

　　留存收益是企业历年未做分配的净利润的累积所形成的，其所有权归股东所有，是股东留存于企业可用于企业再投资的资金。

　　当一个企业产生净利润后，对净利润的处理有两种选择，一是作为红利全部分配给股东，二是留在企业（部分或全部）进行再投资而将未来的现金作为红利分配给股东。那么股东更倾向于哪一种方案？如果股东能够将所分得的红利购买与企业再投资项目风险相同的金融资产（股票或债券），这位股东一定希望获得比企业投资项目更高的回报。换句话说，企业使用留存收益不是免费的，要满足股东对未来回报的要求，只有当企业进行投资的项目，其预期回报率不低于风险相同的金融资产的时候，股东才愿意将部分或全部净利润留存在企业（见图 16-1）。

　　从公司的角度而言，股东的预期回报就是企业的权益资本成本。如果我们使用资本资产定价模型（CAPM）计算回报率的话，股东的预期回报率应为：

$$K_S = R_F + \beta_i (R_M - R_F) \tag{16-10}$$

式中：　　R_F——无风险资产收益率，通常以短期国债票面利率表示；

　　　　　β_i——公司投资项目的风险系数；

　　　　　R_M——市场平均收益率；

　　$(R_M - R_F)$——市场风险溢价（或称市场升水）。

　　【例 16-5】假设某公司的资本完全是权益资本，它的 β 值为 1.21，进一步假设市场风险溢价为 9.2%，无风险资产收益率为 5%。现该公司正在考虑几个资本预算项目，这些项目的性质与目前公司业务类似，所以假设这些新项目的 β 值与目前的相同。我们估算该公司使用留存收益的成本：

$$K_S = 5\% + 1.21 \times 9.2\% = 16.13\%$$

　　只有当企业投资项目预期回报不低于相同风险的金融资产回报率时，股东才愿意将利润交给企业去投资。企业对净利润进行处理的选择如图 16-3 所示。

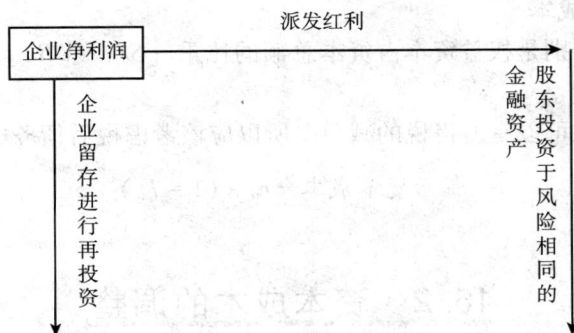

图 16-3　企业对净利润进行处理的选择

除了利用资本资产定价模型之外，还可用股利增长模型（Discount Dividend Model，DDM）计算留存收益成本。

DDM是建立在股票红利有固定增长率的假设基础上的模型。其计算公式为：

$$K_S = \frac{D_1}{P_0} + g \tag{16-11}$$

式中：D_1——第1年末红利；

P_0——股票当前价格；

g——年固定红利增长率。

【例16-6】假设某公司股票当前价格为30美元，红利年增长率10%，年初发放红利2美元。该公司留存收益成本为多少？

$$K_S = \frac{[2 \times (1+10\%)]}{30} + 10\% = 17.33\%$$

3）普通股资本成本（Cost of Common Stock）

这部分的权益资本成本的计算方法同留存收益成本的计算方法。

16.1.2 加权平均资本成本

对于既有债务资本又有权益资本的企业来说，它的资本成本需要考虑这两方面资金来源的成本，这一方法称为加权资本成本（Weighted Average Cost of Capital，WACC）法，是以各种资本占全部资本的比重为权数，对个别资本成本进行加权平均确定的。其计算公式为：

$$WACC = \frac{S}{S+B} \times r_S + \frac{B}{S+B} \times r_B \times (1-T_C) \tag{16-12}$$

式中：S——权益资本总额；

B——债务资本总额；

$S+B$——公司资本总额，这里需要注意的是，S与B都是市场价值；

r_S——权益资本成本；

r_B——债务资本成本。

公式当中的权数分别是权益资本占资本总额的比重 $[S/(S+B)]$ 和债务资本占资本总额的比重 $[B/(S+B)]$。

当然，债务的利息可以有所得税的减免。所以应该考虑税后债务成本，即：

$$税后资本成本 = r_B \times (1-T_C)$$

16.2 资本成本的调整

对任何一个投资者来说，在承担风险的同时都希望获取与风险程度相应的回报。从企业角度来考察，在资本预算中，投资项目的取舍原则正如在资本的预算方法一章中所讲的，当收益率大于贴现率时才能增加企业的价值。而贴现率正是我们这里要讨论的、依据项目风险大小调整的资本成本，资本成本是投资者对企业所要求的必要的报酬率。资本成本往往被称为"隐含利率"（Hurdle Rate）。只有当企业在投资项目上获得的收益率高于资本成本时才能接受项目。

"隐含利率"所反映的应该是项目风险而不是公司整体风险。一个公司可能有涉及不同领域的多个项目，每个项目的风险都不尽相同。如何根据具体项目的风险来调整资本成本？CAPM 为我们提供了一个简便的方法。

CAPM 描述了在市场均衡条件下，收益与风险之间的关系。证券市场线（SML）描述了权益资本的收益与风险之间的正向线性关系，如图 16 - 4 所示。项目风险越高，股东预期的回报率也越高。

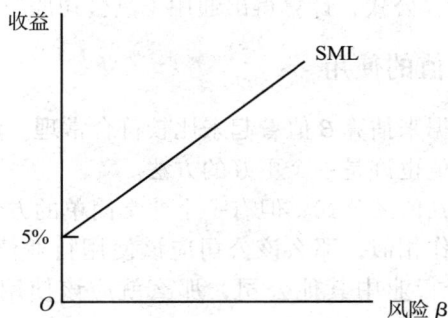

图 16 - 4　风险-收益权衡线——SML

股东预期的回报率就是公司的资本成本。根据 CAPM，β 值的大小表明了风险的大小。接下来的问题就是如何估算 β 值。

16.2.1　β 值的估算

β 值反映的是某项资产收益的变动对市场变动的敏感度。在数学上表达为某只股票的收益率与市场平均收益率的协方差与市场平均收益率方差的比值。用公式表示为：

$$\beta_i = \frac{\sigma_{i,\mathrm{M}}}{\sigma_{\mathrm{M}}^2} \tag{16-13}$$

【例 16 - 7】假设已知 4 年的通用工具公司股票的收益率和市场平均收益率如表 16 - 1 所示。我们可以分 6 步计算出 β 值。

（1）计算公司股票收益率和市场收益率的平均值。

$$公司股票平均收益率 = \frac{-0.10 + 0.03 + 0.20 + 0.15}{4} = 0.07$$

$$市场平均收益率 = \frac{-0.40 - 0.30 + 0.1 + 0.2}{4} = -0.10$$

（2）计算公司股票各期收益率与其平均收益率的偏差和市场各期收益率与其平均收益率的偏差。

表 16 - 1　通用工具公司股票的收益率和市场平均收益率

年　份	公司股票的收益率（R_G）	市场平均收益率（R_M）
1	-10%	-40%
2	3%	-30%
3	20%	10%
4	15%	20%

（3）将以上两个偏差相乘得出公司股票收益率与市场收益率的协方差。

（4）计算市场收益率偏差的平方得出市场收益率的方差。

（5）将各期协方差累加得出总协方差，同理计算方差之和。

（6）利用上述 β 值的计算公式，计算得出通用工具公司股票的 β 值为 0.419。

16.2.2　工业平均 β 值的使用

我们使用公司的历史数据来估算 β 值看起来比较符合常理。然而，经常有人提出参照整个行业的情况来估算公司 β 值也许是一个更好的方法。

没有一个如何选择正确 β 值的公式，但有一个非常简单的方针，即如果认为自己公司的操作与行业中其他公司的操作相似，那么该公司应该使用行业值以减少估算错误。但如果一个公司的操作完全不同于行业中其他公司，那么就应该使用自己的历史数据计算出的 β 值。

16.2.3　β 值的决定因素

既然 β 值反映公司的风险，那么它的大小应该决定于公司的特性。我们要考虑三方面的因素：收入的周期性、营业杠杆和财务杠杆。

1. 收入的周期

有些公司的经营带有很强的周期性特征，即这些公司有明显的扩张期和收缩期。实证表明，那些高新技术企业、零售商和汽车制造业受商业周期的影响最大。而某些行业的企业诸如公共能源、铁路运输、食品等很少受周期的波动。由于 β 值是一只股票收益率与市场收益率标准化的协变度，因此周期性越明显的公司，其股票的 β 值越大。

2. 营业杠杆与经营风险

企业的营业成本可分为固定成本和可变成本两种。不随产量的增减而变化的成本称为固定成本；相对应的，随着产量的变化而变化的成本称为可变成本。两种成本之间的区别就有了营业杠杆的定义。

营业杠杆（Operating Leverage）是指企业在经营活动中对固定成本的利用。企业可以通过增加产量（销售量）而降低单位产品成本的固定成本，在其他条件不变的情况下，从而增加企业的营业利润。所以若企业固定成本在总成本中的比例高，则说明企业的经营杠杆高。然而，高比例的固定成本也会使公司由于销售量的减少而使利润有更大的下降。因此高经营杠杆会增加企业的经营风险也因此而增大了 β 值。

所谓经营风险（Business Risk）是指纯粹与企业经营有关的风险，特别是指企业在经营活动中利用营业杠杆而导致营业利润下降的风险。

营业杠杆的大小用杠杆系数来表示。杠杆系数等于税前盈余变动率与销售额变动率之比。用公式表示为：

$$DOL = \frac{\Delta EBIT}{EBIT} \div \frac{\Delta S}{S} \qquad (16-14)$$

为了进一步说明问题，该公式还可以从边际效益（销售单价 - 每单位产品的可变成本）的角度变换如下：

$$EBIT = Q(P-V) - F$$
$$\Delta EBIT = \Delta Q(P-V)$$
$$S = QP$$
$$\Delta S = \Delta Q \cdot P$$
$$DOL = \frac{\Delta Q(P-V)}{Q(P-V)-F} \times \frac{Q}{\Delta Q} = \frac{Q(P-V)}{Q(P-V)-F} \qquad (16-15)$$

式中：P——单位售价；

　　　V——可变成本；

　　$P-V$——边际效益；

　　　Q——销售量；

　　　F——固定成本总额。

营业杠杆测量了在给定销售额变动率的条件下税前盈利的变化情况。同时也说明了当固定成本增加和可变成本下降时营业杠杆增大。

根据营业杠杆的原理，可以计算出销售量的盈亏平衡点，即在销售多少产品的时候，企业的毛利（EBIT）为零。亦即：

$$EBIT = Q(P-V) - F = 0$$
$$Q = \frac{F}{P-V} \qquad (16-16)$$

固定成本、可变成本、销售收入、EBIT 和盈亏平衡点之间的关系如图 16 - 5 所示。

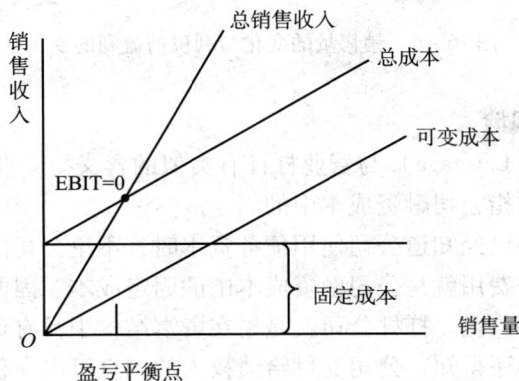

图 16 - 5　固定成本、可变成本、销售收入、EBIT 和盈亏平衡点之间的关系

【例16－8】假设一家公司打算生产某种产品，它可以在技术 A 和技术 B 之间选择。这两种技术带来的相应的成本如表16－2所示。

表16－2　技术 A 和技术 B 的成本

	技术 A	技术 B
固定成本	1 000 美元/年	2 000 美元/年
可变成本	8 美元/件	6 美元/件
单价	10 美元/件	10 美元/件
边际效益	2（10－8）美元	4（10－6）美元

技术 A 相对于技术 B 来说有较低的固定成本和较高的可变成本。也许是 A 的机械化程度不如 B 高，或者是由于 A 的设备是租赁的，而 B 必须购买；也可能是由于 B 必须雇佣一些高技术人才，即使是不景气时也要支付高额的工资，而 A 雇佣较少的人员，其余的工作进行外包。不论什么原因，总之技术 B 有较高的固定成本和较低的可变成本，我们说它有较高的营业杠杆。

因为两种技术用来生产同样的产品，所以产品的售价是一样的。边际效益是售价与可变成本的差，测量了每多销售一件产品所增加的毛利（EBIT）。因为 B 的边际效益更大，所以它的风险更大。由于每单位销售额的增加，A 可带来 2 美元的利润，而 B 可带来 4 美元的利润，相似地，每缩减单位销售额，A 造成利润缩减 2 美元，而 B 使利润减少 4 美元。图16－6可以对此直观地进行描绘。图16－6表明由于销售量的变化而带来的利税前盈利的变化。曲线的斜率越大，表明边际效益越大，经营风险也越大。

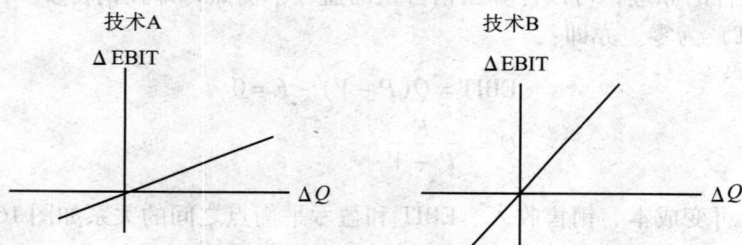

图16－6　销售量的变化与利税前盈利的变化

3. 财务杠杆及财务风险

财务杠杆（Financial Leverage）与营业杠杆有类似的含义。营业杠杆是涉及产品生产中的固定成本；财务杠杆则指公司融资成本中的固定成本。

从前面的章节中我们已经知道公司使用债务资本时，不论公司的效益如何都要支付给债权人固定的利息，这部分费用就是公司融资成本中的固定成本。因此，财务杠杆就是公司依赖债务资本而带来的额外收益，杠杆公司就是指在资本结构中具有债务资本的公司。

我们根据前面的论述还得知，公司支付给债权人的利息可以在税前列支从而减少相应的所得税。所以，对于有债务资本的公司，其利息后盈利 = EBIT － I，I 为所支付的利息。利息后盈利是公司上缴所得税金的基数。由此我们得出财务杠杆为：

$$DFL = \frac{EBIT}{EBIT - I} \qquad (16-17)$$

在我们以前的论述中，对表示风险大小的 β 值的测量都是以公司股票收益率为观察值来计算的，所以，前面我们所估算的是公司股票或权益资本的 β 值。其实杠杆公司总资产的 β 值与它的权益资本的 β 值是不同的。因为一个杠杆公司的总资产组合是由两部分的资金来源购置而成的，因此，综合考虑公司资本组合的构成，我们有：

$$\beta_{Asset} = \frac{债务资本}{债务资本 + 权益资本} \times \beta_{Debt} + \frac{权益资本}{债务资本 + 权益资本} \times \beta_{Equity} \qquad (16-18)$$

实践当中，债务资本的 β 值很小，通常的假设是 $\beta_{Debt} = 0$，所以有：

$$\beta_{Asset} = \frac{权益资本}{债务资本 + 权益资本} \times \beta_{Equity} \qquad (16-19)$$

因为对于杠杆公司来说，权益资本占总资本的比重一定小于 1，所以 $\beta_{Asset} < \beta_{Equity}$，如果对上述公式重新安排，得出：

$$\beta_{Equity} = \beta_{Asset}\left(1 + \frac{债务资本}{权益资本}\right) \qquad (16-20)$$

这个公式告诉我们公司有了债务资本后增加了权益资本的风险，从而增大了公司的财务风险。所谓财务风险（Financial Risk）也称为融资风险，是指在融资活动中利用财务杠杆可能导致企业股权资本所有者收益下降的风险，甚至可能导致企业破产的风险。

综上所述，一个项目 β 值的大小反映了其风险的大小，根据风险的大小，投资人决定了其索要的报酬率应是多少，即对于企业来说，其需付出的必要报酬率应是多少，已知了 β 值，利用CAPM，得出：

$$必要报酬率 = 无风险利率 + \beta \times 市场风险升水 \qquad (16-21)$$

复习思考题

思考题

1. 企业可使用的资金有哪几类，它们的资本成本如何计算？
2. β 值的计算公式是什么？为什么 β 值是恰当测量单一证券在大的组合中风险的指标？
3. 什么是营业杠杆？什么是财务杠杆？与之相对应的都有哪些风险？营业杠杆和财务杠杆都是如何计算的？
4. 如何测量公司整体资本成本的大小？应注意的问题是什么？
5. 什么是盈亏平衡点？

练习题

1. 某家具公司为完全权益资本公司，其 $\beta=0.9$。市场风险溢价为9%，无风险利率为5%。公司必须马上决定是否执行一项投资120万美元的项目，该项目将为公司在未来的5年内每年创造34万美元的税后现金流。假设该项目与公司整体的风险是一样的，该公司是否应该执行这个项目？

2. 决定一只股票 β 值的因素有哪些，分别定义并描述。

3. Adobe 在线公司的 β 值为1.29。该公司的债务-权益比率为1。市场平均收益率等于13%，无风险利率是7%。公司的债务资本成本为7%，公司所得税率为35%。
   (1) Adobe 在线公司的权益资本成本是多少？
   (2) Adobe 在线公司的加权资本成本是多少？

4. Luxury 公司的债务账面价值是6 000万美元。当前其债务以120%的账面价值交易，利率为12%。500万股的普通股当前市场价格为每股20美元，该公司股票的预期收益率为18%，可得税率是25%。试计算该公司的加权资本成本。

◇ 第 *17* 章

资本结构

所谓的资本结构，就是公司的债务资本与权益资本的比例。相应地，公司在资本结构上的决策是当公司扩张需要资本时，决定对债务资本依赖的程度，即在总的资金需求中有多少要通过债务融资来解决。

前一章曾介绍过，债务融资从公司角度讲，有两方面的好处：一是利息可以税前抵扣从而降低公司的实际融资成本；二是支付给债权人固定金额的利息。这样在公司经营状况好时，超额的收益可由股东独享。但当债务资本比例过高时也会给公司带来困难甚至是灾难。比如，通过上一章我们知道，公司有了债务资本后增加了权益资本的风险，从而增大了公司的财务风险；另外，无论公司经营情况好坏都要支付债权人的利息，当公司的盈利不足以支付利息时，公司就会面临被清算的危险。因此，公司对债务资本的使用是有条件的。

所以，如何确定一个最优的资本结构对于一个企业来说是至关重要的。在本章中，我们将讨论有关资本结构的理论以及在决定资本结构时所应考虑的因素等问题。

17.1 资本结构问题与派形图理论

一个企业如何选择债务与权益资本的比例？我们利用派形图模型的方法回答资本结构的问题（见图 17 –1）。图 17 –1 中是公司的两类资本，即债务和权益。公司的价值应是这类资本的总和，有：

$$V \equiv B + S$$

式中，B 为债务资本的市场价值；S 为所有者权益的市场价值。

图 17 –1 表示了两种资本的不同分配方案：一个是债务资本占 40%，权益资本占 60%；另外一个是债务资本占 60%，权益资本占 40%。如果公司管理的目标是使公司的价值最大化，那么公司就应该挑选那个使得圆图最大的资本比例。

这样的讨论就引发了两大问题。

（1）为什么股东应该考虑如何使公司价值最大化，而不是只考虑他们自己的利益，即只考虑使权益资本最大化。

（2）债务资本和权益资本应该是什么比例，才能使股东的利益得到最大化。

图 17 - 1 资本结构派形图

下面让我们来逐个解答这些问题。

17.2 公司价值最大化和股东利益最大化

下面这道例题描述的是作为财务经理，应该为股东选择使公司价值最大化的方案。

【例 17 - 1】假设 SJ 公司目前的市场价值是 1 000 万美元并且没有债务，该公司共发行 100 万股，每股价值 10 美元。像 SJ 这样的公司称为无杠杆公司。现进一步假设 SJ 公司计划借 500 万美元用于支付红利，每股 5 美元。在发行了这笔债务后，该公司就变成了杠杆公司，该公司的其他投资不会因此而受到影响。那么 SJ 公司在进行这样的重组后价值将如何变化？

管理层认为，从理论上说，这个重组无外乎带来 3 种结果：①公司价值将高于 1 000 万美元；②公司价值仍为 1 000 万美元；③公司价值将少于 1 000 万美元。在咨询了投资银行的人员后，管理层认为公司的价值变化不会超过 250 万美元，即在前面三种情况下，公司的价值将分别为：1 250 万美元，1 000 万美元和 750 美元。原始资本结构和新资本结构下公司价值变化的可能性如表 17 - 1 中所示。

表 17 -1 原始资本结构和新资本结构下公司价值变化的可能性

	无债务（原始资本结构）	重组后 3 种情况下的价值/万美元		
		I	II	III
债务	0	500	500	500
权益	1 000	750	500	250
公司价值	1 000	1 250	1 000	750

我们看到，在重组后 3 种情况下权益资本的价值都小于了 1 000 美元。这一点可以有两种解释。第一，这张表格显示的是红利支付之后的权益资本价值。现金支付就视同于公司一部分的清算，结果是红利支付出去之后，股东在公司当中所拥有的价值就相应的降低。第二，在遇到未来清算的情况，股东在债权人之后只对剩余财产享有分配的权利，基于这一点，债务是公司的障碍物，减少了权益的价值。

在以上的 3 种情况下，现在我们看看股东的盈利是多少，如表 17 - 2 所示。

表 17 - 2　重组后股东盈利情况分析

	重组后 3 种情况下的价值/万美元		
	I	II	III
资本利得	-250	-500	-750
红利	500	500	500
净盈利/损失	250	0	-250

　　没有人能够确定哪一种情况会出现。但假设经理人相信情况 I 最有可能发生，那么股东将有 250 万美元的盈利，所以这一重组方案毫无疑问地会被执行。尽管股票的价格下降了 250 万美元而变为 750 万美元，但股东收到了 500 万美元的红利，他们净盈利了 250 万美元 (-250 + 500)。同时，我们注意到公司的价值也增加了 250 万美元 (1 250 - 1 000)。

　　现假设经理人认为情况 III 最有可能发生，那么重组方案肯定不会实施，因为股东会有 250 万美元的损失。股票的价格下降了 750 万美元而只有现在的 250 万美元，即便是他们获得了 500 万美元的红利，仍然有 250 万美元的损失 (-250 = -750 + 500)，而且这时公司的价值也下降了 250 万美元 (-250 = 750 - 1 000)。

　　最后，假设第二种情况发生的可能性最大，那么这一重组将不会影响股东的利益。因为股东既不盈利也不损失，而且值得注意的是公司的价值这时也没有变化。

　　例 17 - 1 解释了为什么经理人要千方百计地提升公司的价值，而不是只考虑股东的利益，换句话说，它回答了前面的第一个问题。由此我们总结出：资本结构的变化只有在公司价值得到提升时股东才能受益。

　　综上所述，我们可以推导出：公司应该选择使其价值最大化的资本结构，因为这一资本结构将使股东获得最好的收益。

　　然而这道例题并没有告诉我们哪一种情况最有可能发生，所以也没告诉我们 SJ 公司是否要增加这笔债务资本，因此也回答不了前面所提的第 2 个问题，即"债务资本和权益资本应该是什么比例，才能使股东的利益得到最大化"。这个问题我们接下来回答。

17.3　财务杠杆和公司价值

17.3.1　杠杆与股东的回报

　　前面我们知道了只有取得公司价值最大的时候股东的利益才能最大。现在我们要探讨的是如何决定最优的资本结构。我们将从资本结构对股东回报的影响方面开始讨论并举例说明。

　　【例 17 - 2】AS 公司目前没有债务。该公司正在考虑发行债务回购一部分股票。当前的和预计的资本结构如表 17 - 3 所示。公司总资产 8 000 万美元，股票数量 400 万股，每股价值 20 美元。该公司准备借款 4 000 万美元回购股票，剩余 4 000 万美元仍为权益资本，利率为 10%。

表 17 - 3　AS 公司资本结构

单位：万美元

	当　前	预　计
资本	8 000	8 000
债务	0	4 000
权益	8 000	4 000
利率	10%	10%
市值/股	20	20
发行股数	400	200

　　经济状况在当前资本结构下对每股盈利的影响如表 17 - 4 所示。在正常经济条件下公司预计盈利 1 200 万美元（中间一列）。由于资产为 8 000 万美元，所以总资产收益率（ROA）为 15%（1 200/8 000）。基于目前公司为全权益资本公司，因此净资产收益率（ROE）也为 15%。每股盈利（EPS）是 3 美元（1 200/400）。类似地，当经济不景气和扩张时期 EPS 分别为 1 美元和 5 美元。

表 17 - 4　AS 公司目前的资本结构：没有债务

单位：万美元

	不景气	正　常	扩　张
总资产收益率（ROA）	5%	15%	25%
盈利	400	1 200	2 000
净资产收益率（ROE）	5%	15%	25%
每股盈利	1.00	3.00	5.00

　　表 17 - 4 和表 17 - 5 所示的是财务杠杆的影响及利息前的盈利表示。如果利息前盈利为 1 200 万美元，ROE 在预计的资本结构下为最高。如果利息前盈利为 400 万美元，则 ROE 在目前的资本结构下为最高。

　　这些思想我们可以通过图 17 - 2 直观地表达出来。图中实线代表的是没有杠杆的情况。这条线从原点出发表明如果利前收入为零时 EPS 为零，EPS 随着利前收入的增加而增加。虚线表示的是有 4 000 万美元债务的情况。当利前收入为零时 EPS 为负数。这是由于无论公司效益如何都要支付 400 万美元的利息。

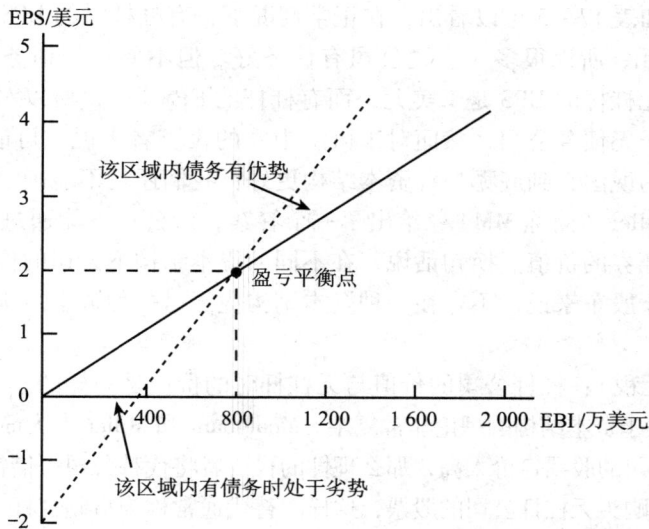

图 17 - 2 财务杠杆: AS 公司的 EPS 和 EBI

现在考虑两条线的斜率。虚线的斜率大于实线的斜率。造成这种情况的原因是有债务要比没有债务时的股票数量少,因此由于盈利的增长贡献给较少的股票所以任何利前盈利(EBI)的增加会导致杠杆公司的每股盈利(EPS)有更大的增长。

由于虚线的截距小而且斜率大,所以两条线必然会交于一点,这点就是盈亏平衡点,从图上看出这点是利前盈利(EBI)800 万美元。即当 EBI 为 800 万美元时,公司在有杠杆和无杠杆两种情况下的每股盈利(EPS)是一样的,都是 2 美元。当 EBI 大于 800 万美元时,有杠杆的情况会使公司的 EPS 大于无杠杆时的 EPS,反之,EBI 小于盈亏平衡点 800 万美元时,有杠杆的 EPS 小于无杠杆的。

表 17 - 5 AS 公司预计资本结构(债务 = 4 000 万美元)

	不景气	正 常	扩 张
总资产收益率(ROA)	5%	15%	25%
利前盈利(EBI)	400	1 200	2 000
利息	-400	-400	-400
利后盈利	0	800	1 600
净资产收益率(EOE)	0	20%	40%
每股盈利(EPS)	0	4.00	8.00

17.3.2 债务与权益的选择

通过表 17 - 4、表 17 - 5 和图 17 - 2,我们清楚地看出杠杆对 EPS 的影响,这点是非常重要的。尽管如此,我们还没有揭示其中关键的问题,即对于 AS 公司来说,哪一种资本结构更好。

根据表 17 - 4 和表 17 - 5 可以看出，在正常情况下，有杠杆时的 EPS 是 4 美元，而无杠杆时的 EPS 是 3 美元，所以很多人会说公司有债务好。但不要忘记债务会带来风险，尤其在不景气的时候，无杠杆的 EPS 是 1 美元，而有杠杆的 EPS 是 0，所以对于厌恶风险的投资者来说可能更倾向于无债务公司，然而对于风险中立的投资者来说，可能倾向于杠杆公司。给了这样模棱两可的说法，到底哪一种资本结构更好？我们还是不能确定。

Modigliani 和 Miller（简称MM）[1] 给出了一个答案，即公司不能通过改变它的资本结构来改变它所发行的证券的价值。换句话说，在不同的资本结构下公司的价值都是一样的。另外一种表述是，对于股东来说，不存在一种资本结构优于另一种资本结构。这一结果就是著名的 MM 命题 I 。

MM 命题 I （无税）：杠杆公司的价值与无杠杆时的价值是一样的。

在 MM 以前，关于资本结构的理论非常复杂。Modigliani 和 Miller 大大简化了资本结构理论，他们说，如果杠杆公司的股票定价太高，那么理性的投资者将代替公司去借钱，然后将借来的钱连同自己的资金一同购买无杠杆公司的股票，这样的替代通常称为自制杠杆。当股东个人按与公司相同的利率借款时，那么他们就可以复制出与有杠杆的公司一样的效果。

17.3.3 一个关键的假设

以上的 MM 结论一个关键的假设就是股东个人可以借到与公司一样便宜的资金，即两者的借款成本相同。如果个人的借款成本高于公司的话，那么很容易证明公司可以通过增加债务而提高公司的价值。

这一相同借款成本的假设成立吗？答案是成立的。个人的借款成本不一定要高于公司。因为，股东借款可以通过股票经纪人，比如某人想买 10 000 美元股票，而他自己可以拿出 6 000美元，剩下的 4 000 美元可从经纪人处借款。经纪人出借资金有两个条件：一是要求借款人随时补充他账号内的资金；二是要以他的股票做质押。所以经纪人面临的违约风险很小。特别是，当借款人账户中余额不足时，经纪人可以卖掉质押的股票补偿贷款。所以经纪人一般收取的利息比较低，很多情况下，利率只比无风险利率高一点点。

与之相对应的，公司借款时通常以非流动性资产做抵押。贷款人处理危机的成本很高，包括前期调研和贷后监管等，一旦遭到违约，非流动性资产的处置也要相当高的时间成本。所以个人贷款利率不一定会比公司的利率高。因此二者借款成本相同的假设应该是成立的。

17.4 Modigliani 和 Miller：命题 II （无税）

17.4.1 杠杆与股东的风险

不过也会有人反对这一说法，他们说，公司发生债务不一定是好事，尽管股东的预期收益率增加了，但他们所承担的风险也大了。通过检验表 17 - 4 和表 17 - 5，我们不难

---

[1] F. Modigliani 和 M. Miller 在 1958 年发表的论文《资本结构、公司金融和投资理论》。

看出，不同的经济状态使公司的 EBI 在 400 万美元到 2 000 万美元之间变化，这样的变化带给无债务时的 EPS 的变化是在 1 美元和 5 美元之间，而带给有债务时的 EPS 是 0 美元和 8 美元之间的变化。在有债务的情况下，这一 EPS 更大范围的浮动隐含着股东的风险加大了。换句话说，在经济状态好时，有债务情况下的股东可获得比无债务情况下的股东更好的回报，而在经济状况较差时，有债务情况下的股东会获得比无债务情况下股东更差的回报。

通过图 17 - 2 也可得出同样的结论。图中虚线的斜率大于实线的斜率，这说明，有债务时，公司股东在好经济状况下有更好的回报，而在坏经济状况下有更坏的回报。换句话说，由于斜率是 ROE 对公司利前盈利变化的反应程度，所以斜率测量了股东风险的大小。由此，下面介绍 MM 命题 Ⅱ。

17.4.2 命题 Ⅱ：公司债务与股东预期收益率

由于有债务的权益面临更大的风险，它就应该有更高的收益作为补偿。市场只对无债务公司要求 15% 的预期收益，但要对有债务的公司要求 20% 的预期收益率。

这一推理方便了我们引入 MM 命题 Ⅱ。MM 认为权益资本的收益率与杠杆正向相关，因为杠杆增加了股东的风险。

为了更好地理解该命题，我们先回忆前面一章当中加权资本成本的公式：

$$r_{\text{WACC}} = \frac{B}{B+S} \times r_{\text{B}} + \frac{S}{B+S} \times r_{\text{S}} \qquad (17-1)$$

MM 命题 Ⅰ 有一个隐含的意思是无论资本结构如何，加权资本成本都是一致的。现在我们在这一基础上探讨一下 MM 命题 Ⅱ。

我们将 r_0 定义为全部为权益资本公司的资本成本。

$$r_0 = \frac{无债务公司的预期盈利}{权益资本} = \frac{1\,200}{8\,000} = 15\%$$

这一结果与 r_{WACC} 相等。事实上，如果不存在公司税，那么 r_{WACC} 一定与 r_0 相等。

命题 Ⅱ 陈述的是对于有杠杆的公司而言，其股东的预期收益率 r_{S}。r_{S} 的大小是利用等式 $r_{\text{WACC}} = r_0$，然后重新安排得出：

MM 命题 Ⅱ（无税）

$$r_{\text{S}} = r_0 + \frac{B}{S}(r_0 - r_{\text{B}}) \qquad (17-2)$$

式（17-2）隐含着股东的投资预期收益率是公司债务资本与权益资本比例的线性函数。式中，如果 r_0 大于 r_{B}，那么权益成本会随着债务与权益比例，B/S 的升高而增大。通常来说 r_0 都要大于 r_{B}，因为权益资本的风险较收益确定的债务资本的风险要大，所以使得股东要求的收益率 r_0 相应的要高。

以上的描述也可通过图 17 - 3 直观地表达出来。

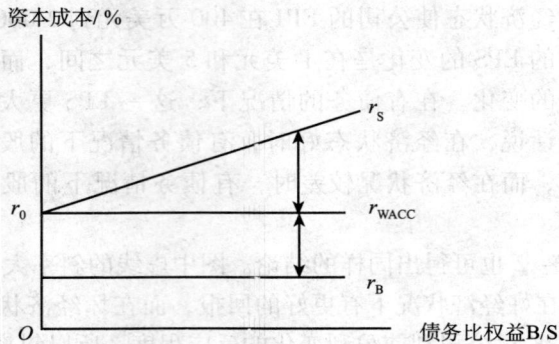

图 17-3　权益资本成本、债务资本成本和加权资本成本：MM 命题 II（无税）

权益资本成本 r_S 与 B/S 的比例正相关。而公司的加权资本成本与资本结构无关。图中需注意的一点是 r_0 只是一点，而 r_{WACC} 是整个一条线。

17.4.3　对 Modigliani-Miller 命题的总结（无税）

1. 假设

（1）无税。

（2）无交易成本。

（3）个人与公司的借款利率相同。

2. 结论

命题 I：$V_L = V_U$（有杠杆时的公司价值与无杠杆时的公司价值相等）

命题 II：$r_S = r_0 + \frac{B}{S}(r_0 - r_B)$

3. 进一步的理解

命题 I：通过自制杠杆，个人可以获得视同公司有同样杠杆的效果。

命题 II：有杠杆公司的权益资本成本升高，因为有杠杆时，股东的风险加大了。

17.4.4　对 MM 命题的再解释

Modigliani-Miller 的结论指明公司不能通过重组其资本结构而改变其价值。这一思想自 20 世纪 50 年代问世以来，被认为是具革命性的理论，他们的模型和推理也一直以来受到人们的喝彩。

MM 说，尽管债务资本的成本明显低于权益资本的成本，但公司整体的资本成本也不会因为债务资本替代权益资本而降低。原因是债务的加入会使权益资本更具风险，而这一风险的增加必然造成权益资本成本的升高，由债务资本带来的低成本被增加的权益资本成本而抵消了，从而公司的价值和整体资本成本不会随资本结构的变化而变化。

尽管学者们对深奥的理论情有独钟，但一般人也许更注重现实中的实际情况。现实世界中公司经理们是否遵从或者说接受 MM 关于资本结构无关的理论？不幸的是，所有的公司都不会很随意地选择自己的资本结构。对于一些特定的行业，比如银行业，选择的是高债务比例结构；而对于其他行业，比如制药业，往往选择低债务的资本结构。事实上，任何一个行业都有其适合的债务-权益结构。所以，财务经济学家们（包括 MM 自己）都考虑是否现实世界当中的一些因素被理论所忽略了。

当检查理论所做的不太切合实际的假设的时候，我们发现了这两个因素。

（1）税的因素被忽略了。

（2）破产清算成本和其他一些代理成本被忽略了。

我们用下面的篇幅来讨论这两个因素。

17.5 考虑税的因素

前面的章节告诉我们，在没有税的世界中，公司价值与资本结构无关。现在我们要说明的是，在公司税存在的情况下，公司价值与债务资本呈正相关。这一直观的表述可用下面的图 17 - 4 表达。

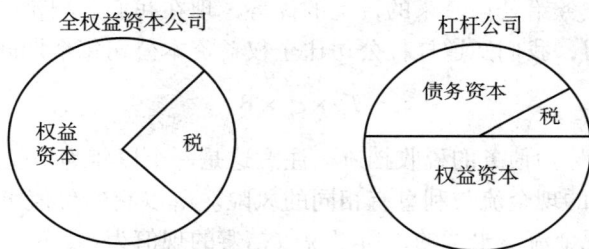

图 17 - 4 在公司税存在的情况下资本结构的派形图

左边的圆图为全权益资本公司。这里，股东和税局对公司的价值具有要求权。当然股东所拥有的公司价值只是所有价值中的一部分，而税的那一部分自然成为了股东的成本。

右边的圆图是有债务的公司，通常称为杠杆公司。在图中看出，有三方同时对公司的价值具有要求权：股东、债权人和税局。杠杆公司的价值为权益资本和债务资本之和。前面说过，财务经理要选择使公司价值最大化的资本结构。从两个圆图的对比中发现，支付最少税金的资本结构就是使公司价值最大的资本结构。

从我们的目的来说，最相关的两个数据一个是税后收入，此为股东所有的现金流；另一个是利息，此为债权人所享有的现金流。因为，利息可税前扣除，而利息后的收入要按一定的税率上缴所得税。我们将这种关系用线性公式表达如下。

对于全权益资本公司来说，应纳税收入为 EBIT，其应交纳税金为 $EBIT \times T_C$。

这里 T_C 为公司所得税率。税后收入，即属于股东的现金流为：

$$EBIT \times (1 - T_C) \qquad\qquad (17 - 3)$$

对于杠杆公司来说，应纳税收入为：

$$EBIT - r_B \times B$$

其应缴纳税金为：

$$T_C \times (\text{EBIT} - r_B \times B)$$

在杠杆公司中，可为股东用于分红的现金流为：

$$\text{EBIT} - r_B \times B - T_C \times (\text{EBIT} - r_B \times B) = (\text{EBIT} - r_B \times B) \times (1 - T_C)$$

在杠杆公司中，可用于股东和债权人的现金流之和为：

$$\text{EBIT} \times (1 - T_C) + T_C \times r_B \times B \tag{17-4}$$

可以看出，杠杆公司的现金流在一定程度上依赖债务融资 B 的金额。

问题的关键可在比较式（17-4）和式（17-3）中看出，它们之间的差额是 $T_C \times r_B \times B$，它是杠杆公司为投资人创造的多余的现金流。这里的投资人既包括股东，也包括债权人。这一现金流也是没有流向税务部门的资金。

17.5.1 税收挡避的现值

上面我们讨论了债务给公司带来的税上的优势，现在我们来测量一下这一优势的价值是多少。通过前面的学习，我们知道杠杆公司比全权益资本公司每个期间多产生的现金流为：

$$T_C \times r_B \times B \tag{17-5}$$

式（17-5）通常称为债务的税收挡避。注意这是一个以年为单位的金额。

假设式（17-5）的现金流与利息有相同的风险。所以它的价值可用利率作为折现率进行折现，并假设这一现金流是永续的，所以税收挡避的现值为：

$$\frac{T_C \times r_B \times B}{r_B} = T_C \times B \tag{17-6}$$

17.5.2 杠杆公司的价值

刚才计算了由债务而来的税收挡避的现值，下面一步就是计算杠杆公司的价值。这一价值由两部分组成，一部分是全权益资本公司（非杠杆公司）的价值，其现值等于 $\text{EBIT} \times (1 - T_C)$。

$$V_U = \frac{\text{EBIT} \times (1 - T_C)}{r_0} \tag{17-7}$$

式中：　　　　V_U——非杠杆公司的现值；

　$\text{EBIT} \times (1 - T_C)$——税后公司现金流；

　　　　T_C——公司所得税税率；

　　　　r_0——非杠杆公司的资本成本。

杠杆公司价值的第二部分现金流是 $T_C \times r_B \times B$，即税收挡避，其现值就是式（17-6）所计算的结果。由此，得出了考虑公司税 MM 命题 I：

$$V_U = \frac{\text{EBIT} \times (1 - T_C)}{r_0} + \frac{T_C \times r_B \times B}{r_B} = V_U + T_C \times B \tag{17-8}$$

式（17-8）揭示了随着债务的增加公司得到的税收挡避就越多，公司可以用债务资本来代替权益资本而增加它的现金流和其价值。我们可以说资本结构是很重要的：以增加债务-权益比率可降低应交税金而因此增加公司的总价值。这一动力会驱使公司采取100%债务的资本结构。

17.5.3 预期收益和公司税存在情况下的杠杆

MM命题Ⅱ指出在没有税的情况下权益资本的预期收益与杠杆成正比。因为权益资本的风险随着杠杆的增加而增加。这也同样适用于有公司税的现实情况。有公司税时的公式为：

MM命题Ⅱ（公司税）

$$r_S = r_0 + \frac{B}{S} \times (1 - T_C) \times (r_0 - r_B) \tag{17-9}$$

17.5.4 股票价格与杠杆

到目前为止，我们确信了公司的资本结构可以增加企业的价值。而且通过前面的分析，我们还知道，只有在取得公司价值最大化的时候才能使股东的利益最大化。可能这样一般性的描述还不能使人们信服，那么我们现在用数据进一步地说明这个问题，看一看在公司价值增加后为什么股东是最大的受益者。

【例17-3】某一航空公司没有债务，其在外流通的普通股为100万股，每股市场价格为100美元，该公司以市场价值计算的资产负债表如表17-6所示。

表17-6 某航空公司以市场价值计算的资产负债

单位：万美元

资　产		负债与股东权益	
资产	10 000	股东权益	10 000
总额	10 000	总额	10 000

该公司宣布准备不久将发行4 000万美元的债券以回购4 000万美元的股票。这一决定将改变公司的资本结构，也通过获得税收挡避的好处从而增加公司的价值。我们假设市场是有效的，在公司宣布以债券换股票这一消息的当天公司价值的增加就反映了出来，公司的资产负债表在宣布的当天（非实际交换的那一天）变为表17-7。

表17-7 某航空公司宣布以债券换股票当天的资产负债表

单位：万美元

资　产		负债与股东权益	
资产	10 000	股东权益（100万股）	11 400
税收挡避现值	1 400		
（$T_C B = 0.35 \times 4\ 000$）			
总额	11 400	总额	11 400

由于债券还没有真正发行，因此资产负债表的右边只有所有者权益一项。现在每股价格为 114 美元（11 400 万美元/100 万股），隐含出 14 美元价值的增加全部被股东所享用了。

在回购股票时，发行了 4 000 万美元的债券，其收入用于购买股票，那么可以回购多少股票呢？由于现在该公司股票的市场价格为 114 美元，所以 4 000 万美元可以回购的股票数量 35.09 万股（4 000 万美元/114 美元）。剩下 64.91 万股（100 – 35.09）在市场上流通。该公司的资产负债表成为表 17 – 8。

表 17 –8 某航空公司以债券回购股票时的资产负债表

单位：万美元

资　产		负债与股东权益	
资产	10 000	股东权益	7 400
税收挡避现值	1 400	债务	4 000
总额	11 400	总额	11 400

通过例 17 – 3 说明以下两个问题。

（1）表明通过债务融资而使公司价值的提升引起了股票价格的升高。事实上，股东独揽了全部的 1 400 万美元的税收挡避的价值。

（2）表明市场价值的资产负债表更具经济意义。

17.6　破产清算成本和其他一些代理成本

这是理论假设当中被忽略的因素，使理论与实际发生了差异，前面讨论了其中被忽略掉的公司税的因素，这里将进一步研究破产清算成本等因素从而解释既然增加杠杆能增加公司价值，那么为什么现实当中很多行业中的很多企业又选择较低的债务-权益比率。

17.6.1　财务困境的成本

虽然债务能够提供税务的优惠，但同时也给公司增加了压力，因为借款的利息和本金是必须要支付和偿还的。而这支付和偿还的义务一旦不能履行，公司就面临着财务的困境，而财务上的困境最终会导致公司破产，届时公司财产的物权将合法地从股东一方转移给债权人。这一破产成本，或称财务困境的成本，将抵消债务所带来的税上的好处。

17.6.2　公司使用债务资本能力上的限制

既然上述成本如此严重以致使公司的价值降低，因此各公司的财务经理都想尽办法来减少这些财务困境的成本。他们通常的做法是与债权人签订保护性契约，并将这种契约作为全部贷款合同的一部分。这个保护性契约是必须严格执行的，如果违反契约的规定将视同为违约而被起诉。保护性的契约可以分为两种：消极的契约和积极的契约。

消极的契约是指双方签订一些限制或禁止公司采取某些活动的条款。一些典型的条款有：

（1）限制公司支付红利的金额；

（2）公司不得将任何资产抵押给其他任何另外的贷款人；

（3）公司不得与其他公司合并；

（4）公司未经贷款人允许不得变卖或出租它的任何资产；

（5）公司不得发行另外的长期债务。

积极的契约是指双方签订公司同意遵守的条款。典型的例子有：

（1）公司同意维持一定水平的营运资金；

（2）公司必须定期向贷款人提供财务报表。

调查发现在向公众发行债券的公司中，有 91% 的债券契约包括限制发行额外债务；23% 的契约限制红利的发放；39% 的契约对兼并给予限制；36% 的契约限制财产的变卖。

保护性的契约虽然减少了灵活性，但它能降低破产清算的风险，从而降低相应的成本。同时它还能以最低的成本解决股权与债权之间的冲突。正是因为这些原因，股东都很赞成签订所有合理的借款契约。

17.6.3 综合税与财务困境成本两种因素

MM 命题说明在税的因素存在的情况下公司价值随着杠杆的增加而增加，这隐含着所有公司应该选择最大的债务-权益比率。但过多的债务又会产生破产成本，降低公司的价值。现在将两个因素综合考虑，二者对公司价值的共同影响与作用我们用图 17－5 加以描述。

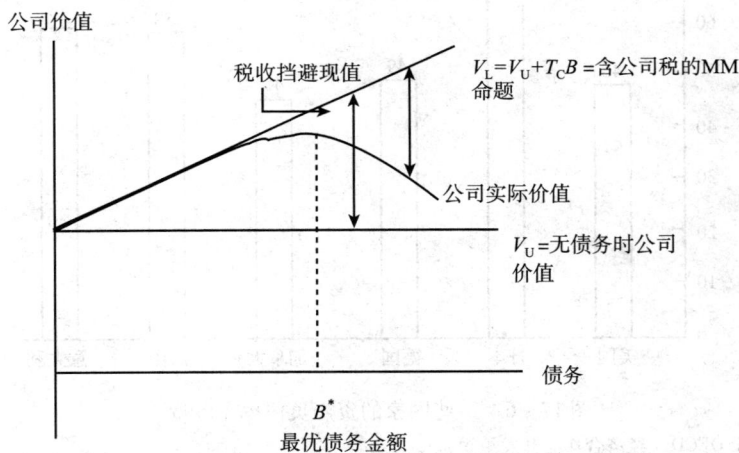

图 17－5 最优的债务金额和公司价值

在图中，斜线表示没有破产成本情况下公司的价值，我们看到公司价值随债务的增加而增加。那条"∩"线表明存在破产成本因素时的公司价值。这条曲线在无债务到小比例债务的区间内是上升的，然而，当债务不断增加时，破产成本现值将按一个较快的速度增加。在某一点上，当额外增加一元的债务所带来的破产成本现值的增加等于税收挡避现值的增加时，这点就是使公司价值达到最大的债务水平。在图中用 B^* 表示。换句话说，B^* 就是最优的债务金额水平。债务金额水平超出这一点，就会使成本的增加快于税收挡避的增加，也就意味着公司的价值会随杠杆的进一步增加而降低。

以上的讨论介绍了影响公司杠杆水平的两个因素。由于财务困境的成本很难用精确的数据来测量，所以我们还不能给出一个精确的决定公司债务水平的特定公式。但我们知道公司的资本结构是在税收挡避的好处与财务困境的成本之间权衡过程中决定的。不过，虽然没有一个明确的公式用来计算债务-权益比率，但有一些在实践中总结出来的经验可供参考，用于决定资本结构。

17.7 公司如何建立最优资本结构

下列一些经验总结出来的具有规律性的东西在资本结构的决策中很值得参考。

17.7.1 大多数公司较低的资产负债率

在图 17-6 中，很清楚地看出，世界上一些主要发达国家的资产负债率（债务总额/总资产）除日本之外都小于 60%（因为日本的债权人一般在贷款的同时持有借款人的股权）。它们并没有一味地追逐税收挡避的优惠。

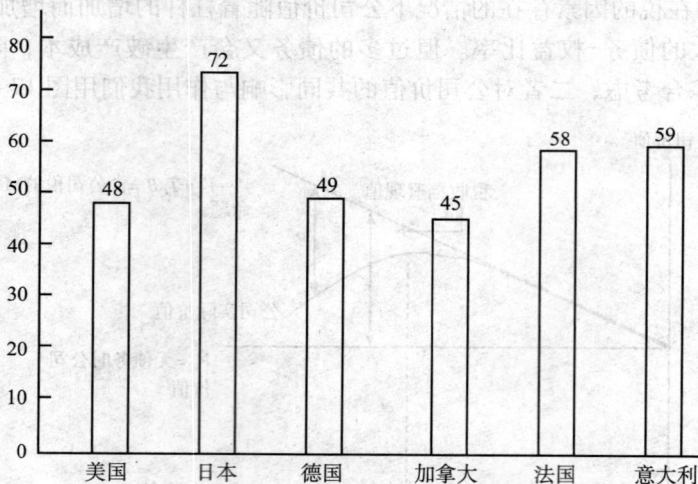

图 17-6 一些国家的资产负债率（1995）

注：数据来源于 OECD（经济合作与开发组织）。

17.7.2 不同行业不同的资本结构

在不同行业的比较中发现，每个行业各自都有较一致的负债率。表 17-9 显示，成长型的、未来有很大投资机会的行业，如生物制药、电子等，它们的负债比率通常很低。而对于那些低增长、相对有较少投资机会的行业诸如造纸、酒店等都有较高的负债比率。这些实证同理论上的税收挡避与财务困境成本的权衡而形成的优化资本结构的结论是一致的。

表 17 –9　非金融行业的资本结构比率（美国，1997）

	负债总额/总资产市场价值		负债总额/总资产市场价值
高杠杆行业		低杠杆行业	
建筑	60.2	生物制药	4.8
酒店	55.4	电子	9.1
航空运输	38.8	计算机	9.6
初级金属	29.1	管理服务业	12.3
造纸	28.2	保健	15.2

从理论角度和实践研究两方面结合起来，有四个重要的因素综合考虑，根据自己所在行业和企业的实际情况建立合理的资本结构。

（1）税。如果公司能够产生应税收入，那么公司就有能力增加债务。

（2）资产的类型。如果公司有大量的固定资产，比如土地、建筑物和其他有形资产，那么公司面临的财务困境的成本就较低，因此公司就有较强的债务融资能力。

（3）营业收入的不确定性。如果公司的营业收入有较大的不确定性，那么即便是没有债务也会有较大的财务风险而面临财务困境。所以这些企业就一定会采取权益融资。

（4）啄序。啄序理论说公司在需要资金时，融资的先后顺序依次是先内部权益（留存收益），后外部融资。当资金需求超出留存收益时，发行债务在先，而后是发行股票。这样的次序可以用以下两点加以解释：

① 外部融资的成本较高；

② 由于信息的不对称会造成股东不愿意购买新的股票。

实践中，很多企业都参考行业平均的资本结构，因为人们认为现存的公司是竞争中的幸存者，因此它们的资本结构是被现实所接受的。

17.8　评估杠杆项目或杠杆公司

在资本预算的方法一章中，我们介绍了评估项目的方法。那时的介绍实际上隐含了这样一个假设，即需评估项目的资金全部来源于权益资本，没有债务。而当项目有了债务资本之后，应如何评估其价值呢？有 3 种方法可用于这类杠杆项目的评估（这些方法同样适用于评估杠杆公司），它们是：现值调整法（Adjusted Present Value，APV）、股权收益法（Flow-to-Equity，FTE）和加权平均资本成本法（Weighted Average Cost of Capital，WACC）。

17.8.1　现值调整法

式（17 – 10）是现值调整法（APV）最好的描述方法。

$$APV = NPV + NPVF \qquad (17 – 10)$$

杠杆项目的价值（APV）等于无杠杆项目的净现值（NPV）加上债务融资作用的净现值（NPVF）。债务融资能带来四个方面的作用，有正面的，也有反面的。

（1）税收的优惠。税收优惠的价值为 $T_c B$。

（2）发行债券的成本。

（3）财务困境的成本。

（4）其他债务融资的优惠。国家和地方政府发行的债券，其利息所得是免税的，因此通常这类的债券所支付的利息较低。

以上 4 个作用都是很重要的，而税收上的优惠在实践当中被认为是价值最大的一种，基于此，当只考虑税收优惠而忽略其他 3 个方面时，有：

$$APV = NPV + T_c B$$

17.8.2 股权收益法

股权收益法（FTE）简单说就是杠杆公司中项目所产生的流向股东的现金流按权益资本成本 r_S 折现的方法。假设永续存在，那么有：

$$项目价值 = 杠杆公司中项目所产生的属于股东的现金流 / r_S$$

该方法有以下 3 个步骤。

1. 计算杠杆现金流（LCF）

假设利率为 10%，永续流向股东的现金流如表 17-10 所示。

表 17-10　永续流向股东的现金流

单位：美元

现金流入：	500 000.00
现金流出：	-360 000.00
利息费用：（10% × 126 229.50）	-12 622.95
利前收入：	127 377.05
公司税：	-43 308.20
杠杆现金流：	84 068.85

2. 计算必要报酬率（r_S）

我们假设无杠杆资本成本 r_0 为 20%。如前所述，在杠杆公司中，权益资本要求的必要报酬率为：

$$r_S = r_0 + \frac{B}{S} \times (1 - T_c) \times (r_0 - r_B) \tag{17-11}$$

我们的目标债务-权益比例为 1:3，将以上数据带入公式得出：

$$r_S = 20\% + 1/3 \times (1 - 34\%) \times (20\% - 10\%) = 22.2\%$$

3. 估值

项目 LCF 的现值为：

$$LCF/r_S = \frac{84\,068.85}{22.2\%} = 378\,688.50(美元)$$

由于初始投资为 475 000，借款 126 229.50。所以公司必须自己拿出现金 348 770.50。该项目的价值即为 LCF 的现值与初始投资中自己拿出部分的差额。即：

$$378\,688.50 - 348\,770.50 = 29\,918(美元)$$

这一结果与 APV 方法得出的结果是一样的。

17.8.3　加权资本成本法

前面较详细地介绍了加权资本成本法（WACC），这一资本成本作为贴现率考虑了项目的资金来源于股权和债权，描述的是目标资本结构下权益资本成本和债务资本成本的加权平均。

$$r_{WACC} = \frac{B}{B+S} \times r_B + \frac{S}{B+S} \times r_S \qquad (17-12)$$

公式要求贴现的现金流是无杠杆现金流（UCF），项目的净现值可用线性公式表示为：

$$\sum_{t=1}^{\infty} \frac{UCF}{(1+r_{WACC})^t} - 初始投资额 \qquad (17-13)$$

当项目是永续时，其净现值为：

$$\frac{UCF}{r_{WACC}} - 初始投资额 \qquad (17-14)$$

仍使用前面例题，其债务-权益的比为 1:3，因此 $B/(B+S) = 1/4$，而 $S/(B+S) = 3/4$。依公式有：

$$r_{WACC} = \frac{3}{4} \times 22.2\% + \frac{1}{4} \times 10\% \times (1-34\%) = 18.3\%$$

我们看到 18.3% 的 r_{WACC} 小于无杠杆公司权益资本成本的 20%，因为债务融资提供了税收上的优惠从而降低了整体的资本成本。

通过前面的计算，我们知道项目的 UCF 为 92 400 美元并且永续，决定了项目的现值为：

$$\frac{92\,400}{18.3\%} = 504\,918(美元)$$

由于项目的初始投资是 475 000 美元，所以项目的净现值是：

$$504\,918 - 475\,000 = 29\,918(美元)$$

3 种方法得出的结果是相同的。

17.8.4　对 3 种方法的总结

1. 现值调整法

$$\sum_{t=1}^{\infty} \frac{UCF}{(1+r_0)^t} + 债务带来的价值 - 初始投资额 \qquad (17-15)$$

式中：UCF_t——无杠杆公司项目第 t 期带给股东的现金流；

　　　r_0——无杠杆公司项目资本成本。

2. 股权收益法

$$\sum_{t=1}^{\infty} \frac{LCF_t}{(1+r_S)^t} - (初始投资额 - 借款金额) \qquad (17-16)$$

式中：LCF_t——杠杆公司项目第 t 期带给股东的现金流；

　　　r_S——带有杠杆的权益资本成本。

3. 加权资本成本法

$$\sum_{t=1}^{\infty} \frac{UCF}{(1+r_{WACC})^t} - 初始投资额$$

式中：r_{WACC}——加权资本成本。

　　从实践中总结出，在资本预算的问题上，比较这三种方法，WACC 和 FTE 是比较重要的方法，其中以 WACC 法最为广泛使用。

复习思考题

思考题

1. 为什么财务经理要选择使公司价值最大化的资本结构？

2. 为什么权益资本的预期收益率会随着杠杆的升高而升高？权益资本的预期收益率与公司杠杆有什么样的关系？

3. 股东采取哪些方法会降低债务成本？

4. 当公司需要支付公司税时，怎样考虑公司的财务困境成本影响 MM 命题？

5. FTE 方法与其他两种方法的主要区别是什么？

练习题

1. A 公司普通股股票的市场价值为 2 000 万美元，债务市场价值 1 000 万美元。债务资本成本为 14%。当前的国库券利率为 8%，预计的市场溢价为 10%。A 公司的权益 β 为 0.9。

    （1）A 公司的债务—权益的比率是多少？

    （2）该公司综合需求收益率是多少？

2. 某杠杆公司和某非杠杆公司的营业风险是相同的。每个公司预计盈利每年 9 600 万，并且两个公司都将所有的净利润全部分配。杠杆公司债务的市场价值为 27 500 万，利率为 8%。杠杆公司的股票每股 100 美元共发行 450 万股。非杠杆公司共有发行股票 1 000 万股，每股 80 美元（没有税）。问投资哪只股票更好？

3. RB 制造公司目前全部资本为权益资本。该公司的权益资本价值 200 万。权益资本成本为 18%。该公司无税。RB 公司计划发行 40 万债券用来回购一部分股票。债务资本成本为 10%。

    (1) 该公司股票回购后，综合资本成本是多少?

    (2) 股票回购后，权益资本成本将是多少?

    (3) 解释 b 的结果。

4. 一个全部为权益资本的公司，其所得税率为 30%。它的股东要求 20% 的收益率。该公司初始价值为 350 万，有 17.5 万股发行。并且该公司以 10% 的利率发行了 100 万的债券用以回购股票。假设这没有改变公司的财务困境成本。根据 MM，该公司新的权益资本的价值是多少?

◇ 第 *18* 章

股 利 政 策

公司的股利决策是在可分配利润中决定将多少资金返还给投资人，又有多少留存于企业用于再投资的问题。股利政策同时又能够向股东传递有关公司经营状况的信息。每个公司都将股利政策视为相当重要的一种决策。这一章将讨论各种股利政策的理论，讨论股利政策对股票价值和公司价值的影响等问题。

18.1　股利的种类和发放程序

18.1.1　股利的种类

最普遍的股利形式有以下两种。

（1）现金股利（Cash Dividend），即以现金的形式发放给股东的股利，亦称为红利。

现金股利是最主要的一种股利支付方式。现金股利的一种替代形式是股票回购，即公司使用现金从股东手中购买回来自己公司的股票，促使股票价格上涨从而使股东取得资本利得，是股东取得现金股利的另外一种方式。关于股票回购的问题我们稍后会更详细的介绍。

（2）股票股利（Stock Dividend），即以增发股票的形式支付给股东的股利。

股票股利没有现金实实在在地离开公司，它只是增加了公司的股票数量，相应地使每股价格下降。它通常以比率的形式表示，比如2%的股利，意味着股东每50股将收到1股，原来的100股就变成了102股。

类似于股票股利的还有股票分拆（Stock Split）的形式，即将原来的一股分拆成若干股。它也同样只是增加了公司股票的数量，同时使每股价格下降。比如公司宣布执行3∶1的股票分拆方案，那么每股原90元，分拆后每股变成30元。

股票股利与股票分拆只是在账务的处理上不同。股票股利将留存收益（Retained Earnings）结转到实收资本中，而股票分拆没有这样的结转，只是反映出每股面值的降低。

除以上形式外，还有其他非现金的股利支付方式，如以公司自身的产品或资产等形式支付的财产股利，或以公司的应付票据形式支付的负债股利等。这两种形式的股利不常使用。

18.1.2 股利的发放程序

公司一旦宣布有股利派发，那么它就是公司应履行的义务，不能轻易地取消或更改，必须在指定的日期将承诺的股利发放给股东。红利分配的方案有以下几种表示方法。

（1）以每股金额（Dividend per Share）计算。

（2）以占市场价格的百分比-红利收益率（Dividend Yield）计算。

（3）以占每股盈利的百分比-红利支付率（Dividend Payout Ratio）计算。

股利的支付一般按下列程序进行。

（1）宣布日（Declaration Date）：股东大会决议通过并由董事会宣布发放股利的日期。

（2）股权登记日（Date of Record）：有资格领取股利的股东登记截止日期。只有在登记日登记在册的股东才有权领取本期股利。股权登记日也称除权日。

（3）除息日（Ex-dividend Date）：除去股利的日期，即股利领取权与股票分开的日期。由于股票买卖交易后，需要一定的时间办理股票过户手续。因此如果对于在股权登记日之前好几天就购买了股票的股东，由于时间问题而未能在股权登记日办理好股票过户手续而失去股利领取资格的话，那么对他们就是不公平的，所以有必要规定一个日期，按证券业的惯例，一般规定在股权登记日的前 4 天为除息日。凡是在除息日之前购买的股票，即使在登记日未办理好过户手续，也有资格领取股利。但在除息日当天或以后购买的股票则不能领取股利。除息日前后股票的价格明显不同，之前的股票价格中包含股利领取权，而在当日或之后的股票价格会下跌，因为它不再包含股利。

（4）支付日（Date of Payment）：是将股利正式发放给股东的日期。

以上程序可用图 18-1 清晰地表示。

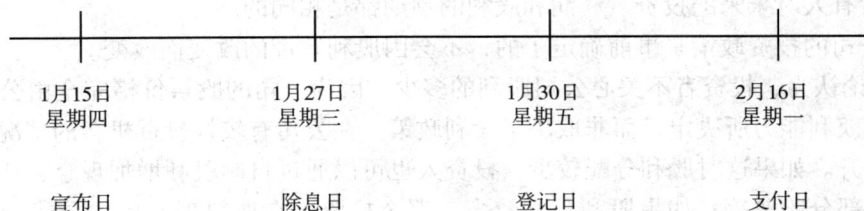

1月15日	1月27日	1月30日	2月16日
星期四	星期三	星期五	星期一
宣布日	除息日	登记日	支付日

图 18-1　股利支付程序（举例说明）

18.1.3 股票回购

当公司想要支付现金给股东时，通常宣布红利分配的决定。近些年来，一些大公司纷纷利用公司过剩的现金买回自己公司的股票来代替定期的现金分红。回购回来的股票被放在公司的现金管理部门保管起来，当公司需要现金时再卖出以解决资金需求。

在红利与股票回购（Share Repurchase）之间非常重要的区别是税收的区别。红利作为一般性的收入公司要交纳个人所得税金，而股票回购则不同，只有当股东决定将股票卖给公司时才能获得现金取得资本利得，并且资本利得的税率低于一般性收入的所得税率。现在美国税务当局已对名为回购，实为分红的做法关注起来，并作出了相关规定，比如对经常性的回购或大比例的回购要求按红利的税率缴税。

公司进行股票回购的目的一般说来有三个：一是消化暂时不用的、多余的现金；二是用债务替代权益资本来改变资本结构；三是购回当初发放给职工的期权。

股票回购的办法主要有三种。最常见的方法是宣布回购的决定，然后作为普通投资者的身份在公开市场上购买本公司股票。第二种方法是公司按高于市场价格大约 20% 的价钱出价，买回一定数量的本公司股票。第三种方法是与主要的股东直接协商购买股票。

股票回购在美国以外的国家并不常见。有些国家完全禁止这样的做法，比如奥地利和挪威，在欧洲其他一些国家将股票回购视作现金分红进行征税，一般税率较高。所以在这些国家中，那些有大量多余现金的公司更愿意另作投资，哪怕赚取较低的利率。

18.2 股利政策的基本理论

所谓股利政策就是关于公司是否支付股利以及支付多少股利等方面的方针和策略。在理论与实践当中，人们一直在探讨和研究股利政策对公司股价及企业价值是否有影响的问题，并形成了相应的股利政策理论。

18.2.1 股利政策无关论

Miller 和 Modigliani（MM）于 1961 发表了题为"股利政策、增长率和股票价值的"论文，文章中阐述了基于一些假设，公司的股利政策不会影响股票价值和公司价值，因此不会影响股东财富。MM 理论设定了如下假设条件。

（1）没有税收、没有交易费用，并且没有个别参与者能通过他的交易影响证券的市场价格。经济学家们说，如果这些条件都满足了，这就是一个完全的市场。

（2）所有人对未来的投资、利润和股利的预期都是相同的。

（3）公司的投资政策是事前确定了的，不会因股利政策的改变而改变。

MM 理论认为，投资者不关心公司股利的多少，因为公司的股票价格完全由公司已有的投资战略和获利能力所决定，而非取决于股利政策。在公司有较好投资机会的情况下，股票价格就会上升。如果这时股利分配较少，投资人也可以通过自制股利增加现金，比如出售自己手中的一部分股票等；如果股利分配较多，那么投资人在取得现金后去寻找新的投资机会，比如购买公司的股票，这样仍可以使公司筹集到所需资金。如果投资人出售或购买股票不需纳税和交纳费用，那么公司的股利政策确实与公司价值无关，股东的利益不会受损。

但 MM 的假设条件是不成立的，因为现实世界中既存在公司及个人所得税，又存在交易成本。对此，形成了一个对立的观点，即公司的股利政策能够影响股票价格，因此能够影响股东的财富。

18.2.2 股利政策相关论

持这一观点的人主要有以下推论。

（1）一鸟在手论。西方有句谚语叫做"双鸟在林，不如一鸟在手"可以用来形容在股利收入与股票价格上涨产生的资本利得收益之间，投资人更倾向于取得股利收入。因为股利是即将到手的收益，而资本利得仍在树丛中有待捕获。这是人们最早也是最普遍用来反对MM 股利无关论的一种观点。的确，公司经理能够掌控股利，但他们没有能力控制股价，股票价格的上升与下跌有着很大的不确定性，因此获得资本利得这种收益也就有很大的不确定性。这就是人们为什么更愿意购买支付较高股利的股票的原因，也说明了股利政策影响股票价格，影响股东的财富。

（2）信息传递论。作为投资人来说，他们用来观察和分析公司经营状况的数据很多，比如资产负债表和损益表、每股盈利、证券分析家的评述，等等，但由于信息的不对称，人们不愿意过多地依赖这些信息而更愿意通过股利来分析公司的状况。因为他们认为股利能传达更值得信赖的信息。

有大量的证据可以证明公司经理们确实要根据所预测的公司未来的情况设定股利的多少。如果他们想通过股利来隐瞒公司的实际经营状况，只能隐瞒一时，很难隐瞒长久。因为如果公司没有赚很多钱就将没有足够的现金支付股利，但如果它偏偏选择了高股利支付率，那么公司只好最终减少它的投资计划以牺牲公司的未来做代价，或转而向投资人进行额外的债权或股权融资。所有这些都要付出高额的成本。所以，公司都将制定适合自身经营状况的股利。

既然股利可以预见未来的盈利，就毫不奇怪为什么股利的削减被投资人视为坏消息，还会导致股票价格下跌；相反，股利的增加被视为好消息，股票价格随之上升。当股利出乎意料的变动时，股票价格将上下浮动，因为这时投资人在不断地解释这一变动的意义。

18.3　股利政策的种类

按照股利政策相关论的观点，股利政策会对股票价格产生影响。因此公司需要认真对待股利分配政策的制定，要确定一个适当的、合理的现金流分配方案，即在公司所产生的现金流中，决定多少分配给股东，多少留存于公司作为再投资使用。既然股利分配能影响股价，影响股东的财富从而影响企业的经营目标，那么制定股利政策对公司管理层来说就是一项非常重要的工作。当然，制定股利政策的目标就是要实现公司价值最大化，亦即股东利益最大化。

是否分配股利以及按照什么样的支付比率分配股利，各个公司不尽相同，必须根据公司的具体情况进行选择。有些公司产生了大量的现金流但投资机会很少，所以可以分配较高比例的股利，从而吸引了那些偏好高股利的投资人；而有些公司现金流不多但投资机会很多，比如那些新兴的成长型公司，这类公司的股利通常很低甚至没有股利分配，将现金流尽可能多地留存于企业用于好的投资项目中，因为公司的再投资能够创造比股东自己投资更高的收益。这样的公司股票吸引了那些偏好资本利得收益的投资人。

在制定股利政策时，一般要综合考虑以下四个因素：

（1）投资人对股利收益和资本利得收益的偏好；

（2）公司的投资机会的多少与好坏；

（3）公司的目标资本结构；

（4）公司的外部融资能力及资本成本。

在实际操作中，一般有四种类型的股利政策使用最为广泛。它们分别是：剩余股利政策、固定股利或稳定增长股利政策、固定支付率股利政策和低股利加额外股利政策。

18.3.1 剩余股利政策

所谓剩余股利政策是指在企业最优目标资本结构下，税后可分配净利润首先满足投资的需要，若有剩余则用于发放股利。

但这种类型的股利政策不受偏好稳定股利的投资人的青睐，因为他们当中很多人的收入水平很大程度上依赖于股利的收入。

根据 MM 理论，事先确定的投资政策实际上隐含了公司已确定的最优的资本结构。最优的资本结构的综合资本成本最低，这样公司才能实现价值最大化和股东利益最大化。因此股利政策要满足最优资本结构。在最优资本结构下，公司采取剩余股利政策，那么其在一定期间的股利支付额可用公式表示为：

$$股利 = 净利润 - 满足投资政策的留存收益$$

公式中第二项在目标资本结构的要求下为：

$$满足投资政策的留存收益 = 目标权益资本比例 \times 总投资预算支出$$

现举例说明剩余股利政策的应用。

例如，假设某公司的资本结构为债务 40%，权益资本 60%。上年度公司的净利润为 7 000 万元。该公司有一个投资项目需投入资金 8 000 万元。若该公司采用剩余股利政策，问该如何确定分配的股利，投资项目该如何融资？

根据公司目标资本结构，新项目的融资需权益资本 8 000 × 60% = 4 800（万元），公司净利润 7 000 万元，那么可用于股利分配的资金 = 7 000 - 4 800 = 2 200（万元）。

由于投资机会和公司盈利每年都不相同，所以剩余股利政策会导致不稳定的股利，特别对那些带有商业周期性特征的企业，现金流尤其不稳定，致使其股利也有较大幅度的变化。对于那些偏好稳定股利的投资人来说，这种股票是不受欢迎的。

18.3.2 固定或稳定增长的股利政策

所谓固定或稳定增长的股利政策是指企业每年发放的股利固定在某一水平上并在一段较长的时期内不变，只有当企业确信在未来有不可逆转的增长势头的时候才增加每股股利额。

这一政策的主要目的是为了避免股利随公司盈利状况的变化而变化，给投资人支付稳定的股利从而向市场传递公司经营稳定的信息。如果公司的股利忽高忽低，这就给投资人传递了企业经营不稳定的信息，会使股票价格下跌。

另外，这一政策还可以使投资人便于安排他们的收入和支出。特别是那些对股利收入有很强依赖性的投资人更倾向于购买这种股票。

由于为了维持一个稳定的股利发放水平，有时公司的留存收益可能不足以满足未来的投资或目标资本结构，而不得不以拖延投资计划或改变资本结构做代价，但即使是这样，支持稳定股利政策的人认为，也可能会比股利不稳定而造成的股价下跌带来的损失要小。

然而，这一股利政策的缺点也是很显而易见的。因为股利发放的金额与公司盈利情况相脱节，所以当公司遇到不好的年份仍要照常支付较高的股利，这样会造成公司财务上的压力，这时公司只好选择缩减生产规模，或增加外部融资成本，或降低股利的发放。

18.3.3　固定股利支付率股利政策

所谓固定股利支付率是指规定一个固定的股利占净利润的百分比，公司每年将按照这一比率计算股利的发放额。在这一政策下，每年的股利额会随公司盈利的多少而变动。

这是一种变动的股利政策。这种政策的优点是不会给公司的财务造成压力。支持这一政策的人认为，这一政策体现了多盈多分、少盈少分、不盈不分的原则，公平地对待了每一位股东。但这种政策也有缺点。由于它与盈利密切挂钩，而公司每年盈利有好有坏，所以造成股利忽高忽低，这样会给投资人传递公司经营不稳定的信息，使股价发生波动，对公司不利。

18.3.4　低股利加额外股利政策

所谓低股利加额外股利是指公司每期支付稳定的但较低的股利，当企业盈利较多时再发放额外股利的一种政策。这样既可以保障投资人有稳定的回报，又不会给公司造成财务压力。实际上，这充分体现了债务资本与权益资本之间的区别，作为股东可以享受公司超额的收益，而作为债权人只得到固定的利息收入，对公司超额的收益无权索取。

这一灵活的股利政策既可以维持股利的稳定性，保持股价的稳定，又可以保障投资计划的有效实施。

18.4　影响股利政策的因素

以上的分析使我们了解了公司的股利政策如何影响股票的价格、公司未来的投资和资本结构进而影响公司的价值及股东的财富。所以一个好的股利政策对公司是非常重要的。影响股利政策的因素主要有以下几个。

18.4.1　约束条件

公司在进行股利分配的时候往往受到很多方面的限制和约束，比如来自政府方面的法律条款，或来自于债权人方面的贷款契约等。具体分为以下几种约束条件。

（1）资本保全的约束。为了保护债权人的利益，政府以法律或行政命令的形式对公司的股利分配进行一定的限制。规定股利的发放只能用当期利润或累计留存利润，并不能超出留存利润总额。因为公司必须留有相当的净资产用来吸收损失，当公司陷入困境的时候，公司往往做出有利于股东的行为，因此，规定公司的资本不能低于债务合约中的最低数额。

（2）债务契约的约束。为了减少破产成本，在债务融资时，股东与债权人之间通常签订保护性契约。在这些契约当中比较常见的条款是限制股利的发放。

（3）现金的约束。如果公司虽然账面上的净利润很多，但现金流量过小的话，要限制红利的发放。

（4）利润累积的约束。为了加强公司抵御风险的能力，在公司的净利润中必须先提取各种公积金，余下的部分才可以用于考虑股利的分配。

18.4.2 公司自身因素

公司本身的各种特性及生存的外部环境因素也影响股利政策。如投资机会的多少，企业的债务融资能力的大小，控制项目的能力等。

（1）投资机会的多少。如果公司有很多好的投资机会，就会减少股利分配的比例，多留存收益以便进行再投资。

（2）债务融资能力。公司是否有较强的债务资金的筹措能力在一定程度上影响着股利政策。如果一个公司有较强的举债能力，则可以采取比较宽松的股利政策；反之，不可发放太多的红利。

（3）加快或推迟投资项目的能力。当资金充裕时，公司有能力加快项目的进展以便不会存留大量闲置的现金；相反，当公司资金不足时，可以推迟项目，保证股利的发放。所以控制项目能力的大小决定公司是否可以采取稳定的股利政策。

18.4.3 股东因素

持有不同偏好、目的的股东都有各自偏好的股利政策。他们会影响公司股利政策的制定。

（1）追求稳定股利收入的股东。一些股东喜欢常规的股利收入，甚至以股利作为生活的来源。因此在制定股利政策时，他们会极力建议采取稳定的股利政策。

（2）具有控制权的股东。持股比例高的大股东对公司有较大的控制权。如果公司到资本市场去融资，那么无论是债权人还是购买新股的新股东都有可能稀释他们的股权，因此这些人就极力建议公司采取低比例股利分配，多留存利润以减小另去融资的可能性。

（3）不同税级的股东。很多国家的个人所得税采取累进制。对于收入较高的人来说，边际税率就较高，所以他们不愿意公司高股利政策；但对于收入较低的股东来说，由于边际税率较低，所以会欢迎公司多分红。

复习思考题

思考题

1. 试解释 MM 股利政策的无关论和与之对立的股利政策相关论。
2. 有哪些最为广泛使用的股利政策？它们可套用的理论是什么？

练习题

1. ABC 公司的净利润为 3 000 万元，发行的普通股数量为 2 000 万股。当前该公司股票价格为每股 35 元。公司正在考虑用多余的现金回购其 20% 的股票，假设回购对公司的净利润和市盈率都没有影响，试计算股票回购前后股价的变化。
2. XYZ 公司的目标资本结构为债务 40%，权益 60%。公司采取的是固定股利政策，以前年度的股利为每股 3 元，股东希望今后几年仍保持稳定的股利。公司发行的普通股数量是 200 万股，净利润为

1 000万元，公司的投资计划为资金需求1 500 万元。请解答以下问题。

(1) 如果公司采取剩余股利政策，需要多少留存收益用于新项目投资？

(2) 如果公司采取剩余股利政策，下一年的每股股利和股利支付率分别为多少？

(3) 如果公司保持3 元股利不变，则公司还有多少留存收益用于项目投资？

(4) 假设公司保持3 元股利不变，并保持目前的资本结构不变，若执行2 500 万元的投资项目，需从发行新股中获得多少权益资本来维系项目融资？

第 6 篇

长期融资管理

◇第 *19* 章

权 益 融 资

19.1　长期融资概述

长期融资是指期限超过 1 年以上的筹资活动。通常，将期限在 1 年以上、10 年以内的融资称为中期融资，将 10 年以上的融资称为长期融资。

19.1.1　公司融资的基本形式

公司的融资活动可分为外部融资与内部融资。

内部融资（Internal Financing）是公司通过自身运营获得的资金，例如留存收益、累积的未付工资或应收账款等。内部融资大多数是企业经营过程中自动生成的，主要取决于公司的股利分配政策及公司信用等级等因素。当公司的增长超过其内部资金能力时就需要通过外部融资来筹集资金。

外部融资（External Financing）是指公司通过金融市场向投资者或贷款者筹集资金，发行股票和债券是外部融资的主要形式，其中发行股票称为权益融资，而发行债券或借款称为债务融资。外部融资通常是公司进行规模扩张时采用的融资方式，与内部融资相比，外部融资更多地受到资本市场的影响。因此，公司的外部融资决策也更谨慎、更复杂。

19.1.2　资本市场的证券发行程序

公司是通过资本市场发行证券（包括股票与债券）获得资金的，证券发行的一般程序如下。

1. 提交申请文件

未来的发行公司必须向管理部门递交文件提出申请，主要文件包括公司文件、公司章程、经营估算书和初步的招股（招募）说明书。招股（招募）说明书的主要内容为发行公司的业务、财务状况、经营历史，还必须解释发行证券的条件及其他相关信息。

2. 协商发行条件与费用

经管理部门审查批准后，发行公司与承销商协商发行条件和发行费用。商定后，修改并最后确定招股（招募）说明书，然后向社会公告。

3. 证券发行与结算

公告招股（招募）书之后，在规定的发行期内开始进行证券的发行。发行期结束后办理证券的交割结算，发行公司向承销商支付承销费用，承销商向投资人交付证券，发行公司取得证券的销售款项。

19.1.3　证券的发行方式

一级市场是发行新证券的市场，公司在这个市场上通过新证券的发行从外部筹集资金。公司发行证券包括设立时的初次发行（Primary Offering）以及以后扩充资本的增发股票，都是在一级市场进行的。证券发行主要有公开发行（Public Issue）和私募发行（Private Placement）两种方式①。

1. 公开发行

公开发行是指向社会公众发行证券的方式，也称公募。在公开发行中，大多数公司通常借助于投资银行等中介机构作为承销商（Seasoned Issue）进行证券的销售。

投资银行在协助销售证券中，对公司发行证券（股票或债券）的种类、期限、利率或发行价格、发行时机等提出建议。当确定发行条件之后，投资银行作为承销商购买发行公司的新证券，然后再出售给公众投资者。通过这种服务，投资银行获取证券买入价与销售给社会公众的卖出价之间的差价。由于大多数发行公司缺乏发行经验和渠道，而投资银行具有证券发行的专业人员和经验、销售机构或渠道，因而投资银行能够以更低的成本和更高的效率完成证券的发行工作。

承销发行分为包销发行和代销发行两种方式。

1）包销发行

在包销发行（Underwriting Offering）中，承销商以固定的价格向发行公司承购全部的证券，然后以特定的公开发行价格向投资者推销证券。通常，大公司在公开发行时多采用包销发行。在包销方式中，承销商承担了发行风险，如果承销商不能以公开发行价格销售证券，按照市场结算价销售证券时，承销商就会遭受损失。

在包销方式中，如果证券发行规模很大，为了分散承销发行的风险和取得更多的发行渠道，通常由主承销商作为牵头承销商，邀请其他投资银行共同参加承销团（辛迪加），开展承销团发行业务（Syndicated Offering Process）。

在承销中，证券发行价格的确定通常有竞争定价和协商定价两种方式。竞争定价（Competitive Bidding）是由发行公司对承销团采取招标竞价的方式，出价最高的承销团获得证券的发行权。协商定价（Negotiated Offering）则是由发行公司选择一家投资银行，直接与其商定发行价格、发行时间以及发行规模等主要的发行条件。

承销总差价（Gross Underwriting Spread）是承销商提供公开发行承销服务所获取的报酬，它占公开发行价格的一定比例。总差价由管理费、承销费和承销差价比例三个部分组成。管理费作为牵头承销商的报酬，承销费作为承销风险的补偿，承销差价比例作为承销商

---

① 发行方式主要是对证券发行的范围而言的，而不是以是否借助于承销商来划分的。公开发行也可以由发行公司直接向社会销售证券，私募发行也可以委托承销商发行证券。因此，公开发行不完全都是间接发行，私募发行也不完全都是直接发行。

提供销售服务的报酬。包销发行的费用除了给承销商的承销总差价报酬之外，还包括律师费、会计费、印刷费等。由于股票风险高于债券，发行普通股需要较高的销售代理费，相比之下，普通股的发行费用最高，而债券的发行费用最低。

2）代销发行

在代销发行（Best-efforts Offering）中，投资银行承诺尽最大努力按事先确定的价格，代理发行公司推销证券。承销商不承担发行风险，对未发行出去的证券不承担责任。由于小公司的发行风险较高，它们很难找到愿意承购包销的承销机构，所以这类公司通常采用代销方式发行证券。

2. 私募发行

私募发行是指公司直接将证券销售给特定投资者的发行方式。私募发行范围小，一般以少数投资者或几家金融机构为发行对象。私募发行的手续简便、费用低廉，但是私募证券不能公开上市，流动性较差。

私募发行的投资者主要是保险公司、养老基金、商业银行等机构投资者。

与公开发行相比，私募发行具有以下主要的优点。

（1）筹资迅速，发行条件灵活。

私募发行是发行者与少数几家有资金实力的大公司或投资者之间直接达成的，发行条件可以协商调整以适合借款人的需要，可以迅速地筹集到资金。而且，私募发行可以不必一次完成，公司与贷款人签订协议在一段时期内多次借款或需要的时候才借款，直至达到协议规定的限额，在这个信用协议中发行公司只需支付一笔承诺费。而公开发行则缺乏这方面的灵活性。

（2）适应小规模的低成本发行。

由于减少了公开发行中的一些文件和手续，小规模私募发行的代理费用会低于公开发行的承销费用。而在公开发行中，如果发行规模较小，发行费用则高于私募发行。

（3）具有积极的股价反应。

由于私募证券的投资者是具有专业水准的机构投资者，信息较为充分，当公司宣布私募方式发行可转换债券时，股票市场通常对其股价能做出积极反应，这对于从未公开发行债务的公司可以减少信息的不对称。而在公开发行中，由于公众投资者信息的不对称，通常市场的反应较为迟缓。

（4）可以较低成本解决财务危机。

由于私募证券的投资者主要是具有专业水准的机构投资者，而且了解发行公司的情况。这样当私募公司多次发行债务以解决财务危机问题时，可较为容易地实现债务的重组。而公开发行的公司，由于社会投资者的信息不对称程度大，则很难通过公开发行解决资金短缺的财务危机。

私募发行的主要缺点有以下几个方面。

（1）资金成本高。

虽然，私募方式具有较低的发行成本，但由于其流动性较差，投资者则要求证券的发行溢价，作为其承担风险的报酬，由此提高了证券的资金成本。

（2）受到合同条款的严格限制。

由于私募发行不像公开发行那样必须满足管理部门的报告要求，所以投资者为防范风险，要求的合同条款更为严格。例如，要求公司必须保持较高净资产的限制条款，以避免公司净资产下降导致投资者的损失；限制公司债务比率的合同条款，以防范当公司净资产大幅度下跌时，利用财务杠杆牺牲债权人的利益为股东牟利；限制公司从事某些风险经营活动的条款，如购买其他公司等。这些合同条款限制了公司经营的灵活性，可能会丧失一些有利的投资机会。

19.2 普通股的融资

19.2.1 普通股的特征及权利

普通股（Common Stock）是代表公司最终所有权的证券。普通股具有以下基本特征：①普通股股东是公司的最终所有者，所以承担与所有权相关的最终风险，但其以投资额承担有限责任；②普通股没有到期日，但可在二级市场转让股票，因而具有流动性；③普通股没有固定的股利率，股利分配取决于公司的盈利状况和股利分配政策；④在公司清算时，普通股股东对在全部清偿债权人及优先股股东之后的公司剩余资产享有索求权。

普通股股东具有以下基本权利。

1. 收益权

当公司支付债权人的利息及优先股股东的股息之后，剩余收益属于普通股股东。普通股收益可以直接的现金股利方式或间接的留存收益方式分配给普通股股东。

2. 投票权

每张股票具有相同的投票权，一个普通股股东拥有的股票越多，其投票权也就越多。普通股股东具有出席股东大会、行使表决的权利。通过选举公司董事会和修改公司章程，间接行使对公司的控制权。

3. 股份转让权

普通股股东按公司章程规定的条件和程序，可以自由转让持有的股份。

4. 清算权

对公司宣布破产清理时，在对公司债权人和优先股股东清偿之后，普通股股东对公司剩余资产具有按股份比例分配的权利。

5. 优先认股权

根据公司章程或法律的要求，当公司发行普通股的新股或可转换成普通股的证券时，必须给予现有普通股股东的优先认股权（Preemptive Right），以使普通股股东有权保持其在公司现有股权的比例。

19.2.2 普通股的种类

按照不同标准与限制性条款的特征，普通股主要有以下主要种类。

1. 双级普通股

按照股票的级别，可分为 A 级普通股和 B 级普通股。在新建的企业中，公司创立者为保持公司的控制权，通常会发行投票权与收益索取权不同级别的普通股，这称之为双级普通股（Dual-class Common Stock）。通常 A 级股投票权的级别低，但在股利分配上享有优先索取权；而 B 级股则投票权优先而收益劣后于 A 级股。一般情况下，公司创建者或管理者持有 B 级股票，而对公众投资者发行 A 级股票。

2. 已发行股票与库藏股票

证券管理部门对公司执照限定的普通股核定股份的数量（Authorized Shares）是公司在不变更公司章程的情况下可发行的最高数额。公司销售给投资者的股份称为已发行股票（Issued Stock），它由在外流通股（Outstanding Shares）和库藏股（Treasury Stock）构成。

通常公司为其授予股票期权、收购目标公司、分割股份上的便利，可以改变公司章程而保留一部分不发行的股票。公司按照核定股份发行的股票，这称为已发行的普通股。在外流通的普通股就是公司已发行的由股东所持有的普通股，而库藏股则是公司从股东手中购回的已发行普通股而自己持有的股票。

3. 有面值股票与无面值股票

按照是否标明面值，可分为有面值股票和无面值股票。无面值股票只标明公司股本总额与股份数额的比例，其价值随公司资产价值的变动而变动。

4. 记名股票与无记名股票

按照是否登记股东名册，可分为记名股票和无记名股票。无记名股票在股票转让时，无须办理登记股东名册或过户手续。目前，《中华人民共和国公司法》（以下简称《公司法》）规定，不得发行无面值股票和无记名股票。

19.2.3 普通股的公开发行价格

股票的公开发行价格就是公司在资本市场上采用公开发行方式时的股票销售价格，即投资者在一级市场上所购买的股票价格。公司根据自身的盈利能力、资信水平、市场状况、发行规模、资金需求等因素，来确定股票的发行价格。股票的发行价格主要分为以下几种。

1. 平价

平价即以股票面值为发行价格，也称之为等价发行。通常在初次发行时，为推销股票多采用平价发行方式。

2. 时价

时价即以本公司已发行流通的股票，在当前二级市场上交易价格确定的股票发行价格。主要在公司增发股票时采用，股票的现行价格更能反映公司的实际价值。当时价高于股票面值时，公司会获得发行的溢价收益，将其列入公司资本公积。当时价低于股票面值时就是折价发行，许多国家的法律都规定公司不能以低于面值的折价方式发行股票。我国《公司法》中也有相同的规定。

3. 中间价

中间价即以时价与股票面值的平均值确定的发行价格。

19.3 认 股 权

19.3.1 优先认股权的概念

通常，公司章程或法规中都要求现有股东对公司新发行的普通股或可转换成普通股的证券具有优先认股权（Preemptive Right）。认股权是现有股东为保持其在公司中原有股权比例的一种特权。

假设，你拥有某公司 100 股普通股，公司决定发行新股使在外流通股票增加了 10%。那么，你作为现有股东享有优先认股权，你就具有购买 10 股新股以保持你在公司股权比例不变的选择权。

19.3.2 认股权的发行条件

认股权的发行条件主要包括每股的认股权数量、每股认购价格（低于普通股的现行市场价格）、发行截止日期等。在认股权发行时，公司宣告一个登记日期和除权日期。在除权日之前公司公布现有股东获得每股发行认购权的新股分配比例，以确定股东购买新发行股票的数量。例如，如果你拥有 5 股普通股，公司每股发行认购权的分配比例为 20%，那么你的 5 个认购权可以购买一股数量的新股票。

认股权有期限和执行价格，发行日截止到期前的时间被称为认购期限（Subscription Period）。特定的认股权价格就是执行价格，也称为认购价格（Subscription Price），通常认购价格低于股票的当前市场价格。

认股权作为一种股票的买入期权，股东是否执行认股权，可有以下 3 种选择：

（1）执行认股权，即认购股票；

（2）出售认股权，即转让他人；

（3）放弃认股权，任凭认购权过期。股东通常不会选择第 3 种做法。

19.3.3 认股权的发行方式

通常公司在认股权的发行中，可以采用特权认购、超额认购优先权或由投资银行承销的几种方式。

1. 特权认购

优先认股权规定，当公司发行普通股时，必须给予现有股东认购新股保持其原有股权比例的权利。公司不向社会公众发行普通股，而只向其现有股东以优先认购方式发行新股，这种方式称为特权认购（Privileged Subscription），也称为认股权发行（Rights Offering）。

优先认购新股被认为是股东应该享有的权利或机会，所以公司必须首先直接向原有股东发行认股权。认购价格低于公司股票的现行市场价格，这样可以维系住了解公司经营业务与发展的基本投资者。认股权发行的优点是，不通过投资银行，所以筹资成本低于向社会公开发行的成本。但是，一般认为，认股权发行会导致公司股票价格的大幅度下降。而且，公司并不能保证股东全部执行股权的认购，这样公司还需要采用其他方式，以确保认股权发行成功。

2. 超额认购优先权

为了增加认股权发行成功的可能，公司可以采用超额认购优先权的方式。超额认购优先权（Oversubscription Privilege）是在给予股东按原有股权比例认购新股的权利之外，再给予股东超额认购未售出股票的权利。超额认购优先权根据未出售股票的数量由股东按比例认购，例如在认股权发行中股东只认购了100万股中的80万股，一些股东还愿意购买新股25万股。因此，超额认购的每个股东对超额认购的每一股享有0.8股（20万股/25万股）的认购权。这样，就使全部证券都销售出去了。

但超额认购优先权也并不一定能保证认股权全部发行出去或全部认购股票。因此，公司并不经常采用超额认购优先权的方法。

3. 预备包销安排

为了确保认股权发行的成功，大多数公司会采用预备包销安排来发行认股权。预备包销安排（Standby Arrangement）是在认股权发行中，由投资银行或投资银行集团承诺预备包销未认购的部分以确保证券全部发行出去的一种措施。在预备包销安排中，包销人根据发行风险的大小向公司收取承销费。

预备包销安排是一种股权的公开发行方式，一方面，承销发行方式的发行成本较高，而且会导致股权的稀释；但另一方面，公开发行降低了发行风险，提高了股票的广泛性，股权集中交易的成本相对较低，而且它对股票价格下降的影响幅度要小于认股权发行。这也许是大多数公司愿意采用预备包销发行方式的原因。

19.3.4　认股权发行的优缺点

1. 认股权发行（特权认购）的优点

（1）可以保护现有股东免受公开发行（承销）导致的权益潜在损失。特权认购可以避免公开发行导致的财富向新股东的转移。

（2）股东可以获得低于市场价格购买股票的好处。

（3）对于持股较为集中的、市场吸引力不大的公司而言，认股权发行可能比公开发行更为有利。因为认股权发行使得销售集中于那些已持有公司股份并对公司非常了解的股东。

（4）股权发行的筹资成本低于向社会公众发行的成本。

2. 认股权发行的缺点

（1）通常，它的发行结束需要较长的时间。

（2）它失去了向潜在投资机构出售大量股票的机会，由此也失去了股票规模交易的节约成本。

19.3.5　认股权的价值

认股权是一种买入期权，期权是有价值的。由于优先认购权的股票购买价格低于市场的交易价格，那么股东出售认股权就应当由购买者提供一个相应的补偿。因此，认股权具有转让或交易价值。

除权日之前的股票交易称为"含权股票"交易，除权日及其之后的股票交易称为"除权股票"交易。"含权股票"市场交易价格与"除权股票"市场交易价格的差就是认股权的价值。假定，你在除权日前以"含权股票"的市场价格购买了某公司的一股股票，并持有股票。你也可以选择购买该公司一股新股的认购权，并保留一股股票认购价格的现金，等到认购日购买新股。两种选择的结果都购买了该公司的股票，不同之处在于后者在获得了一个认股权之后以低于股票的市场价格购买一股新股。因此，两种选择的差价就等于认股权的价值。

含权交易时的每股认股权的初始价值（理论价值或内在价值）应为：

$$R_0 = P_0 - (R_0 N + S) =$$
$$(P_0 - S)/(N + 1) \tag{19-1}$$

式中：R_0——"含权股票"交易中一个认股权的价值；

P_0——"含权股票"每股市场价格；

S——每股认购价格；

N——认购一股新股所需认股权的数量；

$(N+1)$——每有 N 股流通股，就需发行 1 股新股。

例如，当前交易中某公司"含权股票"的每股市场价格为 110 美元，认购价格为每股 90 美元，认购一股需要 5 个认股权（即每股分配比例为 20%），那么认股权在含权交易时的理论价值或内在价值就是：

$$R_0 = (110 - 90)/(5 + 1) = 3.33(美元)$$

注意，含权股票的市场价值（P_0）中包含了认股权的价值。

在除权日后，股票交易是除权交易（Ex-right），购买的股票不再具有新股的认股权，所以市场价格下跌。除权股票的每股内在价值（P_1）为：

$$P_1 = (P_0 N + S)/(N + 1) \tag{19-2}$$

本例中，

$$P_1 = (110 \times 5 + 90)/(5 + 1) = 106.67(美元)$$

除权后的每股市场价值的下降金额应等于认股权的价值，所以除权后每股认股权的内在价值（R_1）为：

$$R_1 = (P_1 - S)/N \tag{19-3}$$

注意，公式中用 N 除而不用 $N+1$ 来除，这是因为认股权已与股票分离。

本例中除权后每股票市场价格为 106.67 美元，那么除权后的每股认购权市场价值是：

$$R_1 = (106.67 - 90)/5 = 3.33(美元)$$

除权后的认购权的理论价值与除权前的带权股票交易时的认股权理论价值相同。

由于交易成本、投机行为以及市场供求状况等因素，认股权的市场价格往往与其内在价值不一致。但是，套利行为制约了认股权市场价格偏离其内在价值的程度。

19.4　优　先　股

19.4.1　优先股的特征

优先股是一种兼有股票和债券特征的混合证券。优先股对公司收益和清算时剩余资产的要求权优先于普通股。

优先股与普通股的共同之处是：没有到期日；股利在税后分配，没有抵税作用；当公司无力支付股利时，不构成违约。

但优先股与普通股不同，而与债券的相似之处是：事先规定固定的股利率；一般不具有投票权；对公司收益和清偿后剩余资产的要求权先于普通股，但在债权人之后；优先股的发行可以附加一些保护性或限制性条款。

19.4.2　优先股的种类

优先股的种类繁多，在发行优先股时可以设定一些限制性条款，这就形成了多种等级或种类的优先股。

1. 次级优先股

次级优先股的收益要求权在优先股之后。当公司向次级优先股支付股利之前，必须全额支付优先股股利。一般，公司在营业执照限制其发行额外的优先股时才发行次级优先股。

2. 累计股利优先股

大多数优先股都附加累计股利条款（Cumulative Dividends Feature），即在向普通股支付股利之前，公司必须首先付清所有累计未付的优先股股利。当然，如果公司的决定不向普通股支付股利，就没有必要向优先股股东付清积欠的股利。

3. 具有投票权的优先股

通常，优先股股东不具有投票权。但在优先股发行的附加保护条款中，可以规定当公司违反限制条款时优先股股东具有投票权。例如，当公司在特定时期内（通常为一年）不能支付优先股股利时；当公司财务困难时，仍向普通股股东支付股利时等情况下，优先股股东就具有投票权。

4. 可参与优先股

可参与优先股（Participating Preferred Stock）在可参与条款下，允许优先股股东在公司普通股股利超过一定数额时，优先股股东具有与普通股股东同等分享剩余收益的优先权。例如，一个10%股利率、面值100美元的可参与优先股，当普通股股利每股超过10美元为12美元时，该优先股股东有权与普通股股东一样每股增加2美元的剩余收益分配。实际上，几乎没有哪个公司发行可参与优先股。

5. 选择性赎回优先股和强制性赎回优先股

通常，优先股都有选择性赎回条款，这与债券发行相似。这些条款规定公司具有按发行时设定的赎回价格（高于初始发行价格）购回优先股的选择权。赎回条款，使得公司可根据需要来选择赎回的时机，当优先股市场价格大大高于赎回价格时，公司以低成本购回优先股，来调整其资本结构或者发行其他证券替代优先股，从而增加了公司财务的灵活性。

强制性赎回优先股是许多优先股在发行时附加的限制条款中，要求公司设立偿债基金，在特定的时间内必须以偿债基金按设定价格（通常按面值）有次序地收回偿债基金优先股（Sinking Fund Preferred Stock）。由于不断地收回优先股，增加了剩余股票市场价格上升的动力，这对投资者是有利的。

6. 可转换优先股

一些优先股在发行时，附加了允许优先股股东自主选择将优先股转换为预定数量公司普通股的条款。几乎所有的可转换证券都有可赎回条款，当优先股的市场价格大大超过其赎回价格时，公司就会赎回优先股并按条款转换为普通股。

在收购其他公司时，公司通常发行可转换优先股，因为被收购的公司或其股东获得可转换优先股便可免缴所得税。

我们将在第 21 章中具体介绍可转换证券的特征及运作。

7. 浮动股利优先股

为了避免优先股股东因利率的剧烈波动而导致优先股价格剧烈波动所带来的损失，公司可发行浮动股利优先股，又称股利收益率可调整的优先股。浮动股利的确定有两种情况：一种是以市场交易价格为基准，规定股利浮动的上下限；另一种是采取每隔一定时间由拍卖方式决定优先股的股利率，这种方式可以比较准确地反映当前市场利率，使股票价格接近于市场价值。

19.4.3 优先股的融资选择

优先股（不可转换的优先股）是公司筹资的一种手段，运用时必须权衡其利弊。

1. 不能税前抵扣

优先股的最大缺点就是股利不能税前扣除（这与普通股相同）。所以在长期融资中，不可转换优先股不是公司融资的主要手段，通常在短期融资中使用。

2. 融资的灵活性

运用优先股融资的最大好处是具有灵活性。因为，优先股的股利支付不具有法定义务。当公司经营状况或财务状况不好时，可以不向优先股股东支付股利。而债务融资却不行，不论公司盈利状况好坏，都必须按期支付利息和到期还本。

3. 易于发行

对机构投资者而言，优先股比债券更具有投资吸引力。在美国等一些国家，为鼓励投资，税法规定公司投资股票低于 20% 的持股比例，其收到的股利可以抵免 70% 的所得税，而高于 20% 则可抵免 80% 的所得税。所以，大多数优先股是由机构投资者持有的。

4. 获得潜在的好处

不可转换优先股实际上是一种永久性债券。对公司而言，优先股增大了公司的权益基础，可以提高公司的举债能力，从而改善公司的财务状况。而且，当公司遇到财务困难时，优先股股东不会强制公司实行法定破产。这些潜在的好处可以部分地抵消优先股不能抵扣所得税的缺点。

复习思考题

思考题

1. 什么是内部融资与外部融资？什么是权益融资与债务融资？
2. 比较公募与私募的区别。它们一般适用于哪类企业的证券发行？
3. 投资银行在证券发行中有何作用？
4. 比较包销与代销两种发行方式的区别。
5. 包销发行的费用包括哪些主要内容？
6. 普通股股东有哪些基本权利？
7. 认股权有哪些发行方式？承销方式的发行成本较高，为什么大多数公司还愿意采用预备包销安排的方式？
8. 如何理解优先股是一种兼有股票与债券特征的混合证券？
9. 优先股有哪些优缺点？

练习题

1. 一位普通股股东拥有一家公司 100 万股在外流通股中 10% 的股份，公司计划销售 50 万新股。
   (1) 如果公司将新股出售给新的投资者，这位股东的所有者权益被稀释了多少？
   (2) 这位股东应如何维持其 10% 的股权？
2. 某公司当前股价为 40 美元，其中在外流通股 100 万股。当公司宣布公开发行 50 万股普通股股票时，股价跌至 38 美元。
   (1) 计算由于宣布新股发行导致股东财富减少的数额。
   (2) 若公司以每股 38 美元的价格出售股票，请将股东财富的减少数额表达成发行总收入的百分比形式。
   (3) 承销总差价为 5%，那么宣布发行股票与发行成本，哪个因素对股东财富影响较大？
3. 根据某公司 2005 年 12 月 31 日的年报，该公司股东权益为 32 亿美元、发行在外的普通股为 2 亿股。计算该公司每股普通股的账面价值。
4. MOU 公司以每 7 份认股权认购 1 股新股的方式，在 18 天的认购期内，新股认购价为 17.15 美元，此时该公司股票的市价为 18.375 美元。那么，该公司每股认股权的初始价值是多少？
5. HAL 公司的股票现行市价为每股 50 美元，公司进行认股权发行，每 5 个股权可购买 1 股新股，认购价为每股 40 美元。计算：
   (1) 含权股票交易时认股权的理论价值。
   (2) 除权后每股股票的理论价值。
   (3) 如果除权股票的市价是 50 美元，认股权的理论价值是多少？

◇第 *20* 章

长期债务融资

长期债务融资主要包括长期债券、定期贷款及中期租赁。

20.1　债务融资的基本特征

债务融资是公司必须承担支付利息和到期偿还义务的融资方式。

与权益融资相比，债权融资具有以下特征：①设定融资期限，借款人到期必须偿还所借款项；②不论公司是否盈利，必须按期支付固定的利息；③债务的利息费用税前扣除，资本成本低于普通股的资本成本；④贷款人是发债公司的债权人，不涉及公司的控制权等。

20.2　长　期　债　券

20.2.1　长期债券的基本概念

长期债券是指到期日在 1 年以上至 10 年或 10 年以上的债务凭证。通常，又将 1 年以上至 10 年以内到期的债券称为中期债券（Note）。

1. 债券的面值与收益率

债券的面值是债券到期时发行人支付给债权人的金额，面值也称票面价格，通常债券的面值为 100 元。在美国等一些国家，债券面值为 1 000 美元或 1 000 美元的倍数。

按照现金流的特征，债券可分为纯贴现债券与付息债券。

纯贴现债券（Pure Discount Bond）又称零息债券，是一种承诺只在到期日支付一笔现金的债券。纯贴现债券是以低于面值的价格按折扣方式发行的，其收益则是面值与发行价格的差额。

付息债券（Coupon Bond）是指在期限内定期向债券持有人支付利息，并到期偿还本金的债券。付息债券的利息与面值的比率，称为票面利率，又称息票利率。例如，一张面值为 1 000 美元的债券，10% 的票面利率表示发行人承诺向债券持有人每期支付 100 美元的利息。

利率也是承诺的收益率，债券的收益率还有本期收益与到期收益率。本期收益率（Current Yield）是债券年利息与购入价格的比率，其计算公式为：

$$本期收益率 = \frac{利息}{购入价格}$$

假设，你以 1 050 美元购买了一张面值为 1 000 美元的付息债券，年利率为 10%，其本期收益率为：

$$本期收益率 = \frac{100}{1\,050} = 9.52\%$$

到期收益率（Yield Spread）是指使债券一系列现金流的现值等于其价格的贴现率。如果上例中的债券为 1 年后到期，其计算公式为：

$$到期收益率 = \frac{利息 + 面值 - 价格}{价格} =$$

$$\frac{100 + 1\,000 - 1\,050}{1\,050} = 4.76\%$$

如果，当债券的期限大于 1 年时，到期收益率就是使债券一系列现金流的现值等于其价格的贴现率：

$$PV = \sum_{t=1}^{n} \frac{PMT}{(1+i)^t} + \frac{FV}{(1+i)^n} \tag{20-1}$$

式中：n——债券到期前支付利息的次数；

　　　i——年到期收益率；

　　PMT——利息；

　　FV——债券到期的面值。

如果将上例债券改为 5 年期的，用 Excel 程序计算，其到期收益率（i）为 8.72%：

$$Nper = 5, PMT = 100, PV = -1\,050, FV = 1\,000, 结果\ Rate = 8.72\%$$

如果债券的价格低于它的面值，则称为折价债券。折价债券的到期收益率 > 本期收益率 > 票面利率。例如，一张 1 年期的、票面利率为 10%、面值为 1 000 美元、其市场价格为 980 美元的折价债券，其本期收益率为：100/980 = 10.20%。但本期收益率低估了折价债券的实际收益率，其到期收益率为：（100 + 1 000 - 980）/980 = 12.24%。

如果债券的价格高于它的面值，则称为溢价债券。溢价债券的到期收益率 < 本期收益率 < 票面利率。例如，一张 1 年期的、票面利率为 10% 面值为 1 000 美元、其市场价格为 1 020美元的溢价债券，其本期收益率为：100/1 020 = 9.80%。但本期收益率高估了溢价债券的实际收益率，其到期收益率为：（100 + 1 000 - 1 020）/1 020 = 7.84%。

2. 债券的受托人与债券的契约条款

公开发行的债券，按照法律规定发行公司必须指定一个合格的受托人（Trustee）来代表债券持有人的利益，典型的受托人是银行。债券受托人受证券监管部门的监督与管理，具有保证债券合法发行、监督借款人财务状况与行为、确保借款人全面履行合同义务的职责，以保证债权人的利益。受托人向债券发行公司收取报酬，其构成借款成本的一部分。

债券发行公司与代表债券持有人利益的受托人之间必须签订债券契约，债券契约的法律文件主要包括债券的发行条件以及对公司的限制性条款，这些条款的目的在于保护债券持有人的利益，又称保护条款。契约条款是由发行公司与受托人和承销商共同决定的。受托人有权监督发行公司遵守债券契约，并纠正发行公司的违约行为。如果发行公司的行为不能令人满意或严重违约，受托人有权要求发行公司立即偿还发行在外的债券。

债券的契约条款主要包括以下一些方面的内容。

（1）负债限制：不经贷款人的同意，借款人不得增加新的债务。

（2）股利限制：限制借款人用现金发放股利或回购股票。

（3）担保品留置权限制：在贷款期间，禁止借款人以资产做抵押或担保。

（4）子公司借款限制：在借款期间，不允许借款公司通过其子公司向外借款。

（5）出售主要资产限制：借款人不得出售其主要资产，包括出售资产后的回购租赁。

（6）合并或出售限制：禁止借款公司与另一家公司合并或实际上将全部资产卖给另一家公司。

3. 债券评级

为解决信息不对称，便于社会公众的投资选择和债券的发行，上市交易债券要由投资评级机构对其信用等级进行评级，国际上最具影响的评级机构主要有穆迪投资者服务公司与标准普尔公司。评级机构根据可预见的违约可能性进行债券的等级评定。最高的信用等级为AAA 级（标准普尔）或 Aaa 级（穆迪），然后依次为 AA、A、BBB 或 Aaa、Aa、A、Baa……，D 级或 C 级为最低等级。一般认为，前四个等级为投资级别债券，其他等级则为投机债券。投资者依据评级机构公布的评级信息来衡量投资风险，并选择投资的债券。

20.2.2　长期债券的主要种类

按照不同标准和附加的限制性条款，长期债券具有许多不同级别或种类。

1. 信用债券

信用债券（Debenture）是指无任何财产抵押或担保的长期债券。由于信用债券无担保，其持有人是普通债权人，债券持有人为了维护自己的利益，通常会要求在债券契约中附加一些限制性的保护条款，如规定借款企业不得以其未担保的资产向其他债权人提供抵押。由于信用债券的本金偿还和利息支付仅凭借款人的信用，所以，一般只有实力雄厚、信用可靠的公司才能发行信用债券。信用债券的优点是借债无须提供抵押或担保品，使公司在发行信用债券之后仍保有未来的举债能力。

2. 次级信用债券

有些公司可能同时发行多种信用债券，这就有必要确定各种信用债券在公司清偿时的清偿顺序。次级信用债券是指清偿要求权在其他信用债券之后的债券。

3. 抵押或担保债券

抵押或担保债券（Mortgage/Secured Bond）是以不动产或其他资产作为清偿担保的债券。通常，抵押品或担保品的市场价值要高于债券发行的总额，以防止抵押资产市场价值的下降。债券抵押合同赋予债券持有人抵押资产的留置权，如果发行公司不能按期还本付息，抵押资产托管人有权出售抵押品，并以该收入清偿债权人。如果出售收入不足以清偿债务，债券持有人就其未清偿的数额成为企业的普通债权人，这部分清偿要求权与信用债券相同。

抵押债券的持有人具有抵押资产的第一优先权，出售抵押财产的收入首先清偿抵押债券持有人，如有剩余才清偿普通债权人。公司的同一资产可以多次地抵押发行债券，财产首次担保发行的抵押债券持有人具有第一抵押权，以同一资产做担保再次发行的抵押债券为第二抵押权。出售抵押资产的收入在满足第一抵押权的债券持有人后，如有剩余才清偿具有第二抵押权的债券持有人。

4. 零息债券

零息债券是一种承诺在未来到期时按债券面值支付金额，而不支付利息的债券。由于它是按低于债券面值的价格发行的，所以又称为贴现债券。零息债券的收益是其发行价格或购买价格与其面值的差。零息债券不同于折价债券，前者不支付利息，而后者需支付利息。

对发行公司而言，零息债券的优点是：每年不用支付利息；这类债券需求量大，可以通过拍卖方式提高发行价格；零息债券发行价格低于面值的折扣额可以在公司应税收入中摊销，具有抵税效应。但零息债券也有缺点：债券到期时，公司支付的现金流远大于发行时的现金流入；零息债券通常不能提前赎回，所以当市场利率下降时，公司不能要求购回债券持有人的债券。

5. 收益债券

收益债券是指只有当公司有足够盈利时，才支付利息的债券。这种债券允许公司在亏损或盈利不足时，不支付债券的利息。当公司有足够盈利时，才支付过去累计的未付利息。通常，累计未付利息不得超过三年。收益债券的利息支付可在税前扣除，而不同于优先股。收益债券的清偿顺序先于次级债券、优先股和普通股。由于收益债券承诺向投资者支付固定收益的可靠性低，对投资者缺乏吸引力，所以收益证券一般在企业重整时才发行。

6. 垃圾债券

垃圾债券是指信用等级低于穆迪公司 Ba 级别或标准普尔公司 BB 级别的债券。在早期，垃圾债券是指原财务状况很强的公司陷入财务困境，信用等级下降时发行的债券。由于该种债券投机性太强，一直未受到投资者的欢迎。在西方国家，20 世纪 80 年代在 Drexel Burnham Lambert 投资银行的培育下，垃圾债券发展成为一个活跃的非投资级别的债券市场。

垃圾债券的主要投资者有养老金、高收益率债券投资基金与一些个人投资者。垃圾债券是一种可行的筹资方式，但其具有很大的风险性。

7. 资产支持证券

资产支持证券是资产证券化的产物。资产证券化（Asset Securitization）是指将能够产生现金流量的同类资产合并，然后以资产支持证券形式出售其收益的过程。例如，某公司需要资金，但由于其信用等级低，不能发行成本低的证券来筹集资金。这样它可将其几种资产合并打包，从其资产负债表中删除，然后将这些资产销售给专业的中介机构（Special Purpose Vehicle，SPV）。在这种方式中，如果该公司破产，公司的债权人将不能获得打包的资产。专门的中介机构以购买的公司资产作为支持，出售资产支持证券为出售合并或打包资产的公司筹集资金。

资产支持证券（Asset-backed Securities，ABS）由资产组合产生的现金流支付本金和利息的债券。资产证券化为信用等级低的公司提供了资产流动性或现金流量，而且降低了成本或利息率。过去，资产证券化主要应用于贸易应收款、汽车贷款、信用卡应收款和租赁等方面，现在资产证券化的应用领域得到广泛扩展，只要具有能够产生预期现金流特征的资产都可能被证券化。

8. 中期票据

中期票据（Medium-term Note，MTN）是公司向投资者连续发行的债务凭证。期限为 9 个月～2 年。现在，30 年或 30 年以上的中期票据也很常见。中期票据的发行人主要是财务公司、银行或银行控股公司以及工业公司。

20 世纪 80 年代中期，中期票据开始国际化。欧洲中期票据（Euro Medium-term Note，Euro MTN）以各种不同的货币、数额、期限，以及固定利率或浮动利率发行。

9. 欧洲债券

欧洲债券是指在境外发行的以不同于发行地货币标价的债券。例如，美国某家公司在欧洲或亚洲国际金融市场发行的以美元支付利息与本金的债券就属于欧洲债券。不论是否在欧洲发行，只要债券标价的货币与债券发行地的货币不同，就可称为欧洲债券。而且，这个市场也不仅局限于欧洲，现在亚洲等地区的欧洲债券市场也得到很大的发展。

欧洲债券市场是一个真正的国际市场，欧洲债券的收益率不容易受到政府利率政策的影响；欧洲债券多采用承销团即辛迪加的发行方式，发行手续简便、发行费用和利息相对较低。所以，很多公司愿意发行欧洲债券来筹集资金。欧洲债券的期限一般为 3～5 年，最长为 20 年。利率可以固定也可以浮动，或两者混合。

20.2.3　债券的偿还

债券的偿还或收回有许多方式。对于到期的债券，公司在到期时一次性偿还本金。但对于未到期的可赎回债券，公司可以采用主要 3 种偿还方式：①公司可提前赎回债券；②公司可在公开市场上购回债券；③经债券持有人同意，公司发行新债券兑换已发行的未到期债券，这称为替续旧债券。

1. 以偿债基金赎回债券

大部分公司发行的债券都带有设立偿债基金的限制条款，要求公司在特定的时期内定期向受托人支付偿债基金以保证每期赎回特定数量的债券。

以偿债基金定期收回债券时，公司根据债券市场价格的变动，有两种收回方式的选择。一种方式是，当市场价格低于偿债基金赎回价格时，公司就会选择在公开市场上购买债券，然后将购买的债券交付给受托人；另一种方式是，当市场价格高于赎回价格时，公司就选择向受托人支付现金，由受托人以偿债基金赎回价格购回债券。这两种选择都有利于公司，而不利于债券持有人。

偿债基金条款对债券持有人也有一定的好处：首先，发行公司以较低成本赎回债券，节约了现金，降低了公司的违约可能性；其次，设置偿债基金的债券可以得到有次序的收回，这被称之为具有摊销效应，因而比不设偿债基金的债券违约风险小；最后，稳定的陆续收回提高了债券的流动性，有利于债券的持有人。

2. 系列债券的偿还

公司同次发行的具有不同到期日的债券，被称为系列债券（Serial Bond）。公司在债券到期之前分次地部分偿还,直至到期日还清同次发行的全部系列债券。系列债券与设有偿债基金的债券不同,后者是同次发行的、具有共同到期日的,公司可在到期日之前收回特定部分的债券;而同次发行的系列债券具有不同的到期日。例如,某公司发行了 10 年期的、1 000 万美元的系列债券,在 10 年中预定每年有 100 万美元到期,因而分别有 1 年至 10 年的不同到期日。这样,投资者可以在系列债券中选择适合自己到期日的债券,系列债券比同次发行同一天到期的债券具有流动性,因而对投资者更有吸引力。

3. 可赎回债券的偿还

可赎回债券是指在条款中允许发行公司在到期日之前以一个设定价格购回的债券。大部分债券都具有赎回条款,给予公司在到期日之前可以一个设定价格赎回债券的选择权。可赎回债券的赎回价格通常高于债券的面值并经常随到期日的临近而降低。通常,第一年的初始赎回价格等于债券的面值加上一年的利息。例如,一张 1 000 美元面值、票面利率为 8% 的可赎回债券,其初始赎回价格就是 1 080 美元。

发行公司可以在任一时间以赎回价格购回的债券称为即时赎回债券;而按条款规定递延一段时间后才可赎回的债券称为递延赎回债券。也就是说,在递延时间内公司不得购回递延赎回债券。在美国,公用事业债券的递延赎回期通常为 5 年,工业债券为 10 年。

赎回条款给予了公司融资的灵活性。赎回权是一种期权,当市场利率大幅度下降时,公司执行期权赎回债券,可以更低的利息成本再筹资。

可赎回债券有利于公司,而不利于投资者。因为,市场利率下降,债券价格上升,公司在此时赎回债券是以债券持有人丧失潜在的资本收益为代价的。所以,赎回权是有价值的,赎回权的价值就是债券发行时可赎回债券与不可赎回债券收益率的差额。可赎回债券的价值用公式表示为:

$$可赎回债券价值 = 不可赎回债券价值 - 赎回期权价值$$

赎回期权价值主要取决于利率的变动。如果,目前利率水平较高并预期将要下降,赎回期权就会有一个较高的价值。因为,在低利率时,公司赎回债券使得债券持有人无法获得利率下降的全部好处。因而,投资者要求可赎回债券的收益率要高于不可赎回债券,即价格应低于不可赎回债券。相反,目前利率水平较低并预期将要上升时,公司将不会选择赎回债券,赎回期权的价值为零。此时,可赎回债券与不可赎回债券的收益基本一致。利率的变动幅度决定债券价格的变动幅度,利率下降的幅度越大,赎回期权的价值也就越高。

4. 替续已发行的债券

替续已发行的债券是指公司发行新债券赎回已发行的还未到期的债券,即以新债换旧债,又称为再筹资。公司替续债券的常见原因是在利率下降时发行新债,以降低借款成本。公司提前赎回未到期的已发行债券,是经债券持有人的同意后废除债券限制性条款的行为。所以,公司在作替续决策时,必须对替续成本与废除旧条款的收益进行比较,有利可图时才可采用。当市场债券利率急剧下降时,为公司利用较低成本替续旧债提供了获利的机会。

公司替续债券时,由于债务比例加大而改变资本结构,往往会产生一些负面影响。为了降低这些负面作用,公司在做替续决策时还应对偿还旧债的税后现金流与偿还新债的税后现金流进行比较,根据结果做出决策。

随着金融创新的发展,证券市场上产生了一些新的债务品种,它们比传统债券更具有风险转移的功能。创新的债券主要有：商品连接债券、抵押保证证券、浮动利率票据、信用敏感票据和可展期票据等①。

20.3　定期贷款

20.3.1　定期贷款的概念与特征

定期贷款（Term Loan）是指由商业银行等金融机构发放的长期贷款。定期贷款区别于银行其他类型贷款的特征如下。

（1）贷款的主要提供者是商业银行，保险公司和养老基金也发放定期贷款。

（2）贷款期限在 1 年以上。商业银行发放的定期贷款，大多数期限为 1 年至 5 年之间。由于养老基金和保险公司的负债期限较长，往往提供 5 年至 10 年的定期贷款。

（3）通常要求以动产或不动产做抵押。期限较短的贷款一般可用动产（如机器、设备）或有价证券（如债券、股票等）做抵押，而期限较长的贷款多要求以不动产（如土地、建筑物）做抵押。根据抵押资产的流动性，贷款额度通常为抵押资产价值的 40%～80% 之间。

（4）还款计划根据借款人的现金流量状况制定，贷款大多采用定期（通常按月、季度、半年或年）等额偿付本金与利息的方式。

（5）定期贷款利率高于短期贷款。定期贷款的利率有固定利率与浮动利率两种。浮动利率随市场利率的变动而相应调整，有时可确定一个上限或下限，限制利率变动的范围。

（6）定期贷款经常是正式贷款协议下的展期信用。

（7）借款人必须支付与银行签订贷款协议发生的律师费用和在承诺期内未利用的贷款额度的承诺费（Commitment Fee）。承诺费是贷款人在同意保留信用额度时，收取的费用。

20.3.2　定期贷款的限制条款

除了抵押之外，定期贷款合同中的主要限制性条款有以下几个方面。

1. 营运资金的流动性要求

一般的贷款协议中都对借款人的在贷款期内的营运资金规定一个流动比率或固定金额，目的在于保持企业的资金流动性和偿债能力。为保持借款公司资金的流动性，通常在贷款协议中还包含对现金股利与普通股回购的限制条款，常见的方法是将现金股利与普通股回购限定在某一基准日后净利润的某一累积比例之内。

2. 资产净值的要求

资产净值是资产与负债之间的差额，有的贷款人会在贷款合同中要求借款人资产净值必须保持一定比例的最低限额。借款人的资产净值越高，贷款人的风险就越小；而资产净值越低，道德风险越高，公司借款就越难。

---

① （美）道格拉斯·R·爱默瑞，约翰·D·芬尼特. 公司财务管理（下）. 北京：中国人民大学出版社，759～761.

3. 限制新增债务的要求

贷款协议经常会限制借款公司再发行其他任何形式的长期债务，规定借款人在增加新债务时必须事先征得现有贷款人的同意，这一限制也包括长期租赁。

4. 定期报送财务报表并提供足够的保险

贷款协议中规定借款人必须定期向贷款人提交公司的财务报告，包括年度、季度或月度的资产负债表、损益表和现金流量表。一般情况下，禁止借款人以任何一项资产作为未来债务的担保或抵押。

5. 借款公司高层管理人员的变动须经贷款人同意

此外，可能要求借款公司为公司的关键人物投保人身保险，并将贷款人列为受益人。

20.3.3 定期贷款的主要种类

定期贷款在具体操作中有很多种类，其中几种主要的贷款如下。

1. 循环贷款协议

循环贷款协议（Revolving Credit Agreement）是指银行在特定期间内给予借款公司发放最高限额贷款的正式法律承诺。按照循环贷款的承诺，无论何时公司需要贷款，银行都有义务按贷款合同向公司发放贷款。在贷款的承诺期内，借款人可以续借续还，但不得超过规定的最高贷款限额。借款人要向贷款人支付已借贷款额与最高限额之间差额的承诺费。大部分循环贷款的期限为3年，也有短一些的。定期贷款的利率比短期循环贷款的利率要高。

循环贷款协议使得借款公司在资金需求不确定的情况下，具有了筹集资金的灵活性和较大的财务弹性。而且，在承诺到期时，借款人可根据情况将已使用的循环贷款转换为定期贷款。

2. 保险公司发放的定期贷款

人寿保险公司发放的定期贷款与银行的定期贷款有着不同的特点：由于保险公司的负债期限较长，所以保险公司发放的定期贷款期限较长；由于保险公司不能发放补偿存款余额（即附加百分点）的贷款，也不能获得由贷款产生的其他业务的收益，所以保险公司的定期贷款利率比银行要高。定期贷款代表保险公司的一种投资，它希望资金不中断地连续使用，所以通常保险公司会要求预付违约金，而银行通常不要求。

保险公司的定期贷款与银行定期贷款的期限不同，所以它们在定期贷款中互为补充。

3. 设备（动产）抵押贷款

设备抵押贷款是以企业拥有的可流通变现的设备（动产）或正在购买的设备作为抵押品获得贷款。

由银行或财务公司向企业提供的动产抵押贷款，贷款偿还计划与设备的折旧计划一致，借款人以设备折旧资金分期偿还贷款。设备抵押贷款的期限通常在一年以上。贷款人评估抵押品的变现能力，并根据设备的质量来确定抵押品的价值。贷款人通常要求抵押设备的市场价值高于贷款的金额，并根据抵押品变现能力确定一个市场价值的比例，依此确定贷款的金额。银行提供设备抵押贷款，除了要求借款人签订一份贷款合同外，还要求借款人签订一份动产抵押协议。动产抵押协议规定贷款人具有抵押设备的留置权，一旦借款人不能按期支付利息或偿还本金，贷款人具有出售设备以其收入偿还贷款的权利。

企业也可以用正在购买的设备作为抵押品，向设备供应商获得设备融资。设备供应商可采用赊销方式将设备销售给企业，企业以分期付款方式偿还。通常，设备供应商提供设备融资的利率较低，但可能以提高设备的销售价格作为补偿。在这种融资中，企业作为设备的买方要与设备供应商签署一份附加条件的销售合同（Conditional Sales Contract），合同规定在买方未完全履行合同之前，卖方保留设备的所有权。买方在该协议中保证在规定时间内向卖方分期付款，在买方未履行完所有合同条件之前卖方继续保留设备的所有权。因此，卖方出售设备后获得第一期分期付款额与一张标明购买设备价格的本票。以合同为担保的本票给予了卖方在买方违约情况下重新占有设备的权利。而且，卖方可以持有合同或将合同与背书的票据卖给商业银行或财务公司获得资金，这样银行或财务公司就成为债权人并获得设备的担保利息。

4. 银团贷款

对于资金需求量很大的借款，不仅风险大，而且一家或少数几家银行不能提供足够的贷款来满足需求。因此，往往由几家银行或更多的银行联合起来发放贷款，这种形式的贷款称之为银行团贷款或辛迪加贷款。它既可以满足经济发展对巨额信贷的需求，又可以达到分散风险的目的。

5. 欧洲美元贷款

欧洲美元贷款是由一些大银行以美元表示的外币形式向企业提供的一种中期贷款。欧洲美元贷款的金额一般在 100 万美元～ 15 亿美元之间，利率高出伦敦银行同业拆借利率（LIBOR）一定的百分比。一般为浮动利率，调整期一般为 6 个月，贷款期限分布比较宽。欧洲美元贷款已成为商业贷款的主要来源之一。

欧洲美元贷款市场不受各国法规的管制，借贷自由、资金量大、利率水平相对较低。

20.3.4 定期贷款的偿还

定期贷款通常以分期等额付款作为偿还方式，简称分期偿付（Amortization）。等额分期偿付安排在每期期末，还款期限可以按年度、半年或季度，因此分期偿付实际是一种普通年金。每期的等额偿付中包括利息与本金，每期偿付后，将偿还的本金从未偿还的贷款中扣除。因此，以后每期支付的利息占总付款额的比例逐步下降，而偿还的本金则逐步上升，直至还清贷款。

20.4 租 赁 融 资

20.4.1 租赁的概念与特征

租赁是一种租约（Lease），在租赁契约中资产的所有者将资产出租给承租人，承租人在租赁期内向出租人支付租赁费，获得租赁资产的使用权。

租赁费一般是等额支付的，可以每月、每季、每半年或每一年支付一次租赁费，第一笔租赁费通常在签订租约的当天支付，租赁费在每期期初支付，所以租赁费是一种即时年金。租赁期满后，租约通常赋予承租人多种选择：一种选择是将租赁资产归还出租人；另一种选择是续租，通常租金会比原来要低一些；再一种选择就是承租人购买租赁资产。

几乎所有的资产都可以租赁，包括：飞机、船只、火车、通信卫星、采矿设备、计算机、运输工具等诸多物品。主要的出租人是租赁资产的生产商、商业银行、财务公司、保险公司以及独立的租赁公司等。承租人可以是个人、企业或政府。

租赁的基本特征如下。

（1）在租赁期间，承租人获得租赁资产的使用权，而不具有该资产的所有权，这不同于购买商品的所有权转移。为获得资产的使用权，承租人必须向出租人定期支付租赁费。

（2）租赁行为涉及多方当事人，如承租人、出租人或租赁资产的生产商以及债权人。

（3）租赁的期限大多为 10 年以内，所以可将租赁列入中期融资范围。租赁资产的所有权属于出租人，承租人定期支付租金，因此，租赁类似于有担保的贷款。

20.4.2 租赁的类型与形式

按照租约的特征，租赁可分为两种类型：即经营性租赁和财务性租赁。

经营性租赁（Operating Lease）是短期的，在租赁到期之前承租人可以选择撤销租约。如果撤销租约被执行，承租人必须将租赁资产归还给出租人。经营性租赁的租期比租赁资产的经济生命期限短，这意味着租金支付不足以弥补出租人资产的全部成本，所以出租人只有不断地将该资产出租才能获得设备的剩余成本。经营性租赁的资产一般为办公室、复印机、计算机、运输工具等。经营性租赁中，出租人承担租赁资产的维修保养、保险以及支付与该资产相关的财产税。

财务性租赁（Financial Lease）则是长期的，通常在租赁期到期之前承租人不能撤销租约，承租人有义务支付租赁费直至租约到期。财务租赁的租期与租赁资产的经济生命基本一致。在财务性租赁中，如果出租人允许承租人撤销租约，通常要求承租人补偿由于撤租给出租人造成的损失。财务性租赁作为一种中期融资与债务融资具有可比性。

财务性租赁又有纯租赁与双纯租赁两种。纯租赁（Net Lease）是指租约规定承租人承担租赁资产所有权责任与风险的租赁形式，即由承租人承担租赁资产的维修保养与保险费，并交纳财产税。双纯租赁则是承租人除了承担纯租赁的上述责任外，还必须在租赁期满后将预先设定价值的租赁资产归还出租人。

财务性租赁可采用直接租赁、售后租回或杠杆租赁 3 种形式。

1. 直接租赁

直接租赁（Leveraged Leasing）是指企业为获得以前所未有的资产使用权所采用的租赁形式。在直接租赁中，承租人确认所需要的资产，然后由出租人购买承租人所需的资产，再将资产出租给承租人。承租人也可以直接向资产的生产商租赁该资产。直接租赁的过程如图 20－1 所示。

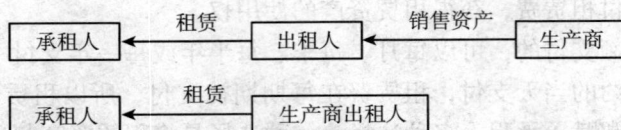

图 20－1　直接租赁示意图

注：租赁费支付与租赁资产的方向相反，购买租赁资产与销售租赁资产的方向相反。

2. 售后租回

售后租回（Sale and Leaseback）也称回购租赁，它是指企业将其资产卖给出租人，同时签订租约再租回这些资产。在回购租赁中，一方面，承租人获得出售资产的收入并将其用于其他方面的安排；另一方面，承租人丧失了资产的所有权，在租赁期间定期支付租赁费，获得资产的使用权。购买资产的出租人获得了法律上的资产所有权与资产的剩余价值。售后租回协议在不动产方面的应用很普遍，售后租回的出租人包括保险公司、机构投资者、财务公司以及独立的租赁公司。售后租回的示意图见图 20-2。

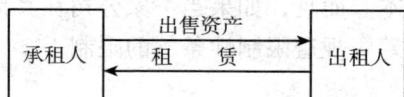

图 20-2 售后租回示意图

注：出售资产收入与出售资产的方向相反，租赁费支付与租赁资产的方向相反。

3. 杠杆租赁

杠杆租赁（Leveraged Leasing）是在租赁大型资产（如飞机、船只、火车、勘探设备等）时，普遍采用的一种特殊租赁形式。直接租赁与回购租赁只涉及承租人与出租人两个当事人，而杠杆租赁则涉及到三方当事人：承租人、出租人和提供贷款的债权人。

在杠杆租赁中，出租人以购买的资产和租赁费做担保，通常向债权人（贷款银行）借入租赁资产价值60%～80%的资金，而出租人出资20%～40%作为权益投资者，获得租赁资产的部分权益。在杠杆租赁中，承租人与出租人签订租赁合同，承租人保证分期支付租赁费并获得资产的使用权；出租人作为借款人与贷款银行签订担保协议以及贷款合同。贷款担保中，出租人将租赁资产抵押给长期贷款人，并将租约转让给贷款人，因此，贷款人具有了该资产的第一留置权和对所付租金的优先求偿权，如果承租人不能按时支付租金，贷款人有权扣押该资产。杠杆租赁的示意图见图 20-3。

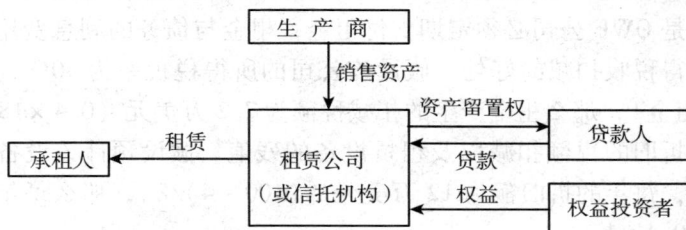

图 20-3 杠杆租赁示意图

注：租赁费支付与租赁资产的方向相反，购买租赁资产与销售租赁资产的方向相反，还款与贷款的方向相反。

20.4.3 租赁的优缺点

1. 租赁的主要优点

（1）出租人具有租赁资产的所有权，所以可以获得资产折旧抵税的好处。租赁类似于担保贷款，承租人支付的租金可以税前列支，从而也可获得抵税的好处。

（2）可撤销的短期经营性租赁可帮助承租人解除（如计算机租赁等）资产陈旧的

风险。

（3）易于出售、使用广泛（如车辆等）的租赁资产，出租人不必进行详细的信用分析，租赁手续简便，因此降低了交易成本和租赁费用，有利于小企业的资产租赁。

（4）出租人拥有租赁资产的所有权，如果承租人拖欠租金的支付，出租人有权扣押资产，降低了承租人财务危机给出租人带来的风险。所以，小公司或信用度不高的公司获得租赁融资比获得贷款要为容易。

（5）租赁融资为承租人提供了筹集资金的一种渠道，与购买设备相比承租人不需要支付大量的现金，保留了运营资本。而且，如果当一家公司在其债务限制条款中被禁止进行常规的负债筹资，它可能以租赁筹资规避限制性条款的限制。

2. 租赁的主要缺点

（1）承租人不具有租赁资产的所有权，不能获得资产折旧抵税的好处。

（2）因租赁资产的所有权归属于出租人，所以通常承租人得不到租赁资产的残值。

对于承租人而言，必须权衡租赁融资成本与租赁资产带来的收益，只有在成本低于收益时选择租赁融资的形式才是有益的。

对出租人而言，也必须权衡租赁收益与租赁成本。虽然承租人可以租赁费扣减税额，但出租人的租赁收入则全部都是应纳税的。只有当租赁税后收益的现值高于租赁成本的现值时，出租资产才是有益的。

20.4.4 财务性租赁的现金流

财务性租赁的现金流类似于担保贷款的现金流，下面我们举例并以表 21 – 1 来说明这个问题。

【例 20 – 1】假设，QWE 公司采用租赁方式租用一台价值为 100 万美元的设备，租约期限为 8 年，每年支付 18 万美元的租金。该租约规定出租人具有租赁资产的所有权与留置权，这相当于将租赁设备作为抵押品。

QWE 公司租入设备而不必花费 100 万美元的设备购置资金，这相当于借款得到现金流入 100 万美元。但是 QWE 公司必须定期支付租金，租金与债务的利息费用一样可以税前列支，由此承租人获得税收扣减的好处。假设该公司的所得税税率为 40%，租约规定每年年末支付 18 万美元租金①，那么租金产生的扣减税额为 7.2 万美元（0.4 × 18）。但 QWE 公司必须放弃租赁设备折旧的税额扣减以及租赁设备的残值。假设预计该设备的残值为 4 万美元，采用直线折旧，每年的折旧额为 12 万美元 [(100 – 4)/8]，那么每年放弃的折旧抵税额为 4.8 万美元（0.4 × 12）。

综合上述所有因素（见表 20 – 1），可以得出 QWE 公司实际初始现金流入为 100 万美元，之后在第 1 年至第 7 年每年的实际现金流出为 15.6 万美元，在第 8 年现金流出为 19.6 万美元。

---

① 实际操作中，通常租约规定租金在每期期初支付（即时年金），为了简便和易于计算公式的运用，我们假定租金在每期期末支付（普通年金）。

表 20 - 1　QWE 公司租赁融资的直接现金流

单位：万美元

年	0	1	2	3	4	5	6	7	8
租赁收益：									
初始开支（被避免）	100								
租赁成本：									
租金支付		-18	-18	-18	-18	-18	-18	-18	-18
租金支付的抵税		7.2	7.2	7.2	7.2	7.2	7.2	7.2	7.2
放弃的折旧抵税		-4.8	-4.8	-4.8	-4.8	-4.8	-4.8	-4.8	-4.8
放弃的残值									-4
承租人的净现金流	100	-15.6	-15.6	-15.6	-15.6	-15.6	-15.6	-15.6	-19.6

20.4.5　租赁决策分析

　　财务性租赁的现金流与有担保债务的现金流很相似，这就为公司进行租赁融资决策提供了一种基本的分析方法，即将租赁融资的现金流与借款购买资产的现金流进行比较。实践中，有多种租赁决策的分析方法，在此主要介绍偿债对等法——净现值法，然后再介绍其他方法。

1. 分析的基本框架

　　由于财务性租赁类似于有担保债务，所以偿债对等法的基本原则是：在评价租赁资产与借款购买资产的两种方式时，必须将任何一种方式下公司全部的税后负债（租金偿付与债务偿付）看作是严格相等的。在这个原则下，如果借款购买方式下的税后每期偿债支出的现金流与租赁方式下的税后每期偿债现金流完全相同，那么这个金额就是公司在现在应当借得的债务量（现值）。也就是说，将租赁税后付款看作是一组已承诺的未来现金流，如果将这组现金流在资本市场上拍卖所获得的金额就是公司现在所能借到的债款。如果这个借款收入不足以购买设备，那么租赁融资方式的净现值为正，就应该选择租赁；相反，如果这个借款收入高于购买设备的成本，那么就应选择借款购买。据此，我们可以建立租赁融资净现值的公式。

　　租赁融资净现值（Net Advantage to Leasing，NAL）等于资产购买价格（P）减去与该租赁活动有关的净增税后现金流（$CFAT_S$）的现值。租赁融资净现值的公式为：

$$NAL = P - PV(CFAT_S) \qquad (20-2)$$

　　在计算租赁融资活动净增税后现金流的现值时，关键是采用什么贴现率？通常，应该采用与租赁类似的有担保贷款的税后利率作为贴现率，有担保贷款的税后利率也是确定租金支付额的必要报酬率。估计必要报酬率并将其作为贴现率的一个重要方法是资金的机会成本概念：必要报酬率是同等风险的其他备选方案中所能得到的报酬率。因为，财务性租赁中出租人保留对租赁资产的所有权与留置权，租赁负债是有担保的，公司的租金支付与有担保贷款的偿债支付属于同一风险级别。所以，计算租赁融资活动净增税后现金流采用的贴现率应是担保贷款的税后利率。

　　实际操作中，财务租赁现金流的贴现率稍高于有担保贷款的税后利率。这是因为担保贷款是"有完全担保的"，即一般按照担保资产的价值打一个折扣（例如 80%）来确定贷款额，而租赁融资中的资产担保是100%的。所以，租赁融资的贴现率一般是有担保贷款的利率与无担保贷款利率的加权平均数。

而在确定资产预期残值的现值时，则要按一个较高的必要报酬率贴现，以反映它的较高风险。资产残值与整个项目的经济风险相关，因此应用该项目的必要报酬率（即市场资本报酬率）来计算预期残值的现值。

与租赁还是借款购买相关的净增现金流包括：①该资产的成本（被避免的购买资产的开支）；②租赁费（成本）；③租赁融资和借款购买两种方式之间的营业费用或其他费用上的净增差异（成本或节余量），其中包括承租人承担的设备维修保养、保险和缴纳财产税的费用成本；④折旧税额扣减（放弃的收益）；⑤预期净残值（放弃的收益）；⑥投资税收抵免或其他税收抵免（放弃的收益）。

根据租赁融资净增现金流的具体内容，可将租赁融资净现值的公式改写为：

$$NAL = P - \sum_{t=1}^{n} [(1-T)(CF_t - \Delta E_t) + TD_t]/[1+(1-T)r]^t - SAL/(1+k)^n - ITC$$

$$(20-3)$$

式中：P——资产购买价格；

T——承租人的所得税率；

CF_t——第t年的租金支付额；

ΔE_t——第t年租赁和购买两种方式间在营业费和其他费用上的全部净增差额；

TD_t——税率T乘以第t年的折旧额D_t，表示折旧税额扣减；

r——债务的税前利率，那么税后利率为$(1-T)r$；

SAL——该资产期末预期残值；

k——资产的必要报酬率（税后加权平均资本成本）；

n——租赁期限；

ITC——若能得到的投资税收抵免。

必须注意的是，式（20-3）中假定租金在每期期末支付（普通年金），而租约通常规定租金在每期期初支付（即时年金）。如果为了精确，则必须调整该公式，这样计算起来较为复杂。该公式还假定出租人有权获得全部的投资税收抵免（ITC）。

2. 租赁与购买决策分析

【例20-2】我们运用净现值法，结合表20-1来分析QWE公司的租赁与购买决策。

首先，需要确定贴现率。假定，QWE公司能以10%的税前利率借到8年期的有担保的分期偿付的贷款，贷款金额为该设备价值的80%；而该设备其余20%价值的那部分金额，公司可按12%的税前利率借到无担保的分期偿付的贷款。假定，该项目的税后必要报酬率k（加权平均的资本成本）为每年13%，QWE公司的适用税率为40%。如果QWE公司是100%的债务融资，其中80%是有担保的债务，20%是无担保的债务，那么该公司的税前债务成本为10.4% = 0.8×10% + 0.2×12%，则债务的税后利率为6.24% = (1-0.4)×10.4%。那么，6.24%的债务税后利率就是计算租赁净增现金流现值的贴现率，而项目的税后必要报酬率13%就是计算残值现值的贴现率。

在8年中，每年年末支付18万美元的租金，承租人每年获得的租金扣减税额为7.2万

美元 $= (0.4) \times 18$ 万美元，而不能抵免的部分为 10.8 万美元 $= (1-0.4) \times 18$ 万美元。每年的折旧额为 12 万美元 $= (100$ 万美元 -4 万美元$)/8$，每年放弃的折旧减税额为 4.8 万美元 $= 0.4 \times 12$ 美元。放弃的残值为 4 万美元。假设 QWE 公司的租赁项目没有投资税收抵免；还假设租赁和购买两种方式间在营业费和其他费用上的全部净增差额（ΔE_t）为零，这是因为公司采用租赁（纯租赁）方式或购买方式都需要承担设备的维修保养、保险与缴纳财产税，两种方式的营业费用差不多。

依据以上数据，运用式（20-3）计算 QWE 公司租赁融资的净现值：

$$NAL = 1\,000\,000 - \sum_{T=1}^{8} (108\,000 + 48\,000)/1.062\,4^t - 40\,000/1.13^8 - 0 =$$
$$25\,360.70(美元)$$

运用 Excel 程序的计算过程：

Rate $= 6.24\%$, Nper $= 8$, PMT $= -156\,000$, 结果 PV $= 959\,592.90$（美元）

Rate $= 13\%$, Nper $= 8$, FV $= -40\,000$, 结果 PV $= 15\,046.40$（美元）

$$NAL = 1\,000\,000 - 959\,592.90 - 15\,046.40 =$$
$$25\,360.70(美元)$$

结论：依据 NPV 法则，租赁融资净现值为正，QWE 公司应选择租赁方式，而不是借款购买方式。

3. 其他分析方法

偿债对等法实际是净现值分析法，前面我们已讲过 NPV 法则是普遍适用的有效分析方法。除此以外，我们再简单地介绍两种分析方法，即内含报酬率法和约当贷款法，这两种方法与 NPV 法的分析结果相同。

1）内含报酬率法

内含报酬率法也是实际操作中分析人员常用的一种分析方法，其前提也是偿债对等原则，依据租赁融资现金流类似于财务融资的现金流，因此内含报酬率（IRR）是式 20-3 中租赁融资净现值等于零的贴现率，即：

$$NAL = P - \sum_{t=1}^{n} [(1-T)(CF_t - \Delta E_t) + TD_t]/[1 + IRR]^t -$$
$$SAL/(1 + IRR)^n - ITC \qquad (20-4)$$

内含报酬率代表了租赁融资的税后成本。这个租赁融资的税后成本包括了由于未借款而失去的利息扣税额，由于租赁融资而不是购买该资产所放弃的税额扣减、税收抵免和残值的价值。如果租赁融资成本低于承租人有担保的税后成本，公司就应选择租赁融资方式，而不选择借款购买；反之，则选择借款购买方式。

【例 20-3】仍以 QWE 公司为例，运用式（20-4）计算租赁融资净现值的内涵报酬率（IRR）：

$$NAL = 1\,000\,000 - \sum_{t=1}^{8} 156\,000/(1 + IRR)^t - 40\,000/(1 + IRR)^8$$

$$IRR = 5.85\%$$

运用 Excel 程序计算：

Nper = 8, PMT = − 156 000, PV = 1 000 000, FV = − 40 000, 结果 Rate = 0.058 5

结论：QWE 公司租赁融资的 IRR 为 5.85%，租赁融资成本低于该公司债务的税后成本 6.24%，因此 QWE 公司应选择资产租赁。

2）约当贷款法

在现金流贴现决策准则中没有与约当法相对应的分析方法，但该方法符合偿债对等原则。约当贷款法是将租赁提供的融资额与约当贷款（Equivalent Loan, EL）提供的融资额相比较。约当贷款是指如果承租人将未来净增现金流用于清偿常规的有担保贷款，那么承租人所应借到的最高金额。

约当贷款的公式为：

$$EL = \sum_{t=1}^{n} \left[(1 - T)(CF_t - \Delta E_t) + TD_t \right] / \left[1 + (1 - T)r \right]^t + SAL/(1 + k)^n \qquad (20 - 5)$$

该公式意味着如果资产购买价格（P）减去投资税收抵免（ITC）超过了约当贷款额，那么租赁实际上提供了更多的融资额，因此应选择租赁而不是资产购买；反之，则选择资产购买。

【例 20 - 4】仍以 QWE 公司租赁融资为例，约当贷款额为：

$$EL = \sum_{t=1}^{8} 156\ 000/1.062\ 4^t + 40\ 000/1.13^8 = 974\ 639.30(美元)$$

运用 Excel 程序的计算过程：

Rate = 6.24%, Nper = 8, PMT = − 156 000, 结果 PV = 959 592.90(美元)

Rate = 13%, Nper = 8, FV = − 40 000, 结果 PV = 15 046.40(美元)

EL = 959 592.90 + 15 046.40 = 974 639.30(美元)

NAL = 1 000 000 − 974 639.30 = 25 360.70(美元)

结论：结果与 NPV 法完全相同，融资租赁净现值为正，应选择资产租赁方案。

复习思考题

思考题

1. 债务融资与权益融资相比有何特征？
2. 为什么本期收益率低估了折价债券的实际收益率，而高估了溢价债券的实际收益率？本期收益率与到期收益率有何区别？
3. 债券的限制性条款，通常有哪些主要内容？为什么要附加这些限制性条款？
4. 信用债券与抵押债券有何区别？
5. 债券的偿还有哪些主要形式？
6. 定期贷款与银行的其他贷款相比有何特征？定期贷款通常有哪些限制性条款？

7. 租赁有哪些基本特征？经营性租赁与财务性租赁有何不同？解释直接租赁、售后租回和杠杆租赁三者之间的区别？

8. 如何理解财务租赁类似于有担保的债务？

9. 为什么预期残值的贴现与租金的贴现所使用的贴现率是不同的？

计算题

1. 某一债券面值 1 000 美元，期限为 10 年，市场价格为 980 美元，每半年付息一次，到期收益率是多少？

2. ZXC 公司的债券面值为 1 000 美元，15 年后到期，票面利率为 6%，每年付息一次。假如你以 1 200 美元购买该债券，到期收益率是多少？

3. 一笔 100 000 美元的贷款，期限为 5 年，年利率 12%，每年年末等额还款一次。计算每年的偿还额，其中本金和利息各是多少？

4. ASD 公司正在考虑租赁价值为 100 000 美元的设备，如果公司购买该设备的净现值为 8 000 美元。但某设备租赁公司许诺可以向 ASD 公司提供设备租赁服务，在今后 5 年内每年年初支付租金 24 000 美元。如果 ASD 公司租赁该设备，每年将节约 4 000 美元的保险费和维修费（若公司购买设备，该费用应在每年年初支付）。假设税收的节省立即实现。其他数据如表 20 - 2 所示。

表 20 - 2　ASD 公司的其他数据

设备购买价格	100 000（美元）
使用寿命	5 年
预计残值	0
折旧方法	直线折旧
借款利率	12%
公司边际税率	40%
资本成本 （30% 的负债/总资产比率）	16%

（1）计算设备租赁的 NAL。

（2）ASD 公司是否应租赁？

5. 某银行正在考虑租赁价值为 100 000 美元的计算机设备。有一份 4 年期的租约，要求在每年年初支付 22 000 美元的租金。银行目前未交所得税，而且在可预见的将来预期也无需交所得税。如果银行买入计算机设备，它将按直线折旧对其折旧，在第 4 年年底的估计残值为 20 000 美元，银行的可比有担保负债成本为 14%，其成本为 20%。

（1）计算租赁融资净现值。

（2）计算约当贷款额。

（3）计算该租赁的内涵报酬率。

6. 某电子公司正考虑在向顾客直接销售之外，加上产品租赁业务，产品售价为 1.5 万美元，经济寿命为 8 年。

    (1) 出租人希望取得 12% 的利率，所要求的每年年初支付的租赁费是多少？

    (2) 如果产品在第 8 年年末的残值为 3 000 美元，要求每年的租赁付款额是多少？

◇第 *21* 章

期权性质的融资

本章介绍几种具有期权性质的特殊融资工具：可转换证券、可交换债券和认股权证。

21.1 可转换证券

21.1.1 可转换证券的概念与特征

可转换证券（Convertible Security）是证券持有人在一定期限内可将持有的债券或优先股按规定比例转换为发行公司普通股的期权。可转换债券主要是可转换债券与可转换优先股。

可转换证券的基本特征如下。

（1）可转换证券与直接债券（Straight Bond）① 一样，也具有面值、票面利率和到期日。

（2）可转换证券的持有者可获得一个固定数额的债券利息或优先股股利，并享有将所持有的证券转换为普通股的选择权。

（3）公司可以低于直接债券或优先股的利率出售可转换证券。

（4）大多数的可转换证券都有可赎回条款，所以可转换证券通常也有可赎回价格。

（5）几乎所有的可转换证券都是次级后偿债券，其对公司资产的索求权在有担保债券之后，但在优先股和普通股之前。

除了上述基本特征之外，可转换证券还具有以下转换特征。

1. 转换价格与转换比率

可转换证券可在到期日之前以规定的转换价格转换为普通股。转换价格（Conversion Price）是可转换证券转换为每股普通股的执行价格，转换价格等于可转换证券面值除以转换比率，通常转换价格高于转换证券发行时的普通股市价。转换比率（Conversion Ratio）是每份可转换证券能转换的普通股股数，转换比率等于可转换证券面值除以转换价格。例如，BBN 公司每份面值为 1 000 美元的可转换证券，规定的转换价格为 42 美元。那么，其转换比率为 23.81 股（1 000/42），也就是投资者的每份可转换证券按 42 美元的执行价格转换的普通股的股数。

---

① 直接债券是与可转换债券具有相同利率、相同到期日、相同风险的不可转换的债券。

转换价格和转换比率并不是固定不变的，通常会由于发行期内转换价格的多次上调、股票分割、股票股利或认股权的发行等因素而加以调整。例如，公司按照条款的规定，可转换证券的转换价格在前5年为每股35美元，在第二个5年期间为每股40美元，在第三个5年期间为每股45美元，等等。这样随着时间的推移，每份可转换证券转换为普通股的股数会越来越少。如果公司进行普通股的分割，假如比例为1:2，那么转换价格也随之相应减半。如果，公司发放股票股利或认股权，转换价格也必须按相应比例进行调整。

2. 转换价值与转换价值溢价

转换价值（Conversion Value）是用可转换的普通股市价计算的可转换证券的价值，转换价值等于转换比率乘以每股普通股市价。例如，BBN公司当前的股票市价为38美元，那么其可转换证券的转换价值为904.78美元（23.81×38）。

在发行时，可转换证券的价格高于转换价值，可转换证券的发行价格与其转换价值的差就是转换价值溢价（Premium Over Conversion Value）。例如，BBN公司以每份1 000美元的价格向社会公众发行可转换证券时，其普通股价格为每股36美元。那么，转换价值就是857.16美元（23.81×36），转换价值溢价则为142.84美元。通常，转换价值溢价用转换价值的百分比来表示，即转换溢价为16.66%（142.84/857.16）。大多数公司可转换证券在发行时的转换溢价范围在10%～20%之间。如果是高成长型公司，转换溢价甚至会更高。

21.1.2 可转换证券的优缺点

1. 可转换证券的优点

（1）可降低增发新股的股权稀释度。由于公司发行了新的股票，而导致公司原有普通股股东的每股收益或权益下降，这被称之为股权稀释（Dilution）。由于可转换证券具有转换为普通股的期权特征，所以其具有对股权的潜在稀释作用。

虽然可转换证券具有潜在的股权稀释作用，但是可转换证券不是普通股。公司发行可转换证券可降低增发普通股的稀释度，其原因在于可转换证券的转换价格高于新股的发行价。

【例21-1】PLM公司普通股的市价为每股50美元，公司为筹集资金发行新股必须低于市价发行股票。公司将通过承销商向社会公众出售股票获得每股45美元的净收入。如果PLM公司希望筹资4 500万美元，那么必须发行100万股普通股。如果PLM公司发行可转换证券，以高于市场价格的转换价格出售可转换证券。如果转换溢价为14%，那么转换价格为57美元（50×1.14）。那么公司发行4 500万美元的可转换证券，转换后新增普通股的股数为：

$$\frac{45\ 000\ 000}{57} = 789\ 473.68\ （股）$$

由于减少了发行新股的数量为210 526.4股普通股（1 000 000 - 789 473.68），所以发行可转换证券带来的潜在稀释度低于增发普通股的稀释度。

（2）可降低融资成本。发行可转换证券的利息率或股利率低于直接债券的利息率或股利率。可转换证券的期权特征，对投资者具有吸引力。投资者对可转换证券的需求越大，证券的价格越高，公司发行可转换证券的利率就越低。尤其对于成长型公司来说，当其处于成长阶段时，利息支付得越少，公司可用于发展的现金就越多。而且，由于新公司或信用等级稍低的公司出售直接债券或优先股一般会很困难，但因其未来的潜在股票质量它们发行可转换证券可能会受到市场的欢迎。

（3）可降低代理成本。可转换证券可以降低筹资中的代理成本问题。直接债券的持有者担心公司为了股东的利益而转移财富、公司将债务资金投向高风险的项目等道德风险问题。而可转换证券是一种潜在的普通股股票，发行可转换证券可以减少这类道德风险的发生，由此也降低了债权人的担心程度。

2. 可转换证券的缺点

（1）如果发行可转换证券后，公司增长不足而导致公司股票市价没有上升，那么公司则可能陷入债务危机。

（2）虽然公司能够以高于目前市价的价格发行股票，但是如果股价上升过快，那么公司会发现先发行直接债券，而后用发行普通股得到的资金来偿还债务比发行可转换证券更有利可图。

21.1.3　可转换证券的转换方式

公司为实现股权融资的目的，通常在预期未来一段时期内可转换证券会被转换的前提下才发行可转换证券。可转换证券转换为普通股，主要有以下 3 种形式。

1. 自愿转换

可转换证券的投资者在有利的情况下才会主动地将证券转换为股票。例如，当公司普通股有较高的股利支付时，将证券转换为股票对投资者是有利的。但是，在另一些情况下，投资者可能持有可转换证券而不选择转换。例如，通常在债券利息或优先股股利支付日之前，证券的持有者为获得稳定的收益很少会进行自愿转换。再如，随着公司股票价格的上涨，投资者一般会继续持有可转换证券而不选择转换，因为这时可转换证券的转换价值（转换比率×每股市价）也在上升。而且，在此期间进行转换也将丧失原来稳定的利息或股利收入。

2. 强制转换

几乎所有的可转换证券都是可赎回的，如果许多投资者都接受证券的赎回，那么公司就不得不在短期内筹集大量资金进行支付，这就违背了公司发行可转换证券的融资目的。为了避免这种情况的发生，公司通常会采用强制转换的方式。

发行公司可依据赎回条款在转换价值超过赎回价格时，以赎回价格收回可转换债券，并按契约规定在赎回日之前（一般为 30 天）通知证券持有人，证券持有人可在通知期内将证券转换为普通股。在此条件下，可转换证券持有人不进行转换而接受偏低的赎回价格，将会受到明显的损失。公司在转换价值高于赎回价格时赎回证券，迫使可转换证券持有人将证券转换为普通股的这种行为，称之为强制转换。公司之所以实行强制转换取消证券持有者的选择权，是为了实现发行可转换证券的融资目的。

公司进行可转换证券的强制转换需要具备两个基本的前提。

（1）转换成本。当转换后支付的普通股股利低于可转换证券的利息或股利的支付时，进行强制转换对发行公司是有利的。如果转换后支付的普通股股利超过了可转换证券的利息或股利支出，那么进行强制转换则是不明智的。

（2）转换时机。只有当可转换证券的转换价值高于赎回价格时开始进行强制转换，才能实现强制转换的成功。因为这时才能迫使投资者接受转换而不是接受便低的赎回价格。如果转换价值低于赎回价格，许多投资者就会选择接受赎回而不是转换价格。这样，公司就不得不用大量的现金来赎回可转换证券。所以，为了确保基本转换，公司只有等到转换价值超过了赎回价格一定的溢价比例之后，才开始赎回。在这个价位上投资者的损失会更大，由此达到证券的基本上全部转换，从而实现股权融资的目的。

【例 21–2】 MOU 公司估计以高于赎回价格 15% 的转换溢价才能应付宣布赎回时可能导致的未来股价下跌，并促使投资者将手中的可转换证券基本上全部转换为普通股。假设，MOU 公司可转换证券（面值为 1 000 美元）的转换价格为 35 美元，而赎回价格为 1 050 美元。此时转换比率为 28.57 股（1 000/35），要使转换价值（转换比率×每股市价）等于赎回价格，股票市价必须为 1 050 美元除以 28.57，即每股 36.75 美元。如果股票市价为每股 36.75 美元，那么有许多投资者会选择赎回价格而不是转换价格。这样，公司就不得不支付现金来赎回可转换证券。为了确保几乎全部的转换，公司只有等到转换价值超过赎回价格 15% 左右时，即股票每股市价为 42.26 美元（36.75×1.15%）左右时才开始赎回。因为在这个价位下，转换价值为 1 207.37 美元（28.57×42.26）远高于 1 050 美元的赎回价格，投资者不进行转换的机会损失是很大的。因此，在这个价位上公司进行赎回，可以促使投资者基本全部地将可转换证券转换为普通股。

3. 刺激转换

公司还可以采用其他的一些手段来刺激投资者进行转换。如果转换价值相对较高，公司可以按照条款的规定在未来每隔一段固定时间逐步地调高转换价格。如果其他条件不变，随着时间的推移和转换价格的不断提高，转换比率也越来越低。如果投资者继续等待转换为普通股的股数会越来越少，这样可以对继续持有可转换证券的投资者形成转换的压力。公司还可以通过提高普通股的股利，来提高证券转换的吸引力。

21.1.4 可转换证券的价值

1. 可转换证券的价值

可转换证券可以被看作是直接债券加上股票买入期权的综合产品。如果期权与可转换债券的到期日相同，则可转换证券价值的关系式为：

$$可转换证券的价值 = 直接债券价值 + 期权价值 \qquad (21-1)$$

债券价值和期权价值都受到公司现金流量不确定性的影响，不确定性越大，公司的经营风险就越高，公司发行债券的利率成本也就越高，相应债券的价格也就越低；而不确定性越大，公司经营风险越高，可转换证券的期权价值也就越高。

可转换证券的直接债券加股票期权的组合特征，使得投资者购买了可转换证券也就建立了一个保值的对冲头寸。这是因为在转换比率不变的条件下，当基础股票市价上涨时，可转换证券的价值主要由转换价值（转换比率×每股市价）来决定；而当股票市价下跌时，可转换证券为投资者提供了一个转换价格（可转换证券的面值/转换比率）的下限。所以，可转换证券的价值不可能为负值。

2. 直接债券价值

可转换证券的直接债券价值（Straight Bond Value）为同一公司或类似公司发行的相同期限、相同利率、相同风险的不可转换债券在公开市场出售的价格。以半年复利计息[①]来计算直接债券价值的公式为：

$$V_{SB} = \sum_{t=1}^{2n} \frac{(I/2)}{(1+r/2)^t} + \frac{MV}{(1+r/2)^{2n}} \tag{21-2}$$

式中：V_{SB}——可转换债券的直接债券价值；

$I/2$——由年利率决定的半年利息支付；

MV——债券的到期值，即面值；

$2n$——到期日止半年的期数；

$r/2$——同一公司类似的不可转换债券的市场半年的到期收益率。

【例21-3】某家公司发行了一种面值为1 000美元，期限为10年，利率为8%，半年支付一次利息的可转换债券。这表明该公司半年支付的利率为4%，即利息额为40美元。如果该公司向市场出售10年期的信用债券，半年利率最少为5%才能吸引投资者，那么8%年利率的10年期债券只有折价出售。根据公式（21-2）我们得到直接债券的价值为：

$$V_{SB} = \frac{40}{(1+0.05)^{20}} + \frac{1\,000}{(1+0.05)^{20}}$$
$$= 875(美元)$$

运用 Excel 程序计算的结果为：

Rate = 5%, Nper = 20, PMT = 40, FV = 1 000, 结果 PV = 875(美元)

可转换证券的直接债券价值会随着资本市场利率、公司违约风险和每股收益的变动而发生变动。如果市场利率上升，直接债券价值将下跌。假如本例中半年期到期收益率由5%上升到6%，那么该可转换证券的直接债券价值将由875美元下跌到771美元。如果经营风险增大，信用等级降低，或者每股预期收益下降，也都会导致公司可转换证券的直接债券价值的下跌。

3. 溢价与期权价值

可转换证券往往同时按转换价值溢价和直接债券溢价出售，也就是说可转换证券的市场价值总是超过转换价值和直接债券价值的。前面讲过，在发行时可转换证券总是按高于转换价值的价格出售，两者的差为转换价值溢价。并且，可转换证券价值也总是高于直接债券价值的。

可转换证券两种溢价之间的权衡决定了期权的价值。我们以图21-1来说明两种溢价之间的关系。图中的横轴表示基础普通股的市价，纵轴表示可转换证券的市场价值。从原点出发的对角线表示可转换证券的转换价值，由于转换比率与股票市价无关，因而它是一条直线。

---

① 美国的公司债券通常采用半年支付一次利息的方式。

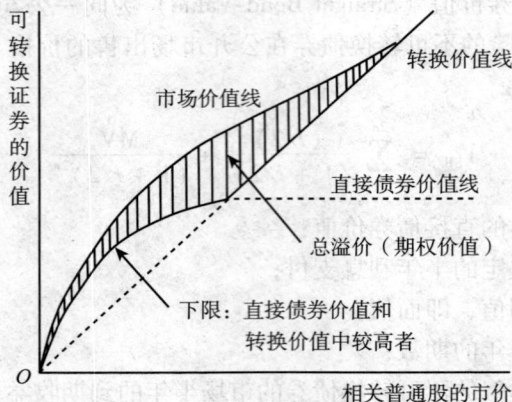

图 21 - 1　可转换证券的价值

直接债券价值线与普通股市价密切相关。如果普通股价格上涨，直接债券价格也会上升；随着股票市价的继续上涨，债券价格上升幅度变小；当达到某点后直接债券的价值线将趋于水平，股票价格还继续上涨与债券价格之间没有对应关系。在这点上直接债券价值由市场出售的其他类似信用等级的债券决定。

图 21 - 1 中最高一条曲线代表可转换证券的市场价值，该线与直接债券价值线之间的垂直距离为直接债券价值溢价，该线与转换价值线之间的垂直距离为转换价值溢价。如果我们将可转换债券的价值下限看作为转换价值与直接债券价值的较高者，那么直接债券线就是可转换证券价值的下限。图 21 - 1 中的阴影部分代表总溢价或价值下限溢价，它代表期权的价值。当基础股票市价较高时，直接债券价值的水平线与市场价值线的垂直距离代表期权的价值，直接债券价值的水平线与转换价值线之间的距离代表期权的执行价格。

当基础股票市价的上涨超过转换价格时，转换价值就会超过直接债券价值。在该股价波动范围内，可转换证券的价值就等于直接债券价值加上总溢价。当基础股票市价很低时，可转换证券的价值接近于直接债券价值。当基础股票市价处于一个很高水平时，可转换证券的市场价值就接近于转换价值。如果，这时直接债券溢价较高，转换价值溢价可以忽略。这时可转换证券主要是作为股票的替代物出现的。有以下两种原因投资者不愿为可转换证券支付较高的转换溢价。

（1）可转换证券的直接债券市场溢价越高，直接债券价值的保护价越低。

（2）转换价值很高时，可转换证券可能被赎回。这样投资者宁愿将它转换为普通股而不是接受赎回价格。当然，在转换时可转换证券的价值就只是转换价值。

当可转换证券的市场价值线接近于直接债券价值时，转换特性几乎没有价值。在这个水平上可转换证券的价值主要就是直接债券的价值。在这些条件下，可转换证券的市场价值线可能大大高于其转换价值。

可转换证券既有转换价值溢价又有直接债券溢价的主要原因是它同时具备债券和股期权的特征。可转换证券为投资者提供了部分下跌保护的好处，又为投资者提供了获得股票市价上涨的潜在收益好处。因此，可转换证券对投资者具有一定的吸引力。股票价格波动幅度越大，潜在的收益越高，可转换证券的期权价值也就越高。

21.2　可交换债券

21.2.1　可交换债券的概念与特征

可交换债券（Exchangeable Bond）是指允许债券持有人将其债券转换为另一家公司普通股的债券。可交换债券类似于可转换债券，它们的不同之处是可交换债券涉及另外一家公司的股票。

可交换债券具有以下基本特征。

（1）可交换债券的持有人具有将债券交换为另一家公司股票的选择权，所以可交换债券具有期权的特性。

（2）只有发行人拥有另一家公司股票并具有交换性的情况下，才能发行可交换债券。

（3）可交换债券有类似于可转换证券的转换价格或转换比率，在发行时必须确定可交换债券的交换价格或交换比率。例如，MK 公司的债券交换价格为 53 美元，每份面值为 1 000 美元的债券可交换 18.87 股（1 000/53）AC 公司的股票。如果发行时，AC 公司的股票市价为每股 41.2 美元，那么转换价值就是 777.44 美元（18.87 × 41.2），转换价值溢价 222.56 美元，即转换溢价为 28.63%（222.56/777.44）。

21.2.2　可交换债券的融资

通常只有在发行者拥有另外一家公司股票并具有交换性的条件下，才能够发行可交换债券。例如，MK 公司拥有 AC 公司 5% 的流通股，其向公众发行可转换债券，并且最后能够使持有可交换债券的投资者从 MK 公司购买了 AC 公司的股票，该股票就满足了可交换条件。发行可交换债券会导致发行人拥有另一家公司股份额的下降，因此这种融资决策必须经过谨慎的考虑。

当一家拥有大量其他公司普通股股票的公司想要筹集资金，并最终卖掉这些股票时，发行可交换债券进行融资对公司是有吸引力的。或者，公司可能会为推迟股票的销售，比如当公司相信其股票价格将要上升或希望延缓应缴资本收益税时，发行可交换债券是有利的。

与可转换债券相同，由于具有可交换为股票的期权特性，可交换债券对投资者具有吸引力，所以可交换债券支付的利息较低，这可降低公司的筹资成本。

目前，可交换债券还不是一种广泛运用的融资工具，但其重要性越来越大。

21.2.3　可交换债券的价值

可交换债券也具有直接债券加期权的组合特征，所以其价值可用下列公式表示：

$$可交换债券的价值 = 直接债券价值 + 期权价值$$

由于可交换债券的投资者具有的股票买入期权属于债券可交换的另一家公司的普通股，因此投资者必须同时跟踪分析发行公司的债券和另一家公司的普通股。由于发行公司的债券价值与另一家公司的股票价值无直接关系，所以可交换债券具有风险分散的优点。一家公司的财务困难或恶化并不会导致直接债券或普通股的价格下跌。如果这两家公司分属于不相关的行业，那么投资风险就分散了，风险分散化会导致可交换债券价值大大高于可转换债券的价值。

可交换债券在税收上不利，在交换时债券成本与普通股市价之间的差价被作为资本收益，要缴纳资本利得税。而可转换债券，只有普通股被出售时才涉及到纳税问题。

可交换债券的期权价值取决于相关资产（普通股）的市场价格变动率，市场价格变动率的不同会影响到投资者对可交换债券和可转换债券之间的选择。如果股票发行公司在交易所上市的普通股比债券发行公司的债券变动敏感性大，那么可交换债券的期权价值就会大于可转换债券。

21.3 认股权证

21.3.1 认股权证的概念与特征

认股权证（Warrant）是指公司发行的在某一特定期限内以特定价格购买普通股的相对长期的期权。

虽然，认股权证与认股权都是购买普通股的期权，但两者是有区别的。

（1）认股权证的期权期限较长，通常可持续几年，甚至有时是永久性的；而认股权的持续时间很短，通常为 2～4 个星期。

（2）认股权证的执行价格通常高于认股权证发行时的股票市价，溢价一般在 15% 左右，假设股价为每股 30 美元，那么执行价格就是 34.5 美元；而认股权的执行价格通常低于股票市价。

（3）大多数认股权证与债券一起发行，也就是发行附有认股权证的债券，而且通常采用私募方式；而认股权一般与债券发行无关，可采用预备包销安排的公开发行方式。

认股权证具有以下期权特征。

（1）认股权证本身包含了期权的条款。它规定了认股权证持有者每份认股权证的购买股数。所以，一份认股权证提供了购买 1 股（或 2 股、或 2.5 股、或 3 股等等）普通股的期权。认股权证的条款必须确定交割价格，它是认股权证持有者购买一股普通股票的执行价格。例如规定每股 15 美元，这就意味着认股权证的持有者必须支付 15 美元才能购买一股普通股票。

执行价格可以是固定的，也可以随时间而逐步调高的。例如执行价格可能在 3 年后由 15 美元上升到 17 美元，或上升到 19 美元，等等。

（2）除了永久性认股权证之外，认股权证必须指明到期日。由于认股权证只是一种购买普通股的期权，它没有投票权与股利收益，通常要考虑普通股分割或股利支付等因素，调整认股权证的期权价格。

（3）发行公司必须报告稀释后的每股收益。与可转换债券一样，认股权证被执行后会增加普通股的股数，从而导致现有股东的股权稀释。普通股股东需要了解发行认股权证带来的潜在股权稀释度。

（4）认股权证与债券是可以分离的。当公司发行债券后，认股权证可以脱离债券单独交易，即使认股权证被执行了，只要债券没有到期或没有被赎回，债券或公司债务就依然存在。

21.3.2 认股权证的融资

1. 认股权证的融资应用

认股权证的发行通常被高成长性的小公司在发行债券或优先股时运用。由于这类公司的风险高、信用等级低，为了避免过高的利息负担和使用资金的限制，它们往往会选择发行附有认股权证的债券。如果公司发行债券后确实增长很快，发行附有认股权证的债券会给投资者带来较高的预期收益，从而可能使投资者放宽对发行公司使用资金的条款限制。因此，认股权证对投资者和发行公司都具有吸引力。

有些处于风险边缘的公司，采用认股权证的方式可以使得原来不能运用债券方式筹资转为可以利用债券进行筹资。有时，一些公司直接向投资者出售认股权证用来换取现金。认股权证还可以用于公司成立时作为对承销商或风险投资者的一种补偿。

2. 认股权证的执行

认股权证的一个重要特点是，只有公司需要融资时才会给公司带来资金。如果公司增长比较快，一般会需要增加股权资本。同时，公司的增长也会导致股价上升和认股权的执行，从而公司获得股权资本。如果公司缺乏增长或增长很慢，那么认股权证一般不会被执行。

如果出售认股权证可能会带来更多的收益，认股权证的持有人可能在到期日前不执行期权。一般在以下 3 种情况下，投资者可能会执行认股权证的期权。

（1）如果，认股权证在到期日前公司的股票市价高于执行价格，投资者会选择按执行价格购买股票。

（2）如果，公司普通股股利大幅度提高，认股权证的持有人也会选择按执行价格购买股票。

（3）如果，认股权证的执行价格是不断提高的，这也会刺激投资者执行购买股票的期权。因为随着执行价格的提高，投资者为防止执行价格上升导致的认股权证的价值下降，将会按执行价格购买普通股。

发行附有认股权证的债券，不仅会增加公司的债务资本，而且当认股权证被执行时还会增加公司的股权资本，从而增加公司的总资本。

【例 21-4】 我们以 ZXC 公司的情况来说明这个问题。ZXC 公司发行了附有认股权证的债券，由此筹集了 2 000 万美元的资金。该信用债券的利率为 9%。每份认股权证允许投资者以每股 40 美元购买 3 股普通股，而每张债券（面值 1 000 美元）附有一份认股权证。该公司融资前、融资后及认股权证期权被全部执行后的资本情况如表 21-1 所示。

表 21-1　ZXC 公司融资前后及认股权证被执行后的资本情况

单位：万美元

	融资前	融资后	期权执行后
债券		2 000	2 000
普通股	1 000	1 000	1 060
额外资本收入			180
留存收益	800	800	800
股东权益	1 800	1 800	2 040
总资本	1 800	3 800	4 040

股票面值 10 美元、在外流通 100 万股（期权执行前）

融资前，ZXC 公司在外流通股为 1 000 万美元，留存收益为 800 万美元，股东权益为 1 800 万美元。当公司发行附有认股权证的债券后，筹得资金 2 000 万美元，股东权益不变。发行的信用债券既没有到期也没有被赎回，融资后的公司总资本增加到 3 800 万美元。当认股权证被执行时，认股权证的持有者以每股 40 美元的执行价格购买了 6 万股普通股（2 000 万美元/1 000 美元×3 股），价值共为 240 万美元。每股面值为 10 美元，其中 60 万美元列入普通股股本中，其余的 180 万美元列入额外资本收入。股东权益增加到 2 040 万美元，债务资本与权益资本共为 4 040 万美元。

21.3.3 认股权证的价值

1. 认股权证的理论价值

认股权证是可以转让交易的，卖出认股权证则意味着将购买普通股的权利转让给了购买者。因此，认股权证是有价值的，其理论价值为：

$$认股权证的理论价值 = \max\{NP_S - E, 0\} \tag{21-3}$$

式中：N——每份认股权证能购买的普通股股数；

$\quad P_S$——普通股的每股市价；

$\quad E$——购买 N 股普通股的执行价格；

$\quad \max$——取 $NP_S - E$ 和零的最大值。

如果在市场中认股权证的价格低于其理论价值，则存在套利机会，竞争力量将使其市场价格趋向于理论价值。

当基础股票的市价低于其执行价格时，期权不会被执行，股票的买入期权为虚值期权，其价值为零。只有当基础股票的市价高于执行价格时，期权才会被执行，这时期权价值为正值，即实值期权。

2. 认股权证理论价值的溢价

认股权证常常能以高于其理论价值的价格出售，其主要原因是投资者预期股价上涨的潜在收益机会。例如，ASD 公司的认股权证能以 12 美元的执行价格购买一股普通股。如果当前的股票市价为每股 15 美元，那么认股权证的理论价值就是 3 美元。然而，假定该股票价格增长了 20%，达到了每股 18 美元。这时的认股权证的理论价值将由 3 美元上升到 6 美元。

在图 21-2 中，实线为认股权证的理论价值线，虚线为认股权证的市场价值线。我们可以看到，当普通股股价上涨并接近于执行价格时，预期股价继续上涨对投资者有很大的吸引力。这时投资者愿意购买或持有认股权证而不是股票，这是因为如果股票继续上涨并超过执行价格后，投资者在认股权证上的投资获利将高于普通股上的等量投资收益。所以，当股票市价接近或超过执行价格时，在这个价格波动范围内投资者预期的潜在收益使得认股权证的市场价值线高于其理论价值线，市场价值线与理论价值线之间的垂直距离就是理论价值溢价。

认股权证的期权价值有一个下限的保护，因为当基础股票的价格低于执行价格时，认股权证不会被执行，期权价值为零，但不可能为负。所以，因为有个零值下限，认股权证价格的下跌是有限的。如果，股票市价降为零时，在认股权证行使期间股票市价就不可能超过认股权证的价值。

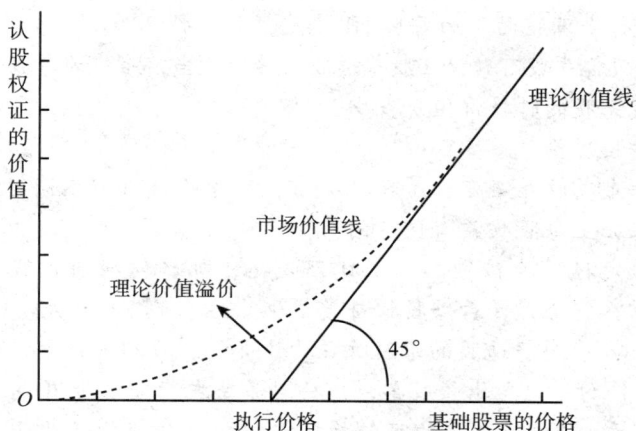

图 21 - 2　认股权证的理论价值与市场价值之间的关系

图 21 - 2 中，认股权证的理论价值与市场价值之间关系由图中的虚线表示。如果认股权证离到期的时间越远，投资者选择执行机会的时间也越多，从而认股权证的价值越高。结果是离到期日越远，认股权证的市场价值线比理论价值线越高。图 21 - 2 中，我们还可发现，如果股票价格低于认股权证的执行价格，认股权证的市场价值高于理论价值。随着基础股票市价的上涨，认股权证的市场价值通常向理论价值接近。这表明，如果认股权证价值可能的上升比例越高，它越高于认股权证的理论价值。

复习思考题

思考题

1. 什么是可转换证券？它有哪些优点？

2. 可转换证券的转换价格、转换比率及转换价值之间存在什么关系？解释转换价值溢价与直接债券价值溢价。

3. 在什么情况下，可转换证券的持有者愿意主动进行证券的转换？在什么情况下，可转换证券的持有者愿意持有可转换证券？

4. 解释公司对可转换证券实行强制转换的意义。在什么条件下，公司才能成功实现强制转换？请解释其中的道理。

5. 什么是可交换债券？如何确定可交换债券的价值？可交换债券的融资适合于哪类公司？

6. 认股权证与认股权有何异同？小型的、高速成长的公司采用认股权证有何优势？

7. 在哪几种情况下，认股权证的持有者可能会执行认股权证的期权？

计算题

1. 假设 MOU 公司已发行 50 万股的普通股票，每股收益 3 美元，公司计划发行4万股面值为每股50美元，固定股息为7%的可转换优先股。每股优先股可转换2股普通股。普通股当前市价为每股21美元。

(1) 优先股的转换价值是多少？

(2) 转换溢价是多少？

(3) 假定总收益不变，①在转换前，每股收益有何不同？②在稀释基础上每股收益有何不同？

(4) 假定税后收益增加了100万美元，那么转换前每股收益是多少？完全稀释后每股收益是多少？

2. 假设POI公司普通股的每股收益为3美元，股利支付率为60%，以8.333倍的市盈率出售股票，该公司希望发行期限为20年、年利率为9%的1 000万美元的可转换债券。初始转换价值为20%，赎回价格为105美元（面值为1 000美元的债券，赎回价格为1 050美元）。POI公司已发行了上百万普通股票，公司所得税为40%。

(1) 转换价格为多少？

(2) 每份面值为1 000美元的可转换债券的转换比率是多少？

(3) 每份可转换债券的初始溢价为多少？

(4) 如果所有可转换债券都已转换，那么新增的普通股股权是多少？

(5) 如果发行可转换债券后，该公司每年可增加100万美元的营业收入（税前），计算新的每股盈余以及转换前与转换后的留存收益。

3. ZXC公司发行的认股权证允许认股权证持有人以60美元的总价格购买3股普通股。其股票当前市价为每股18美元，并且，投资者认为6个月后股价的概率分布如表21-2所示。

表21-2　6个月后股价的概率分布

每股市价/美元	16	18	20	22	24
概率	0.15	0.20	0.30	0.20	0.15

(1) 认股权证当前的理论价值为多少？

(2) 6个月后股票的预期价值为多少？

(3) 6个月后认股权证的预期价值为多少？

(4) 你是否认为认股权证的当前市价会等于其理论价值？如果不这样认为，为什么？

4. 假定你刚购买了一份认股权证，你可凭它以45美元的价格购买2股普通股票。普通股当前市价为每股26美元，而认股权证的当前价格超过其理论价值10美元。一年后，公司普通股股价上涨为每股50美元，认股权证价格高于其理论价值2美元。

(1) 如果这一年普通股的股息为每股1美元，那么在普通股票上的投资收益为多少？

(2) 认股权证的投资收益为多少？

(3) 为什么这两个收益不相等？

第7篇

公 司 战 略

◇ 第 **22** 章

公司兼并与收购

22.1　公司重组的方式

公司重组包括许多方式，只要是公司资本结构、生产作业、所有权等方面有任何一点脱离常规经营的变化，就可以进行重组。这些方式包括：接管、战略联合、清算、部门出售、股权分割、所有权重组（包括将公众持股公司转为私有公司）、杠杆收购等。公司兼并与收购的核心目的都是为了增加公司价值。

22.1.1　兼并

兼并（Merger）是指两家或更多的独立的企业、公司合并组成一家企业，通常由一家占优势的公司吸收一家或更多的公司。兼并的方法有：①用现金或证券购买其他公司的资产；②购买其他公司的股份或股票；③对其他公司股东发行新股票以换取其所持有的股权，从而取得其他公司的资产和负债。

兼并有广义和狭义之分。狭义的兼并是指一个企业通过产权交易获得其他企业的产权，使这些企业的法人资格丧失，并获得企业经营管理控制权的经济行为，这相当于吸收合并。广义的兼并是指一个企业通过产权交易获得其他企业产权，并企图获得其控制权，但是这些企业的法人资格并不一定丧失。广义的兼并包括狭义的兼并、收购。收购（Acquisition）是指一家企业用现金、股票或者债券等支付方式购买另一家企业的股票或者资产，以获得该企业的控制权的行为。

22.1.2　战略收购

战略收购是指一个公司收购另外一个公司，并把被收购公司作为其总战略的一部分。获得成本优势是战略性收购的理想结果。例如，一家钢铁公司由于产量不足而希望收购另外一家产量过剩的钢铁公司。或者，目标公司可通过产品扩张或主导市场而提高公司收入，战略收购的关键是要有合并两个公司的战略性动机。

相对而言，如果收购方的动机是出售一部分资产，降低经营成本，并且更有效地经营剩下资产，这种收购就很有希望创造出比购买价格更高的价值。但是这种收购不属于战略性收购，因为被收购的公司是作为一个独立的实体来经营的，这种收购就是财务收购。不可避免的是，财务收购涉及现金付款，通常给被收购公司付款是通过债务融资的，这种收购被称为杠杆收购（LBO）。

22.1.3　股权收购

收购有两种形式：资产收购和股权收购。资产收购是指一家企业通过收购另一家企业的资产以达到控制该企业的行为。股权收购（Tender Offer）是指一家企业通过收购另一家企业的股权以达到控制该企业的行为。股权收购通常是基于控制公司的目的而以特定价格向股东收购股票，这种收购通常是由另外公司做出的，并且高于当前市场价格。

22.1.4　战略联合与分立

战略联合（Strategic Alliance），是指为了达到一定的商业目的，两个或多个独立的公司之间的一种合作协议。有时个别公司由于缺乏资源，仅仅通过直接投资或收购难以达到其战略目标，两个公司间的合作协议或战略联合为此提供了第二条途径。战略联合与兼并不同的是，其参与成员仍然是相互独立的，而且合作形式是多样的，合作伙伴也各异。供应商与其客户之间可产生战略联合（合作协议使存货管理系统能够正常运转）；同一行业的竞争者（如两个共享同一个组装工厂的汽车公司）或者业务互补的非竞争者（如健康服务机构、医院与心理学家之间降低成本的合作）之间都可形成战略联合。

公司分立（Divestiture）。在战略联合中，两个或多个相互独立的公司同意合作。但是，有时公司要创造价值必须从成长性或合作等不同方面考虑公司重组。一个公司可能决定分离企业的一部分或全部清算。

22.1.5　所有权重组

有些公司重组是用于改变所有权结构的，并通常有大比例的债务改变，如私有化与杠杆收购。

1. 私有化（取消上市）

私有化（Going Private）是通过由现行管理层或外部私人投资者重新购买公司股票，从而使公众上市公司私有化、取消上市的过程。很多有名的公司是从公众持股转向私有化的。私有化仅意味着将公众持有的公司股票转化为私人持有。私有化股票由少数投资者所持有，公司现任管理者通常持有大量比例。在这种所有权变化中，可采用多种方法来购买公众股票。可能最普通的方法是以现金购买股票，并将公司转为仅由管理层的私人投资者所有的壳公司。还有其他私有化的方法，但结果都一样，即作为公众持股的公司不再存在，其原有股东得到可观的收益。尽管大多数私有化是用现金支付的，但有时也采用非现金支付，如票据。

已有人就私有化对股票持有者财富的影响作了研究。实证表明，在私有化分布前后，股东得到可观收益（12%～20%）。以现金支付的话，其收益与接管中的溢价差不多，尽管股东明显获益，但是并不清楚他们是否得到了公平待遇。

2. 杠杆收购

投资者还可以采取杠杆收购（LBO）方法，此时要涉及三方甚至是四方投资者。顾名思义，杠杆收购中所有权转移主要是由债务来实现的；在一些通过资产抵押贷款机构进行的融资中，债务是由公司有关资产做抵押的。大多数杠杆收购涉及的是资本集中企业。尽管一些杠杆收购是针对整个公司的，但是大多数情况下是针对公司的一个分部或其他次级单位的。而通常情况是公司认为该分公司不再适于其战略目标，并将它向其管理层出售。这种杠杆收购通常被称为管理层收购（MBO）。杠杆收购的另一特征是它是用现金而不是股票支付的。最后，该分公司不可避免地成为一个私人持股的公司。

理想杠杆收购候选公司有几个共同特点，通常情况下该有困难的公司今后几年有扩大的机会，并且其主要费用是可递延的。通常是公司刚完成一个需巨额资本的工程，从而工厂是现代化的。公司所拥有的分公司资产出售后不影响公司的主营业务，并且出售后的收入可作为早几年债务的现金支付。相反，一些需要搞研究和发展投入的公司，如烟草公司不是理想的收购公司。杠杆收购后的头几年，其现金流收入必须用于偿还债务。资本支出、研究开发、广告及个人研究费用必须稍后考虑。一般情况下，由工作人员构成其主要价值的服务性公司不是一个理想的收购候选公司，因为一旦这些人员离开后，公司所剩价值就不多了。

稳定的可预期的营业收入在杠杆收购中要得到充分重视。在这一方面，生产消费品的公司占据了"商品型"业内的主导地位。有优良业绩及广泛市场的公司也排序在前，除此之外，还必须考虑到存货周转问题。公司的产品或其经营受到的周期性需求影响越小，公司就越有可能成为收购对象。作为一条规则，公司的资产必须为有形资产或商标。管理层也是一个重要因素，因为有经验又有名望的高级管理者是公司成功不可缺少的。尽管对杠杆收购公司的特点介绍不完全，但是根据这些特点可以很容易地看出一个公司是不是理想的收购对象。

22.2 公司并购的动机

近年来，全球兴起并购浪潮，并购不再局限于横向并购或者纵向并购，而是发生在多个领域。一个公司进行并购的原因有很多，但最终的目的都是为了增加公司的市场价值，实现股东财富最大化。下面我们来讨论一下公司并购的各种动机。

22.2.1 协同效应

协同效应（Synergy）是指并购公司实现的规模经济作用，即并购后公司整体的经营业绩超过了原来各个独立公司的业绩之和。如果 A 公司和 B 公司合并组成 C 公司，C 公司的价值高于 A 公司和 B 公司价值之和，那么就可以说存在并购的协同效应。这样的并购对 A 公司和 B 公司都是有益的。协同效应可以从以下 4 个方面产生。

（1）经营规模效应，可能来源于管理、市场、生产及分配方面的规模经济。

（2）财务规模效应，包括交易成本的下降。

（3）经营管理效率提高。

（4）市场占有率提高。

通常两家公司合并能产生作业经济并减少重复的设备、市场营销、会计、原料购买以及其他作业都可以合并起来。为避免在特定地域内的人员冗余，可以降低销售人力。在铁路行业并购中，中心目标是通过消除重置设备达到作业经济。在制造业公司并购业务中，一个公司的产品可能是另一个公司产品线的必需品，从而可充实此生产线，增加并购公司的产品需求量规模经济的方式就是所谓的协同效应。重组后的公司价值大于原来两家公司价值之和。

在部门出售或股权分割等公司分立情况下，可能出现反协同效应。也就是说，公司分立后，一些资产由于能够产生现金流，得到正的净现值从而使这些资产更有价值。结果是，别人愿意以比目前净现值更高的价格向你购买分立后的资产。某些情况下，该资产可能长期亏损，因为当前的所有者可能不愿意投入必要的资源以使其盈利。

许多公司并购的一个主要动因是扩大产品销量。通过提高市场份额，公司的产品销量能持续增加，并且在市场上占据主导地位。除此以外还能产生其他市场营销或战略上的收益，其原因可能是并购可促进产品技术更新，或者弥补生产线缺陷，从而使整个公司的销量得到提高。然而，从价值方面来考虑，这种并购及由此带来的销量的增加都必须考虑成本效应。

22.2.2　规模经济

规模经济是指由于规模扩大而带来的单位成本随着产量上升而下降的益处。两个公司合并后，随着平均成本下降，也就产生了规模经济。我们通常只考虑到产品生产的规模经济，而忽略了在市场营销、原料购买、产品销售、会计甚至财务上的规模经济。这是由于在已定的设备、已定的人员数、已定的产品销售系统等条件下，业务量得以扩大。换句话说，业务量的增大使资源的利用效率更高。同其他方面的获益一样，规模经济是有限的。超过一个特定产量之后，产量增大的益处少于给公司带来的负效用，从而使公司的经营效率更低，经济学上的"包络线"（即 U 形的平均成本线），反映了在到达最优产量之前存在规模经济，之后产生规模不经济的现象。

水平并购，即合并同一行业的两个公司可最好地实现规模经济。这主要得益于消除了重复设备、拓宽了产品生产面从而总需求上升。垂直并购，也就是说向前到最终消费者，向后到原料来源地的并购，同样可产生规模经济，这种形式的并购使公司能更好地控制产品销售和原料的购买。混合并购即并购两个经营无关的公司，有可能带来小范围的规模经济。

22.2.3　管理水平的提高

有些公司管理无效，公司盈利低于其所能获得的正常水平。如果公司重组能提高管理水平，那么仅这一条就有理由进行公司重组。尽管公司本身可改善管理水平，但一个已宣布要进行重组的公司，要在实践上保证重组成功必须满足一些后继条件。低回报的公司，即那些收入很少的公司作为被并购对象，往往要提出一些要求。然而，在提高管理水平后，该公司在盈利水平上必须有显著性的上升，有些产品和公司无论怎样，提高收入的可能性都很小，其经营不善不是由于管理不好，而是别的原因造成的。

22.2.4　信息效应

如果公司重组的新消息传开了，那么公司就会增值，这种观点表明管理者（收购方）与股票市场拥有的信息是不对称的。如果股票价值被认为是低估了的，那么一旦公司重组的信息传开，那么该公司股价会立即上升。这是因为公司合并或重组事件传递的信息是其他渠道无法替代的。

在公司分立事件中，其消息的公布可能被认为是公司投资战略或经营效率改变的信号，因而对其股价可能有积极作用；另一方面，如果公司重组消息的公布被认为是公司市场销售的分公司对付逆境的信号，那么对公司股价就会产生负面影响，公司价值到底是低估了还是高估了往往是说不准的。不可避免的是，在某些情形下，即使公司管理层认为其公司价值是低估的，这类信息也不能在股票市场正确地反映出来。然而，公司总会有办法有效地传递公司的价值信息，而不是仅仅依靠公司重组。

22.2.5 财富的转移

股东财富改变的另一种途径是公司财富的转移。从股东手中转到公司债权人手中，或者相反。例如，如果由于并购而降低了公司现金流的波动程度，那么债权人就由于其债权信用等级增高而获益。结果是，在其他条件不变的情况下，其债权的市场价值就会上升。如果公司总价值没有由于其他途径而改变，那么债权人的这种收益就是以股东的损失作为代价的。

相反，如果公司把一部分分离出来，把其收益分给股东，那么财富就由债权人转移到了股东手中。这种财富转移的结果是，减少了公司获利资产，降低了债务偿还的可能性，从而使得债务价值下降。假定公司总价值不变，如果由于违约风险的上升使债务价值下降，那么公司股票价值就会上升。实质上是，公司股东拿走了公司的一部分财富，因而也降低了公司对债权人的担保价值。

总之，任何类似这种降低现金流风险的并购都会使公司财富从股东转移到债权人。然而，类似公司分立这样的重组业务，增加了相对风险和财务杠杆作用，从而使公司财富从债权人转移到了股东。

22.2.6 税收

一些公司并购的动机是减少应纳税款。在亏损弥补期内，拥有累计亏损额的公司想要使其未来赚得的收益完全利用其亏损弥补税收优惠的希望很小。通过与一个盈利多的公司合并，该公司就可有效地利用亏损弥补手段。然而亏损弥补是有限制的，冲销额不能超过被兼并公司市值的一定百分比。但是兼并仍有各公司单独不能获得的经济收益，只不过是以政府的损失作为代价。

获得税负利得可能成为某些并购发生的强大动力，由并购产生的税负利得有以下几方面：

（1）使用由经营净损失形成的纳税亏损；

（2）使用尚未动用的举债能力；

（3）使用多余的资金。

22.2.7 杠杆收益

利用财务杠杆可增加公司市值。许多公司经过重组后，财务杠杆程度得到增强，从而使股东拥有价值增加，财务杠杆产生的价值是公司税收影响、个人税收影响、破产和代理成本以及激励效果综合作用的结果。公司可能仅由于重组而使财务杠杆程度发生变化，从而改变了公司价值。

22.2.8 管理者的代理成本

给被并购公司过高支付额不是自负的结果，也不是最大化股东财富的结果，而是管理者追求个人目标的结果。有些管理者"追求成长性"，例如，一个小公司成长为一个大公司将为管理者赢得很好的声誉。管理者的目标也可能是风险分散化，因为把公司业务分到不相关行业将分散公司风险，从而使管理者的职位更稳定。

售卖公司过程中也有代理成本。对一个私人公司而言，拥有公司的个人希望其公司被另外一家公司并购。出于财产税目的，公司所有者所持有的股票须有市场需求并且以市价买卖。私人公司所有者的财产大部分与公司连在一起，与一家公有公司合并后，私人公司的资产变现能力得到显著提高，可以出售一部分股票。

22.3　公司并购的技术

22.3.1　收益影响

公司并购必将对企业的每股收益、每股市价产生影响，由于企业并购投资决策以投资对股票价格的影响为依据，而股票价格的影响又取决于投资对企业每股收益的影响。所以企业在评估并购方案的可行性时，应将其对并购后存续企业每股盈余的影响列入考虑范围。

【例 22 -1】收购方在评估一个可能的收购方案时，必须考虑合并对现有公司每股收益的影响。A 公司正考虑购买股票收购 B 公司，有关财务数据如表 22 -1 所示。

表 22 -1　A 公司和 B 公司的财务状况

财务状况	A 公司	B 公司
现有收益	20 000 000 美元	5 000 000 美元
已发行股票	5 000 000 股	2 000 000 股
每股收益	4.00 美元	2.50 美元
每股价格	64.00 美元	30.00 美元
市盈率	16	12

B 公司同意 A 公司以每股 35 美元的价格收购股票。那么交换比率为 35 美元/64 美元，大约为 0.547 股 A 公司股票交换 1 股 B 公司，A 公司需要再发行股票总额为 109.375 万股。假定收购后，这两家公司的收益不变，那么收购后的 A 公司每股收益为 4.10 美元，如表 22 -2 所示。

表 22 -2　收购后 A 公司的财务状况 （一）

收购后的 A 公司	
总收益	25 000 000 美元
已发行股票	6 093 750 股
每股收益	4.10 美元

因此合并后，A 公司的每股收益有了适度提高。然而，B 公司股东遇到的却是每股收益的减少。原来持有 1 股 B 公司股票，现持有 0.547 股 A 公司股票。对于 B 公司股票来说收购后的每股收益为（4.10 美元/股 ×0.547 股），即 2.24 美元，而收购前为 2.50 美元。

假定 B 公司同意的股价为 45 美元，而不是 35 美元。那么交换比率为 45 美元/64 美元，即 0.703。也就是说用 0.703 股 A 公司股票可换 1 股 B 公司股票。A 公司需要发行的股票总数为140.625万股。收购后每股收益为3.90美元，如表22-3所示。

表22-3　收购后A公司的财务状况（二）

收购后的A公司	
总收益	25 000 000 美元
已发行股票	6 406 250 股
每股收益	3.90 美元

此时，考虑到收购了B公司，A公司的每股收益被稀释了。任何时候，支付给被收购方的市盈率高于收购方股票的市盈率，那么收购方的每股收益就要被稀释。本例中，第一种情况的市盈率为35美元/2.5美元，即14；第二种情况是45美元/2.5美元，即18。因为A公司的市盈率是16，所以第一种情况下的每股收益会增加，而第二种情况下，每股收益会降低。

因此，收购后公司的每股收益可能增加也可能减少。增加或减少量为：①收购前市盈率之比；②收购前两公司总收益大小的函数。收购前收购方与被收购方的市盈率之比越大，收购前被收购方相对于收购方的收益越大，收购后收购方每股收益增加得越多。

22.3.2　未来收益

如果仅仅根据对期初每股收益的影响做出是否收购其他公司的决策，那么期初每股收益的稀释会使任何公司不敢收购别的公司。然而，这种分析并没有考虑由于收购而使未来收益增加的可能性。这种成长性可能来源于被收购方作为一个独立的经济实体或由于收购带来的协同效应而增加了预期未来收益。

给出收购与不收购两种情况下未来可能收益曲线是很有用的。图22-1列出了在假定的收购情况下收购方的两种收益曲线，该图告诉我们每股收益稀释会持续多长时间，每股收益何时开始增加。本例中，该期限是15年。每股收益开始下降了0.30美元，但在第二年年中每股收益与原来持平。从收购方的角度来看，每股收益稀释持续的时间越长，该收购就越不理想，有些公司还设定了可接受的每股收益稀释持续年数上限。

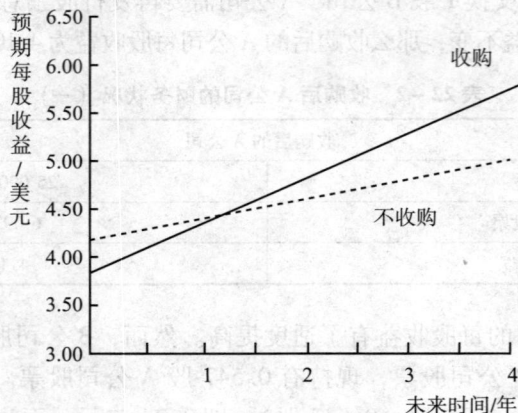

图22-1　收购方在收购与不收购情形下的预期每股收益

22.3.3 收购的资本预算

从收购方的角度来看，收购可能被视为一种资本预算。从原理上说，评估预期的收购其方法与为项目作资本预算相同。收购中有原始支出、未来收益和预期收益，不论是用现金还是用股票来支付，为了增加股东长期财富，公司应该尽量乐观地分配资本。但是，与传统的资本预算不同，收购中的原始支出有很多不确定因素。确实，收购中的原始支出主要由讨价还价决定，并且我们可以假定收购方倾向于从长期考虑而不改变现有资本结构。评估预期收购时不考虑融资方式的影响是正确的。

1. 自由现金流及其价值

在评估预期收购中，收购方应该估计纳税后收购中获得的现金流增加额。我们感兴趣的是自由现金流，这是经过从预期收益中减去预期经营成本和为了提高现金流而花的费用之后剩下的现金流。换个角度说，自由现金流就是为所有经内部收益率折现后有净现值的项目支付后剩下的现金流。

我们感兴趣的是收购的收益影响。因此估计自由现金应考虑协同效应。并且，这种现金流估计应在任何财务支出之前，其思想是要把预期收购的财务结构与其作为一种投资的总价值区分开来。我们关心的是经营被收购方所得的税后收入，而不是财务结构变化后的净收入。有了这些考虑，我们假定收购后预期自由现金流如表 22 - 4 所示。

表 22 - 4 收购后某公司自由现金的状况

单位：千美元

财务状况	年度均值				
	1~5	6~10	11~15	16~20	21~25
收购后年度税后营业现金流入	2 000	1 800	1 400	800	200
净投资	600	300	—	—	—
税后现金收入	1 400	1 500	1 400	800	200

恰当的贴现率是被收购公司的资金成本。这一比率能很好的反映被收购公司现金流量的风险。如果其税后折现率为15%，那么我们所得到的预期现金流现值为872.4 万美元。若这种接管不会出现债务，那么在有利于公司的原则下为收购该公司所能支付的最高价格为872.4 万美元，实际支付价格应根据谈判而定。但是，预期现金流值应作为收购方的支付价格上限，任何低于该价格的接管都是一次合算的投资。这样，从长期看公司股票价格必然上升；如果支付价格高于该现值，那么该笔收入将低于乐观情况下所需资金。

2. 非现金支付和债务承担

除了涉及现金的收购外，还有支付给被收购方股东普通股、优先股、现金或承担债务的收购。并且，多数情况下，收购方要承担其所收购公司的债务。这些事情会使收购复杂化，但我们必须着重于价值评估，即所增加的现金流。在我们上例中，根据计算能得到的现值为872.4 万美元，这个值为最高的支付价格。如果不是用现金而是用债券收购，那么必须按市值折算证券价值。如果收购方承担所收购公司的债务，那么必须从支付价格中减去债券的市值。因此，所增加现金流的现值（减去承担的债务）为支付价格一个上限，而不管其价格是以债券市值还是以现金表示。根据这种方法，我们把有价值的收购投资与收购融资区分开来。

3. 现金流的估计

收购中通常都会出现未来现金流估计的困难，但这个过程可能比融资方案要简单些，因为被收购公司是一个持续经营的实体。收购方购买的资产，还有经验、组织、结构和有效的管理方式，对销售收入与成本的估计都是根据公司以往成绩来作出的。因此，这些估计可能要比对新项目所作的要精确些。在其他条件不变的情况下，如果不稳定性减少，风险也将减少一些，那么预期收入的估计方差就会小一些。但是，将所收购公司考虑进来又会出现另一个问题，所收购公司不能作为一个分离的经营企业，必须考虑协同效应。要对此影响作估计是很困难的，特别是在收购组织结构复杂时尤为困难。

4. 现金流分析方法与每股收益分析方法

基于现金流与基于每股收益所作的收购分析是有区别的。一般而言，现金流分析方法是从长远的角度来评估收购的价值；而每股收益分析方法则只注重于短期效果。如果预期收购不能导致未来几年内每股收益的正向增加，仅从每股收益法来看，通常会取消该收购计划。与此对比的是，现金流分析方法着重未来许多年的可能现金流。因此，以每股收益为主的方法，适用于有适度成长期望的公司，该公司不一定要有长期成长的期望。不过，这两种方法都没有考虑到经营风险发生变化的情形。

由于考虑到收购后的长期经济价值，因此现金流方法极为复杂。每股收益方法本质上是一种短视的方法，依据每股收益方法很可能忽略公司的长期成长期望。因而，一个更恰当的做法是综合每股收益与现金流方法。

22.3.4 收购的交易程序与处理方法

1. 评估目标公司的价值

有许多方法可以用来评估目标公司的价值，最常用的一种是贴现现金流法。无论采用哪种方法，并购后目标公司不再是作为一个独立的经营实体，而是成为收购公司的一部分。因此，经营的变化将会影响公司的价值，在分析中也必须加以考虑。其次，对目标公司价值的评估主要是评估其权益的价值，因为并购是针对公司的所有者而不是债权人，尽管我们使用了"价值评估"这样的术语，但主要是指评估权益的现值而不是所有资产的价值。

现金流的贴现，有两个关键的因素：评估未来的现金流和确定合适的贴现率。

1) 估计现金流

准确地估计并购后的现金流是非常重要的，我们用具体的例子来分析如何运用贴现现金流的方法评估目标公司的价值。

【例 22 - 2】A 公司打算收购 B 公司，表 22 - 5 显示了 B 公司的现金流。所有的现金流都是与其并购后的现金流，其中已经考虑了并购所可能产生的经济协同效应。B 公司的负债比率为 50%，假设并购后负债比率保持不变，并且假设两个公司并购前后的所得税率都为 40%。

表22-5 并购后B公司未来4年的现金流
（以12月31日为准）

单位：百万美元

年份	2002	2003	2004	2005	2006
1. 净销售额	105.0	126.0	151.0	174.0	191.0
2. 产品成本	75.0	89.0	106.0	122.0	132.0
3. 销售费用	10.0	12.0	13.0	15.0	16.0
4. 折旧	8.0	8.0	9.0	9.0	10.0
5. EBIT	12.0	17.0	28.0	28.0	33.0
6. 利息①	8.0	9.0	11.0	11.0	11.0
7. EBT	4.0	8.0	17.0	17.0	22.0
8. 税（40%）	1.6	3.2	6.8	6.8	8.8
9. 净收益	2.4	4.8	10.2	10.2	13.2
10. +折旧	8.0	8.0	9.0	9.0	10.0
11. 现金流	10.4	12.8	19.2	19.2	23.2
12. -保持增长所需资金②	4.0	4.0	9.0	9.0	12.0
13. +最后的价值③	—	—	—	—	150.2
14. 最后的现金流	6.4	8.8	10.2	10.2	161.4

说明：① 利息额为B公司现有债务的利息加上并购中所增负债的利息。

② B公司并购后所产生的现金流有一部分要用于资本支出，或用作股利发放给股东，因此必须在现金流中减去这部分支出。

③ 假设B公司并购后从2006年起，现金流将以每年10%的速率递增，因此可以计算出2006年底公司的市场价值：

$$\frac{CF_{2007}}{K_S - g} = \frac{(23.2 - 12.0) \times 1.10}{0.182 - 0.10} = 150.2（百万美元）$$

下面就介绍0.182的计算过程。

2）估计贴现率

应该采用目标公司的权益资本成本，而不是并购公司或者并购后新公司的权益资本成本。运用证券市场线 $K_S = K_{RF} + RP_M \times \beta$，如果无风险利率为10%，市场风险升水为5%，$\beta$ 为1.63，则 $K_S = K_{RF} + RP_M \times \beta = 10\% + 5\% \times 1.63 = 18.2\%$。

3）贴现现金流

$$V_{2001} = \frac{6.4}{(1.182)^1} + \frac{8.8}{(1.182)^2} + \frac{10.2}{(1.182)^3} + \frac{10.2}{(1.182)^4} + \frac{161.4}{(1.182)^5} \approx 92.8（百万美元）$$

则目标公司的价值为9 280万美元。

在并购的分析中，目标公司的价值等于并购前的价值加上并购产生的经营协同或财务协同所增加的价值。在此例当中，我们假设公司保持目标资本结构不变，且税率不变，因此协同效应只表现为经营协同效应，则在分析目标公司的价值时，必须加上财务协同效应所增加的价值。

2. 确定收购价格

如果并购公司能以低于目标价值的价格收购目标公司，那么对其股东来说是有利的。以例22-2为例，考虑到并购所增加的价值，那么目标公司的价值为9 280万美元，如果并购公司以低于9 280万美元的价格购得目标公司则对股东有利，反之则不利。

目标公司所估得公司价值为6 250万美元（没有考虑并购多带来的价值），如果能以高于6 250的价格出售，则对股东有利，反之则不利。

两种价格之间的差异反映了并购所能增加的价值，需要注意以下几个问题。

（1）如果并购不能带来协同效应，那么并购方愿意出的最高价格为目标公司的市场价值。协同效应越大，两种价格之间的差距越大。

（2）协同效应越大，并购越有可能发生。

（3）如何分配协同效应至关重要，任何一方都想尽可能得到最大利益。

（4）那么并购价格究竟会定在6 250万美元至9 280万美元中的哪一点呢？这取决于多种因素，包括收购公司用什么方式支付（现金或证券）、双方管理者的谈判技巧等，不过最重要的是双方目前的经济状况及由此而决定的讨价还价能力。

（5）并购公司会对其愿意出的最高价格保密，他们会非常谨慎地根据目前的经济状况制定收购价格。

3. 确定支付方式

并购公司可以用现金、普通股、债务等支付给目标公司，支付方式会影响并购后公司的资本结构、并购双方的税收及目标公司股东从并购中获益的能力。在美国，联邦或者州政府对并购公司有详细的法律规定。并购方的支付方式影响目标公司股东的个人所得税。如果股权支付额（包括普通股和优先股）超过50%，那么目标公司的股东在交易中获取的股权不需纳税，因此，目标公司的股东在出售其拥有的证券之前没有任何资本利得收益或损失。然而，如果债务和现金的支付额超过50%，那么在交易当年目标公司的股东就需要交纳资本利得税。

其他条件相同，股东总会偏好免税的支付方式，因为这会推迟他们支付资本利得税的时间，并且如果用股票支付，目标公司的股东还有可能获得并购财务协同效应导致的股价上涨所带来的好处。如果能享受免税优势，目标公司股东愿意以较低的价格放弃他们所持的股份。或许有人会认为免税的支付方式肯定占优势，其实现实并非如此，几乎一半的并购交易都是要纳税的。

证券法也对支付方式产生很大的影响，各地证券监管机构都对并购中发行的证券具有监督权，因此，如果并购双方通过股权或债务方式进行，整个过程都会受到监督，造成并购时间的延长，从而使得目标公司有更多的时间准备，也使得其他并购方更容易介入。因此，绝大多数敌意收购都是用现金支付的。

22.3.5　加权平均资本成本法

1. 资本成本

资本成本是指企业为筹集和使用资金而付出的代价。从广义上讲，企业筹集和使用任何资金，不论短期的还是长期的，都要付出代价。狭义的资本成本仅指筹集和使用资金（包括自有资本和借入长期资金）的成本。

资本成本包括资金筹集费和占用费两部分。资金筹集费是指在资金筹集过程中支付的各项费用，如发行股票、债券支付的印刷费、发行手续费、律师费、资信评估费、公证费、担保费、广告费。资金占用费是指占用资金支付的费用，如股票的股息、银行借款和债券利息等。相比之下，资金占用费是筹资企业经常发生的，而资金筹集费通常在筹集资金时一次性发生，因此在计算资本成本时可作为筹资金额的一项扣除。

2. 必要收益率与资本成本

必要收益率是从投资者角度定义的，是投资者付出资金所要求的必要回报，因此，如果一项投资的必要收益率为 8%，那么只有当该项投资的收益率大于 8% 时，这项投资才会有正的净现值。换句话说，企业必须在这项投资上获得 8% 的收益，才能够正好补偿投资者为该项目融资而付出的资本成本，即投资者所要求的必要收益率就是公司层面的资本成本。

然而，必须注意，并非融资方式或者说资金来源决定了资本成本的大小，而是资金的使用即投资项目本身的收益和风险决定了资本成本的大小。假设公司进行的是无风险投资，那么投资者的必要收益率也只能是无风险利率；如果公司的投资是有风险的，那么投资者会根据公司投资项目（资金使用）风险的大小来确定自己的必要收益率。因此，资本成本主要取决于资金的使用。

3. 加权平均资本成本

企业往往不是一种资本来源，因此，在企业并购前，我们需要计算企业的加权评估资本成本。加权平均资本成本（Weighted Average Cost Capital）一般是以各种资本占全部资本的比重为权数，对个别资本成本进行加权平均确定的。加权平均资本成本一般按照市场价值加权平均，其计算公式为：

$$K_w = \sum_{j=1}^{n} K_j W_j$$

式中：K_w——加权平均资本成本；

K_j——第 j 种个别资本成本，是使用该种资金的成本；

W_j——第 j 种个别资本占全部资本的比重（权数）。

影响加权平均成本的因素有很多，公司不能控制的因素有：利率和税率。公司可控制的因素有：资本结构政策、股利政策、投资政策等。

22.3.6　调整现值法

当计划对一个公司进行并购时，可把这个并购项目看作是公司的一个组成部分，以项目能否增加公司股东的财富为准则来决定项目的取舍。这样的决策程序依赖于"价值的可加性"，即在一个高度完善的资本市场上，价值可加性是成立的，企业整体的价值等于各部分的价值之和。此时，考虑并购带来的价值还可以采用调整现值法。

1. 净现值法

净现值（Net Present Value，NPV）是指并购方案的未来现金流入的现值与未来现金流出的现值之间的差额。净现值法使用净现值作为评价方案优劣的指标。按照这种方法，所有未来现金流入和流出都要按预定贴现率折算为它们的现值，然后再计算它们的差额。如净现值为正数，即贴现后现金流入大于贴现后现金流出，该投资项目的报酬率大于预定的贴现率。如净现值为零，即贴现后现金流入等于贴现后现金流出，该投资项目的报酬率相当于预定的贴现率。如净现值为负数，即贴现后现金流入小于贴现后现金流出，该投资项目的报酬率小于预定的贴现率。

计算净现值的公式为：

$$净现值 = \sum_{t=0}^{n} \frac{I_t}{(1+r)^t} - \sum_{t=0}^{n} \frac{O_t}{(1+r)^t}$$

式中：n——投资涉及的年限；

    I_t——第 t 年的现金流入量；

    O_t——第 t 年的现金流出量；

    r——预定的贴现率。

2. 调整现值法

调整净现值（Adjusted NPV，APV），即先假设采取 100% 的股权收购，计算出基础 NPV，然后在此 NPV 的基础上考虑并购所增加的 NPV，从而得到 APV：

$$APV = 基础\ NPV + 并购所增加的\ NPV$$

【例 22-3】A 公司要并购 B 公司，需要的资金额为 1 000 万美元，并购后的连续 10 年，每年预期产生的税后现金流为 180 万美元，资本的机会成本是 12%，这反映并购项目的经营风险，股权投资者要求的必要收益率为 12%。

那么此项目的净现值为：

$$NPV = -10 + \sum_{t=1}^{10} \frac{1.8}{1.12^t} = 170\ 000(美元)$$

假设 A 公司通过发行新股获得 1 000 万美元，发行成本为并购额的 5%，则意味着 A 公司为了获得 1 000 万美元，必须发行 10 526 000 $\left(= \dfrac{1\ 000\ 万美元}{1-5\%}\right)$ 美元股票，其中 526 000 美元为发行成本，因此项目的 APV 变为：

$$APV = 基础\ NPV - 发行成本 = 170\ 000 - 526\ 000 = -356\ 000(美元)$$

因为 APV 小于 0，因此 A 公司会放弃对 B 公司的收购。

22.4 股权收购及防御

22.4.1 股权收购

股权收购是以特定的价格从拥有股份的股东手中购买股票。为刺激收购，收购价格通常高于当前股票市价，股权收购可让收购方越过其希望收购的公司的管理层，从而可作为一种谈判要挟手段。

股权收购也可用于没有公司谈判，而仅仅希望收购公司的情形。但是，股权收购不可能使另一公司措手不及，因为证券交易委员会有严格的信息披露要求。第一重要的购买条件是超过股票现有市场价格的溢价。另外，交易也为股权收购提供优惠的手续费。股权收购事件通常在金融报纸上公开，如果出价人能够得到目标公司股东的地址，出价人可能直接与股东联系。目标公司法律上有义务提供股东名单，但它通常会延迟递交日期，以期挫败出价人。

有些股东不是一次出价，而是双重出价（Two-tier Tender Offer）。在这种股权收购中，收购者提出优惠的第一出价（出价较高或全部现金支付）购买最大特定数量或比例的股票，同时用第二出价（出价较低和/或用债券而不用现金支付）购买剩余股票。20 世纪 90 年代后期 CSX 公司收购联合铁路（Conrail）公司就是一例。第一出价针对于获得股权的股票。例如，如果出价人已有 5% 的股票，那么第一出价就针对于流通的 45% 的股票；第一出价比针对于剩下股票的第二出价要优惠，两者存在差异的目的是通过刺激尽早出价，而增加成功获得控制权的可能性。双重出价避免了单一出价的"搭便车"行为。在单一出价的股权收购中，有些股东一直持有股票，希望别人出更高的价格。

被出价公司可采用一系列反击策略。管理层通常会劝说股东，告知这种收购并没有使股东得到最大利益。其根据一般是出价低于公司的长期真正的价值。听到这些劝告，股东们会再评估一下吸引人的溢价，可能觉得公司所说的长期确实太长了。一些公司通过提高现金红利或宣布股票分割以获取股东的支持。公司还可采取法律手段，不是期望赢得反收购战争，而是期望拖延收购以打击出价人。若有两个竞争的出价人，那么反托拉斯法对出价人是个强大的威慑。最后一种方案是，被出价公司的管理层可能会寻找一家被称为白衣骑士的"友好"公司以求合作。白衣骑士（White Knight）是友好的收购公司，在目标公司的要求下，为了挫败原来的不友好出价人，购买敌意收购者购买的股票或发动友好的收购。

22.4.2　反接管条款和其他工具

除了一些反击策略以外，有些公司还在实际接管开始之前采取一些现有的更正式方法，这些方法被称为反接管工具或鲨鱼排斥法（Spark Repellent）。鲨鱼排斥法是公司采用的保护手段，以赶走潜在的接管者——"鲨鱼"。采用这些方法可使不希望发生的接管操作起来更加困难。在介绍反接管工具之前，先考虑反接管的动机。管理者安全假说指出设立的接管障碍是用于保护管理者工作职位的，这些做法只能使股东受害。另一方面，股东利益假说指出公司控制权的竞争是费力的，占用了许多管理者用于为公司赚取利润的时间，反接管工具使管理者更多的时间用于经营，从而是对股东有益的。并且，障碍的设立可使个别股东不至于接受偏低的购价，并在任何收购中联合起来。因此，反接管工具实际上可能会增加股东财富。反接管条款及工具包括以下几个方面。

1. 超大多数原则

现有的一系列工具使一个公司收购另一个公司更为困难。一些公司离间董事会董事，以至于每年越来越少的董事支持接管，从而达到董事会的多数同意所需的票数更多。有时，改变合作方式是有效的。通过这种做法，一旦出现反接管竞争，公司可以很容易地根据反接管条款合法地保护自身。还有一些公司在公司章程中规定了合并的超大多数同意原则，要批准合并不是仅需要一般的多数通过就行，而是需要更多数，经常是 2/3 或 3/4 的股东投票通过。

2. 公平价格原则

另有一种反接管工具称为公平价格原则。根据这条原则，出价人对非控股性股东支付的价格至少等于事前确定的"公平价格"。通常，这个最低价格是由每股收益根据市盈率确定的，也可能是仅仅根据固定的市场价格确定的。公平价格原则经常与超大多数原则结合使用。如果最低价格原则不满足，那么只有投票股东的超大多数同意才会批准兼并。公平价格原则还经常与冻结原则结合使用。根据冻结原则，以"公平价格"达成的收购，只能在达成协议后的 2～5 年的时间内实施收购。

3. 杠杆性再资本化

阻挠潜在收购方的另一种方法是杠杆性再资本化。这种方法是管理层借入新债,并一次性支付巨额现金红利。承担公司的所有债务会使所有收购方望而止步,因为他们不可能以公司资产做抵押借款而为收购融资。显然,巨额现金红利的支付,这些股票所值不多。在这种交易中,管理层和其他内部人士不希望以现金付款,相反,他们会再发行新股。结果是,公司股权稀释,进一步阻止了潜在的收购方。实际上,杠杆性再资本化是把公司作为自身的"白衣骑士"。

4. 毒丸

毒丸(Poison Pill)是一种使公司本身不具有作为被接管候选公司的工具,它的毒性是在购买者收购了目标公司足够的份额后发作的。为了阻止潜在的收购方,一些公司授予股东新的权利,允许他们购买新的证券,通常是可转换优先股。但是,只有在外部获得公司股票的一定比例,通常为 20% 之后,才会增发这些证券。这种思想是让收购方以其所出价格购买不到证券。这些权利还可以是投票权,以低交割价格购买证券,或者是除非付出高额溢价,通常是溢价百分之几百后才能控股。这些被称为"毒丸"的条款迫使潜在的收购方直接与公司董事会谈判;公司董事会保留了在任何时期以固定数额赎回这些权利的条款。因此,毒丸使公司董事会掌握着阻止接管者的权利,尽管这样做可能不符合股东的最大利益。

5. 锁住条款

锁住条款经常与其他条款结合使用。该条款要求超大多数的股东同意修改公司章程以及任何以前通过的反接管条款。除了修改公司章程规则外,许多公司还与公司的最高层领导签订了管理协议,一般要求是,若公司被接管,那么必须为公司最高领导支付高额补偿。这种补偿被称为"金降落伞"。这些协议可在非友好接管中有效地增加收购方需支付的价格。

6. 跟踪不平常的股票积累

尽管有这么多工具,但是公司外部投资者仍然可买到大量股票而不暴露任何收购意图,或者将股票卖给没有这种意图的他人。公司可以通过观察其股票交易量或转移量看出不平常的股票积累迹象。在美国,如果有外部投资者拥有公司股票的 5%,那么他必须向证券交易委员会披露,并填交一份 13 – D 表。表中填明这所涉及的投资者、股票持有量和持有股票意图。最后一项的标准答案往往是"我们购买股票仅仅出于投资目的"。每持有额外的 1% 公司股票,这些投资者必须再填写一份修改的 13 – D 表。因此,公司可准确跟踪被积累的股票数额。

7. 停顿协议

有时,公司可与外部投资者就停顿协议谈判。这些协议是自愿协议,根据该协议,今后几年,大股东同意不再增加其持有股份。这种限制经常是以该股东能持有的股票最大百分比表示。该协议还规定该股东不得与公司管理层参与控股权竞争,并在决定出售股票时,有权首先拒绝公司要求。停顿协议,与已讨论的其他条款一起,起到了减少公司控制权竞争程度的作用。

8. 议价再收购

公司可采用的最后一种手段是向有收购威胁者提出溢价再收购。顾名思义,再购买的股票是以高于市价并经常高于股票累积者收购价的溢价支付的,并且不向其他股东作溢价再收购。这种思想被称为"绿票讹诈",收购一方觉得撤股更有吸引力。当然,这种溢价支付对剩下"背包袱"的股东是不利的。

22.4.3　反接管工具的实证研究

反接管工具是否对股东最有利？实证结果是不一致的。大多数情况下，并没有证据显示采用反接管条款后股东受到明显影响。但是，停顿协议对股东财富有负面影响，这是因为公司从大股东手中再收购大量股票的结果。后者往往配合有绿票讹诈，大股东向公司威胁要进行敌意收购，而公司同意以有利于大股东的价格再收购股票，以便消除该威胁。毒丸的使用对每股价格有负面影响，尽管影响一般，这与管理者安全假说相符。

22.5　公司分立

公司分立（Divestiture）是指分离整个公司或公司的一部分。有时公司要创造价值必须从成长性或合作性等不同方面来考虑公司重组。一个公司可能决定分离企业的一部分或全部清算。本节就来介绍公司分立的方法。

22.5.1　公司自愿清盘

清盘（Liquidation）是指自愿的或是破产造成的公司资产的出售。将公司作为一个整体出售，被称为自愿清算。将公司全部出售的决策必须基于为股东创造价值的目的。假定这种做法并没导致财务失败，公司分立的思想是清盘后公司资产价值比由其资产产生的预期现金流现值还要大。在清盘中，公司出售者把公司资产出售给多个买主，结果是所实现的价值可能比接管中将公司作为一个整体出售所实现的价值要大。在完全清盘中，公司债务必须按账面值支付。如果债务的市场价值低于其账面价值，那么债权人财富就增加了，其最终代价是增大了股东费用。

22.5.2　部门出售

部门出售（Sell-off）包括出售公司的一部分，这被称为部门变卖。部门出售中，只将公司的一部分出售。将公司的一部分出售后，通常会得到现金或证券支付。部门出售结果应该是正的净现值，关键是所得到的价值是否高于继续经营该部分资产预期可得到的现金流现值。

22.5.3　股权分割

股权分割（Spin-off）是公司分立的一种形式。股权分割后，其分公司或部门作为一个独立的公司存在。通常，新公司的股份按比例分布在母公司的股东手中。与部门出售类似，股权分割要将公司的一个独立的分公司或者部门脱离原有公司。在股权分割中，经营单位不是以现金或证券出售，其做法是按一定日期的数据将该经营单位原有的普通股收回，之后，该经营单位成为一个完全独立的公司。股权分割中涉及有形资产以及员工的分割。股权分割中，股东不会有税收问题，因为只有在股票出售时才会征税。

股权分割的动机与部门出售相似。但是，股权分割后，别的公司不会经营该分割出的单位，因此，不会出现公司重组中带有的协同效应。有可能的是，在不同的管理手段下，该经营单位作为一个独立的公司会比原来经营得好。如果这样的话，股权分割就有可能获得经济效益。但是，股权分割也是有成本的。股权分割必须发行新的股票，为股东服务又要花去费用，另外相对于一个独立的公司，两个独立的公司又会增加新的代理成本。股权分割的净经济收益如何并不明确。

还有其他多样的股权分割理由。前面讨论的债权人财富转移适用于此。另外，信息效应也与股权分割有关。

22.5.4　持股分立

持股分立与公司分立的前两种方式类似。但是，经营部门的普通股是向公众出售的。原有的公众购买只涉及该分公司的一部分股票。典型情况是，母公司继续拥有分公司的部分权益，并没有因此失去控制权。

持股分立的一个动机是：公司分立后有了独立的股票价格，并且其股票公开交易后，分公司的经理受到更大的鼓励去管好本部门。一方面，原来在大的多种经营公司时其所管理部门如此之小，以至于其努力不被注意到，有了独立的股票交易，就有可能吸引并留住分公司内高水平的管理者，并激励他们努力工作；另一方面，公众更容易得到该分公司的有关信息，从而减少分公司与投资者之间的非对称信息，使市场更准确地认识该分公司的价值。

一些人指出持股分立方法是一种为公司成长融资的好方式，若分公司处于技术领先地位，但盈利并不丰厚，那么持股分立是一种通过母公司融资的好工具。有了独立的公司后，市场可能变得更为安全，因为投资者可在该技术中作单纯投资。

复习思考题

思考题

1. 解释协同效应的概念。
2. 股权收购中双重出价的目的是什么？
3. 作为一名公司股东，你是否希望公司有反接管条款？这些工具包括哪些？
4. 部门出售与股权分割有什么区别？持股分立与部门出售和股权分割有什么不同？
5. 为什么兼并中采用现金支付或普通股支付很重要？

计算题

1. ABC 公司正在考虑收购 BCD 公司。收购支付方式为用普通股支付。相关财务信息如表 22-6 所示。

表 22-6　ABC 公司和 BCD 公司的相关财务信息

	ABC 公司	BCD 公司
现有收益/千美元	4 000	1 000
已发行普通股/千股	2 000	800
每股收益	2.00	1.25
市盈率	12	8

ABC 公司计划支付给 BCD 公司高于其股票市价 20% 的溢价。

(1) 股票交换率为多少？需增发多少股票？

(2) 收购后瞬间续存公司的每股收益为多少？

(3) 如果 ABC 公司的市盈率维持在 12 不变，那么收购后重生的公司股票的每股市价为多少？如果市盈率为 11，结果又如何？

2. A 公司已收购 B 公司。收购时以 1.5 股 B 公司股票交换 1 股 A 公司股票。收购前两公司的资产负债表如表 22-7 所示。

表 22-7　收购前两公司的资产负债表

单位：百万美元

	A 公司	B 公司		A 公司	B 公司
流动资产	5	20	长期债务	2	15
固定资产	7	30	股东权益	7	28
商誉	—	2	负债与股东权益总额	12	52
总资产	12	52	普通股股数（百万）	0.2	1.4
流动负债	3	9	每股市价	35	28

A 公司的固定资产的市场公允值比账面值高出 40 万美元。用购买和利润合并两种会计方法列出收购后公司的资产负债表。

3. C 公司正考虑收购相关行业的 D 公司。D 公司是一个 100% 股东权益的公司，目前该公司每年税后现金流为 200 万美元。收购后，将会发生协同效应，预计今后 10 年现金流以 15% 的速率增长，每年年末到达预期值。为维持这个增长速度，C 公司每年需投资 100 万美元。为便于分析并且据保守估计，C 公司把其现金流的计算年限定为 25 年。

(1) 收购后 C 公司每年预期现金流为多少？

(2) 如果内部收益率为 18%，那么 C 公司可支付的最高价格为多少？

4. E 公司欲通过股权收购方式并购 F 公司。F 公司有 10 万股普通股，每股收益为 5.50 美元。如果与 E 公司合并后，可实现 150 万美元总收益（用现值计算）。F 公司的当前每股市价为 55 美元。E 公司作双重出价的股权收购；前 50 001 股为每股 65 美元，剩下的股票为每股 50 美元。

(1) 如果收购成功，E公司最终需向F公司支付多少？公司的股东可由经营收益中得到多少回报？

(2) 独立作决策的话，每个E公司股东财富的最大化的决策是什么？如果他们集体联合起来以卡特尔的形式决策的话，结果又将如何？

(3) 目标公司如何能增加单个股东抵制较低收购价？

(4) 如果E公司第一重出价为65美元，第二重出价仅为40美元，结果又将如何？

5. W公司正考虑公司管理层的杠杆性私有化。公司管理层现有总数为500万股的股票中的21%。股票市价为每股20美元，并且只有40%以上的溢价支付才能吸引现有公众股东出售其股票。管理层希望保留其股票并通过优先债务方式为杠杆收购筹集所需资金的80%。剩下的20%资金将用次级后偿信用债券来筹集。

优先债务利率高于基本利息率2个百分点，并在今后5年的每年年末偿还20%的本金；次级债务利息率13%，并需在第6年末一次偿还本金。信用债券附有第6年末购买总股票30%的认股权证。公司管理层估计今后每年息税前收益为2 500万美元。因为可实行亏损弥补，因此预期公司今后5年不用付税。公司的资本费用将等于折旧额。

(1) 如果今后5年的基本利息率预计平均为10%，那么这个杠杆收购是否可行？

(2) 如果平均基本利息率仅为8%呢？

(3) 为了偿还债务，公司的目前税前收益不得低于多少？

◇ 第 *23* 章

破产、重组与清算

在现实经济生活中，不是所有的企业都能获得成功。某些企业会由于种种原因而导致失败，主要表现为两个方面：一是企业的收入不足以弥补成本而导致长期亏损；二是企业不能偿还到期债务而产生财务危机。面对失败，企业会有两种选择：一是财务重整，二是破产清算。

当一个企业无法产生足够的现金流来支付合同所要求的款项，就将陷入财务困境。一个公司在陷入财务困境时违约，可能被强制清偿，也可能重组其财务结构。我们可以用图 23-1 描述了公司陷入财务困境的选择。

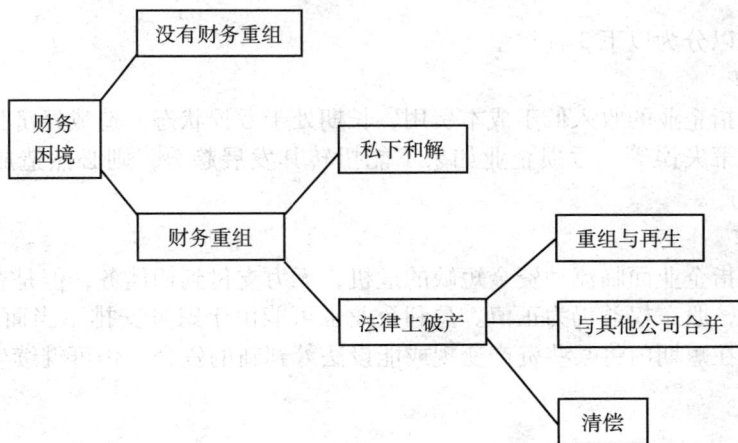

图 23-1　公司陷入财务困境的选择

23.1　企　业　失　败

23.1.1　企业失败的原因

企业失败的原因很多，有来自企业内部的原因，也有来自企业外部的原因。

1. 内部原因

来自企业内部的原因主要有以下两个。

1）管理不善

管理不善是导致企业失败的主要原因。管理不善的形式有很多，如不顾企业的实际能力和经济状况盲目扩张，营销不力而导致产品销路不畅，生产成本太高而失去竞争力等。目前，我国 90% 以上的国有企业的失败主要是由于管理上的缺憾造成的。

2）企业步入成熟期

商品一般有自己的生命周期，它也要经历诞生、成长、成熟和衰退四个阶段。当企业的商品走过成熟期后如果不进行产品更新，它将不可避免地要步入衰退期，企业将随之走向失败。企业可以采取措施，延长成长期或推迟进入成熟期，如加强研究和开发，进行技术创新，加速产品的更新换代，多角化经营或转换经营领域。企业管理人员应在企业失败之前进行清算或与其他企业进行合并。

2. 外部原因

来自企业外部的原因主要是经济衰退，市场萎缩。由于经济衰退而使企业的市场规模、市场容量大大缩小，企业的市场份额下降；企业产品销售收入过低，无法弥补成本；同时，衰退期间的高利率使企业的资金成本大大上升，企业筹措不到资金。这些因素使那些应变能力差、只能在正常经济形势下生存的企业走向失败。

23.1.2 企业失败的类型

企业失败可以分为以下 3 种类型。

1. 经济失败

经济失败是指企业的收入低于成本费用，长期处于亏损状态。造成经济失败的原因是企业经营不善或决策失误等。亏损企业如果不能扭转其发展趋势，则必然造成巨大的财务困难，进而走向破产。

2. 经营失败

经营失败是指企业面临流动资金短缺的危机，无力支付到期债务，但是企业的资产总额仍大于债务总额，股东权益仍为正值。盈利企业也可能由于财务安排不当而导致经营失败。这类企业如果能在短期内将某些资产变现或能设法筹到新的资金，仍可继续生存下去，否则企业会走向破产。

3. 破产

当企业债务总额超过资产总额，即资不抵债，股东权益为负值时，企业就要破产。此时，债权人对企业资产进行清算，收回自己的资金。

23.2 财务危机的早期预测

企业财务危机预警系统主要有两种建立方式，现分述如下。

23.2.1 多个财务指标的预测方法

第一种是运用多变模式思路建立多元线型函数公式，即运用多种财务指标加权汇总产生的总判别分（称为 Z 值）来预测财务危机。最初的"Z 计分模型"由美国的爱德华·阿尔曼在 20 世纪 60 年代中期提出，用以计量企业破产的可能性。其判别函数为：

$$Z = 0.01x_1 + 0.014x_2 + 0.033x_3 + 0.006x_4 + 0.999x_5$$

式中，Z 为判别函数值；x_1 =（营运资金÷资产总额）×100；x_2 =（留存收益÷资产总额）×100；x_3 =（息税前利润÷资产总额）×100；x_4 =（普通股和优先股市场价值总额÷负债账面价值总额）×100；x_5 = 销售收入÷资产总额。

该模型实际上是通过 5 个变量（5 种财务比率），将反映企业偿债能力的指标（x_1，x_4）、获利能力指标（x_2，x_3）和营运能力指标（x_5）有机联系起来，综合分析预测企业财务失败或破产的可能性。一般地，Z 值越低企业越有可能发生破产。阿尔曼还提出了判断企业破产的临界值：如果企业的 Z 值大于 2.675，则表明企业的财务状况良好，发生破产的可能性较小；反之，若 Z 值小于 1.81，则企业存在很大的破产危险。如果 Z 值处于 1.81 ～ 2.675 之间，阿尔曼称之为"灰色地带"。的确，进入这个区间的企业财务是极不稳定的。

多变模式从总体宏观角度检查企业财务状况是否呈现不稳定的现象，提前做好财务危机的规避或延缓危机发生的准备工作。当然，由于企业规模、行业、地域、国别等诸多差异，多元线型函数模式在财务管理文献中有数种之多，企业不应拘泥于任何经验数据，而应根据实际情况设计符合企业要求和特点的总体财务危机预警系统。

23.2.2　单个财务指标的预测方法

第二种是运用单变模式思路，通过单个财务比率走势恶化情况来预测财务危机。按综合性和预测能力大小，预测企业财务危机的比率主要有：

（1）债务保障率 = 现金流量÷债务总额；

（2）资产收益率 = 净收益÷资产总额；

（3）资产负债率 = 负债总额÷资产总额；

（4）资产变现率 = 资产变现金额÷资产账面金额；

（5）资金安全率 = 资产变现率 − 资产负债率。

按照单变模式的解释，企业良好的现金流量、净收益和债务状况应该表现为企业长期的、稳定的状况，所以跟踪考察企业时，应对上述比率的变化趋势予以特别注意。一般地，失败企业有较少的现金而有较多的应收账款，表现为极不稳定的财务状况。

我们还可以通过对企业情况的了解与某些外在特征的分析，预测企业的财务状况发生某种危机的可能性。尽管这种情况或特征并非一成不变，但仍可加以借鉴并灵活运用。

（1）财务预测在较长时间不准确。财务预测偶尔发生误差，是十分正常的事情，但是如果预测结果与实际状况长时间发生很大差距，这说明企业即将发生财务危机。

（2）过度大规模扩张。如一家企业同时在许多地方大举收购其他企业，同时涉足许多不同领域，可能使企业因负担过重、支付能力下降。

（3）过度依赖贷款。在缺乏严密的财务预算与管理下，较大幅度增加贷款只能说明该企业资金周转失调或盈利能力低下。

（4）财务报表不能及时公开。财务报表不能及时报送、公开一般都是财务状况不佳的征兆。但这只是提供给分析人员一个关于企业财务危机发生可能性的线索，而并不能确切地告知是否会发生财务危机。

（5）过度依赖某家关联公司。比如子公司对母公司的过度依赖，一旦母公司根据战略的需要或者整体投资回报率的考虑，觉得某个子公司不再有原有的利用价值，它们会立即停止对子公司的扶持。而子公司如果在销售、供应甚至管理、技术各个方面都完全依赖于母公司的帮助，那么没有了支持，很可能会倒闭。

（6）企业管理层的辞职。一个企业的高层管理者的辞职，尤其是引起轩然大波的集体辞职通常是该企业存在隐患的明显标志。当然，并非每一项辞职都意味着财务危机的发生，有些辞职只是由于大公司内部争权夺利所致。

23.3 财务重整

企业财务重整是指对陷入财务危机，但仍有转机和重建价值的企业根据一定程序进行重新整顿，使企业得以维持和复兴的做法。财务重整可以减少债权人和股东的损失，给濒临破产的企业以背水一战、争取生存的最后机会，能尽量减少社会财富的损失和因破产而失业的人口的数量。财务重整按是否通过法律程序分为非正式财务重整和正式财务重整两种。

23.3.1 非正式财务重整

当企业只是面临暂时性的财务危机时，债权人通常更愿意直接同企业联系，帮助企业恢复和重新建立较坚实的财务基础，以避免因进入正式法律程序而发生庞大的费用和冗长的诉讼。非正式财务重整主要是指债务展期与债务和解。

所谓债务展期，即推迟到期债务要求付款的日期。而债务和解则是债权人自愿同意减少债务人的债务，包括同意减少债务人偿还的本金数额，或同意降低利息率，或同意将一部分债权转化为股权，或将上述几种选择混合使用。

企业在经营过程中发生财务困难时，有时债务的延期或到期债务的减免都会为财务发生困难的企业赢得时间，使其调整财务，避免破产。而且，债务展期与债务和解均属非正式的挽救措施，是债务人与债权人之间达成的协议，既方便又简捷。因此，当企业发生财务困难时，首先想到的便是债务展期与债务和解。

债务展期与债务和解作为挽救企业经营失败的两种方法，都能使企业继续经营并避免法律费用。虽然由于债务展期或债务和解，会使债权人暂时无法收取账款而发生一些损失，但是一旦债务人从困境中恢复过来，债权人不仅能如数收取账款，进而还能给企业带来长远效益。因此，债务展期与债务和解的方法在实际工作中普遍被采用。

当企业拟采用债务展期或债务和解措施来渡过难关时，首先由企业，即债务人向有关管理部门提出申请，召开由企业和其债权人参加的会议；其次，由债权人任命一个由1～5人组成的委员会，负责调查企业的资产、负债情况，并制定出一项债权调整计划，就债务的展期或债务的和解作出具体安排；最后，召开债权人、债务人会议，对委员会提出的债务展期、和解或债务展期与和解兼而有之的财务安排进行商讨并取得一致意见，达成最终协议，以便债权人、债务人共同遵循。

一般而言，债权人同意债务展期或债务和解，表明债权人对债务人很有信心，相信债务人能够走出财务困境并有益于债权人。然而，在债务展期或债务和解后等待还款的一段期间里，由于企业经营的不确定性，随时会发生新的问题而导致债权人利益受损。因此，为了对债务人实施控制，保护债权人的利益，在实施债务展期或债务和解后，债权人通常应采取下列措施：①坚持实行某种资产的转让或由第三者代管；②要求债务企业股东转让其股票到第三者代管账户，直至根据展期协议还清欠款为止；③债务企业的所有支票应由债权人委员会会签，以保持回流现金用于还清欠款。

非正式财务重整可以为债务人和债权人双方都带来一定的好处。首先，这种做法避免了履行正式手续所需发生的大量费用；所需要的律师、会计师的人数也比履行正式手续要少得多，使重整费用降至最低点。其次，非正式重整可以减少重整所需的时间，使企业在较短的时间内重新进入正常经营的状态，避免了因冗长的正式程序使企业迟迟不能进行正常经营而造成的企业资产闲置和资金回收推迟等浪费现象。最后，非正式重整使谈判有更大的灵活性，有时更易达成协议。

但是非正式财务重整也存在着一些弊端，主要表现为：当债权人人数很多时，可能难达成一致；另外，没有法院的正式参与，协议的执行缺乏法律保障。

23.3.2　正式财务重整

破产法中建立的重整制度，允许企业在破产时进行重整，但需经过法院裁定，因此涉及正式的法律程序。企业在其正常的经营活动中，有时会由于企业自身的经营条件或者企业外部环境的各种原因无法如期偿还债务，从而陷入暂时的财务困难，这时，便可以通过与其债权人协商达成协议后，按照法定的程序对企业进行重整。企业财务重整是通过一定的法律程序改变企业的资本结构，合理地解决其所欠债权人的债务，以便使企业摆脱所面临的财务困难并继续经营。正式重整是在受理债权人申请破产案件的一定时期内，经债务人及其委托人申请，与债权会议达成和解协议，对企业进行整顿、重组的一种制度。在正式重整中，法院起着重要的作用，特别是要对协议中的公司重整计划的公正性和可行性作出判断。依照规定，在法院批准重整之后不久，应成立债权人会议，所有债权人均为债权人会议成员。其主要职责是：审查有关债权的证明材料，确认债权有无财产担保，讨论通过改组计划，保护债权人的利益，确保债务企业的财产不至流失。债务人的法定代表必须列席债权人会议，回答债权人的询问。我国还规定要有工会代表参加债权人会议。

1. 财务重整的程序

（1）向法院提出重整申请。在向法院申请企业重组时，必须阐明对企业实施重组的必要性以及不采用非正式重整的原因。同时要满足一定的条件：企业发生财务危机或者在债务到期时企业无法偿还，企业有三个或者以上债权人的债权合计数达到一定的数额。如果企业重组的申请符合有关规定，法院将批准重组申请。

（2）法院任命债权人委员会。债权人委员会的权限与职责是：挑选并委托若干律师、注册会计师或者其他中介机构作为其代表履行职责；就企业财产的管理情况向受托人和债务人提出质询；对企业的经营活动、企业的财产及债务状况等进行调查，了解希望企业继续经营的程度以及其他任何与制定重整计划有关的问题，在此基础上，制定企业的继续经营计划呈交法院；参与重整计划的制定，并就所制定的重整计划提出建议提交给法院；如果事先法院没有任命受托人，应向法院提出任命受托人的要求等。

2. 企业重整计划的制定

重整计划既可能改变企业债权人的法定的或者契约限定的权利，也可能改变企业股东的权益，无财产担保的债权人则往往选择以牺牲其部分债权为代价而收回部分现金。经法院批准的重整计划，对企业本身、全体债权人及全体股东均有约束力。

重整计划是对公司现有债权、股权的清理和变更作出安排，重整公司资本结构，提出未来经营方案与实施办法。一般来讲，制定重整计划需要包括下述四项内容。

（1）估算重整企业的价值。这是非常困难的一步，常采用的方法是收益现值法：估算公司未来的销售额；分析公司未来的经营环境，以便预测公司未来的收益与现金流量；确定用于未来现金流量贴现的贴现率；用确定的贴现率对未来公司的现金流入量进行贴现，以估算出公司的价值。

（2）调整公司的资本结构，公司的债务负担和利息支出，为公司继续经营创造一个合理的财务状况。为达到这一目的，需要对某些债务展期，将某些债务转换为优先股、普通股等证券。

（3）公司新的资本结构确定以后，用新的证券替换旧的证券，实现公司资本结构的转换。要做到这一点，需要将公司各类债权人和权益所有者按照求偿权的优先级别分类统计，同一级别的债权人或权益所有者在进行资本结构调整时享有相同的待遇。一般来讲，在优先级别在前的债权人或权益所有者得到妥善安排之后，优先级别在后的债权人或权益所有者才能得到安置。

（4）重整计划的具体措施有：第一，如果公司现有管理人员不称职，对公司管理人员进行调整，选择有能力的管理人员替代原有管理人员对公司进行管理，聘用新的经理和董事；第二，对公司存货及其他有关资产进行分析，对那些已经贬值的存货及其他资产进行调整，以确定公司资产的当前价值，这也是重整公司资本结构、重新安排公司债权和股权的基础；第三，改进公司的生产、营销、广告等各项工作，改善经营管理方法，提高企业各个环节、各个职能部门之间的有效运转和协调配合，提高公司的工作效率；第四，必要时还需要制定新产品开发计划和设备更新计划，以提高生产能力。

3. 企业重整计划的执行

按照重整计划所列示的措施逐项予以落实，包括整顿原有企业，联合新的企业，以及随时将整顿情况报告给债权人，以便使债权人及时了解企业重整情况。

4. 企业重整计划的终止

终止重整通常发生于：其一，企业经过重整后，能按协议及时偿还债务，法院宣告终止重整；其二，重整期满，不能按协议清偿债务，法院宣告破产清算而终止重整；其三，重整期间，不履行重整计划，欺骗债权人利益，致使财务状况继续恶化，法院终止企业重整，宣告其破产清算。

23.4　破产程序中的清算

23.4.1　清算的含义及内容

企业清算是指在企业终止过程中，为保护债权人、所有者等利益相关者的合法权益，依法对企业财产、债务等进行清理、变卖，以终止其经营活动，并依法取消其法人资格的行为。企业清算按其原因可分为破产清算和解散清算。

根据我国《公司法》的规定，破产清算的主要原因是企业经营管理不善造成严重亏损，不能偿还到期债务而必须进行破产清算。其情形有两种：一是企业的负债总额大于其资产总额，事实上已经不能支付到期债务；二是虽然企业的资产总额大于负债总额，但因缺少偿付到期债务的现金资产，未能偿还到期债务，被迫依法宣告破产。

根据我国《公司法》规定，企业解散清算的原因主要有：

（1）公司章程规定的营业期限届满，或公司章程规定的经营目的已经达到而不需要继续经营，或公司章程规定的目的无法达到，且企业发展无前途；

（2）公司的股东大会决定解散；

（3）企业合并或者分立需要解散；

（4）企业违法或者从事其他危害社会公众利益的活动而被依法撤销；

（5）发生严重亏损，或投资一方不履行合同、章程规定的义务，或因外部经营环境变化而无法继续经营。

23.4.2　企业破产清算

企业破产制度是商品经济发展的一个必不可少的重要调节机制。企业破产制度对鼓励竞争，淘汰落后的生产方式和经营方式，有效实现优胜劣汰的市场经济原则，防止更大浪费的发生，提高社会经济效益，维护市场经济的有序发展，促进社会经济的高速增长，及时清理债权债务，保护债权人、债务人的合法权益，具有重要意义。

根据《中华人民共和国企业破产法》（以下简称《破产法》）的有关规定，企业破产清算的基本程序大致可分为三个阶段：一是破产申请阶段，二是和解整顿阶段，三是破产清算阶段。和解整顿阶段已经在上一节加以介绍，现就破产申请阶段和破产清算阶段的主要操作程序概括如下。

1. 提出破产申请

《破产法》规定：提出破产申请的既可以是债权人，也可以是债务人。企业在提出破产申请前，应对其资产进行全面的清查，对债权债务进行清理，然后由会计师事务所对企业进行全面的审计，并出具资不抵债的审计报告。

2. 法院接受申请

人民法院接到破产申请后即进行受理与否的审查、鉴定。受理债权人破产申请案件 10 日内应通知债务人，并发布破产案件受理公告。受理债务人破产申请案件后，应在案件受理后 10 日内通知债权人申报债权，直接发布债券申报公告。

3. 债权人申报债权

债权人应当在收到通知后 1 个月内，未收到通知的债权人应当自公告之日起 3 个月内，向人民法院申报债权，说明债权的数额和有无财产担保，并且提交有关证据资料。逾期未申报债权的，视为自动放弃债权。

4. 法院裁定，宣告破产

人民法院对于企业的破产申请进行审理，符合《破产法》规定的，即由人民法院依法裁定并宣告该企业破产。

5. 组建清算组

按照《破产法》的规定，人民法院应当自宣告企业破产之日起 15 日内成立清算组，接管破产企业。清算组成立后，在法院的指导下，依法进行必要的民事活动。清算组一般设立若干个小组，负责企业职工的思想工作、财产保管工作、债权债务清理工作、破产财产处置工作以及职工的安置工作等。

6. 接管破产企业，进行资产处置等工作

清算组成立后，应接管破产企业的一切财产、账册、文书、资料和印章等，并负责破产财产的保管、清理、估价、处理和分配等工作。

7. 编报、实施破产财产分配方案

清算组在清理、处置破产财产并验证破产债权后，应在确定企业破产财产的基础上拟订破产财产的分配方案，经债权人会议通过，并报请人民法院裁定后，按一定的债务清偿顺序进行分配。

8. 报告清算工作

清算组在破产企业财产分配完毕之后，应编制有关清算工作的报告文件，向法院报告清算工作，并提请人民法院终结破产程序，破产程序的终结有以下 3 种情况。

（1）债务人与债权人会议达成和解协议。企业经过整顿，能够根据和解协议清偿债务，人民法院应当终结该企业破产程序并且予以公告。

（2）破产财产不足以支付破产费用，人民法院应当宣布破产程序终结。

（3）破产财产分配完毕，清算组立即向人民法院提出关于破产财产分配完毕的报告，提请法院终结破产程序。法院接到此报告后，应及时做出破产程序的裁定并公告此裁定，破产程序即为终结。

9. 注销破产企业

清算组在接到法院终结破产程序的裁定后，应及时办理破产企业的注销登记手续。

23.4.3 解散清算的主要程序

1. 确定清算人或成立清算组

根据《公司法》的有关规定，企业应在公布解散的 15 天之内成立清算小组，逾期不成立的，由法院根据债权人的指定成立清算组。清算组的职权包括：清理公司财产，分别编制资产负债表及财产清单；通知或者公告债权人；处理与清算有关的企业未了结的业务；缴清所欠税款；清理债权、债务，处理企业清偿债务后的剩余财产；代表企业参与民事诉讼活动。

2. 债权人进行债权登记

在清算组成立或者聘请受托人的一定期限内通知债权人进行债权申报，要求其应在规定的期限内对其债权的数额及其有无财产担保进行申请，并提供证明材料，以便清算组或受托人进行债权登记。

3. 清理企业财产，编制资产负债表及财产清单

在这一过程中，如果发现企业资不抵债的，应向法院申请破产。

4. 在对企业资产进行估价的基础上，制定清算方案

清算方案包括：清算的程序和步骤、财产定价方法和估价结果、债权收回和财产变卖的具体方案、债务的清偿顺序、剩余财产的分配以及对企业遗留问题的处理等。

5. 执行清算方案

执行清算方案主要包括以下工作。

（1）确定清算财产的范围并作价。

（2）确定清算损益。

（3）确定债务清偿顺序并清偿债务。企业财产拨付清算费用后，按照下列顺序清偿债务：应付未付工资、劳动保险等；应缴未缴国家的税金；尚未偿付的债务。同一顺序不足清偿的，按照比例清偿。

（4）按照合同、章程的有关条款分配剩余财产。

6. 办理清算的法律手续

企业清算结束后，应编制清算后的资产负债表和损益表，经过企业董事会或职工代表大会批准后宣布清算结束；其后，清算机构提出的清算报告连同清算期间的收支报表和各种财务账册，经中国注册会计师审计后，以并报主管财政机关，并向工商行政管理部门办理企业注销手续，向税务部门注销税务登记。

复习思考题

思考题

1. 预测企业财务失败有哪几种方法？在运用这些方法时应注意什么问题？
2. 正式财务重整的基本程序是什么？
3. 破产清算和解散清算的基本程序是什么？

◇ 第 *24* 章

跨国公司财务管理

24.1　国际财务管理的环境

为适应潜在的投资和筹资者的需求，金融机构和金融工具已产生了显著变化，剧烈变化促使今天的财务经理必须有全球眼光，进一步理解国际财务管理环境，了解公司如何在国际环境中做出决策。

24.1.1　国际资本预算

与国际投资有关的现金流入都是那些能够返回母国的现金流。如果在国外分公司获得的预期收入不能汇回国内的话，那么这种国际投资就没有吸引力了。如果现金可以自由返回，那么这种资本预算就比较简单，美国公司通常做法是：

（1）估计以外币计算的现金流；

（2）以预期汇率（以每美元多少外币表示）来计算等值的美元现金流；

（3）利用美国的最低收益率计算该项目的净现值，收益率是根据影响该国对外投资的各种风险加以调整得到的（或者上调或者下调）。

假定 A 公司正在考虑在作一项 150 万马克的投资。该项目周期为 4 年，以美元返回现金的最低收益率为 18%。现在是 2.5 马克换 1 美元，并且预期马克会贬值，也就是说，将来美元可值比现在更多的马克。表 24-1 列出了计算美元现金流及该项目净现值的三步，我们可以看到净现值大约为 6.4 万美元。

表 24-1　A 公司的预期现金流

年　末	(a) 预期现金流/千马克	(b) 汇率/（马克/美元）	(c) = (a)/(b) 预期现金流/千美元	(d) 以 18% 收益率计算的 美元净现值/千美元
0	-1 500	2.50	-600	-600
1	500	2.54	197	167
2	800	2.59	309	222
3	700	2.65	264	161
4	600	2.72	221	114
				净现值 = 64

24.1.2　风险因素

提到项目的最低收益，我们就应考虑到国际性的风险因素。前文曾提到组合资产风险的关键因素是各个项目之间的相关系数，把两个相关系数较小的项目组合起来，公司就能降低预期风险。由于国内投资项目彼此相关，大多数项目都高度依赖于国内经济状况，因此投资国外的项目有这方面的优势。不同国家的经济周期不可能完全同步，多个国家投资从而降低预期收益的风险是可能的。其简单思想是，在多投资项目相关性比在某一特定国家的投资项目相关性小。通过给跨国投资分散风险，就可能降低总风险。

24.1.3　税收

由于不同的税收法律及各国对国外投资的不同待遇，跨国公司的税收是很复杂的。以美国为例，在此仅讨论税收问题中一些相对突出的方面。

1. 应缴美国政府的税收

如果一家美国公司通过其分公司或其他分公司在国外经营，那么其营业收入必须按照美国公司纳税表格式报告，并与国内公司缴纳相同税收，但是子公司或分公司的收入在以股息方式汇回美国的母公司之前，通常是不用缴税的。不言而喻，其好处是在母公司收到现金收入之前，该笔税收一直是递延未交的。同时，该笔税收可用于子公司再投资的财务来源。和来自国内子公司（通常是占该类公司的70%）不同，美国公司从其国外子公司所获的利息收入通常是必须全部征税的。

2. 应缴国外政府的税收

每个国家都对在其境内经营的国外公司所获利润征税。这些税收的种类千差万别。有些国家根据分配给股东的利润和未分配利润征不同的税，通常对已分配利润所征税率较低。欠发达国家通常税率较低，并且提供其他税收优惠条件以鼓励外资投入。

外国政府的税收政策多而复杂，不同国家应纳税收入的定义不同，税率也不同。有些国家如巴拿马和巴哈马群岛为了鼓励外资投入，对外国公司收入征税率较低，但在一些工业发达国家，税率较高，这种情形更由于美国政府与其他国家的各种税收条约而复杂化了。尽管美国政府不鼓励把低税国家作为避税港，但仍然还是有足够的回旋余地，因此有些公司仍然利用复杂的税收法律制度，充分地利用那些避税港。

为了避免双重纳税（同一笔收入被两个不同的国家征税），美国政府对美国公司支付给外国政府的税收发一张联邦收入抵税证。如果外国政府的税率低于美国国内税率，那么美国公司所缴总税收应等于它在国内投资所缴税收额，一部分给外国政府，剩下的一部分给美国政府。另外，国外抵税证所开的抵税额是有限度的，如果公司缴给国外政府的税收额高于规定，那么多出的部分就被双重征税了。

有些国家对国外投资者的利息分配收入采取扣留（Withholding）的税收政策。甚至投资者在国内根本不用或者只缴少量的税（如机构投资者），没有什么条件可以抵消代扣所得税，因此，扣留的税收政策不是鼓励国外投资的政策。

24.1.4　政治风险

跨国公司（Multinational Company）面临着从一般干预到完全没收的不同程度的政治风

险。一般干预包括法律规定在各种职位上员工本地化的比率、在环境和社会公共性项目上的投资，以及货币兑换的限制。最大的政治风险是公司充公，正如 1971 年智利将国外的铜业公司收回那样。在一般干预与直接充公之间还有其他不同的方法，如高税率、高收费及高工资。一句话，这些做法都让跨国公司在竞争中处于不利地位。但是，并不是所有情况下都对跨国公司不利。有些发展中国家对国外公司让步，因为对其来说，让国外公司投资比本国公司投资成本要低。

因为政治风险对一个项目的总风险影响很大，因此必须对政治风险作出认真的估计。从本质上说，是做好政治稳定性与否的预测。当地政府有多么稳定？主导的政治形势如何？新政府对国外投资的态度如何？政府在处理各种申请时效率如何？通货膨胀和经济稳定形势如何？法律是否健全以及适用性如何？对这些问题作出回答后就会对要投资项目的政治风险有个较充分的认识。一些公司根据政治风险的不同而把国家分为几类。如果一个国家被列为不利于投资的一类，那么不管到该国投资的预期收益多高，该公司都不会去该国投资。

24.2　汇率风险的管理

24.2.1　汇率风险的类型

公司在国外投资，由于汇率的变化会带来汇率风险。汇率是一国货币相对于另一国货币的价格。

货币风险是一国货币相对于另一国货币汇率的波动性。首先我们区分两个概念。现期汇率（Spot Exchange Rate）是指一种货币当天与另一种货币交易的即时汇率。远期汇率（Forward Exchange Rate）是指当天确定的在未来指定的一天，一国货币相对于另一国货币的汇率。远期汇率经常由于一些原因而与现期汇率有差异，原因在于存在以下三类汇率风险。

1. 折算风险

折算风险是指由于汇率的变化而引起的会计上资产负债表和损益表的变化。国外分公司使用哪种货币作为功能货币是很重要的，因为这决定了折算的过程。如果使用的是当地货币，那么所有资产和负债都是以当时汇率折算的，并且在折算调整中，损益表中反映不出折算收益或损失，但在所有者权益中可看出来。折算调整不影响会计收入，适用于许多国家。然而，用母公司所在国货币作为功能货币的话，根据历史汇率方法，折算收益或损失要反映在母公司的损益中，一般情况下，和当地货币作为功能货币相比，用母公司所在国货币作为功能货币会使会计数据浮动性增大。

2. 交易风险

交易风险涉及具体的对外交易。这些交易可能为用外币成交的销售或购买产品、借出或借入资金、或者其他一些涉及取得资产或减少负债的经营活动，尽管任何一种交易都可能有风险，但是"交易风险"一般只用于外贸交易中，特别是赊账交易中。

3. 经济风险

经济风险是三种汇率风险中最重要的风险，是指由于没有预期到的汇率变化引起公司价值的变化。预期到了的汇率变化早已在公司市场价值中反映出来了，如果在日本投资，预期日元会相对于美元贬值，那么这种可预期到的变化不会影响公司价值。但是，如果日元贬值更多或更小，那么这就会影响公司市值，经济风险不如折算风险和交易风险那么容易确定和衡量，经济风险的大小依赖于预期现金流的大小，因此包含主观因素成分。

24.2.2 汇率风险的管理

管理汇率风险的方法很多，包括自然对冲、现金管理、公司内部会计调整、远期合约、货币期权、货币互换等工具。

1. 自然对冲

有时国外分公司的收益与成本的关系提供了一种避免汇率波动带来损失的自然对冲条件。关键是现金流能自然地根据汇率的变化而相应调整，国外分公司位于哪里不重要，重要的是分公司的收益与成本函数对国际或国内市场条件的敏感性。当公司的经营过于依赖一国货币时，它可以在全球分散经营，还可以分散产品原料的供应地。任何改变市场的条件，如产品价格、经营环境和原料供应的策略都可以视为一种自然对冲的形式。

2. 现金管理和公司的内部调整

如果公司知道它的一个分公司所在国的货币要贬值，那么它有一系列的事情要做。首先应购买存货或不动产以使现金持有量减至最少。其次，分公司应尽量避免信用交易（会计上为应收账款），使应收账款尽快转变为现金；另一方面，应尽量延长应付账款期限。分公司也可能要借入当地货币，以代替母公司的借款。这一步是否实行取决于两种货币的相对利息率。如果该国货币将要升值，那么就采取与上面相反的步骤。若不知道未来货币是升值还是贬值而采取任何一种扩张性策略都不是正确的。大多数情况下，我们不能预期到未来货币是否升值，因而最好的策略是使货币资产和负债平衡，以中和汇率波动带来的影响。

公司在多国经营还可通过调整公司内部会计方法而使其减少汇率风险的损失。加速支付用外币表示的账款称为提前，相反拖延支付称为延迟。例如，假如在瑞士和捷克都有分公司，并且预期捷克克朗会升值，而瑞士法郎比率维持不变。瑞士分公司每个月大约从捷克分公司购买 10 万美元的货物，正常情况下货物发送三个月之后就要按单付款。但现在公司不是这样做，而是考虑捷克克朗马上要升值，让瑞士分公司提前支付货款。

3. 国际财务对冲

如果公司受到一国货币风险，并且由于该货币贬值而受到损失，那么这个公司可从该国借款以减少损失，可通过借款来平衡资产敏感性风险，国外分公司有大量的外部融资渠道，包括从所在国商业银行借款以及向国际贷款代理机构借款。几种主要的外部融资渠道如下。

1）商业银行贷款和商业汇票

国外商业银行是境外融资的一个主要渠道。本质上，融资作用与国内商业银行相同。一个细微的差别是欧洲银行的长期贷款期限比美国的更长。另外一个差别是这些贷款往往是在透支的基础上发生的。也就是说，公司开出一张支票并透支了其账户，银行则对其透支额计算利息。大多数这样的银行被称为商业银行，它们向商业公司提供了全部的金融服务。除了商业银行贷款外，票据的贴现也是一种普通的短期融资方法。尽管这种融资方式并没有在美国全面展开，但在欧洲，这种方式被广泛用于为国内或国际贸易融资。

2）欧洲美元融资

欧洲美元是指主要以美元为主的银行存款，但不受美国银行法律约束。参与银行主要为在欧洲的国外银行和美国银行的分行，它们积极参与美元存款业务，并支付利息。这种贷款利率高于其存款利率。根据借款者信用风险的不同，借款利率也不同。欧洲美元市场是跨国公司筹集流动资本的主要短期融资渠道。其贷款利率基于欧洲美元存款利率而定，并间接参照美元基本利率。一般情况下，欧洲美元贷款利率是用伦敦同业银行拆借利率（LIBOR）来标价的。风险越高，其超过 LIBOR 的利差越大。由于欧洲美元存款供需的敏感性高，因而 LIBOR 的波动性要比美元基本利率波动性大。欧洲美元市场是一个更大的欧洲货币市场的一部分。在欧洲货币市场，存贷款利率都是按全球走强的货币标定的。这些欧洲货币市场的发展大大有利于国际借款以及中介融资。

3）国际债券融资

欧洲货币市场和欧洲债券市场不同，后者历史更悠久，由承销商销售债券。尽管债券主要以一国货币发行，但它可在多国销售。一旦发行成功，债券就在各国由债券交易商交易。欧洲债券与国外债券不同，后者是由国外政府或公司在当地市场发行的。国外债券仅在一国销售，并受该国证券法规约束。国外债券有各种各样的别名，例如，扬基债券（Yankee Bond）是由非美国居民在美国市场发行的债券；武士债券（Samurai Bond）是由非日本居民在日本市场发行的债券。欧洲债券、国外债券和当地债券在利息计算方法、有关术语及其特征上有差别。

4）货币期权和多种货币债券

某些债券给其持有者提供了一种在利息成本金支付前选择支付货币的权力。一般情况下，这种期权是限于在两种货币之间作选择，当然也有多种货币之间作选择的。例如，一个公司可能发行年利息，率为 8%，而面值为 1 000 美元的债券。每份债券都附有选择美元或英镑作为支付货币的期权。两种货币的汇率是在债券发行时就已决定的。有时债券的本金和利息是由多种货币平均支付的，这些货币被称为鸡尾债券，它们提供的稳定汇率是任何单一货币不可能具有的。另外，双重货币债券的购买价格及利息支付用一种货币，而另一种货币用于支付酬金。例如，一种瑞士债券可能用瑞士法郎支付利息，而用美元支付本金。

4. 货币市场对冲

另外一种对冲货币风险的方法是通过几种货币市场——远期合约、期货合约、期权和货币互换来操作。

1）远期外汇市场

在远期外汇市场中，你可以购买一份远期合约（Forward Contract），使你可在未来特定的某天以指定的汇率来用一种货币与另一种货币交换。远期合约保证能以事前确定的价格换到所需要的货币。

【例 24-1】飞利浦电子公司欲通过远期市场对冲货币风险。它通过其苏黎世分公司销售了价值 100 万法郎的器械给一瑞士客户，销售的信用期为 90 天。支付日飞利浦公司想把瑞士法郎折算为美元。以美元表示的现期瑞士法郎汇率为 1 瑞士法郎 = 0.670 美元，90 天远期瑞士法郎汇率为 1 瑞士法郎 = 0.665 美元。

现期汇率为目前市场决定的汇率，本例中，1 瑞士法郎 = 0.670 美元，1 美元值 1.00/0.670 = 1.493 法郎。如果远期价格低于现期价格，外币就是以远期折价出售。本例中，瑞士法郎就是以折价销售的。如远期价格高于现价，那么外币就是以远期溢价出售。例如，假定英国英镑以远期溢价出售，那么在未来交割日，英镑可购买到比目前更多的美元。

如果飞利普公司希望避免汇率风险，那么它应出售 90 天的 100 万瑞士法郎的远期合约。在 90 天后交割瑞士法郎时，它可得到 66.5 万美元。如果现期汇率保持在 0.670 美元，那么飞利普公司不出售瑞士法郎远期合约更划算。它可以在现期市场出售 100 万瑞士法郎而得到 67 万美元。如此计算，飞利普公司为了确保瑞士法郎兑换为美元的能力购买了每法郎 0.005 美元即总值 5 000 美元的保险，按年计算，这种保护的成本为：

$$(0.005\ \text{美元}/0.670\ \text{美元}) \times (365\ \text{天}/90\ \text{天}) = 3.03\%$$

如果两种货币都稳定的话，那么按年计算的远期汇率折价或溢价变化范围一般为 0%～8%。对于一些不太稳定的货币，其折价或溢价会更高一些。对于不稳定的货币，其折价可能高达 20%。如果大大超过了这个不稳定界限，那么远期货币市场就不会存在了。总之，远期外汇交易市场使公司能防止货币过度贬值，远期市场特别适用于对冲交易风险。

2）货币期货

期货合约（Futures Contract）是一份规定了在既定的未来某日起以指定价格交割商品、外币或其他金融工具的合约，期货合约是按固定格式填写的，在很多方面与远期合约相似。世界上主要货币——澳大利亚元、加拿大元、英国镑、法郎、瑞士法郎、墨西哥比索、德国马克都有期货市场。期货合约是在未来特定的日期交割货币的标准合约。这些日期是 3 月、6 月、9 月和 12 月的第三个星期三。合约是根据互换而成交易的，清算作为买方和卖方的中介者，这意味着所有的交易都是由清算所做的，而不是由买卖双方直接交易。很少的合约在到期日会实际交割，更多的合约买、卖方各自独立地采取方法对冲头寸以平仓。卖方可通过购买另一合约，买方可通过售出另一合约而平仓。

由于期货合约的价值由收盘价决定，因此每天期货合约的价值都是由市场中来再到市场中去。价格的变化对买方和卖方的影响是相反的。每天都有一个赢家一个输家，究竟谁是赢家谁是输家则依赖于价格的变化方向。输家必须增加保证金（存款），而赢家可把多余的保证金取出。期货合约与远期合约有区别，远期合约只需在到期日结算。两者另一区别是期货合约只有几个到期日。最后期货合约中的金额也只是几个标准化的金额的倍数，可以是12.5 万德国马克或 1 250 万日元的倍数，远期合约的金额则是随意的。不过，这两种工具都是用于同一个对冲风险目的。

3）货币期权

货币期权（Currency Option）是指一份经济合约，其持有人有权在到期日之前，以指定的价格购买（看涨）或出售（看跌）一定数量的外币。远期合约和期货合约对货币价值运动作了双向对冲，也就是说，如果货币价值朝一方向变化，那么远期或期货合约就对冲了该变化。相反，货币期权仅能对冲单向风险，无论是购买外币的看涨期权还是出售外币的看跌期权，都只是对冲不利的货币价值变化。期权持有人有权利而不是义务，在合约有效期内购买或出售外币。当然，如果不进行交割的话，期权就会过期。期权持有人为溢价做出了支付。

既有现期市场货币期权，又有期货市场货币期权。因为货币期权是通过遍布全球的一系列交易所进行的，因而期权交易比较方便，货币期权的应用及其价值大部分和股票期权相同。期权价值以及支付的溢价主要依赖于汇率的波动性。

4）货币互换

在货币互换中，双方交换不同的债务，一方同意支付另一方的利息。到期时，通常按照事先确定的汇率交换本金，这种交换只是名义上的，因为只有现金流差异才有实际支付；如果一方违约，也没有本金损失。然而，互换后机会成本是与货币变化方向有关的。

货币互换通常是由中介机构如商业银行安排的，互换有多种可能方式：涉及多种货币的互换、含有期权特征的互换和含有利息率互换的货币互换。在最后一种方式中，长期债务的利息与短期债务、浮动利率债务或其他类型债务的利息相交换。货币互换被广泛使用，并作为长期风险交易的主要工具。

对冲汇率风险的方法有很多，首先我们必须确定公司是否有自然对冲，如果有的话，那么再用金融或货币对冲方法会增加实际风险。也就是说，公司由于其国外经营业务及其业务性质已有自然对冲，金融对冲会使原来没有或很小的风险增大，因此，在采取任何对冲措施前必须仔细评估公司的汇率风险。

第一步是在考虑到公司可能有的自然性对冲后估计剩下的净汇率风险。如果有净风险（外币的流入额与流出额不等），那么问题是你是否希望对冲该风险以及如何对冲。现金管理和公司内部会计调整只是暂时性方法，并且其效果有限。金融对冲是基于长期风险的对冲方法。货币远期合约及货币期货、期权都可用于对冲 1～2 年的风险。尽管可与商业银行订立长期合约，但成本较高，并且还有流动性的问题。如果有的话，如何对冲风险是由对冲工具适用性及其成本决定的。

24.3　国际贸易管理

国外交易因所用工具与票据的不同而与国内交易相区别。大多数国内产品销售都基于赊账信用，向客户开出票据，并留有很多时间来支付货款，在国际贸易中销售产品很少能像在国内销售产品一样获得潜在买主的准确或全部信用信息。而且，买卖双方交流也是很麻烦的，产品运输周期长还有很多不确定性。另外，一旦出现了违约情况，通过法律解决的渠道复杂而且成本很高。在国际贸易中有 3 类关键票据：付款通知或汇票、提货单和信用证。提货单涉及货物的实际移交；信用证保证了买方的信用度。此外还有几种有助于国际贸易的方法：对口贸易、出口保理和福费延。

24.3.1　国际贸易汇票

国际贸易汇票有时也称为汇票，它只是出口商命令进口商在指定时间支付指定数额款项的文字说明书。尽管"命令"这个词看起来刺眼，但这是国际贸易中通行的做法。汇票可以为即期汇票也可以为定期汇票。对开票方而言即期汇票是应付账款，这一方被称为兑票人。如果兑票人或进口商不按照汇票的要求支付款项，那么就违约了。出口商可通过使用信用证而获得赔偿。定期汇票在指定的未来日期之前都不是应收账款。例如一张定期汇票可能为 90 天后应付账款。

定期汇票有几个应注意的特点。首先，它是出票人即出口商签字的无条件支付命令。它规定兑票人即进口商必须支付的具体数额款项。其次，它规定了支付的日期，定期汇票一到兑票人手中就被接受，承兑人可为付款人或银行。如果付款人承兑了该汇票，那么他必须在汇票背面写上 90 天后他或她必须支付的数额，以此确认。此时，该汇票被称为商业承兑汇票。如果是银行承兑了汇票，那么被称为银行承兑汇票。银行承担了支付的责任，并且代替了付款人的信用。最后，如果银行信誉卓越——大多数承兑银行是这样的，那么汇款就成为市场广为接受的金融工具。出票人或者说出口商不用持有汇票到期，他可以在市场上出售汇票（按面值折价）。事实上，存在着一个活跃的银行承兑汇票交易市场。例如，一家著名银行接受了一张 90 天期限的 1 万美元的汇票，并且假定银行承兑汇票的 90 天利息为 8%，那么出票人可以 10 000 – [10 000 × 0.08] × [90/360] = 9 800 美元的价格出售汇票，卖给投资者。90 天后投资者可向承兑银行出示汇票并要求承兑，他可得到 1 万美元。因此，一个较大的银行承兑汇票的二级市场增加了出口商的变现能力，从而促进了国际贸易。

24.3.2　提货单

提货单（Bill of Lading）是在将货物从出口商运到进口商的过程中使用的文件。它有以下几个作用：①它作为运输公司开给出口商的收据，表示货物已经收到；②提货单是运输公司与出口商之间装运货物，并将货物运到一指定目的地的合同；③提货单是一种权益文件，其持有者对货物拥有所有权。进口商除非从出公司或代理处得到提货单，否则没有货物所有权。在进口商满足了汇票所规定的条件之前，提货单不可能交给进口商。

提货单跟随着汇票，并且这两者的处理程序是完备的。几乎每个国家的银行和其他机构都能有效地处理这些票据。另外，货物的国际运输是受国际法保护的。这些程序使出口商能将货物销售给他国不相识的进口商，并且在即期汇票被支付或定期汇票义务被确认之前不至于丧失货物所有权。

24.3.3　信用证

商业信用证是由银行作为进口商的利益代表签发的。在信用证中，银行同意在提货单及其他细节不出问题的条件下为进口商承兑汇票做担保。就实质而言，这是用银行的信用代替进口商的信用，显然，当地银行只有在认为承兑汇票的进口商信用可靠的情况下才为其签发信用证。信用证的使用几乎消除了出口商将货物销售到他国不认识的进口商手中的所有风险。

1. 保兑信用证

如果出口商所在国的银行保兑了信用证，那么信用证的作用会进一步加强。例如，纽约的一出口商希望能将货物运给位于巴西里约热内卢的进口商。里约的进口商的银行认为其信用风险较小，愿意签发信用证为其收到货物时承兑开出汇票做担保，从而里约银行的信用取代了进口商的信用，此时合约的双方是里约银行与信用证受益人即出口商。因为出口商对里约银行几乎无所了解，他希望通过其银行促成此交易，出口商就会要求纽约的银行保兑里约银行所开出的信用证。如果该纽约银行对里约银行的信用感到满意，那么它就会同意保兑里约银行的信用证。纽约银行保兑后，它就有义务为针对于该汇率所开出的信用证做担保。

因此，出口商将货物装船后，它就会按照信用证上的条件签发汇票。出口商就将汇票交给纽约银行；若其他装船条件都满足的话，纽约银行将支付汇票所列的款项。这种安排的结果是出口商根本无需为收款担心就可得到货款。之后，纽约银行将汇票及其他票据寄到里约银行。里约银行在确认货物装载无误后对汇票做担保并支付货款给纽约银行。接着，里约银行找到进口商，一旦进口商收到货物后就会向里约银行付款。

2. 对贸易的帮助

根据上面的介绍，我们很容易看到信用证大大便利了国际贸易，帮出口商不是与进口商直接发生信用关系，而是依赖一个或多个银行；并且银行的信用取代了进口商的信用。信用证分为可撤销的和不可撤销的两种。若是不可撤销的话，该汇票必须有银行的担保，在没有所有当事方同意的条件下，不能取消或更改协议。另一方面，可撤销信用证可由签发银行取消或更改，可撤销信用证对汇票的承兑做出了更具体的安排，但不保证汇票会被兑付，大多数信用证是不可撤销的，上面的讨论就是针对于不可撤销信用证的。

上面介绍的 3 种票据——汇票、提货单和信用证，在大多数国际贸易中都需要，并且在其基础上已建立了一整套交易程序。这三种票据为出口商将货物销售到国外不认识的进口商提供了保护，它们同样给了进口商一个货物正确装运的保证。

24.3.4 对销贸易

除了一些用于帮助普通贸易的票据外，还有很多用于帮助国际贸易融资的方式。其中一种方法为对销贸易（Counter Trade）。在对销贸易中，国际商品或服务销售的价款全部或部分通过另一国家的商品或服务来支付在一个典型的对销贸易中，销售方不是接受货币而是其他形式的货物，在出现外汇限制或其他难于用硬通货币（即被广泛营运的货币如美元、欧元和日元）付款的情况时，就有必要接受商品。这些商品可能是所涉及的国家所生产的，但也不全是这样，一种比较普通的对销贸易是易货贸易。例如，一家美国软饮料生产公司可能向俄罗斯的一酿酒公司出售精煤和糖浆而换回伏特加酒。必须注意的是用商品代替硬通货会有风险，收到的产品其质量与规格可能与已承诺的有差异。另外，再出售这些商品以换回现金是一个额外的问题。尽管对销贸易存在着风险，但成立的对销贸易协会及专业咨询人士等相关基础设施条件都推动了这种国际贸易方式。

24.3.5 出口保理

出口保理应收账款类似于保理国内应收账款。它指把出口商的会计上的应收账款完全销售给称为保理商的保理机构。保理商须承担出口商应收账款的风险。通常是，出口商在应收账款到期时从保理商那里得到付款。手续费一般为海外所装货物价值的 2%。在收回应收账款前，出口商很可能提前得到货物价值 90% 的现金，提前得到的现金是必须支付利息的，而且利息通常高于手续费。由于这种保理的性质，大多保理商对那些不断有大额出口应收账款的出口商感兴趣。当然，保理商可拒绝那些自己认为风险太高的应收账款。对出口商而言，主要的好处是可委托那些有国际经验和关系的保理商收账。

24.3.6 福费廷

福费廷（Forfeiting）是一种类似于保理的国外贸易融资方式，是将中长期出口应收账款"无追索权"地折价出售给金融机构，也称福费廷交易商。第三方通常是银行或政府机构。出口商将出口应收账款不带追索权地折价出售给称为福费廷交易商的金融机构。这些应收账款通常是期票或汇票等。福费廷交易商可以是国际性银行的分公司，也可以是专业性的公司。福费廷交易商承担信用风险并从进口商那里收回账款。另外，福费廷业务还必须有进口商所在国的政府部门或银行做付款担保。通常情况下，这些期票或汇票数额较大，期限为6个月或更长时间。如果进口商来自欠发达国家或东欧国家，福费廷业务就显得特别有用。

复习思考题

思考题

1. 国外分公司支付收入税是否是美国母公司的损失？
2. 公司在国外投资会遇到哪些汇率风险？
3. 对外币而言，何为远期折价？何为远期溢价？请举例说明。
4. 在货币对冲中，远期合约、期货合约、货币期权和货币互换有何差异？
5. 请解释欧洲美元市场的作用。
6. 提货单有何作用？
7. 银行承兑汇票信用如何？它与国际贸易汇票有何区别？

计算题

1. 外汇市场汇率如表24-2所示。

表24-2 外汇市场汇率

货币	买一单位所需美元数	货币	买一单位所需美元数
Spamany（Liso）	0.100	Trance（Franc）	0.130
Britiland（Ounce）	1.500	Shopan（Ben）	0.005
Chilaquay（Peso）	0.015		

（1）1 000美元能换多少Spamany Lisos？
（2）30 Britiland Ounces能买多少美元？
（3）900美元能换多少Chilaquay Peso？
（4）100 Trance Francs能买多少美元？
（5）50美元能换多少Shopan Bens？

2. Zike运动鞋公司向Freedonia批发商销售产品。所装运货物价格为5万马克，信用期为90天，Zike公司一收到付款就会将其兑换为美元。现期汇率为每美元1.71 Freedonia马克，90天远期汇率为每美元1.70 Freedonia马克。

（1）如果Zike公司要对冲其汇率风险，应该怎么做？有必要做哪些交易？
（2）Freedonia马克是远期溢价还是远期折价？
（3）两国隐含的利息率差异为多少（用利息率平价理论）？

3. 某公司在洛兰岛有一个分公司，当地货币为Guildnote。当年年初汇率是每美元3 Guildnotes。由于Guildnote升值，年末汇率为每美元2.5 Guildnotes。该分公司在这两个时点的资产负债表及该年损益表如表24-3所示。

表 24 - 3　该分公司在两个时点的资产负债表及该年损益表

单位：1 000 Guildnotes

	以 Guildnotes 为计价单位	
	X₁ 年 12 月 31 日	X₂ 年 12 月 31 日
资产负债表		
现金	300	400
应收账款	1 800	2 200
存货（先进先出）	1 500	2 000
净固定资产	2 100	1 800
总计	5 700	6 400
流动负债	2 000	1 900
普通股	600	600
留存收益	3 100	3 900
总计	5 700	6 400
损益表		
产品销售收入		10 400
产品销售成本		6 000
折旧		300
费用支出		2 400
税收		900
营业收入		800

净固定资产的历史汇率为每美元 3 Guildnotes。存货和产品销售汇率为每美元 2.7 Guildnotes，功能货币为美元。产品销售成本的历史汇率为每美元 2.60 Guildnotes，功能货币为 Guildnote。该年平均汇率为 2.75 Guildnotes，并且产品销售收入、折旧、费用支出和税收在全年都稳定。假定功能货币为 Guildnote，根据以上条件求出 X₂ 年 12 月 31 日的资产负债表及该年损益表（以千美元为单位），再假定功能货币为美元，重新做以上工作。观察两者有何差异？

参 考 文 献

[1] 米什金. 货币金融学. 6 版. 北京：中国人民大学出版社，2005.

[2] 博迪，莫顿. 金融学. 北京：中国人民大学出版社，2009.

[3] 博迪，凯恩，马科斯. 投资学精要. 马勇，胡波，译. 4 版. 北京：中国人民大学出版社，2007.

[4] 范霍恩，瓦霍维奇. 现代企业财务管理. 11 版. 北京：经济科学出版社，2002.

[5] 爱默瑞，芬尼特. 公司财务管理. 北京：中国人民大学出版社，1999.

[6] SCOTT D F，DMARTIN J，WILLIAM J P，et al. 现代财务管理基础. 金马，译. 北京：清华大学出版社，2004.

[7] 夏皮. 现代公司财务金融. 北京：金融出版社，1992.

[8] 韦斯顿. 管理财务学. 北京：中国财政经济出版社，1992.

[9] 余乔，杨志伟，吕春芳. 企业理财. 上海：复旦大学出版社，2004.

[10] 郭复初，王庆成. 财务管理学. 2 版. 北京：高等教育出版社，2005.

[11] 荆新，王化成，刘俊彦. 财务管理学. 3 版. 北京：中国人民大学出版社，2002.

[12] 郭复初. 财务管理学. 北京：首都经济贸易大学出版社，2003.

[13] 夏乐书，刘叔莲. 公司理财学. 北京：中国财政经济出版社，1998.

[14] 萨得沙姆. 兼并与收购. 北京：中信出版社，1998.

[15] 法博奇. 债券市场：分析与战略. 北京：中国金融出版社，2003.

[16] 李新. 中国国债市场机制及机制研究. 北京：中国人民大学出版社，2002.

[17] JAFFE R W. Corporate finance. McGraw Hill，1999.

[18] 布雷利，迈尔斯. 公司财务原理. 北京：机械工业出版社，2002.

[19] 李新. 国有股减持：渊源、历程与路径选择. 北京：首都经济贸易大学出版社，2007.